中东地区发展报告

聚焦中东热点问题

[2014年卷]

刘中民 朱威烈◎主编

时事出版社

图书在版编目（CIP）数据

中东地区发展报告——聚焦中东热点问题（2014年卷）/刘中民，朱威烈主编. —北京：时事出版社，2015.5
ISBN 978-7-80232-831-0

Ⅰ.①中… Ⅱ.①刘… ②朱… Ⅲ.①经济发展—研究报告—中东—2014 ②政治—研究报告—中东—2014 Ⅳ.①F137.04 ②D737

中国版本图书馆 CIP 数据核字（2015）第058356号

出 版 发 行：	时事出版社
地　　　　址：	北京市海淀区万寿寺甲2号
邮　　　　编：	100081
发 行 热 线：	（010）88547590　88547591
读者服务部：	（010）88547595
传　　　　真：	（010）88547592
电 子 邮 箱：	shishichubanshe@sina.com
网　　　　址：	www.shishishe.com
印　　　　刷：	北京百善印刷厂

开本：787×1092　1/16　印张：30.75　字数：400千字
2015年5月第1版　2015年5月第1次印刷
定价：108.00元
（如有印装质量问题，请与本社发行部联系调换）

编辑委员会

主　编：刘中民　朱威烈

参加编写人员（以姓氏笔画为序）

王　晋	王佳尼	冯　燚	包澄章	田文林
刘中民	华黎明	孙德刚	安惠侯	朱威烈
那传林	余　泳	吴思科	张玉友	张金平
李　意	李潮铭	杨　阳	杨　恕	汪　波
邹志强	周　军	宛　程	范　鹏	姚匡乙
姜恒昆	潜旭明			

本发展报告由上海市高校智库
——上海外国语大学中东研究所组织撰写

序　言

　　中东变局发生以来，新老热点问题的交互影响构成了中东地区形势的典型特征之一。近几年来，在阿拉伯国家转型尤其是埃及形势持续动荡、叙利亚危机久拖不决成为新的热点问题的同时，巴勒斯坦问题、伊朗核问题、伊拉克问题、阿富汗问题、南北苏丹问题以及库尔德问题也都不同程度地受到了中东变局的影响，呈现出新的特点与趋势，而"伊斯兰国"组织的兴起则对中东地区格局、地区秩序和地区安全产生了强烈的冲击。总之，新老热点问题的交互影响构成了中东地区格局复杂变动的重要原因之一，而中东地区格局的变化又导致中东热点问题更趋复杂。

　　进入2013年下半年以来，中东热点问题呈现出较为明显的变化：其一，受伊拉克局势动荡和叙利亚危机长期化的叠加影响，极端组织"伊斯兰国"异军突起，攻城略地，严重威胁地区与全球安全；其二，埃及穆尔西政权垮台使伊斯兰主义力量的典型代表——穆斯林兄弟会遭到毁灭性打击，军人塞西当选总统，埃及重回强人政治，使埃及继续成为阿拉伯国家艰难转型的晴雨表和风向标；其三，叙利亚危机因化武危机出现转折性变化，巴沙尔政权与反对派以及域内外力量角逐陷入僵持，导致叙利亚危机长期化；其四，鲁哈尼上台以来美伊关系趋于缓和，伊核谈判重启并取得阶段性成果，但由于分歧严重，最终协议终未达成；其五，中东变局以来被严重边缘化的巴以和谈在美国的推动下艰难重启，巴民族权力机构和哈马斯实现和解，但加沙战事再起使巴以和谈再度陷入停滞，巴以关系仍未走出打打谈谈的恶性轮回；其六，受各种复杂因素影响，阿富汗问题、南北苏丹问题和库尔德问题再度出现升温的迹象。

鉴于以上认识，《中东地区发展报告》（2014年卷）聚焦中东热点问题的新变化，以2013—2014年中东形势为观察与分析对象，通过一个总报告、三个专题报告，共计22份报告，在宏观认识中东热点问题总体发展态势的基础上，对主要中东热点问题的发展现状与趋势、域内外大国对中东热点问题的影响、中东热点问题与中国外交等问题进行分析与前瞻。

本卷发展报告的撰写继续秉承跨行业、跨部门、跨机构合作的原则，继续突出基础性、应用性和政策性相结合的特点，而这一切都需仰仗国内专家学者的倾力支持。这里特别要感谢外交部西亚北非司安惠侯、姚匡乙、吴思科、华黎明四位资深大使不吝赐稿，纵论中东热点问题与中国中东外交，极大地提升了本卷发展报告的政策性水平。兰州大学中亚研究所的杨恕先生、中国现代国际关系研究院中东研究所的田文林先生、浙江师范大学非洲研究院的姜恒昆先生、西北大学中东研究所冯燚博士应邀撰稿，为本卷发展报告提供了巨大的智力支持。此外，上海外国语大学俄罗斯研究中心的那传林先生、东方语学院的杨阳先生和中东研究所参与撰稿的各位同仁，均为本卷研究报告的撰写付出了辛勤的劳动。

《中东地区发展报告》（2014年卷）的主题和编写大纲由刘中民教授和朱威烈教授商议拟定，刘中民教授负责通读、修改了发展报告的全部书稿，同时根据形势变化增删了各发展报告的部分内容。中东研究所余泳副研究员承担了与校外作者的联系工作，包澄章博士完成了附录的资料搜集和整理工作，博士研究生舒梦同学承担了大部分报告英文摘要的翻译工作。

最后谨对为《中东地区发展报告》（2014卷）奉献智慧与劳动的各位同仁深表谢意！

刘中民　朱威烈
2015年1月9日于上海

目　录

中文提要 ·· （ 1 ）

Abstract ·· （ 12 ）

总报告：对中东热点问题的总体认识

阿拉伯大变局以来中东热点问题的新发展 ············· 安惠侯（ 31 ）
　一、新生热点问题加剧中东动荡 ······························ （ 32 ）
　二、原有热点问题更趋复杂 ····································· （ 46 ）
　三、对中东热点问题复杂根源及其发展趋势的若干认识 ··· （ 54 ）
　四、结论 ·· （ 60 ）

中东非传统安全领域热点问题的新变化 ············· 钱学文（ 62 ）
　一、恐怖主义问题 ·· （ 62 ）
　二、索马里海盗问题 ··· （ 65 ）
　三、难民问题 ··· （ 68 ）
　四、粮食安全问题 ·· （ 72 ）
　五、气候变化问题 ·· （ 75 ）
　六、网络安全问题 ·· （ 78 ）

1

阿拉伯国家民主转型的嬗变及其核心问题 …………… 刘中民（81）
　一、中东变局以前阿拉伯国家的民主化进程 …………（82）
　二、中东变局以来阿拉伯国家的民主转型 ……………（90）
　三、影响阿拉伯国家民主转型的核心问题及其趋势 ……（94）

专题报告一：
变动中的中东热点问题

"伊斯兰国"组织兴起的原因、特征及影响 … 冯燚　刘中民（107）
　一、"伊斯兰国"组织兴起的复杂原因 ………………（108）
　二、"伊斯兰国"组织的主要特征 ……………………（115）
　三、"伊斯兰国"组织的影响 …………………………（118）

穆尔西政权倒台后的埃及形势 ………………………… 李　意（123）
　一、穆尔西政权遭遇失败 ………………………………（124）
　二、军方主导埃及政坛 …………………………………（126）
　三、塞西面临诸多挑战 …………………………………（129）
　四、新政府的对外关系走向 ……………………………（133）

化武危机后叙利亚局势的新发展 …………………… 潜旭明（137）
　一、叙利亚的宗教及政治生态分析 ……………………（138）
　二、中东地区国家与叙利亚危机 ………………………（141）
　三、美欧俄等大国在叙利亚的博弈 ……………………（144）
　四、叙利亚化武危机的和平解决 ………………………（147）

中东变局与巴勒斯坦问题的新发展 ………………… 包澄章（152）
　一、中东变局对巴勒斯坦问题的冲击 …………………（152）
　二、巴勒斯坦内部环境的变化 …………………………（154）

三、新一轮巴以和谈的破裂与加沙冲突再起 ………………（157）
　　四、地区权力斗争与巴勒斯坦问题前景 …………………（163）

鲁哈尼执政以来的伊朗核问题 ……………………… 田文林（167）
　　一、伊朗核问题出现持续缓和的迹象 ……………………（167）
　　二、伊朗核危机降温的主要背景 …………………………（170）
　　三、伊朗核问题缓解容易解决难 …………………………（175）

中东变局以来伊拉克形势的新变化 ………………… 张金平（188）
　　一、恐怖势力强势反弹，"伊斯兰国"攻城略地 ………（188）
　　二、派系纷争迭起，政治危机深重 ………………………（194）
　　三、美国对伊政策陷入困境，"伊斯兰国"掣肘美国
　　　　中东战略收缩 …………………………………………（202）

美国撤军与总统选举后的阿富汗形势 ………… 杨恕　宛程（208）
　　一、后撤军时代阿富汗的安全局势走向 …………………（208）
　　二、塔利班依然拥有巨大的能量 …………………………（212）
　　三、多国部队撤军后阿富汗邻国的对阿政策前瞻 ………（214）
　　四、阿富汗总统大选与阿富汗形势 ………………………（219）

中东变局以来库尔德问题的新发展 …………… 汪波　王佳尼（222）
　　一、伊拉克库尔德问题的新发展 …………………………（223）
　　二、土耳其库尔德问题的新发展 …………………………（227）
　　三、伊朗库尔德问题的新发展 ……………………………（230）
　　四、叙利亚库尔德问题的新发展 …………………………（234）

中东变局以来的南北苏丹问题 ………………… 姜恒昆　周军（240）
　　一、苏丹和南苏丹关系的演变 ……………………………（241）

二、影响苏丹与南苏丹关系的主要因素 …………………… (253)
三、苏丹和南苏丹关系的现状 …………………………… (260)

专题报告二：
域内外大国与中东热点问题

沙特及海合会与中东热点问题 ……………………… 余　泳（267）
　一、沙特及海合会与叙利亚问题 ………………………… (268)
　二、沙特及海合会与埃及问题 …………………………… (269)
　三、沙特及海合会与伊朗核问题 ………………………… (271)
　四、沙特及海合会与"伊斯兰国"问题 ………………… (274)
　五、从中东热点问题看沙特及海合会的战略调整 ……… (275)

土耳其与中东热点问题 ………………………… 邹志强　王晋（280）
　一、土耳其的叙利亚政策陷入尴尬境地 ………………… (282)
　二、土耳其的埃及政策遭遇严重挫折 …………………… (286)
　三、土耳其与以色列关系恶化，无力协调巴以问题 …… (288)
　四、土耳其在伊拉克危机中面临多重挑战 ……………… (290)
　五、对土耳其中东外交政策的若干评估 ………………… (292)

以色列与中东热点问题 ………………………………… 杨　阳（295）
　一、以色列与埃及政局变动 ……………………………… (296)
　二、以色列与叙利亚危机 ………………………………… (299)
　三、以色列与伊朗核问题 ………………………………… (303)
　四、以色列与库尔德问题 ………………………………… (306)

中东热点问题与美国的战略应对 ……………… 孙德刚　李潮铭（310）
　一、奥巴马中东政策的主要特征 ………………………… (311)

4

二、美国应对中东热点问题的主要措施 …………………… (317)
三、美国应对中东热点问题的效果评估 …………………… (323)

中东热点问题与俄罗斯的战略应对 ………… 那传林　孙德刚 (327)
一、俄罗斯中东政策的简要回顾 …………………………… (328)
二、俄罗斯应对中东热点问题的主要政策 ………………… (331)
三、俄罗斯中东政策的特点 ………………………………… (341)

中东热点问题与欧洲的战略应对 ……………… 孙德刚　张玉友 (343)
一、欧盟中东政策的主要特征 ……………………………… (344)
二、英国应对中东热点问题的政策措施 …………………… (349)
三、法国应对中东热点问题的政策措施 …………………… (351)
四、德国应对中东热点问题的政策措施 …………………… (354)

专题报告三：
中东热点问题与中国中东外交

中东热点问题与中国中东外交：总体评估与
对策建议 ……………………………………………… 姚匡乙 (359)
一、中东热点问题的发展态势 ……………………………… (359)
二、中国中东热点外交政策的调整及其动力 ……………… (364)
三、中国对中东热点问题的外交政策和实践 ……………… (367)
四、中国应对中东热点问题外交政策的评估和建议 ……… (375)

巴勒斯坦问题与中国中东外交 ……………………… 吴思科 (379)
一、巴民族和解艰难前行 …………………………………… (381)
二、"以暴制暴"，冲突无赢家 ……………………………… (384)
三、和谈重启，步履维艰 …………………………………… (385)

四、中国作用彰显正义力量 …………………………………… (388)

伊朗核问题与中国中东外交 ……………………… 华黎明 (394)
　一、伊核问题的缘起与中美在伊核问题上的首次碰撞 …… (395)
　二、2003 年后的中国伊核外交 ………………………………… (397)
　三、2013—2014 年伊朗核问题的破局 ………………………… (402)
　四、中东地区的战略态势与中国的中东外交 ………………… (406)

中国对阿富汗重建的外交参与 ………………… 刘中民　范鹏 (412)
　一、中国对阿富汗重建低调参与的
　　　阶段（2001—2010 年）………………………………… (414)
　二、中国对阿富汗重建加大参与的
　　　阶段（2010—2013 年）………………………………… (418)
　三、中国对阿富汗重建深化参与的
　　　阶段（2013 年以来）…………………………………… (423)
　四、美国和北约撤军对阿富汗问题的影响以及
　　　中国面临的挑战 ………………………………………… (427)

附录 ……………………………………… 包澄章　整理 (433)
　附录 1　2013 年中东地区大事记 ……………………………… (433)
　附录 2　2013 年中国与中东国家关系的主要文件 ………… (459)

Table of Contents

General Report: Macroscopic Understandings to the Middle East Hotspots

New Developments of the Middle East Hotspots since the Arab Upheavals
　　　　　　　　　　　　　　　　　　　　　　　　　　AN Huihou

New Changes of Non-Traditional Security Hotspots in the Middle East
　　　　　　　　　　　　　　　　　　　　　　　　　　QIAN Xuewen

The Evolution and Core Problems of Democratic Transitions in Arab States
　　　　　　　　　　　　　　　　　　　　　　　　　　LIU Zhongmin

Special Report 1
Changing Middle East Hotspots

Reasons, Characteristics and Influence of the Rise of "Islamic State"
　　　　　　　　　　　　　　　　　　　　　　FENG Yi, LIU Zhongmin

Situation in Egypt since the Fall of Morsi Regime
　　　　　　　　　　　　　　　　　　　　　　　　　　　　　　LI Yi

New Developments of Syrian Situation after the Chemical Weapons Crisis

QIAN Xuming

New Developments of the Palestinian Issue in a Changing Middle East

BAO Chengzhang

New Developments of Iran Nuclear Issue since the Ruling of Rohani

TIAN Wenlin

New Changes of the Situation in Iraq since the Middle East Upheavals

ZHANG Jinping

The Situation in Afghanistan after the Presidential Elections and the ISAF Withdrawal

YANG Shu, WAN Cheng

New Developments of the Issue of Kurds since the Middle East Upheavals

WANG Bo, WANG Jiani

The Relations between Sudan and South Sudan since the Middle East Upheavals

JIANG Hengkun, ZHOU Jun

Special Report 2 Powers Outside and Within the Region and Hotspots in the Middle East

Saudi Arabia and the GCC and Hotspot Issues in the Middle East

YU Yong

Turkey and Hotspot Issues in the Middle East

ZOU Zhiqiang, WANG Jin

Israel and Hotspot Issues in the Middle East

YANG Yang

Table of Contents

Hotspot Issues in the Middle East and the Strategic Countermeasures of the U. S.

SUN Degang, LI Chaoming

Hotspot Issues in the Middle East and the Strategic Countermeasures of Russia

NA Chuanlin, SUN Degang

Hotspot Issues in the Middle East and the Strategic Countermeasures of Europe

SUN Degang, ZHANG Yuyou

Special Report 3
Middle East Hotspots and China's Diplomacy

Middle East Hotspots and China's Diplomacy: Overall Assessment and Countermeasures

YAO Kuangyi

Palestine Issue and China's Middle East Diplomacy

WU Sike

Iran Nuclear Issue and China's Middle East Diplomacy

HUA Liming

China's Diplomatic Involvement in Afghanistan Reconstruction

LIU Zhongmin, FAN Peng

Appendix (Compiled by BAO Chengzhang)

  Appendix 1: Chronicle of Events in the Middle East in 2013

  Appendix 1: Important Documents on Sino-Middle East Relationship in 2013

中文提要

新老热点问题的交互影响构成了中东变局以来中东地区形势的典型特征之一。近几年来，在阿拉伯国家转型尤其是埃及形势持续动荡、叙利亚危机久拖不决成为新的热点问题的同时，巴勒斯坦问题、伊朗核问题、伊拉克问题、阿富汗问题、南北苏丹问题以及库尔德问题也都不同程度地受到了中东变局的影响，呈现出新的特点与趋势，而"伊斯兰国"组织的兴起则对中东地区格局、地区秩序和地区安全产生了强烈的冲击。总之，新老热点问题的交互影响构成了中东地区格局复杂变动的重要原因之一，而中东地区格局的变化则导致中东热点问题更趋复杂。

鉴于以上认识，《中东地区发展报告》（2014年卷）聚焦中东热点问题的新变化，以2013—2014年的中东形势为观察与分析对象，通过一个总报告、三个专题报告，共计22份报告，在宏观认识中东热点问题总体发展态势的基础上，对主要中东热点问题的发展现状与趋势、域内外大国对中东热点问题的影响、中东热点问题与中国外交等问题进行分析与前瞻。

总报告：对中东热点问题的总体认识

1. 阿拉伯大变局以来中东热点问题的新发展

阿拉伯大变局以来，新的热点问题层出不穷，传统热点问题更趋复杂，其突出表现包括：埃及政局多变，新总统任重道远；巴沙尔渡过最困难时期，叙利亚危机长期化；利比亚各派势力激烈争斗，有可能引发全面内战；伊拉克"伊斯兰国"猖獗，教派矛盾激化，库尔德人独立倾向加强；伴随美军即将全面撤出，阿富汗局势充满变数；南苏丹建国三年，政局动荡不已；美国与伊朗关系有所缓和，但伊核谈判达成最终协议不易；巴以和谈再次破裂，以色列与哈马斯在加沙再次爆发军事冲突；美国是地区战乱的祸首，主导能力下降；伊斯兰教影响厚重，教派斗争加剧，暴恐势力猖獗。从未来发展趋势看，虽然中东地区动荡呈现常态化的发展态势，但总体上将进入由乱到治阶段。

2. 中东非传统安全领域热点问题的新变化

近两年来，中东地区较为突出的非传统安全问题主要包括：首先，中东各地出现了新一轮的恐怖主义"回潮"势头，世界各地的"圣战"分子响应"伊斯兰国"组织的号召，参与叙利亚内战并在伊拉克攻城略地；在反海盗方面，国际社会的治理取得了积极的成果，索马里海盗的劫持行动无一成功；在能源格局方面，中国在主导全球能源需求的同时，在中东能源供求格局中的地位进一步上升；在难民问题上，因政治局势持续动荡，恐怖主义活动"回潮"，阿拉伯多国难民深陷困境，国际社会的人道主义救援力不从心。其次，粮食供应、气候变化、网络安全等问题依旧突出，构成中东地区面临的严峻挑战。

3. 阿拉伯国家民主转型的嬗变及其核心问题

中东变局以来，伊斯兰教、军人干政和地缘政治因素构成了影响阿拉伯国家民主转型的核心因素。从伊斯兰教与民主转型的关系来看，教俗对立将继续困扰阿拉伯国家民主转型，同时温和伊斯兰力量也将探索伊斯兰特色的民主道路，伊斯兰与民主的关系将呈现多样化发展态势，并不断进行调整与重塑。从军人干政与民主转型的关系看，阿拉伯国家军人干政的消解需要经历从民主启动、民主巩固到民主运转的长期的历史过程，同时有赖于宗教与世俗关系经长期磨合互动后而走向正常化。从地缘政治与民主转型的关系看，阿拉伯国家内部复杂的宗教、教派和族群矛盾，阿拉伯国家间的矛盾、意识形态竞争和地区领导权的争夺，以及西方大国的军事干涉和民主输出，都加剧了阿拉伯国家民主转型的动荡。

专题报告一：变动中的中东热点问题

1. "伊斯兰国"组织兴起的原因、特征及影响

"伊斯兰国"组织兴起的原因主要包括殖民主义历史遗产导致的叙利亚和伊拉克国家认同脆弱、伊拉克和叙利亚国家治理陷入严重危机、美国中东战略的失败、中东变局的冲击尤其是叙利亚危机的影响。"伊斯兰国"组织深受"圣战"萨拉菲主义宗教极端主义意识形态的影响，旨在通过极端残暴的手段建立否定中东民族国家边界的政教合一的伊斯兰国家。"伊斯兰国"的兴起导致中东地区秩序受到强烈冲击，叙伊两国国家认同更为脆弱，中东地缘政治版图更趋碎片化；"伊斯兰国"组织取代"基地"组织成为新的恐怖主义中心，对中东地区安全和全球安全构成严重威胁。

2. 穆尔西政权倒台以来的埃及形势

近三年来，埃及经历了一系列激烈的政治变革和社会动荡。2013年7月，由于种种原因，穆尔西政权遭遇失败，军方重返埃及政坛；2014年6月，塞西正式当选为埃及总统。作为埃及新总统，塞西面临的主要挑战是安全问题，而恢复经济和调整国内外政策也

是重中之重。调整与周边国家和美欧俄等大国的关系是埃及新政府的外交重点，其多元方式的对外关系格局，将对整个中东地区的政治生态产生重要影响。

3. 化武危机后叙利亚局势的新发展

近两年来，叙利亚政府和反对派的内战陷入僵持状态，教派之争愈演愈烈，并使域内外大国围绕叙利亚危机展开复杂博弈，进而对中东地缘政治格局和全球战略格局产生重大影响。在地区层面，叙利亚内战的背后是地区范围内以沙特为代表的逊尼派势力和以伊朗为代表的什叶派势力的博弈。在国际层面，叙利亚危机的实质是美俄博弈，但美俄在化武问题上的妥协使叙利亚危机发生重大变化，安理会第2118号决议为叙利亚问题朝政治解决方向迈出了一大步，允分体现了联合国在解决叙利亚化武危机中发挥的重要作用。

4. 中东变局与巴勒斯坦问题的新发展

中东变局以来，中东地区国际关系的深刻调整和力量格局的复杂变动，一度令巴勒斯坦问题被严重边缘化。2013年7月，巴勒斯坦和以色列新一轮和谈在美国重启，却因双方在关键问题上难以达成实质性妥协而宣告破裂。2014年6月，3名犹太青年的失踪事件成为新一轮加沙冲突的直接导火索，以色列随后发动的"护刃行动"导致双方人员大量伤亡。此轮冲突的背后是中东国家在美国对中东影响力日渐式微的背景下，利用地区热点问题争夺地区事务的主导权和控制权，由此形成了中东政治的新生态。

5. 鲁哈尼执政以来伊朗核问题的新发展

2013年6月鲁哈尼当选总统后，伊朗积极缓和与美国的关系，伊朗核问题出现一定程度的缓和，这是多种因素共同作用的结果。

2013年11月24日，伊核谈判有关各方在日内瓦达成为期半年的初步协议，以伊朗部分停止核活动，换取西方部分放松对伊制裁。此后，伊核问题谈判继续进行，但始终未能达成最终协议，并两次被推迟。由于双方结构性矛盾难以化解、国内掣肘力量强大及美伊核谈判立场差异甚大，伊核问题进展艰难，要想最终解决殊为不易。

6. 中东变局以来伊拉克形势的新变化

美国撤军和中东变局，特别是叙利亚动荡对伊拉克构成直接冲击，导致近年来伊拉克政治动荡、安全局势不断恶化。一是恐怖势力猖獗，恐怖组织"伊斯兰国"在伊拉克发动了大规模的武装攻势；二是伊拉克政治派别纷争加剧，政治危机频仍，国家分裂倾向加剧；三是美国伊拉克政策不力，对伊拉克安全局势出现误判，反恐策略存在严重隐患。今后较长一个时期，安全问题与政治和解将是伊拉克面临的重大挑战。

7. 美国撤军与总统选举后的阿富汗形势

多国部队从阿富汗撤出后，阿富汗局势的复杂性凸显，面临着安全局势恶化的可能性。军阀战争重起和塔利班卷土重来，是国际社会最为担心的核心问题。阿富汗大选虽然已有结果，但各政治派别之间的竞争在选举后不会平息，旧有的民族、部族、地域矛盾依然存在，滞后的经济和社会发展状况不可能在短期内解决。另一方面，多国部队在撤出后的战略部署以及阿富汗自身安全力量的建设，都将影响阿富汗未来前途。阿富汗"天下大乱"的可能性不大，但局部不稳定却是非常可能的。

8. 中东变局以来库尔德问题的新发展

中东变局发生以来，库尔德人也以争取民族权利和自治为目标开展了所谓"库尔德之春"的民族运动。由于历史和现实的原因，虽然库尔德人在伊拉克、土耳其、伊朗、叙利亚四国的政治和社会地位存在明显差别，但他们都希望能够利用中东变局提供的历史机遇，争取更加充分的公民地位、少数民族权利和高度自治。但是，在各种复杂内外因素的影响下，库尔德人争取民族权利的民族运动仍面临诸多困难和挑战，库尔德问题的解决仍将是一个十分漫长的过程。

9. 中东变局以来的南北苏丹问题

自南苏丹独立以来，苏丹与南苏丹关系因诸多未解决问题而一波三折，并因2012年初南苏丹石油停产及随后的哈季利季武装冲突而尖锐对立。在国际国内的双重压力下，双方被迫重启谈判，并于2012年9月签署了一系列迄今未被落实的协议。2013年3—4月，两国军队开始从边界非军事区撤离，随后南苏丹正式恢复石油生产并经苏丹的输油管道出口，两国关系出现缓和。然而，2013年底爆发的南苏丹危机，使两国关系再添变数。两国关系的彻底改善，取决于双方能否在石油收入分配方面持续合作，能否在债务分担、边界划分、停止支持对方的反叛组织等重要问题的解决上取得突破，以及国际社会能否在未来的两国谈判及有关协议的落实中发挥重要作用。

专题报告二：域内外大国与中东热点问题

1. 沙特及海合会与中东热点问题

2013年以来，引人关注的中东地区热点问题持续发展：一是2011年中东变局以来的新生热点问题持续发酵；二是地区传统热点问题起伏跌宕，更趋复杂；三是新老问题累积孵化出极端组织"伊斯兰国"，严重威胁地区稳定。针对以上热点问题，沙特为首的海合会在战略应对上多保持整体性和一致性，但在具体问题上也表现出各自为政或"选边站队"的分歧。海合会的政策调整对海湾和整个中东地区格局都将产生极大影响。

2. 土耳其与中东热点问题

2013 年以来，土耳其的中东政策不断遭受挫折或失败，地区影响力大幅下降。在与叙利亚关系方面，"化武危机"的化解、巴沙尔政权从摇摇欲坠到日益巩固都使土耳其的叙利亚政策陷入尴尬，而叙利亚危机的外溢更使土耳其饱受边境冲突、难民流入、库尔德问题复杂化以及恐怖主义渗透的多重威胁。在与埃及关系方面，土耳其积极支持的穆尔西政府被军方罢黜，穆斯林兄弟会遭到严厉镇压，导致土耳其与埃及新政府矛盾不断，土耳其与沙特等海湾国家的关系也因此受到冲击。在巴以问题上，土以关系陷入困境，恢复外交关系仍然面临诸多挑战，土耳其对巴以和谈也无法施加重大影响。在伊拉克问题上，"伊斯兰国"组织的肆虐导致伊拉克局势陷入混乱，并对土耳其的安全与经济利益产生重要影响。美国主导的打击"伊斯兰国"组织国际联盟也使土耳其面临诸多新挑战。另外，尽管土耳其与伊朗之间的经济合作上升，但双方在叙利亚、库尔德、伊拉克等问题上的矛盾使两国关系始终难以根本好转。

3. 以色列与中东热点问题

2013 年以来，中东新老热点问题出现了一些新变化，对于以色列来说，既出现了一些积极因素，又酝酿着新的挑战和威胁。埃及政局的变化正在向着有利于以色列的方向发展；叙利亚内战的长期化及其结局对以色列的影响尚难预料；伊核谈判阶段性协议令以色列不满,以色列试图影响谈判结局,阻止伊朗拥核进程;库尔德独立倾向增强,并得到以色列支持,以色列试图将库尔德人塑造成新的合作伙伴。

4. 中东热点问题与美国的战略应对

2013—2014年,中东恐怖主义蔓延、阿拉伯国家转型进程步履维艰、伊朗核问题久拖不决、巴以冲突白热化,都表明中东热点问题的走向背离了奥巴马政府预期的发展轨道,也改变了"阿拉伯革命"发生后中东地区地缘政治斗争的态势。在2011—2012年,美、欧、俄等域外大国和土耳其、沙特、埃及、伊朗等中东地区大国围绕"阿拉伯革命"激烈博弈,支持"激进式革命"与支持"渐进式改良"两大阵营之间的矛盾,成为中东地区的主要矛盾。2014年以来,"伊斯兰国"组织迅速扩张,使上述各大力量之间的矛盾暂时得到缓解,恐怖主义与反恐怖主义的矛盾尽管不会取代地缘政治矛盾成为中东地区的主要矛盾,但是应对"伊斯兰国"组织和其他恐怖组织的挑战,至少在短期内促进了域外大国和中东地区大国求同存异、开展合作。

5. 中东热点问题与俄罗斯的战略应对

在2013—2014年,俄罗斯为缓解在乌克兰危机问题上西方对其施加的压力,努力在中东热点问题上寻找突破口。在叙利亚,俄罗斯继续支持巴沙尔政权恢复国内秩序;在伊朗核问题上,俄罗斯寻求与西方大国和中国建立合作关系;在发展经贸合作问题上,俄罗斯寻求与埃及、沙特、土耳其等支点国家建立战略关系。俄罗斯应对中东热点问题,体现出普京政府实用主义的外交政策,即以保护俄罗斯在中东的现实利益为首要追求。

6. 中东热点问题与欧洲的战略应对

在2013—2014年，欧盟成员国对内应对经济疲软问题，对外应对乌克兰危机的挑战，对中东热点问题的关注度明显下降。欧盟在巴以问题上坚持"两国方案"，在反恐问题上强调"保护的责任"，在发展同中东国家的经贸关系上以海合会为重点。除此之外，欧盟在伊朗核问题上与美国步调一致，在叙利亚问题上继续孤立巴沙尔政权，同时以"人道主义援助"为旗帜，向叙利亚和伊拉克难民提供援助，彰显欧盟对人道主义事业的关注。欧盟大国应对中东热点问题的战略与政策既具有一致性，又具有差异性。

专题报告三：中东热点问题与中国中东外交

1. 中东热点问题与中国中东外交：总体评估与对策建议

2013年以来，中东形势继续发生深刻复杂的变化，中东热点问题呈现新的发展态势。针对中东热点问题，中国在政策层面坚持原则，强化顶层设计，超越传统，大胆创新；在行动层面突出重点，灵活多样，积极斡旋，劝和促谈，努力推动中东热点问题朝着公正合理方向发展。积极"劝谈促和"、坚持不干涉内政原则、反对新干涉主义、坚持正确的"义利观"，构成了中国中东政策的主要内容，并积极付诸实践，推动中东热点问题的政治解决。为进一步推动中国的中东外交，中国应着重做到以下几点：第一，要坚持我国基本国情和发展中国家的定位；第二，要把加强参与中东事务能力建设作为一项长期任务；第三，要处理好中美在中东事务上既合作又斗争的关系；第四，要增强中国在中东热点问题上的话语权，不断加强自身硬、软实力的建设。

2. 巴勒斯坦问题与中国中东外交

近两年来，中东地区热点问题进一步复杂化。巴勒斯坦问题作为中东问题的核心，呈现出与其他地区热点问题相互联动、震荡频发的特点，各方的博弈更加激烈，并牵动中东地区乃至全球地缘战略格局的深刻调整。巴内部和解一波三折，虽取得一定进展，但依旧困难重重；巴以和谈虽然于2013年下半年艰难重启，但却无果而终。以色列于2014年对加沙发动的"护刃行动"使巴以冲突严重升级，引起国际社会的广泛关注。面对错综复杂的巴勒斯坦问题，中国坚持以2013年5月习近平主席提出的"四点主张"为指导，在推动巴以问题政治解决方面发挥了重要的建设性作用，更好地履行了大国责任。中国主张从根本上解决巴勒斯坦问题，实现巴勒斯坦独立建国，尊重以色列的安全关切，中方巴以政策具有公正、均衡、务实的显著特点，得到了国际社会更加广泛的认同和赞赏。

3. 伊朗核问题与中国中东外交

从20世纪90年代开始，伊朗核问题成为中美关系中的争议问题之一。2003年以来，面对不断升温的伊朗核问题，中国的利益关切主要有三：第一，伊朗不拥有核武器；第二，中国在伊朗的利益不受损；第三，世界和平不因伊核问题而遭破坏。2006年以来，中国参与了所有关于伊朗核问题的谈判，并在此过程中围绕以上利益关切进行了艰难的平衡。在2013—2014年，伊核问题六国与伊朗的谈判取得重要阶段性成果，中国是重要参与方，发挥了重要的建设性作用。未来十年中东地区的战略态势主要表现为中东乱局掣肘美国战略东移、世界能源格局发生深刻变化、中东地区国家转型漫长而艰难、地区各方势力展开复杂博弈。未来中国的中东战略具有三个特点：第一，中国在中东问题上将进一步发声和加大投入；第二，中国对中东外交投入的增加将是一个渐进摸索的过程；第三，中国与美国为首的西方在中东将是既斗争又合作、避免正面对抗的关系。

4. 中国对阿富汗重建的外交参与

中国对阿富汗重建的参与大致经历了三个阶段。第一个阶段为2001—2010年，由于阿富汗问题十分复杂，中国对阿富汗重建的参与相对低调，主要通过参与多边外交、提供积极援助等方式参与阿富汗重建。第二阶段为2011—2013年，伴随2011年驻阿美军和北约领导下的国际安全援助部队开始从阿富汗撤军，中国对阿重建的外交参与进入更加积极的阶段。第三阶段为2013年以来，伴随美国从阿富汗撤军接近尾声，以及阿富汗形势的变化和周边外交在中国外交中地位的不断提高，新一代领导集体的阿富汗政策更加清晰，中国参与阿富汗重建的主动性和力度明显加大。美国和北约从阿富汗的撤军，对阿富汗重建进程和地区安全形势产生了重要影响。在此背景下，如何应对阿富汗可能出现的动荡和混乱，如何妥善处理与涉及阿富汗问题各方的关系，如何帮助阿富汗实现真正的"阿人治阿"和"阿人所有"，都是中国对阿富汗外交面临的重大课题。

Abstract

Interaction between traditional and emerging problems is a typical chara cteristic in the Middle East since the Arab upheavals. In recent years, transitions of Arab states, especially the continued turmoil in Egypt and the protracted Syria crisis, have become the emerging hotspots. At the same time, traditional ones—the Palestine issue, the Iranian nuclear issue, the Iraq issue, the Afghanistan issue, the Sudan issue and the Kurd issue—have all impacted by the Middle East upheavals to varying degrees and presented new characteristics and new trends, and the rise of "Islamic State" has also exerted strong impacts on the regional pattern, regional order and regional security in the Middle East. In short, interaction between traditional and emerging problems has been among the important reasons of the complex changes in the Middle East, and such changes further complexed the Middle East hotspots.

Given the understandings above, *Reports on the Middle East Development (2014)* will focus on the new changes of the Middle East hotspots. Based on the macroscopic understandings on the general development trends of the Middle East hotspots, the book will analyze and preview the development status and trends of main hotspots within the region, the influence of the outside powers and regional powers, and the relationship between Middle East hotspots and China's diplomacy through one general report, three special reports and 22 sub-reports with the Middle East

Abstract

situation in 2013 and 2014 as the main object of analysis.

General Report: Macroscopic Understandings to the Middle East Hotspots

1. New Developments of the Middle East Hotspots since the Arab Upheavals

Since the Arab upheavals, new hotspots emerged in endlessly and traditional hotspots became even more complex, which can be proved by outstanding performances as follows: situation in Egypt has been changeable and new president there faces arduous tasks; the Assad regime has been through the toughest times and Syria crisis has been protracted; there are fierce conflicts among parties in Libya which may lead to the outbreak of the civil war in full range; "Islamic State" becomes rampant in Iraq, which intensifies the sectarian conflicts and the tendency of independence of Kurds; with the withdrawal of the U.S. army, situation in Afghanistan is full of variables; the Republic of South Sudan has established for three years and the country is still stuck in turbulence; the relationship between the U.S. and Iran has been eased, but it remains difficult to reach the final agreement on Irania nnuclear issue; the negotiation between Palestine and Israel has broken down again, military conflict was taken place in Gaza between Israel and Hamas; as the culprit for the regional turbulence, the leading role of the U.S. is decreasing; Islam is deep-rooted in the region, sectarian conflicts become intensified and violent and terrorism forces are increasingly rampant. Viewing from the future development, although the turbulence has somehow been normalized in the Middle East, the region is going to be transformed from disorder to order on the whole.

2. New Changes of Non-Traditional Security Hotspots in the Middle East

In these two years, there are several outstanding non-traditional security problems in the Middle East. First, the new round of the resurgence of the terrorism in the Middle East took place. "Jihadists" from all over the world responded the call of the "Islamic State" and took part in the civil war in Syria and conquered territories in Iraq. Second, from anti-piracy perspective, governance of the international community has achieved positive results and hijackings of Somali pirates have never succeeded in the past two years. Third, from the perspective of the energy pattern, China has played a leading role in global energy demands and its importance has increased in the Middle East energy demands pattern. Fourth, from the perspective of refugees, due to the changing political situation and the resurgence of the terrorism activities, refugees in many Arab countries are struggling in troubles, and the humanitarian relief of the international communities is powerless. Besides, problems such as food supply, climate change and cyber security are also serious and challenging the Middle East.

3. Core Problems and Development Trends of Democratic Transitions in Arab States

Since the Middle East upheavals, Islam, political intervention from military forces and geopolitical factors constitute the core factors impacting the democratic transitions in Arab states. Viewing from the relationship between Islam and democratic transitions, confrontation between secular and religious forces will continue trouble Arab states' democratic transition, and at the same time moderate Islamic forces will try to explore the democratic development path with Islamic characteristics. The development

Abstract

trends of the relationship between Islam and democracy will be diversified and continue to be adjusted and reshaped. Viewing from the relationship between political intervention from military forces and democratic transitions, elimination of the political intervention from military forces requires a long historical process, transforming from the start of democracy, the democratic consolidation to the functioning of the democracy. This process relies on the long-term run-in and future normalization of the relationship between religion and secular forces. Viewing from the relationship between geopolitics and democratic transitions, factors including complex religious, sectarian and ethnic conflicts within Arab states, contradictions, ideological competitions and competitions for regional leadership among Arab states, as well as the military intervention and democratic output from Western powers, all intensify the turbulence in Arab states' democratic transitions.

Special Report 1: Changing Middle East Hotspots

1. Reasons, Characteristics and Influence of the Rise of "Islamic State"

Reasons of the rise of "Islamic State" include the fragile national identity in Syria and Iraq caused by the colonial heritage, failed governances in Iraq and Syria, failure of U. S. Middle East strategy and the impact of the Middle East upheavals especially impact of the Syria crisis. "Islamic State" is deeply affected by Jihadist-Salafism which is a religiously extremist ideology to try to establish a theocratic Islamic state across boundaries of national states through extreme brutal methods. The regional order of the Middle East has been impacted strongly by the rise of the "Islamic state", national identity in Syria and Iraq become more fragile and the geopolitical landscape of the Middle East becomes more fragmented. "Islamic State" has replaced Al-Qaeda and become a new center for terrorism, which seriously threats Middle East regional security and even global security.

2. Situation in Egypt since the Fall of Morsi Regime

Fierce political transformation and social turmoil have been undergone in Egypt in the past three years. In July 2013, due to complex reasons, Morsi regime failed and military forces came back to the political stage; In June 2014, Abdul Fattah el-Sisi was formally elected as the president of Egypt. To the new president of Egypt, security problem is the biggest challenge facing Sisi, and economy recovery and policy adjustments are also among top priorities. Adjusting the relationship with surrounding countries and great powers including the U. S., Europe and Russia, is also the important task of the diplomacy of the new Egyptian government. Egypt's diversified foreign relations will exert important influence to political ecology of the whole Middle East.

3. New Developments of Syrian Situation after the Chemical Weapons Crisis

In recent two years, the civil war between Syrian government and the oppositions has been into a stalemate. Conflicts among different sects become increasingly fierce, and big powers outside the region have carried out complex power game regarding the Syria crisis, which seriously impacts the geopolitical pattern of the Middle East and global strategic pattern. On regional level, the game between Sunni forces represented by Saudi Arabia and Shiite forces represented by Iran is behind the civil war in Syria. On international level, the essence of the Syria crisis is the game

Abstract

between the U. S. and Russia. However, the compromise of the two on chemical weapons problem makes it possible for the changes in Syria crisis. An important step forward in political solution of the Syria crisis has been made by United Nations Security Council Resolution 2118, which fully reflects the important role of the United Nations in resolving the Syria chemical weapons crisis.

4. New Developments of the Palestinian Issue in a Changing Middle East

The Palestinian issue has been severely marginalized with the profound adjustments of regional and international relations, and complex changes of geopolitical landscape since the Middle East upheavals. In July 2013, a new round of Palestinian-Israeli peace talks resumed in the U. S. , but the peace talks broke down due to the difficulties of both sides in reaching a compromise on substantive issues and other factors. In June 2014, three young Jews went missing, which became a direct fuse of the latest Gaza conflict. Israel launched "Operation Protective Edge" subsequently, resulting in a large number of casualties. Behind the scenes of Gaza conflict, the Middle Eastern countries are further widening their respective spheres of influence, dominance and control over regional affairs by utilizing of regional hotspot issues, in the context of U. S. declining influence in the region, thus forming a new political ecology in the Middle East.

5. New Developments of Iran Nuclear Issue since the Ruling of Rohani

Since the being elected of Hassan Rohani in June 2013, Iran has positively pursued the improvement of the relationship with the West, and

Iran nuclear issue has been eased to some degree, which is the combined effect caused many factors. On November 24, 2013, a preliminary agreement has been reached by relevant parties of Iran nuclear negotiations in Geneva for six months. In return for the steps to constrain Iran's nuclear program, the West will provide Iran with limited, targeted, and reversible sanctions relief. After then, Iran nuclear negotiation continues but no further agreement has ever been reached. Even worse, the negotiation itself has been delayed for twice. Due to the deep-rooted structural contradictions, powerful domestic constraints and the big gap between negotiating positions, it's quite difficult for the resolving of the Iran nuclear issue to move on.

6. New Changes of the Situation in Iraq since the Middle East Upheavals

Impacts of the withdrawal of U. S. army, the Middle Eastupheavals, especially the turbulence in Syria, on Iraq has led to the continuing worsening of the political turmoil and security problem. First, terrorism forces become rampant, which can be proved by the armed attacks on Iraq carried by the terrorism organization "Islamic State". Second, disputes among political factions in Iraq have intensified, political crisis has been more and more frequent, and the separatist tendencies in the country have been growing obvious. Third, U. S. policies toward Iraq are powerless. It has miscalculation on the security situation in Iraq and U. S. counter-terrorism strategies have serious risks. For some time, security problem and political reconciliation will continue to challenge Iraq.

7. The Situation in Afghanistan after the Presidential Elections and the ISAF Withdrawal

After the withdrawal of the ISAF, the complexity of the situation in

Abstract

Afghanistan became prominent since the country is facing the possibility of a worsening security situation. The restart of the warlord war and the revival of the Taliban are two problems where the international community is very concerned for. Although the results of the Afghan elections are already out, the competition between the different political forces will not calm down even after these elections. The old ethnic, tribal and regional conflicts still exist. The lagging economic situation and social development can therefore not be resolved in a short period. On the other hand, however, this kind of situation is not at all absolute because the strategic plan after the withdrawal of the international forces and the construction of Afghanistan's own security forces are both influencing the prospect of Afghanistan's future. The likelihood of an overwhelming chaos in Afghan territory is rather small, but local instabilities are indeed very possible to occur.

8. New Developments of the Issue of Kurds since the Middle East Upheavals

Since the Middle East upheavals, Kurds have also carried out the so-called "Kurd Spring" with the goal of gaining national rights and autonomy. Due to the historical and practical reasons, Kurds, no matter from Iraq, Turkey, Iran or Syria, all want to take the opportunities provided by the Middle East upheavals to strive for a higher level of citizenship, minority rights and autonomy in spite of the differences of their social statuses in four countries. However, influenced by complex internal and external factors, difficulties and challenges are still ahead of Kurds' national movement for national rights. The resolving of the issue of Kurds will be a long process.

9. The Relations between Sudan and South Sudan since Middle East Upheavals

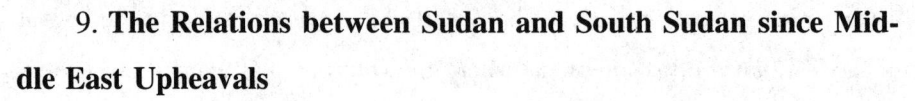

Since its independence, South Sudan's relation with Sudan has encountered many frustrations due to the contradictions between them, and has even gone to a sharp confrontation because of South Sudan's shutdown of oil production in early 2012 and the subsequent war in Heglig. The two sides were forced to restart talks under the domestic and international pressures then, and finally signed a series of agreements which remains unimplemented so far. The two Sudans have made the first move towards a detente after their troops withdraw from the border zones in March and April 2013, then South Sudan resumed its oil production and exported oil through the oil pipelines of Sudan. However, the South Sudan crisis erupted at the end of 2013 added once again new variables to the relations between the two. The normalization of relations between the two countries depends on whether both sides could continuously maintain cooperation in the distribution of oil revenues and make headway with problems, like debt sharing, border demarcation and stopping to support each other's rebel groups, and whether international community could play an important role in both the negotiations between the two Sudans and the implementation of relevant agreements.

Special Report 2: Powers outside and within the Region and the Hotspots in the Middle East

1. Saudi Arabia and the GCC and the Middle East Hotspot Issues

Since 2013, the Middle East has been continuing to attract people's

Abstract

attention for its hotspots issues. First, "the Arab Spring" has brought many more changes since 2011. Second, regional hotspots changes frequently and become are more complex. Third, "Islamic State" seriously threatens the regional stability. Targeting those hotspots, most of the times, the GCC countries represented by Saudi Arabia dealt with them as a whole while still some times different member choose different sides. The adjustment of GCC policies will exert great influence on the whole regional pattern.

2. Turkey and Hotspot Issues in the Middle East

Since 2013, Turkey's Middle East policy has faced setbacks, and its regional influence has been decreasing. On relations with Syria, since the "Chemical Weapon Crisis" is defused, the Assad Regime is becoming increasingly consolidated and the rise of "Islamic State" is reshaping the political structure of the country. As a result of the "Spillover effects" of the Syrian Crisis, Turkey is suffering multiple threats including border security, refugee crisis, the Kurdish issue and terrorism penetration. On relations with Egypt, the Morsi Regime backed by Turkey was ousted by the military forces and the Muslim Brotherhood in Egypt was also repressed. This result was unacceptable for Turkey and the Turkish government condemned the regime change publicly which led to a soured relation with Egypt and also a distant relationship with Saudi Arabia and other Gulf countries. On Palestine-Israeli conflict, the bilateral relationship between Turkey and Israel is still in trouble, there are a lot of challenges to meet before restoring diplomatic relations. As a result, Turkey could not apply a more significant impact on the Palestinian Issue. On the Iraq issue, the rampant "Islamic State" not only led to chaos in Iraq, but also did harm to the security and economic interests of Turkey that shares border with

Iraq. The international community's strike on "Islamic State" led by the U. S. also put Turkey into a dilemma. The deteriorating situation of the internal conflict within Libya also affects the economic interests and Personnel security of Turkey. What's more, although the economic cooperation between Turkey and Iran is increasing, the bilateral relation between the two countries couldn't be improved due to the security conflict on the issues of Syria, Kurds and Iraq.

3. Israel and Hotspot Issues in the Middle East

Since 2013, both the new and old Middle East hotspot issues witnessed some new developments. Israel's strategic balance comprises both several positive elements and developing new threats and difficult challenges ahead. The political changes in Egypt develop towards the direction in favor of Israel. The impact of the dragging on of the Syria civil war and its possible scenarios on Israel is still difficult to expect. Israel is not pleased with the interim agreement between the P5 + 1 and Iran on Iran's nuclear program. Israel is trying to influence the result of the nuclear negotiations in order to stop Iran have nuclear capability. Israel supports the Kurdish independence and tries to turn Kurds into its new partner in the Middle East.

4. Hotspot Issues in the Middle East and the Strategic Countermeasures of the U. S.

The year 2013 and 2014 witnessed the proliferation of the Middle East terrorism, the painful transformation of the Arab countries, the prolonged Iranian nuclear issue, and the deteriorating Arab-Israeli conflict. Such Middle East burning issues are beyond the Obama administration's expectation, and have changed the geopolitics of the Middle East rivalry. In 2011 and 2012, the US, EU, Turkey, Saudi Arabia and Qatar formed a pro-

Arab Revolution bloc; Russia, Iran, Syria and others formed an anti-Arab Revolution bloc. The two blocs constituted the major contradiction in the Middle East geopolitics. Since 2014, the rise of "Islamic State" may not change the competitive essence among the regional and outside powers, but it will entail these powers to seek common ground while shelving differences for cooperation.

5. Hotspot Issues in the Middle East and the Strategic Countermeasures of Russia

In 2013 and 2014, Russia endeavored to seek breakthrough on the Middle East issues in order to alleviate the western pressure on Moscow since the outbreak of the Ukraine crisis. In Syria, Russia continued to support the Bashar regime to restore peace and stability; on Iranian nuclear issue, Russia sought cooperation with the Western powers and China; in developing economic and trade relations, Russia explored to build strategic ties with Egypt, Saudi Arabia, and Turkey. Russian response to the Middle Easthotspot issues were characterized by Putin's pragmatism, aiming at protecting Russia's practical interests in the region.

6. Hotspot Issues in the Middle East and the Strategic Countermeasures of Europe

In 2013 and 2014, the EU member states gave top priority to their respective thorny domestic issues of economic slowdown as well as the explosive external issues of Ukraine crisis. Therefore, the EU attention on the Middle East has declined obviously. The EU adhered to "Two-State Solution" on the Palestine-Israeli conflict, underscored "responsibility to protect" in anti-terrorism issue, and focused on the GCC countries in developing trade and economic ties. In addition, EU sought consensus with the US on the Iranian nuclear issue, and continued to isolate the Bashar regime of Syria; with the banner of humanitarian aid, EU provided economic aid to Syrian and Iraqi refugees to reveal its concern over the humanitarian cause. The EU members' response to the Middle East hotspot issues is characterized by both uniformity and divergence.

Special Report 3: Middle East Hotspots and China's Diplomacy

1. Middle East Hotspots and China's Diplomacy: Overall Assessment and Countermeasures

Since 2013, deep and complex changes have been undergone in the Middle East situation. Hotspots within the region have also presented new development trends. On these hotspots, on policy level, China adheres to the principles on the one hand, and tries to strengthen top-level design, go beyond traditions and make bold innovations on the other hand. On operational level, China is focused and flexible. It positively mediates the problems, promotes peace talks and strives to promote the Middle East hotspots toward the fair and reasonable direction. Positively promoting peace talks, insisting the principle of non-intervention in the internal affairs, opposing the neo-interventionism and adhering to the correct viewpoint on virtue and interest have composed the main contexts of China's Middle East policy. These ideas have been put into practice and promoted the political solution of the Middle East hotspots. To further promote China's Middle East diplomacy, China should do things as follows: First, China should insist its basic national conditions and its position as a developing country. Second, China should enhance its capability in taking part in the Middle East affairs and make it a long-term task. Third, China should properly handle the relationship between China and the U. S. on Middle East affairs, which contains both cooperation and competition. Fourth, China should enhance its discourse on the Middle East hotspots and continue to enhance its hard and soft power.

2. **Palestine Issue and China's Middle East Diplomacy**

In previous two years, hotspots in the Middle East have become more complex. As the core of the problems in the Middle East, the issue of Palestine takes place frequent and has mutual linkage with other hotspots within the regions, which are new characteristics of this issue. The game among the parties becomes fiercer, which affects the deep adjustments of the geopolitical pattern in the Middle East and even the whole world. The internal reconciliation in Palestine is filled with turns and twists. In spite of some achievements, many difficulties are still ahead. The peace talks between Palestine and Israel has restarted in the second half of 2013 and ended without result then. In 2014, Israel launched "Operation Protective Edge" in Gaza Strip and upgraded the Palestine-Israel conflict, which draw global attention. Facing the complex issue of Palestine, China insists the guideline of the four-point proposal made by Chinese President Xi Jinping in May 2013, and plays an important constructive role in promoting the political resolution of the Palestine-Israel conflict and fulfills its responsibilities as a global power. China advocates resolving the issue of Palestine from the root, achieving the establishment of Palestine as a state and respecting Israel's security concerns at the same time. China's policies toward the Palestine-Israel conflict are impartial, balanced and pragmatic, which has been recognized and appreciated by international community.

3. Iran Nuclear Issue and China's Middle East Diplomacy

Since the 1990s, Iran nuclear issue has been among the disputes between China and the U. S. Since the year of 2003, faced by the increasingly heated Iran nuclear issue, China mainly has three interests concerns: First, Iran cannot have nuclear weapons. Second, China's interests in Iran cannot be harmed. Third, global peace cannot be damaged by Iran nuclear issue. Since 2006, China has taken part in all negotiations on Iranian nuclear issue and made many efforts in balancing the interests concerns above. In 2013 and 2014, the negotiation between P5 + 1 and Iran has gained important initial result, China was an important participant who has played constructive role. Turbulence in the Middle East will constrain U. S. eastward strategy, global energy pattern will undergo deep changes, transitions of the Middle East countries will be full of turns and twists and regional parties will play complex games. These are all the main performances of the strategic trend in the Middle East in the next 10 years. In future, China's Middle East strategy will have three characteristics: First, China will have a louder voice on Middle East issues and attach more efforts in this region. Second, the increasing of China's efforts on the Middle East will be a gradual and trial-and-error process. Third, the relationship between China and the West represented by the U. S. include both struggles and cooperation, but the direct confrontation should be avoided.

4. China's Diplomatic Involvement in Afghanistan Reconstruction

China's involvement in Afghanistan reconstruction has experienced three periods: The first period is from 2001 to 2010. Due to the complexity of the Afghanistan issue, China is quite low-profile in participation. It took part in it mainly through methods such as participating multilateral diplo-

Abstract

macy or providing active assistance. The second period is from 2011 to 2013. With the withdrawal of the International Security Assistance Force led by the U. S. and NATO, China's diplomatic involvement in Afghanistan reconstruction became more active. The third period started in 2013. The withdrawal of the U. S. army from Afghanistan has drawn to a close. With the changes of the situation of Afghanistan and the growing importance of the neighboring diplomacy in China's overall diplomacy, new generation of China's leadership has more clear policies toward Afghanistan. China is more proactive and puts more efforts in participating in Afghanistan reconstruction. The withdrawal of the army of the U. S. and NATO has exerted important influence on Afghanistan reconstruction and regional security situation. Against such backdrops, how to deal with the possible turbulence in Afghanistan? How properly handle the relationship among relevant parties? How to help Afghanistan to achieve true autonomy and independence? These questions are all important tasks ahead of China's diplomacy toward Afghanistan.

总报告
对中东热点问题的总体认识

阿拉伯大变局以来
中东热点问题的新发展

中华人民共和国外交部　安惠侯

【内容提要】

　　阿拉伯大变局以来，中东新的热点问题层出不穷，传统热点问题更趋复杂，其突出表现包括：埃及政局多变，新总统任重道远；巴沙尔渡过最困难时期，叙利亚危机长期化；利比亚各派势力激烈争斗，有可能引发全面内战；伊拉克"伊斯兰国"猖獗，教派矛盾激化，库尔德人独立倾向加强；伴随美军即将全面撤出，阿富汗局势充满变数；南苏丹建国三年，政局动荡不已；美国与伊朗关系有所缓和，但伊核谈判达成最终协议不易；巴以和谈再次破裂，以色列与哈马斯在加沙再次爆发军事冲突；美国是地区战乱的祸首，主导能力下降；伊斯兰教影响厚重，教派斗争加剧，暴恐势力猖獗。从未来发展趋势看，虽然中东地区动荡呈现常态化的发展态势，但总体上将进入由乱到治阶段。

　　中东是热点问题多发地区。阿拉伯大变局不仅对原有的热点产生影响，还制造了新的热点。巴勒斯坦问题、伊朗核问题、伊拉克问题、阿富汗问题以及南苏丹问题属于原有的热点问题，埃及动荡、叙利亚内战和利比亚战乱则是在阿拉伯大变局中出现的新热点，而库尔德问题则是潜在的热点问题。本文拟对这些热点问题的新发展、特点、发展趋势、外溢效应以及影响这些热点问题走向的主要因素做些分析。

一、新生热点问题加剧中东动荡

（一）埃及政局多变，新总统任重道远

2011年2月11日，穆巴拉克面对民众抗议被迫辞职，将政权移交军方。军方掌权一年多时间后，还政于民。在大选中，有穆斯林兄弟会（下文简称穆兄会）背景的"自由与正义党"控制议会，该党候选人穆尔西战胜世俗候选人拉菲克当选总统，并于2012年6月30日上台执政。执政后，穆兄会排除异己，多方揽权，四处树敌，又拿不出促进国家发展的方案和举措，经济急剧恶化。埃及GDP增长率由5%降到1.9%，外汇储备由332亿美元降到135亿美元；失业率为13%，年轻人失业率高达30%。穆尔西执政一年，抗议示威多达7000多次，埃及社会更加分裂，动荡加剧，安全恶化，民生艰难。[①] 在此背景下，一度获得多数民众支持的穆兄会迅速丧失民心。

埃及独立后，一直是世俗政体，因此世俗势力十分强大。他们不甘心失去权力，并与穆兄会势不两立。在穆兄会执政一周年前夕，世俗势力发动要求穆尔西下台的签名活动，宣称征集到2200万人签名，大大多于穆尔西在总统选举中获得的1400多万张选票数。世俗势力还发动了3000万人的大游行，声势超过2011年反对穆巴拉克的运动。此时，保持中立的军队发出最后通牒，要求对立双方在48小时内解决危机，否则，军队将进行干预。但穆尔西拒绝妥协，导致军队宣布将其废黜，由最高宪法法院院长曼苏尔暂行总统职权。

埃及独立以来的历届总统均是军人出身，军队一直是政局的压

[①] 杨福昌：《新一轮动荡期的埃及局势分析》载《阿拉伯世界研究》2013年第5期。

舱石。军队在反抗外来侵略，维护国家独立、主权和领土完整的战斗中立下赫赫战功，在民众中享有崇高威望。军队也是历届政府打压穆兄会的主要力量，与穆兄会有世仇。此外，军队参与的经济活动占埃及国民生产总值的25%强，使军队拥有强大的经济基础。军队出面废黜穆尔西，于公是顺应民心，避免两派争斗失控，维持国家稳定；于私是要重新掌控政治权力，确保军队在国家政治生活中的地位和一贯享有的特权。

军队干政得到多数民众的欢迎和拥护，但穆兄会不甘心失败，举行强大的游行抗议并在开罗安营扎寨，要求恢复穆尔西的总统职位，酿成多起流血冲突。2013年8月14日，过渡政府下令"清场"，前后共造成9400多人伤亡。此外，穆尔西以及包括穆兄会最高领导人巴迪亚在内的2000多名穆兄会骨干被捕。在此背景下，拒不妥协的穆兄会被迫转入地下，伺机制造事端，以期东山再起。在军队强力清场后，公开的游行抗议活动逐步减少，但恐怖暴力活动不时发生。

2014年1月14至15日，埃及举行新宪法全民公决，登记选民5300万，投票率为38.6%，支持率为98.1%。[1]新宪法明确禁止以宗教为基础成立政党；取消协商委员会，改两院制为一院制；允许军事法庭审判平民；国防部长必须由军人出任，并需得到最高军事委员会同意。由此可见，新宪法明显加强了军队在政治生活中的地位和作用。按惯例，宪法通过后6个月内举行议会和总统选举。1月26日，临时总统曼苏尔宣布在议会选举前先举行总统选举。3月26日，塞西辞去武装部队总司令及国防部长职务，并宣布参选总统。另一候选人是左翼政治家哈姆丁·萨巴希。在随后进行的总统选举中，投票率为47%，投票率不高的主要原因在于穆兄会的抵制和日益失望的青年人对选举热情不高。经统计，塞西共获得2400万张选

---

[1] 《埃及公投高票通过新宪法》，载《北京日报》2014年1月20日。

票,毫无悬念地以96.91%的高得票率当选总统。[①]

对塞西废黜穆尔西并当选总统,有人认为这是通过政变手段推翻民选政府,不合法,是民主进程的倒退,是回归没有穆巴拉克的穆巴拉克政体。对此,笔者看法如下:第一,穆巴拉克和穆尔西都是民选总统,两人都失去民心,这是共同点。不同的是,穆巴拉克在压力下辞职;穆尔西在失去民心的情况下拒不辞职,导致被军方废黜。因此,简单认为前者是"革命",而后者不合法,这并不公平。第二,埃及民众关心的首先是"促进发展,改善民生",其次才是"民主",事实证明街头政治带来的动乱和社会分裂,既不能解决"发展"和"民生"问题,也无法实现真正的"民主"。在埃及这类发展中国家,在社会陷入严重动荡和分裂的情况下,需要强人组成有威望的政府稳定局势,恢复经济,改善民生,发扬民主。在此背景下,塞西是稳定埃及的不二人选。第三,至于塞西是否回归穆巴拉克政体,不能光看他与穆巴拉克一样出身于军人,而要看他上台后执行什么样的政策。如果他照搬穆巴拉克后期的政策,就有可能重蹈穆巴拉克的覆辙。

的确,塞西总统任重道远:第一,要继续维护社会和政局稳定。过渡政府已宣布穆兄会为恐怖组织,而塞西也宣称当选总统后将不允许穆兄会存在。穆尔西政权被废黜以来,埃及当局多次审判穆兄会骨干,并判处重刑。然而,对根基深厚的穆兄会一味进行打压,恐非良策,塞西新政权应软硬兼施,刚柔并济,对穆兄会进行分化,并争取其成员,同时要采取有效举措,吸引青年人参与社会治理,发挥正能量。此外,还要严厉打击暴恐势力,确保社会治安。第二,要大力发展经济,改善民生。埃及经济困难积重难返,恢复经济绝非易事。但如果不能在经济上有所作为,便难以稳定民心,这关乎新政权的生死存亡,不能掉以轻心。2014年8月5日,埃及政府宣

[①] 《塞西当选埃及总统》,载《北京日报》2014年6月5日。

布,在现有的苏伊士运河东部开凿一条新运河,以适应不断增长的航运需求,同时拉动经济发展。对此埃及民众反应强烈,国际社会也给予关注。第三,营造有利的外部环境。美国等西方国家对军队发动"政变"不予认可,一度减少对埃援助。由于埃及的重要地位和作用,美国于2014年4月部分恢复对埃援助。2014年2月,塞西作为国防部长偕外长出访俄罗斯,受到俄方热情接待,普京表示支持塞西竞选总统。双方还就埃及购买30亿美元俄军火进行了商谈。①8月12日,塞西又以国家元首身份访问俄罗斯。埃及密切与俄罗斯关系,显然有牵制美国的考量。在地区国家中,沙特等海湾国家(卡塔尔除外)力挺埃及军方,提供了大量援助,沙特还宣布穆兄会为恐怖组织,而土耳其与卡塔尔则对军方废黜穆尔西予以谴责。2014年8月26日,在埃及的调停下,巴勒斯坦和以色列就无限期停火达成协议,从而结束历时50天的军事冲突。埃及在动荡3年多时间后,重新发挥地区大国作用。

作为地区大国,埃及的动向在地区具有风向标作用。伊斯兰势力在埃及遭受重创,强人上台执政,都会对地区国家产生深远影响。

(二) 巴沙尔渡过最困难时期,叙利亚危机长期化

叙利亚危机历时3年多,人们很少谈论这场危机的性质。这是"民主"与"独裁"之争,还是"革命"与"反革命"之战? 在笔者看来,二者都不是。2011年3月,在阿拉伯大动荡的影响下,叙利亚民众举行游行抗议,要求变革。巴沙尔采取镇压和怀柔的两手策略,原本有可能平息事态。但美国联手沙特、卡塔尔等海湾国家以及土耳其插手叙利亚事务,谴责叙政府,力挺反对派,并出钱出枪组建反政府武装,于当年7月挑起内战。由此不难看出,叙利亚危机虽然包含着民众不满现实、要求变革的因素,但其实质是外国

---

① 《塞西访俄:埃及正走向"平衡外交"》,载《解放日报》2014年2月15日。

势力干涉叙内政，挑起内战，企图更迭叙政权。

美国为维护其霸权，利用阿拉伯世界大动荡之机，推行"新干涉主义"，要更迭所有不听命于美国的政权。沙特等海湾国家担心伊朗力量发展威胁他们的利益，极力削弱以伊朗为首的什叶派"新月联盟"，而叙利亚是该联盟的重要成员，推翻巴沙尔政权有利于削弱伊朗的力量。在这点上，他们与美国的利益产生交集。而土耳其积极介入叙利亚事务的动因在于向阿拉伯世界推销"土耳其模式"，确立土耳其在中东地区的主导权。

随着叙利亚内战的延续，形形色色的宗教极端势力、恐怖势力潜入叙利亚从事"圣战"。据叙利亚官方统计，叙反政府武装多达1000支，来自80多个国家，其中伊拉克"伊斯兰国"极端组织武装于2011年潜入叙利亚，在得到锻炼和发展后，该组织于2013年更名为"伊拉克和沙姆伊斯兰国"，成为反政府武装的主力之一。2014年，该组织在伊拉克和叙利亚攻城略地，残暴杀戮，并宣布建立"伊斯兰国"。因此，恐怖势力大规模介入使叙内战具备了新的特点，叙政府多次强调政府军进行的战争是反恐战争。

2011年8月，美国总统奥巴马曾宣布"巴沙尔已失去执政的合法性，必须下台。"然而，巴沙尔政权迄今不倒，原因何在？巴沙尔政权尚拥有的一定的民意基础、反对派群龙无首、政府军在战场占有优势、外国势力的支持等，都是巴沙尔政权得以存续的具体原因，但最重要的原因在于美国至今没有对叙利亚发动直接军事打击。近年来，美国国力相对衰减，维护全球霸权已感力不从心，国民反战情绪高涨。奥巴马提出"亚太再平衡战略"，将美国全球战略重心转向亚太地区。为此，美国调整其中东政策，减少对中东的投入，放缓推行"新干涉主义"，以图避乱求稳。发动叙利亚战争，美国不仅实力不济，而且有悖于其全球战略部署。

2013年8月，叙利亚"化武危机"出现后，美国与英国商议后扬言要对叙利亚实行有限军事打击，但美国国内52%的人反对，而英国议会则否决了对叙动武议案。在此背景下，奥巴马不得不接受俄罗斯提出的"化武换和平"建议，"体面"下台阶。这是具有标志性的事件。知名学者钱文荣先生指出：冷战结束后，美国从来就是想打就打，而且总能纠集一批帮手，并因此产生美国"全球必胜思想"，自认为可以在世界上为所欲为。这次，奥巴马在叙利亚"化武危机"上被迫退却，表明美国实力下降，今不如昔。美国霸权一呼百应的时代已经成为过去，也许是一去不复返了。[①]

除上述根本性原因外，如下因素也使得美难下决心对叙动武：其一，因俄、中反对，美国得不到联合国动武的授权；其二，叙利亚得到伊朗、俄罗斯、黎巴嫩真主党和伊拉克什叶派的支持，轻率动武将导致严重后果；其三，宗教极端势力和恐怖势力发展迅猛，这些力量掌控叙利亚不符合美国利益。

2014年叙利亚发生的另一重大事件是6月3日举行的新一轮总统选举。此次选举的投票率为73%，巴沙尔以88.7%的高票再次当选总统。[②] 叙境外主要反对派"叙利亚反对派和革命力量联盟"、北约秘书长及美国国务卿均不承认选举的合法性。作为反制措施，美国国务院宣布，承认"叙利亚反对派和革命力量联盟"驻美办事处为正式外交使团，美国政府还向国会申请2700万美元，用于向叙利亚反对派提供非致命性的武器援助。但美国的行为也仅此而已，并无进一步的强烈反应。有学者曾断言，巴沙尔参选总统将是美国对叙利亚发动军事打击的口实。事实上，美对巴沙尔再次当选总统无可奈何，应对措施不关痛痒。受美国态度的影响，部分地区国家的反叙利亚积极性也在减弱。因此，巴沙尔政权已渡过最困难时期。

中国政府一直主张政治解决是叙利亚危机的唯一出路，叙利亚

[①] 钱文荣：《奥巴马2013年对外政策评析》，载刘古昌主编《国际问题研究报告》（2013~2014），北京：世界知识出版社2014年版。

[②] 《巴沙尔连任激发全球舆论战》，载《环球时报》2014年6月6日。

危机的发展过程也证明了这一主张的正确性。然而，美国等西方国家及部分地区国家支持反对派，以巴沙尔下台作为政治解决的先决条件，使得政治解决陷入僵局。看来，只要美国不放弃"倒巴"计划，继续支持叙利亚反对派，叙利亚内战便难以停止；但只要美国不直接发动军事打击，巴沙尔政权就不会倒台；只要有关各方不改变态度，政治解决就难以成功。因此，叙利亚危机将呈现时紧时松的长期化态势。

令人注目的是，自2014年6月以来，伊拉克"伊斯兰国"极端组织武装不仅在伊拉克攻城略地，还在叙利亚扩大军事行动。8月24日，"伊斯兰国"武装占领叙利亚东部拉卡省重要军事基地，进而控制全省。① 此后，美国对伊拉克境内的"伊斯兰国"武装发动空袭，并强调必须对叙利亚境内的这股势力进行打击。叙利亚政府表示愿与包括美国和英国在内的国际社会合作打击恐怖势力。但美国坚持巴沙尔政权不合法，不能与其合作。这表明美国在叙利亚问题和"伊斯兰国"问题上陷入两难困境。②

（三）利比亚各派势力激烈争斗，有可能引发全面内战

利比亚原本由西部的黎波里塔尼亚地区、东部昔兰尼加地区和南部费赞地区组成，三个地区风俗习惯不同，利益取向各异，一直未能形成真正意义上的统一。利比亚共有500多个部落，长期以来部族氛围浓厚，国家观念淡薄。卡扎菲执政时，实行强人政治并依靠一部分部落维持统治。

卡扎菲被击毙后，原有格局被打破，出现新的力量组合，其突出表现主要有四点：第一，部落间矛盾激化，部落冲突构成利比亚

---

① 《叙利亚拉卡省完全被"伊斯兰国"控制》，载《北京日报》2014年8月26日。
② 《美国纠结是否空袭叙利亚》，载《环球时报》2014年8月28日。

政治重建面临的严峻挑战。第二，伊斯兰势力崛起。利比亚穆斯林兄弟会是最重要的伊斯兰力量，此外还有一些保守、极端的伊斯兰组织。第三，世俗力量也很强大。2011年2月27日在班加西成立的"全国过渡委员会"是利比亚反对派的总代表。卡扎菲被击毙后，"过渡委"获得国际社会和联合国的承认，主持后卡扎菲时代的政治重建。第四，民兵组织鱼龙混杂，占地割据。在"倒卡"战争中形成了许多民兵组织，较大的有100多个，总人数约12.5万人。他们互不节制，特立独行。"过渡政府"和随后成立的"临时政府"极力收编这些民兵组织，但均未成功。

按照政治重建路线图，"过渡委"主持下组成的"过渡政府"于2011年11月25日宣誓就职。此前，各地方陆续组建"地方委员会"行使地方政府的职能，并不完全隶属"过渡委"和"过渡政府"，具有很强的独立性，导致各"地方委员会"各自为政。

2012年7月7日，利比亚举行"大国民议会"选举，宗教势力在"大国民议会"中占据主导地位。在大国民议会的主持下，组建"临时政府"的进程一波三折。按照原定的时间表，利比亚国民议会应于2014年2月7日正式移交权力并解散，但因制宪、总统选举等日程一再推迟，国民议会决定延长任期到年底，引起世俗势力的强烈不满。2月14日，哈利法·哈夫塔尼将军要求国民议会中止活动，组成总统委员会管理国家，直到举行新的大选。16日，他领导东部城市发起"尊严行动"，对伊斯兰武装力量进行打击。津坦地区实力雄厚的加尔民兵声称，国民议会非法延期，要求国民议会立即下台。5月18日，支持世俗势力的民兵以抓捕伊斯兰分子为由向国民议会发起进攻，遭到伊斯兰民兵的抵抗。

哈夫塔尼早年追随卡扎菲，曾任军队总参谋长，后与卡扎菲反目成仇，逃往美国隐居20年，直至2011年利比亚发生"倒卡"运动后返回国内参战。哈夫塔尼在变节官兵中颇有威望。他领导的民兵名为"国民军",暴露了他想掌控国家的野心。①

随着政局的演变,利比亚民兵组织出现分化组合,形成两大派别,一派是以哈夫塔尼的"国民军"为核心、包括津坦地区加尔加尔民兵在内的世俗派武装,一派是以米苏拉塔民兵为主的伊斯兰教派武装"利比亚黎明"组织,二者之间陷入严重对峙。

2014年6月25日,利比亚举行了国民代表大会选举,宗教势力遭到惨败。7月13日,以米苏拉塔民兵为主的多支伊斯兰民兵武装向长期以来占领的黎波里机场的坦津民兵发起进攻,以显示实力,力图挽回因选举失败的不利局面。激战双方动用了迫击炮、火箭弹和坦克,机场多处重要设施和90%以上的飞机被毁。28日,机场附近的一座油库被炮火击中,燃起熊熊大火。② 两派间的战火还蔓延到的黎波里市区。与此同时,哈夫塔尼领导的武装在班加西也与伊斯兰民兵发生激战。伊斯兰武装于8月23日宣布占领首都机场。原来的国民议会指责新产生的国民代表大会在东部小城图卜鲁格召开的会议"违宪",拒绝移交权力,并于8月25日在的黎波里复会,任命新的政府总理。国民代表大会随即宣布国民议会的决定不合法,国民代表大会才是利比亚唯一合法机构。利比亚因此出现两个议会,两个总理的混乱局面。9月1日,利比亚临时政府承认,首都的黎波里已被"利比亚黎明"组织控制。

据外电透露,利比亚世俗势力得到沙特、埃及和阿联酋的支持;而伊斯兰势力得到卡塔尔的支持。美国媒体还指认,埃及和阿联酋曾派飞机袭击了一处伊斯兰武装力量,埃及和阿联酋均予以否认。值得注意的是,法国、德国、意大利、英国和美国于2014年8月25日发表联合声明,强调对利比亚实施外部干预会加剧利比亚的分裂,

---

① 《后卡扎菲时代,利比亚变节猛将要"政变"?》,载《解放日报》2014年5月20日。

② 《利比亚民兵混战打到储油库》,载《环球时报》2014年7月30日。

破坏利比亚的民主过渡进程。同一天，在开罗举行了利比亚邻国第四次部长级会议，与会四方一致同意埃及提出的旨在恢复利比亚稳定的提议，包括要求民兵组织解除武装，支持选举产生的议会并重建国家机构等，与会各国表示，不会干预利比亚内部事务。[1]

当前，利比亚局势依然扑朔迷离，并有可能爆发全面内战。美国和西方对利比亚乱局有着不可推卸的责任。他们对发动利比亚战争，推翻卡扎菲政权十分卖力，而在帮助利比亚恢复秩序、进行重建方面却无所作为。由于担心局势失控，内战重起，美国驻利比亚使馆人员已于2014年7月26日在美空中和地面部队的保护下全部撤往突尼斯，[2] 足见美国并不想深度介入利比亚事务，也不想为利比亚重建承担责任和义务。

（四）"伊斯兰国"迅速崛起，伊拉克危机深重

2003年，美国发动伊拉克战争，推翻萨达姆政权。为打击萨达姆的执政基础——逊尼派穆斯林，美国扶植占人口多数的什叶派穆斯林和北部的库尔德人，从而打破三股势力间的平衡，激化了什叶派与逊尼派间的矛盾和斗争，刺激了库尔德人的独立倾向。在美国占领伊拉克长达8年多的时间里，伊拉克虽然选举产生了议会、总统，并组成政府，各派力量间进行了职位的分配，但中央政府实际上由什叶派掌控，逊尼派继续为恢复失去的权力而抗争，两派明争暗斗，冲突愈演愈烈，而极端势力和恐怖势力也借势崛起。此外，在北部地区实行高度自治库尔德人的独立倾向也不断增强。

2014年6月10日，极端组织"伊拉克和沙姆伊斯兰国"的武装力量占领伊拉克第二大城市摩苏尔，震惊了世界。随即，极端势力又占领北部、东部和西部大片地区，逼近巴格达。

---

[1] 《两个政府并立，利比亚局势乱上加乱》，载《北京日报》2014年8月27日。
[2] 《美重兵掩护外交官撤出利比亚》，载《环球时报》2014年7月28日。

"伊斯兰国"为逊尼派穆斯林极端组织,原为"基地"组织伊拉克分支,2006年成立伊拉克"伊斯兰国"并脱离"基地"组织。2011年美国等国挑起叙利亚内战后,该组织潜入叙利亚进行"圣战",招兵买马,扩充实力。2011年底美军撤离伊拉克进一步为该组织的崛起创造了条件。2013年,"伊拉克伊斯兰国"更名为"伊拉克和沙姆伊斯兰国",并迅速于2014年1月杀回伊拉克,占领伊拉克西部重镇费卢杰,直至6月占领摩苏尔等广大地区。6月29日,该组织宣布建立"伊斯兰国",明确当前的"国土"范围是从叙利亚阿颇勒至伊拉克东部迪亚拉省的广大地区,并计划5年内占领整个中东地区以及非洲、欧洲、亚洲部分地区直到中国的西部。该组织的头目巴格达迪自命为"伊斯兰国"哈里发,要求全世界穆斯林对他效忠。该组织之所以能在短时间里攻城略地:一是得到逊尼派地方势力,包括萨达姆政权残余势力的支持;二是伊拉克政府军战斗力弱,一触即溃,不战而逃。

"伊斯兰国"主张极端,行为残暴,其头目自命哈里发,要当世界穆斯林的领袖,这是企图复辟的倒行逆施,暴露出该组织落后、极端、狂妄的特性,是伊拉克逊尼派与什叶派矛盾斗争的一种畸形表现。"伊斯兰国"作为伊拉克逊尼派的极端组织,一直得到海湾地区的资金支持;作为在叙利亚活动的反政府武装,它还得到美国和西方及部分地区国家的支持和援助。因此,"伊斯兰国"是美国、西方及部分地区国家养虎为患的产物。

对于伊拉克乱局及"伊斯兰国"的猖獗活动,美国负有不可推卸的责任。然而,美国除严辞谴责外,仅向伊拉克派出几百名军事人员负责保卫美驻伊使馆,以及使馆到机场道路的安全,派往海湾的航母处于待命状态。从2014年6月初到8月初近两个月里,美国采取按兵不动,静观其变的态度。其原因主要有三:一是美认为"伊斯兰国"力量有限,尚不构成对美利益的重大威胁。二是美对马利基政府与伊朗关系密切、支持巴沙尔政权一直心存不满,希望借

"伊斯兰国"的崛起压马利基下台。三是美国在伊拉克采取"分而治之"政策，伊拉克三大势力的矛盾争斗和四分五裂的局面符合美国的利益。

然而，事态的发展远远超出了美国的估计，"伊斯兰国"的猖獗活动酿成了严重的危机："伊斯兰国"武装击败了库尔德人武装，逼近库区首府；占领摩苏尔水坝，威胁下游巴格达的安全；占领雅兹迪人聚集地区，血洗村庄，掳掠妇女，迫使数万人逃往荒山；冲突还造成40万伊拉克平民流离失所。"伊斯兰国"的猖獗活动对美国在伊拉克的利益构成了严重威胁，并引发国际社会的严重关切。美国国内对奥巴马无所作为的批评也日益强烈。2014年8月7日，奥巴马宣布向"伊斯兰国"武装发动空袭，同时重申不会派地面部队重返伊拉克。[①] 美国、欧盟和伊朗均向库尔德人武装直接提供武器装备，以增强库尔德人打击"伊斯兰国"的能力。8月18日，伊拉克军方宣布，在美军空中支援下，夺回摩苏尔大坝。美国的空袭在遏制"伊斯兰国"武装扩张、提升伊拉克政府军和库尔德人武装士气上起到了一定的积极作用，但并不能对这股势力给予伤筋动骨的打击。

2014年8月19日，"伊斯兰国"公布一名美国记者被斩首的视频，以回敬美国的空袭，并扬言要"血洗"美国。[②] 8月24日，"伊斯兰国"武装攻占叙利亚东部拉卡省的塔卜卡空军基地，进而控制拉卡全省，显示其仍有实力继续攻城略地。美国深知，要击溃"伊斯兰国"，必须依靠地面攻击，而且必须同时打击在叙利亚境内的"伊斯兰国"武装。[③] 叙利亚政府表示愿与包括美国和英国在内的国际社会合作打击恐怖势力。然而，美国并不愿意向伊拉克派出地面

[①] 《美军空袭伊拉克极端武装》，载《北京日报》2014年8月9日。
[②] 《ISIS斩首美国记者恐吓西方》，载《环球时报》2014年8月21日。
[③] 《美国军方要跨境打击"伊斯兰国"》，载《环球时报》2014年8月23日。

部队，同时也不愿与所谓"失去合法性"的叙利亚政府合作，面临两难境地。

2014年9月10日，奥巴马总统公布打击"伊斯兰国"的战略：一是扩大美军空袭行动，打击在叙利亚的"伊斯兰国"势力；二是对伊拉克政府军和库尔德人武装提供人力、财力支持，并对叙利亚"温和"反对派提供武器，以加强对"伊斯兰国"的地面打击；三是构建广泛的国际联盟，切断"伊斯兰国"的资金网络；四是继续向受害民众提供人道主义援助。美国还承认挫败"伊斯兰国"至少需要3年时间。在美国的推动下，沙特、阿联酋、卡塔尔、巴林、埃及、伊拉克、约旦、科威特、黎巴嫩和阿曼共10个阿拉伯国家于9月11日发表公报，承诺打击"伊斯兰国"，包括对其发动军事行动。9月15日，"伊拉克和平与安全国际会议"在法国召开，包括中国在内的26个国家以及阿盟、欧盟和联合国等国际组织代表参加，会议发表的声明表示将采取向伊拉克新政府提供"适当军事援助"等必要手段，打击极端组织"伊斯兰国"。但美国仍坚持不向伊拉克派出地面部队参战，拒绝与伊朗和叙利亚合作。叙利亚表示，没有叙政府的同意，任何外国在叙的军事行动都将被视为入侵。俄罗斯也指出，美国空袭叙境内"伊斯兰国"势力和武装叙"温和"反对派旨在推翻巴沙尔政权。

在伊拉克组建一个包容性的政府，实现三大势力的团结，是从根本上遏制极端恐怖势力的重要条件。2014年4月30日，伊拉克国民议会举行第三次选举，总理马利基领导的"法制国家联盟"再次成为议会中最大势力，已经出任两任总理的马利基坚持要再次连任，遭到各派的反对，美国、欧盟和伊朗也都不支持他连任。经过一番折腾后，马利基终于放弃连任要求，支持新总统马苏姆提名的阿巴迪为总理，组建新政府。① 但能否实现三大派别的团结，有力地打击

---

① 《马利基辞职，伊拉克松口气》，载《环球时报》2014年8月16日。

极端恐怖势力，恢复稳定，发展经济，改善民生，无疑是新政府面临的严峻挑战。

"伊斯兰国"的崛起还引发了库尔德问题的复杂化。库尔德人趁"伊斯兰国"攻城略地之机，出兵占领了基尔库克。基尔库克不仅拥有丰富的石油资源，而且被视为"库尔德人的耶路撒冷"。7月3日，库尔德自治区媒体报道，自治区主席巴尔扎尼正式要求自治区议会专门委员会着手准备关于独立和基尔库克归属问题的公投。一旦公投成功，巴尔扎尼将宣布成立独立的"库尔德斯坦国"，并将基尔库克纳入其管辖范围内。

库尔德人是中东地区的五大民族之一，约有3000万人，也是唯一没有祖国的民族。一战后，库尔德人被划分到土耳其、伊拉克、伊朗、叙利亚四国，在黎巴嫩、阿塞拜疆和亚美尼亚也有少量库尔德人。库尔德人一直有着独立建国的愿望。伊拉克库尔德人约650万，占全国人口21%。伊拉克虽然不是库尔德人口最多的国家，但却是库尔德人口比例最高的国家。伊拉克库尔德人多次要求独立建国，但均以失败而告终。1991年海湾战争后，为削弱萨达姆政权，美国和西方以保护库尔德人为由，在伊拉克北部地区划出安全区，禁止伊拉克飞机和军队进入，使库尔德区脱离萨达姆政府的控制。2003年美国推翻萨达姆政权后，进一步扶植库尔德人，使得库尔德地区获得高度自治，其独立倾向日趋强烈。面对"伊斯兰国"的威胁，库尔德人的当务之急是挫败极端恐怖势力。当下，为打击"伊斯兰国"，不少国家直接向库尔德人提供武器。但随着库尔德人军事力量的增强，其独立倾向会更加强烈，并有可能对周边国家的库尔德人产生示范效应，进而导致库尔德问题不断升温。

伊拉克库尔德人独立的愿望在短期内恐难实现。第一，尽管美国对伊拉克实行分而治之的政策，但当下并不希望伊拉克分裂。库区独立建国，本身就是肢解伊拉克，还可能导致伊拉克进一步分裂，并不符合美国的利益。第二，伊拉克库区独立将对土耳其、伊朗和叙利亚库尔德人产生巨大影响,有可能导致相关国家政局动荡和地区格局的变动。有关国家不会听之任之,地区国家以及国际社会也不会支持。第三,目前世界上支持库尔德人独立的仅以色列一国。以色列的意图是削弱阿拉伯国家,搅乱地区格局,确保自身安全,但以色列的支持只会强化阿拉伯国家的警觉。第四,库尔德人内部意见也不统一,存在不主张独立的势力。

二、原有热点问题更趋复杂

(一) 美国撤军使阿富汗局势充满变数

2001年"9·11"事件后,美国发动阿富汗战争,在这场长达近13年的战争中,美国和北约耗资数千亿美元,集结兵力最多时达14.5万人,动用了各种最现代化武器装备。美国虽推翻了塔利班政权,但至今未能歼灭塔利班武装力量。塔利班武装采取游击战术,不断发动袭击,给美军和北约部队造成巨大伤亡。在美国主导下成立的阿富汗政府贪污腐败严重,缺乏民意基础,实际管辖能力仅局限于首都喀布尔及几个大城市。巨额的军费负担、巨大的人员伤亡以及国内民众的强烈反战情绪,都使美国难以继续把战争延续下去。因此,美国决定于2014年底从阿富汗撤军,这使得阿富汗局势的走向增添了许多变数和不确定因素。

美国表示将在阿富汗保留"一定的军事存在。"据悉,美军留驻人数可能为9000多人,并要求享有"司法豁免权"。时任总统卡尔扎伊不愿背负同意美军拥有"司法豁免权"的恶名,拒绝签署协议,表示待新总统就职后再作定夺。

美军撤出后,阿富汗的安全局势如何演变是最大的变数。阿富汗政府军警人数已超过30万,但质量远未达标。阿富汗军警投奔塔利班,或塔利班派人潜入军警的情况时有发生,阿富汗军警袭击北约联军的事件也屡见不鲜。2014年8月5日,美驻阿过渡部队少将副司令员在一所军事学院中被一名阿富汗士兵击毙,[①] 进一步凸显了阿富汗安全局势的脆弱性。塔利班以不对称战争与强大的美军周旋10多年,始终顽强存在。在美军撤离后,塔利班是否会东山再起,重掌政权,这是人们最为关心的问题。[②]

阿富汗问题仅靠军事手段难以解决,国际社会必须寻找政治解决的途径。阿富汗政府与塔利班已经有过接触和谈判,但迄今没有结果。通过谈判达成妥协,停止战争,实现民族和解,塔利班以某种形式参加联合政府,这是最理想的前景。但实现这一目标决非易事。阿富汗问题的政治解决首先需要世俗各派势力能以大局为重,摈弃前嫌,实现团结,以强有力的地位与塔利班谈判。此外,美国等外国势力要真心推动双方和解,而不是制造障碍;同时塔利班也要认清形势,权衡利弊,做出正确的选择。

阿富汗总统选举一波三折,反映了阿富汗不同政治派别的矛盾和分歧,以及不同民族间的权力之争。如不能妥善处置,无疑会使阿富汗政局陷入更加动荡的局面。2014年5月,阿富汗举行新一轮总统选举,结果无一人得票超过半数,领先的前两名候选人是前外长阿卜杜拉和前财长加尼。在6月14日举行的第二轮选举中,加尼反超阿卜杜拉,获得58.4%的选票。阿卜杜拉拒绝接受这一结果,认为存在舞弊。经美国国务卿克里的调停,两位候选人同意在联合国的协助下对全部选票进行核查,两人都表示会接受核查的结果。目前,加尼已出任阿富汗新总统,但他在上任后能否领导建立一个廉洁高效的政府,停止内战,推动民族和解,着手国家重建,都是阿富汗面临的严峻挑战。

---

① 《美一少将遭阿富汗士兵枪杀》,载《北京日报》2014年8月7日。
② 《阿富汗会不会走上伊拉克模式?》,载《人民日报》海外版2014年8月30日。

（二）建国三年来的南苏丹动荡不安

南苏丹于 2011 年 7 月 9 日独立建国。这个最年轻的国家人口约 1000 万，主要是尼格罗人，信奉基督教和原始宗教，90% 以上是文盲，90% 生活在贫困线以下。全国有 200 多个部落，较大部落是丁卡、努尔和希卢克。南苏丹人首先忠于自己的部落，其次才是国家。独立前南苏丹地方武装与苏丹政府进行了两场内战，第一次长达 17 年；第二次长达 22 年。在美国等国的支持下，南苏丹通过全民公决于 2011 年获得独立。

建国 3 年来，南苏丹局势一直动荡不安。2012 年 3 月 26 日，南苏丹总统宣布石油资源丰富的苏丹哈季利季地区属于南苏丹，并于 4 月 10 日派兵占领。4 月 18 日，苏丹总统巴希尔对南苏丹宣战，发誓要推翻由苏丹人民解放运动执政的南苏丹现政权。20 日，南苏丹总统下令南苏丹军撤出哈季利季油田，南北苏丹危机暂告结束。

2013 年 7 月 23 日，南苏丹执政党"苏丹人民解放运动"发生分裂。总统基尔（丁卡族）下令解散政府并解除副总统马沙尔（努尔族）及多名部长的职务。12 月 15 日，支持总统基尔的士兵与支持马沙尔的士兵在首都朱巴发生枪战；16 日，总统府指责在首都发生的军事冲突是马沙尔策划的政变阴谋，马沙尔则予以否认。联合国高级代表透露，此次冲突造成约 500 人死亡，800 人受伤。随后政府逮捕了亲马沙尔的 11 名部长，马沙尔逃往自己的家乡。22 日，马沙尔领导的反政府武装占领琼莱州、上尼罗河州和盛产石油的团结州，双方武装在这些地区展开激烈争夺。与此同时，非盟派出苏丹、埃塞俄比亚、肯尼亚、乌干达、吉布提和索马里等国外长前往朱巴调停。24 日，联合国安理会决定，将原有的 7000 人联合国南苏丹特派团再扩充 5500 名维和人员，另有 1300 名民事警察也将加入维和行动。①

2014年1月6日，苏丹总统巴希尔前往南苏丹调停。同日，在埃塞俄比亚访问的中国外长王毅表示，中国正在帮助结束南苏丹境内的战斗。1月23日，南苏丹政府与反政府武装签订《停火协议》，然而几天后该协议又被撕毁。直到5月10日，在美国国务卿克里和联合国秘书长潘基文的直接干预下，在埃塞俄比亚总理的主持下，南苏丹总统基尔与反政府军领袖马沙尔签订了《和平协定》。双方承诺在24小时内停止敌对行动，重新履行1月23日的《停火协议》，通过谈判建立民族团结过渡政府，无条件与联合国和人道主义机构开展合作，确保人道主义救援活动不受任何阻碍。② 6月10日，基尔与马沙尔再次在亚的斯亚贝巴会晤，双方重申执行《和平协定》，在60天内组建过渡政府。

2014年南苏丹战乱是南苏丹执政党内部权力斗争的反映，也掺杂了主要部落间矛盾斗争、争权夺利的因素。目前虽然冲突暂时得到调停，但南苏丹的部落矛盾并未根本解决，其发展前景仍充满不确定性。

（三）美伊（朗）关系有所缓和，伊核谈判达成最终协议不易

2013年6月，温和保守派候选人哈桑·鲁哈尼当选伊朗总统后，不断调整外交政策，频频向美国示好，美国也及时回应，两国总统还第一次交换了"富有建设性意义"的信件；9月5日，美国政府宣布解除欧洲10国从伊朗进口石油的禁令6个月；9月23日，奥巴马总统在联大讲话表示，美国坚决认为不应容许伊朗研制核弹，但他同时强调，"我们不谋求政权更迭，我们尊重伊朗人民和平利用核

---

① 《南苏丹现种族屠杀暴行》，载《环球时报》2013年12月26日。
② 《南苏丹当局与叛军达成停火协议》，载《参考消息》2014年5月11日。

能的权利";① 9月26日，两国外长在联大期间举行双边会谈；9月28日，奥巴马与鲁哈尼进行了电话交谈。上述事态表明，美伊两国关系出现了明显的松动。目前，全世界像伊朗这样进行和平利用核能的国家不下二三十个，美国之所以专门制裁伊朗，主要是因为美伊长期互为敌人。如果美伊关系得到改善，无疑有助于伊核问题的解决。

2013年10月15日至11月24日，伊朗核问题六国与伊朗就伊核问题举行了3次会谈，达成为期6个月的初步协议。根据协议，第一阶段为6个月，经双方同意还可延长。在这期间，伊朗将"志愿转化"和稀释现有纯度为20%的浓缩铀；暂停提炼纯度超过5%的浓缩铀；停止增加3.5%纯度的浓缩铀库存；停止新建提炼铀浓缩的设施；停止增添新的离心机；停止建设阿拉克重水反应堆；接受国际原子能机构不事先通知的核查。"伊朗核问题六国"承诺不对伊朗采取新的制裁措施，允许伊朗维持目前的石油出口数量及相关事宜；暂停对伊朗黄金、贵金属交易的制裁；放宽对伊朗汽车工业和石化产品出口限制；解冻伊朗约20亿美元的海外资金等。双方还确定应在2014年7月20日前达成最终协议。② 但由于伊核问题的复杂性，此后的伊核问题谈判两次推迟达成最终协议的时间，拟议于2015年6月30日前达成最终协议。

美伊关系回暖符合双方利益。从伊朗方面说，美国和西方的制裁对伊朗经济造成严重困难，2013年上半年伊朗的石油收入同比下降58%，通胀率高达45%，货币贬值近70%，失业率居高不下，民生日益艰难，民众怨声载道。伊朗急需缓解与美西方的关系，以减轻制裁的压力。

从美国方面说，长期以来，美对伊各种颠覆手段无所不用其极，

---

① 《美伊半信半疑"隔空对话"》，载《环球时报》2013年9月26日。
② 《伊核十年僵局终破冰》，载《北京日报》2013年11月25日。

但均未能推翻伊现政权。美国多次叫嚣对伊朗进行军事打击，但因各种主客观因素牵制，始终未敢动手。然而，事与愿违，美国发动阿富汗战争和伊拉克战争，推翻了伊朗的两大宿敌，反而扩大了伊朗在中东地区的影响。长期以来，严厉的制裁虽给伊朗造成巨大的经济困难，但并不能动摇政权的根基，反而促成伊朗核计划和军事工业获得了长足发展。伴随全球战略东移，美国对中东投入减少，倾向于求稳避乱，因而不愿意在中东陷入战争。此外，伊朗在叙利亚危机、巴以争端、伊斯兰教派斗争以及遏制逊尼派恐怖势力等问题上均有重要影响。因此，在伊朗对外政策出现温和迹象之际，美国予以了积极回应，在保持压力的同时，推动伊朗向温和化的方向发展，符合美国的利益。

然而，冰冻三尺非一日之寒，美伊双方在战略取向、价值观和地缘政治等方面的结构性矛盾和对立，决定了美伊积怨难以在短期内得到真正化解。美国霸权主义与伊朗伊斯兰政权互不相容；美国要主导中东事务，伊朗要在地区扩大影响，都是美伊之间的结构性矛盾。此外，伊朗国内有激进势力牵制；美国内对伊不信任感非常强烈，而且还有地区盟友，如以色列、沙特等国的牵制。因此，美伊关系虽有松动，但却难以化敌为友，而这也又势必影响伊核谈判。

在2013至2014年，伊核六方和伊朗经过多轮谈判，包括美伊双边直接谈判，均未能在7月20日前达成最终协议。2014年7月19日，欧盟高级代表和伊朗外长在维也纳宣布，由于伊朗核问题谈判各方在一些核心问题上仍存在显著分歧，需要更多时间化解，各方决定将谈判延长4个月至11月24日。分析人士认为，虽然六国与伊朗没能按期完成谈判，但本轮谈判取得的实质进展，为未来4个月的谈判打下了良好基础，最终达成全面协议的前景值得期待。[①] 但

---

① 《美官员：伊朗做出实质让步》，载《北京日报》2014年7月21日。

是，在 11 月 24 日，伊核六方和伊朗仍然未能达成最终协议，并决定将谈判延长至 2015 年 6 月 30 日。

（四）巴以和谈再次中断，以色列与哈马斯爆发军事冲突

巴勒斯坦问题是中东问题的核心。巴勒斯坦人民要求收复被占领土，难民回归，建立以东耶路撒冷为首都的巴勒斯坦国。由于以色列态度强硬和美国偏袒以色列，这些正当要求迄今未能实现。奥巴马上台后，一度努力改善与阿拉伯—伊斯兰国家的关系，试图以"两国方案"解决巴以危机。然而，以色列坚持不妥协立场，奥巴马又不敢放弃偏袒以色列的既定国策，导致"两国方案"始终未能实现。奥巴马第二任期开始后，克里在出任国务卿后多次走访巴勒斯坦、以色列，终于在 2013 年 7 月 29 日促成巴以重启和谈，并制定时间表，争取在 9 个月内达成协议。以色列承诺分 4 批释放 104 名《奥斯陆协议》签订前被关押的巴勒斯坦要犯；巴方承诺停止在联合国及其下属机构宣示主权的活动。

然而，当前阿拉伯国家处于大变局之中，群龙无首，自顾不暇，无力给予巴勒斯坦必要的支持；巴勒斯坦内部分裂，哈马斯占据加沙地区，自行其是，不能形成合力一致对外，导致巴以力量对比对巴方越来越不利。以色列则有恃无恐，态度强硬，要价不断提高。以色列要求巴勒斯坦方面承认以色列是犹太人的国家；要求在巴勒斯坦和约旦边界驻扎以色列军队。而阿巴斯坚决拒绝承认以色列是犹太人国家。2014 年 3 月 9 日，阿盟国家外长会议也一致拒绝承认以色列为犹太人国家，认为这将损害巴难民的权益。巴方坚持以东耶路撒冷为建国后的首都，以色列则拒不接受。上述矛盾导致谈判陷于僵局。

2014 年 1 月底，媒体披露了克里提出的一项《巴以和平框架文件》，该文件内容包括：第一，支持巴方提出的巴以未来边界以 1967 年的边界为基础；第二，以色列合法拥有某些被占领土以及犹

太人定居点；第三，承认以色列是犹太人国家；第四，巴定都耶路撒冷，但不特别提及东耶路撒冷问题；第五，允许以色列在巴约边界驻军。该文件貌似兼顾了巴以双方诉求，其实仍存在明显偏袒以色列的缺陷。3月中旬，以、巴双方均对该文件表示拒绝，克里的调停失败。

此后，以色列率先背信弃义，拒绝兑现2014年3月29日释放第四批26名在押巴勒斯坦人的承诺。阿巴斯于4月1日宣布重新启动寻求成为联合国正常国家地位的活动，申请加入15个国际条约。[①] 与此同时，以色列则宣布批准在耶路撒冷扩建700套犹太人住房，并决定暂停转交代巴当局收取的8000万欧元税款（占巴税收的2/3）。4月23日，法塔赫与哈马斯达成结束巴勒斯坦内部分裂的和解协议，宣布将在5周内组建联合政府，并在随后的6个月内举行全国大选。内塔尼亚胡政府对巴两派和解极为不满，并于4月24日宣布中止巴以和谈。[②]

2014年6月12日，3名犹太青年失踪，他们的尸体于同月30日被发现。7月2日，1名巴少年在耶路撒冷遇害，并被残忍焚尸。7月4日，加沙地带的巴勒斯坦军事组织开始向以色列发射火箭弹，一名以色列士兵受伤。以色列立即空袭加沙，炸死多人，对哈马斯进行报复，并于7月8日对加沙地区发动代号为"护刃行动"的军事打击，[③] 加沙军事组织则继续向以色列发射火箭弹和迫击炮。7月14日，埃及提出巴以停火协议，以方接受，巴方拒绝。7月17日晚，以军在飞机、坦克和军舰的立体掩护下对加沙展开大规模地面攻势。[④] 以色列军队的地面行动导致战事愈演愈烈，巴勒斯坦人死伤

---

① 《阿巴斯重启"入联"程序惹怒美以》，载《环球时报》2014年4月3日。
② 《阿巴斯重启"入联"程序惹怒美以》，载《环球时报》2014年4月3日。
③ 《巴勒斯坦两大派达成和解，以色列决定终止与巴和谈》，载《北京日报》2014年4月25日。
④ 《以色列集结兵力准备攻加沙》，载《环球时报》2014年7月9日。

惨重。在美国、联合国、埃及调停下，双方数度短暂停火，又再次交锋。直到8月26日，冲突延续50天后，在埃及等国际社会的努力下，巴、以双方终于达成无限期停火协议。① 在这场冲突中，2133名巴勒斯坦人死亡，包括500多名儿童，1.1万多人受伤，1.7万所房屋被毁，10万人无家可归；以色列有68人死亡。冲突结束后，哈马斯和以色列都宣称取得了胜利。这是6年来爆发的第三次加沙战争，战争的间隔时间越来越短，而延续的时间越来越长，死伤越来越惨重。如果巴勒斯坦问题得不到公正的解决，巴以间的军事冲突就难以避免。

三、对中东热点问题复杂根源及其发展趋势的若干认识

（一）美国是地区战乱的祸首，其主导能力日益下降

美国中东政策的核心内容是：（1）为维护其全球霸权，确保美国在中东的主导地位，不能容忍反美或不听命于美国的国家存在；（2）确保以色列的安全；（3）控制地区石油资源；（4）推行美国的"民主""自由"价值观；（5）反恐与防扩散。为此，美不惜动用军事手段发动战争。

2003年，美国以编造的理由发动伊拉克战争，推翻萨达姆政权，支持什叶派，打压逊尼派，怂恿库尔德人高度自治，使伊拉克处于分裂、内斗、动乱之中，教派斗争愈演愈烈，恐怖势力趁乱发展。2011年，美国纠集法国、英国等欧洲大国，军事干预利比亚，击毙卡扎菲，使利比亚一直处于无政府状态，各路民兵争斗激化，濒临全面内战。美国还伙同部分地区国家挑起叙利亚内战，造成近20万人死亡，数百万难民流离失所，迄今内战仍无停止的迹象。美

---

① 《巴以同意"无限期停火"，但各有解读》，载《解放日报》2014年8月28日。

国凭借其超强的军事实力，推翻萨达姆和卡扎菲政权，并给巴沙尔制造严重困难，使得伊拉克和利比亚不再对美国构成"威胁"，叙利亚无力挑战美国，美国主要目标基本实现。至于这些国家如何恢复稳定，进行重建，不是美国关注的重点。美国也明白，它即使有心，也根本无力在这些国家建立西方的"民主体制"。

由于美国在中东只"破"不"立"，导致中东局势动荡不安，其具体表现包括：政权被更迭的中东国家，普遍陷入政局和社会动荡不安的局面；伊斯兰势力崛起，世俗和宗教的对立严重，社会陷入严重分裂；恐怖极端势力活动猖獗，对中东国家和地区安全构成严重威胁；经济与社会发展受到严重破坏，人民生活每况愈下。而美国及其盟国也是自食其果。对美西方而言，伊拉克"伊斯兰国"的暴行正是"搬起石头砸自己的脚"。2014年7月27日的《中东报》发表评论指出："美国不考虑中东国家发展的实际情况，一味推行西方模式，打破了中东政治平衡和战略平衡，给中东地区留下一个又一个混乱的国家，并使得中东地区成为恐怖主义的重灾区。"

美国发动阿富汗战争和伊拉克战争，成本高昂，代价惨重，在国际社会产生了极大的负面影响，也使美国自身从霸权的巅峰向下坠落；2008年金融危机又对美国经济形成巨大冲击；美国内矛盾增多，奥巴马的支持率不断下降；加上新兴经济体群体性崛起，美国国力相对减弱已是不争的事实，霸权地位受到越来越多的挑战，维持霸权日益力不从心，经常顾此失彼。2011年，美国提出"亚太再平衡战略"，全球战略重心向亚太转移，重点目标是应对中国的崛起。为此，美国减少对中东地区的投入，调整中东政策。政策调整主要体现在：第一，"新干涉主义"放缓，避乱求稳倾向加强，突出外交和政治手段，避免军事介入；第二，借重欧洲和地区盟国力量，使用巧实力；第三，争取中国和俄罗斯的配合，同时防范他们扩大影响。鉴于中东战略地位的重要，美国要称霸全球就不可能放弃中东。因此，学界关于中东进入"后美国时代"的观点，并不符合实际情况。中东地区的一些热点问题关乎美国的重大利益,美国不可能不管,并对美国战略重心东移构成牵制。

尽管美国国力相对衰减,但仍是当下世界上唯一的超级大国。美国在中东地区的主导作用在减弱,但主导地位并没有根本动摇。美国不会放弃全球谋霸战略,2014年5月28日,奥巴马在西点军校发表演讲强调:"美国必须一如既往地在世界舞台上发挥领导作用"[1],表明美国全球霸权战略并未发生改变。国力相对衰减,又要坚持霸权主义,是美国当前面临的最大矛盾和困难。当前,多极化趋势持续发展,但一超多强的世界格局在今后相当长时期内不会根本改变。我们既要看到美国国力相当衰弱和力不从心的一面,又要对美国仍坚持要领导世界并拥有超强实力有清醒的认识。只有这样才能准确把握美国的政策走向和国际形势的演变趋势,对美国中东战略及其影响的认识也应以此为基本立足点。

(二)伊斯兰教影响厚重,教派斗争加剧,暴恐势力猖獗

2011年阿拉伯世界陷入严重动荡后,一批世俗政权受到冲击,突尼斯总统本·阿里出逃,埃及总统穆巴拉克被迫辞职。民众对世俗势力失去信任,并转向支持伊斯兰势力。伊斯兰势力趁乱崛起,先后在突尼斯和埃及通过选举上台执政,在利比亚和也门成为能影响政局的重要力量,并在摩洛哥、约旦和科威特等国议会中占有优势。其中,以穆兄会成员穆尔西出任埃及总统最为引人注目。

然而,埃及穆兄会执政一年就被推翻,这固然有埃及世俗力量强大,军队在紧要关头变脸等客观原因,但穆兄会执政一年的所作所为表明它尚不具备带领民众求新求变,恢复经济,实现政治转型的素质和能力;同时也表明,伊斯兰政体未得到埃及民众的认可和

---

[1] 《在西点军校毕业典礼上发表演讲,奥巴马自辩"柔弱"外交》,http://news.hexun.com/2014-05-30/165262738.html

接受。埃及是阿拉伯世界大国，穆兄会被镇压并被宣布为恐怖组织，主要领导人遭到逮捕，标志着伊斯兰势力在阿拉伯世界强势崛起遭受严重挫折。然而，埃及穆兄会成立已有86年，在历史上也曾经受过严厉的打击和镇压，但总能逐步恢复元气，重振旗鼓。因此，穆兄会势力的能量仍不容小觑。就整个阿拉伯世界而言，伊斯兰势力还在发展，而宗教势力与世俗势力之间的矛盾和斗争也在发展，并且构成影响中东地区政治格局的重要因素。

伊斯兰教逊尼派和什叶派间历来存有分歧和矛盾，有时也发生冲突，但总体上还能共处、共存。但在伊拉克战争后，美国挑起伊拉克逊尼派和什叶派的争斗，随后发展成以沙特为首的逊尼派与以伊朗为首的什叶派之间的斗争。叙利亚内战爆发后，沙特等地区国家配合美国和西方扶植叙利亚逊尼派反对派，逼迫属于阿拉维派的巴沙尔总统下台；而巴沙尔政权则得到伊朗、黎巴嫩真主党和伊拉克什叶派的支持。在此背景下，中东地区的伊斯兰教派矛盾越演越烈。

阿拉伯国家动荡以来，暴恐势力趁乱发展，在中东地区已成猖獗之势。美国和西方国家为推翻卡扎菲，为利比亚反政府武装提供了大量的武器。但这些武器外流，导致"基地"组织北非分支趁机壮大，以利比亚、阿尔及利亚边境地区和萨赫勒地区为基地，开展恐怖暴力活动。2013年1月，"基地"组织下属的"血色营"袭击阿尔及利亚东南部一处天然气生产基地，绑架多名西方人质。此外，叙利亚内战已成为恐怖势力招兵买马、锻炼队伍的理想舞台。据报道，已有来自欧美国家的2000多名青年加入"圣战者"的行列。欧美国家担心，这些人经过洗脑和训练，一旦回国将对社会安全构成严重威胁。从2014年6月开始，伊拉克"伊斯兰国"武装在伊拉克和叙利亚攻城略地，不仅威胁两国政府，威胁地区的和平与稳定，还威胁到欧美地区的安全，已成为世界性的公害。

当前，伊斯兰势力面临两大历史使命，能否完成这两大使命，关乎其发展前途。一是要实行深刻的宗教改革。伊斯兰教创立1400

多年，在历史上曾创造出许多辉煌业绩。近代以来，阿拉伯伊斯兰世界虽曾多次发生伊斯兰复兴运动，但每次都具有强烈的"复古"色彩，而缺乏变革创新的内涵。迄今伊斯兰教尚未进行真正意义上的宗教改革。当今世界在飞速发展，伊斯兰教需要适应世界发展潮流进行与时俱进的变革。近年来，一些有识之士已开始探索如何既保存伊斯兰教的精髓，又能跟上时代洪流的宗教变革，但他们能否实现伊斯兰教的改革，并找到具有自身特色的发展道路，显然还是一个未知数。二是要缓和并最终消除逊尼派和什叶派之间的争斗。当下两派争斗愈演愈烈，对阿拉伯—伊斯兰世界的发展和复兴危害极大。只有停止教派争斗，减少内耗，团结一致，才能致力于国家和民族的复兴，这又在很大程度上取决于宗教改革的成功。此外，中东恐怖势力几乎都是打着伊斯兰教的旗号，通过歪曲伊斯兰教教义为其残暴行动提供思想理论根据。因此，伊斯兰教一定要与恐怖主义彻底划清界限，旗帜鲜明地反对任何形式的恐怖主义，避免恐怖势力玷污伊斯兰教的名声。

（三）中东地区动荡常态化，由乱到治将经历曲折、漫长的过程

2010年底爆发的阿拉伯世界大动荡浪潮止步于叙利亚，巴沙尔坚持执政至今，阿拉伯世界没有再出现新的动荡国家。2014年，塞西在埃及高票当选总统，埃及有可能走向稳定和复兴，阿拉伯世界有望在总体上进入由乱到治的发展阶段。由于阿拉伯国家的动荡甚至动乱的常态化，由乱到治势必要经历曲折、漫长的过程。

在阿拉伯世界大动荡中，政权更迭的国家有埃及、突尼斯、也门、利比亚四国，它们被认为属于"转型"国家。叙利亚处于内战中，巴沙尔仍在执政，当务之急是停止内战，但停战后也要进行"转型"。伊拉克自萨达姆被推翻后，一直没有真正稳定下来，也面临"转型"问题。其他阿拉伯国家也不同程度的面临变革、转型和发展的问题。阿拉伯大动荡已历时4年，转型国家普遍面临如下严

重问题：

一是政局不稳，社会动荡不安。原因是各种矛盾错综复杂并影响稳定。首先，世俗势力与宗教势力争夺政权的角力激烈，如在埃及和利比亚；逊尼派和什叶派教派矛盾突出，如叙利亚。其次，要妥善安置广场斗争的主力军——青年人，他们未能享受到"革命"的成果，很感失落。最后，要严厉打击恐怖势力。如何才能保持政局和社会稳定？4年的现实证明，广场和街头政治虽有助于推翻独裁政权，但也会撕裂社会，制造动乱，不可能实现稳定。在阿拉伯国家这样的发展中国家，必须有强有力并得到多数民众支持的政府，才可能维持社会和政局的稳定。而强有力的政府必须由有威望、得到军队支持的强人领导。在埃及，塞西具备了这些条件，有可能领导埃及走向稳定；而利比亚上千支民兵武装各自为政，没有一支强大的政府军，也没有出现可以统领全局的强人领袖，不仅无政府状态难以改观，还可能再次爆发内战。

二是经济严重下滑，民生日益困难。任何势力上台执政，如不能较快恢复并发展经济，改善民生，都难得到民众持续的支持，社会稳定也难以保持。这次阿拉伯世界大动荡被认为反映了民众对促进发展、改善民生和增强民主的诉求。应该进一步强调，促进发展、改善民生是首要的、主要的诉求。在突尼斯和埃及，世俗的领导人因专制、腐败被推翻后，民众首选的是伊斯兰势力。因为伊斯兰势力长期以来植根于贫苦民众，并尽可能地为他们排忧解难。因此，贫苦民众认为伊斯兰势力上台执政，可能有助于改善民生。这应该是伊斯兰势力能通过选举上台执政的重要原因之一。对广大民众来说，最为渴望的是促进发展、改善民生，增强民主是次要的。

如何才能恢复并发展经济，改善民生？对内要找到一条符合国情的发展道路；对外要努力改善国际环境，争取广泛的国际支持和援助。

在阿拉伯世界，尽管不同国家有不同的国情和特点，转型的方式、方向和步骤可能不尽一致，但一些基本内涵应该是相同的：一是形成受到多数民众拥戴、得到军队支持、能团结各党各派、有权威、有担当的领导集团，恢复并维持政局和社会稳定；二是找到一条符合本国国情的发展道路，实行变革，既要借鉴外国的模式和经验，又决不能照抄照搬；三是切实推动政治、经济、社会、文化全面发展，首先是发展经济，改善民生。要做到这三点绝非易事，从而决定了阿拉伯国家实现由乱到治的转型，必将经历漫长、艰难、曲折、反复多变的过程。

四、结论

从中东热点问题的发展趋势看，尽管中东地区热点众多，此起彼伏，局部动荡甚至战乱成为常态，但酿成地区性全面战乱的可能性不大。

在中东地区，地区国家与外国势力之间侵略与反侵略、占领与反占领、控制与反控制、遏制与反遏制的斗争从未停止；地区国家内部世俗势力与宗教势力的博弈、教派矛盾、民族冲突和部落斗争，时紧时松，有时还形成国家集团间的争斗；在转型国家，所谓"转型"实质上是利益的再分配，这也可能引发剧烈的冲突；宗教极端势力和恐怖势力合流，也对地区发展造成巨大冲击。这些错综复杂的矛盾和斗争，使动荡甚至战乱成为中东地区的常态，这一态势在短期内仍难以改观。

当下中东地区的动乱和军事冲突，都会产生外溢效应，影响地区的和平与稳定，但大都局限在一国之内或邻国之间，酿成地区性全面战乱的可能性似乎不大。地区多数国家尚能保持社会和政局稳定。具体来说，中东地区的主要热点问题的发展趋势具有如下特点：埃及面临问题多多，但局势在向好的方向发展；尽管叙利亚停止战乱仍遥遥无期，但内战最激烈的阶段已经过去；利比亚战乱有可能加剧；剿灭伊拉克极端组织"伊斯兰国"尚需时日；伊拉克什叶派、逊尼派和库尔德人间的矛盾和分歧化解不易；南苏丹战乱还会再起；巴以加沙军事冲突暂停，但巴以矛盾难以化解，实现两国方案困难重重，军事冲突还有可能再起；在美军撤出后，阿富汗局势走向变数很多；伊朗核问题即使达成最终协议，美国与伊朗间的矛盾和对立也不会完全消除。总之，旧的热点问题还在发酵，新的热点在不断滋生，但阿拉伯世界总体上将进入由乱到治的发展阶段，并在动荡和战乱中谋求和平、稳定、发展和复兴。

中东非传统安全领域
热点问题的新变化

上海外国语大学中东研究所　钱学文

【内容提要】

　　近两年来，中东地区较为突出的非传统安全问题主要包括：首先，中东各地出现了新一轮恐怖主义"回潮"势头，世界各地的"圣战"分子响应"伊斯兰国"组织的号召，参与叙利亚内战并在伊拉克攻城略地；在反海盗方面，国际社会的治理取得了积极的成果，索马里海盗的劫持行动无一成功；在难民问题上，因政治局势持续动荡，恐怖主义活动"回潮"，阿拉伯多国难民深陷困境，国际社会的人道主义救援力不从心。此外，粮食供应、气候变化、网络安全等问题依旧突出，中东地区面临的严峻挑战依然存在。

在2013—2014年，中东地区非传统安全领域的热点问题，如反恐问题、反海盗问题、难民问题、粮食安全问题、气候变化问题、网络安全问题等，都出现了一系列新变化，以下就这些问题试作分析。

一、恐怖主义问题

2013年以来，中东恐怖主义出现了强劲反弹势头，引起了国际社会的高度关注和警惕。这次恐怖主义强势反弹有两个特点：第一，是各类恐怖组织跨境勾联能力突出，在较大地域范围内各恐怖组织不仅能各自为战，相互之间亦能呼应联动。第二，是和"基地"组织有勾联的各恐怖组织在西亚北非地区形成了两个活跃地带，一是在"新月地带"，恐怖势力以叙利亚为根据地，向伊拉克和黎巴嫩东西两侧延伸；二是以埃及为龙头，向西延伸至包括利比亚、阿尔及利亚等国在内的马格里布地区一带。①

在2014年，"伊斯兰国"组织乘叙利亚连年战乱之机迅速壮大，其势力还分别扩展到了黎巴嫩和伊拉克境内。"伊斯兰国"组织的发展轨迹表明，恐怖主义已从"9·11"前"炸了就跑"的小打小闹，发展到建立政教合一的实体国家。该组织奉行恐怖主义原则，手段残忍，嗜杀成性，为世界各国人民所不齿，国际社会因而予以严厉打击。

"伊斯兰国"组织的前身为"基地"组织伊拉克分支，已有十余年的暴恐经验，拥有一支由当地圣战者和外籍志愿者组成的武装力量。从"伊斯兰国"组织的活动情况可以发现，中东恐怖势力的政治目标已从以前的反美、反以、反西方转型为夺取国家政权，控制当地社会。由于极端组织在中东大都拥有一定的民众基础，他们提出的正本清源，严格推行伊斯兰教法的主张，较易得到一般穆斯林民众的支持，他们的圣战口号也吸引了世界各地的"圣战"分子。恐怖主义的强势反弹尤其是"伊斯兰国"的崛起，对中东地区乃至国际安全与稳定构成了严重挑战。②据不完全统计，2013年12月，"基地"也门分支对也门国防部进行了连环恐怖袭

---

① 龚正：《中东恐怖主义进入新一轮活跃期》，http://opinion.huanqiu.com/opinion_world/2014-02/4827913.html

② 王毅：《共同应对恐怖主义新威胁》，环球网 http://china.huanqiu.com/News/fmprc/2014-09/5149345.html

击，造成52人死亡，167人受伤；在伊拉克，2013年共有8868人死于各类恐怖袭击；此外，中东其他地区的恐怖袭击也造成了大量的人员伤亡和财产损失。

中东恐怖势力强势反弹与地区局势动荡密切相关：一是各国派系纷争，为恐怖主义活动提供了便利条件。埃及、突尼斯、也门发生政权更迭，伊拉克派系冲突持续不断，叙利亚长期战乱看不到尽头，利比亚、索马里国内各部落、各教派热衷于争权夺利，更是乱成一片，这一切都为恐怖主义的发展提供了肥沃的社会土壤。二是难民问题雪上加霜，大量叙利亚难民涌入周边邻国，使这些国家本已积重难返的难民问题更加严重，难民的生存状况十分恶劣，从而为暴恐分子煽动恐怖主义理念，招兵买马、扩充队伍创造了有利条件。三是恐怖势力一直能够源源不断地得到来自沙特、卡塔尔、科威特、阿联酋等海湾国家的民间捐赠，且款项巨大。2013年12月，美国将两名卡塔尔基金会的主管列入了"黑名单"，理由是他们暗中资助恐怖组织巨额资金。

据媒体报道，在抵抗"伊斯兰国"武装进攻时，伊拉克政府军的拙劣表现震惊了全世界。在摩苏尔保卫战中，由美军训练并充任军事顾问的两个师的伊拉克军队总计3万人，在800名"伊斯兰国"武装的"进攻"下溃不成军。[①] 鉴于"伊斯兰国"的严重危害性，以及伊拉克军队和库尔德武装作战能力严重不足，美国最终不得不出手对"伊斯兰国"实施空中打击，为伊拉克和库尔德人的武装力量转守为攻，发挥了关键性作用。但是，仅靠空中袭击不可能清除"伊斯兰国"的武装力量。

在对"伊斯兰国"组织实施空中打击的行动中，巴林、约旦、卡塔尔、沙特和阿联酋五国积极参与，受到了西方国家的赞扬，其

[①] 李瑞景、张继伟：《中东反恐"破"易"立"难》，载《解放军报》2014年6月27日，第8版。

至有美国官员称,"这是美国外交政策的意外胜利"。[①] 但是,中东大国土耳其的暧昧态度和表现使美国颇为失望,土耳其的政策选择显然与其担心境内库尔德人借机壮大实力有关,同时也是土耳其对美国的埃及政策、叙利亚政策强烈不满的反映。

恐怖主义的回潮对于动荡多年的中东局势十分不利。以往的经验证明,恐怖主义是干扰阿拉伯国家转型的重要因素,所以反恐事关阿拉伯变革的成败。如果反恐不力,恐怖势力依旧肆虐横行,无疑会进一步加剧地区动乱。因此,中东国家应该求同存异,并与国际社会携手合作,共同打击和消灭恐怖势力。但美国的有限投入、地区国家间的复杂矛盾都是不利于反恐的消极因素,并使"伊斯兰国"问题很难在短期内得到彻底解决。

二、索马里海盗问题

据国际海事局和国际商会共同发布的《2013年全球海盗报告》,2013年全球共发生264起海盗事件,其中索马里海盗的袭击活动降至2006年以来的最低点,比2011年下降了40%。[②] 据统计,2013年索马里海盗共对过往船舶发起7次攻击,远低于2011年的176次和2012年的36次,且一次都未成功。根据欧盟海军公布的数据,2013年索马里海盗的劫持成功率为零,而在索马里海盗猖獗的2010年,共成功劫船47艘,此后成功次数不断减少,2011年为25艘,2012年为5艘。但欧盟海军警告,索马里海盗仍有劫船能力,过往

---

① 《阿拉伯五国打击IS令美兴奋,欢呼获得外交意外胜利》,http://world.huanqiu.com/exclusive/2014-09/5149254.html

② 张伟:《索马里海盗活动剧减,全球海盗袭击事件大幅下降》,http://finance.huanqiu.com/data/2014-01/4762271.html

商船必须保持警惕。①

  国际社会反海盗行动较为成功的原因是多方面的：一是多国联合舰队在亚丁湾的巡航有效遏制了海盗攻击；二是以肯尼亚军队为主的非盟驻索马里特派团于2012年占领了海盗主要藏身地——基斯马尤港，重创了索马里海盗的大后方；三是在2012年6月联合国发出加强国际合作打击索马里海盗的呼吁之后，国际社会加强了联合打击行动。据世界银行估算，自2005年发起首次攻击以来，索马里海盗共劫持过往船舶149艘，所获赎金在3.15亿美元至3.85亿美元之间。②

  为加强对索马里海盗的打击，联合国于2012年6月1日组织召开了索马里问题国际会议，强烈呼吁加强国际合作、共同打击索马里海盗。会议宣言指出，打击索马里海盗需要从陆地和海上进行全面合作，必须通过发展、能力建设、法制建设、威慑和诉讼以及国际法等多管齐下才能从根本上消除海盗问题。③ 为了治理索马里海盗问题，联合国安理会曾于2008年12月通过决议，授权有关国家和国际组织向索马里附近海域派遣军队打击海盗，同时继续支持中国、俄罗斯、意大利等国向索马里附近海域派遣战舰，为商船提供护航服务，共同打击海盗犯罪，而欧盟海军实际上早在联合国呼吁打击索马里海盗前，就获得授权开始了空中打击索马里海盗陆上目标的行动。④ 2013年3月23日，欧盟外长会议授权欧盟反海盗部队打击

---

 ① 《今年索马里海盗劫船成功案件为零》，http://china.huanqiu.com/News/mofcom/2013-11/4601982.html

 ② 《2013年索马里海盗作案大幅减少》，http://china.huanqiu.com/News/mofcom/2014-03/4903033.html

 ③ 《联合国呼吁加强国际合作打击索马里海盗》，http://world.huanqiu.com/hot/2012-06/2782394.html

 ④ 《欧盟海军首次空中打击索马里海盗》，http://world.huanqiu.com/hot/2012-05/2723530.html

索马里内陆的海盗目标。这项授权规定，不派地面部队，只允许欧盟军舰、舰载直升机打击海盗停放在索马里沿岸的燃料桶、船只、卡车或其他装备。5月15日，欧盟反海盗部队在完成首次打击索马里海盗陆上目标后的战报中称，其部队在空中对海盗进行了"集中、精确和恰当的行动"。声明特别强调，行动未伤及索马里平民。

对索马里海盗的海上打击进行得更早。欧盟海军部队针对索马里海盗的"亚特兰大行动"始于2008年12月，该行动旨在震慑和打击索马里海岸沿线的海盗和武装抢劫行为。2013年1月5日晚，欧盟海军和北约海军在一次行动中，共俘获了12名索马里海盗。[1] 行动结束后，该次行动的指挥官在记者发布会上表示，尽管海盗袭击事件在2012年已经下降，但欧盟海军部队不会降低对索马里海盗的打击力度。

2013年6月8日，一艘外国货轮经过索马里沿岸时，遭到索马里海盗的袭击，船上有14名印度船员遭扣押。随后有船员发出求救信号，在附近海域巡逻的欧盟海军收到信号后，迅速抵达现场，索马里海盗见状立即丢弃货轮和人质潜逃。[2] 由于国际社会积极参与反海盗的全球治理，使索马里海盗劫持船只的事件趋于下降。

作为对联合国呼吁打击索马里海盗的响应，2013年11月2日，日本和俄罗斯在东京举行外交及防务部长会议（2+2），双方就在索马里海域及亚丁湾开展反海盗联合演习，定期召开"2+2"会谈等方面达成一致。[3]

2013年11月18日，中国常驻联合国代表刘结一作为安理会当

---

[1] 张杰：《欧盟海军同北约海军俘获12名索马里海盗》，http://world.huanqiu.com/regions/2013-01/3469316.html

[2] 《索马里海盗劫持货轮后遇欧盟海军弃船逃亡》http://world.huanqiu.com/exclusive/2013-06/4013573.html

[3] 《日俄拟在索马里海域进行反海盗联合演习》http://world.huanqiu.com/regions/2013-11/4522557.html

月轮值主席主持安理会会议，会议一致通过了将打击索马里海盗的授权延期一年的决议。他在会上表示，中国支持国际社会在打击索马里海盗方面加强合作，迄今为止已派出15批护航编队，为5200多艘次中外船舶提供护航，为维护海上交通安全发挥了重要作用。中国今后将继续积极参与这方面的国际合作。[①]

在国际社会的不懈努力下，索马里海盗的生存处境日趋艰难，于是他们开始转向为非法渔船当"保镖"。联合国索马里和厄立特里亚问题监测组发布的报告称，为获得新的资金来源，索马里海盗开始为在索马里海域为非法捕鱼的船只提供武装保护。此外，也从事非法买卖武器、贩毒和贩卖人口等勾当。索马里北部邦特兰地区的官员称，约有180艘伊朗渔船、300艘也门渔船以及少量韩国和欧洲渔船长期以来一直在邦特兰海域非法捕鱼，为这些渔船提供安保服务的团体或人员大都是索马里海盗。国际海事局的海盗问题专家赛勒斯·莫迪认为，海盗组织转向勒索渔船保护费是鉴于劫持过往船只越来越难而迫不得已使出的新招。[②] 这一变数也使国际社会打击索马里海盗的行动面临着新的挑战。

三、难民问题

中东国家的难民问题积重难返，常常一波未平，一波又起。

阿富汗难民问题已有近30多年历史，是当今世界最复杂、最持久的难民问题之一。自1979年起，先后由苏联、塔利班政权和美国

---

① 《中国将继续积极参与打击索马里海盗国际合作》http：//mil. huanqiu. com/china/2013－11/4577848. html

② 侯涛：《索马里海盗日子艰难，改行当"黑渔船"保镖》，http：//world. huanqiu. com/exclusive/2013－07/4180899. html

发动的战争，造成了数以百万计的阿富汗难民。据统计，现在约270万阿富汗难民生活在巴基斯坦和伊朗。因此，阿富汗难民可谓当今世界上最大的难民群体之一。[①] 为此，联合国先后举办过多次国际会议，以解决阿富汗难民问题，来自世界各国的与会代表围绕着阿富汗难民的回归、教育与职业培训以及国际社会的协同合作等议题进行了讨论，也采取了一定的措施，但解决阿富汗难民问题依然任重而道远。

叙利亚难民问题作为新生的难民问题，已经构成叙利亚邻国的沉重负担。目前，整个叙利亚的难民约达650万人，流入邻国的难民约有190多万人，主要分布在黎巴嫩、约旦和土耳其。此外，伊拉克北部库尔德人自治区和埃及等国也分别接纳了10多万叙利亚难民。如何安置好这些难民，维持他们的生计和日常生活秩序，已成为叙利亚邻国面临的巨大挑战。2013年以来，由于在土耳其和约旦的叙利亚难民与当地警方发生冲突，造成了人员伤亡，部分国家因此减少了叙利亚难民的接收数量。随着叙利亚危机的持续僵持，叙利亚难民确实构成了困扰周边邻国的一个人道主义难题。

2014年2月6日，叙利亚各方达成协议，决定暂时停火，为霍姆斯老城区居民提供人道主义援助通道，并允许平民离开战区。4天后，美国《基督教科学箴言报》和《华盛顿邮报》分别发表评论称，俄罗斯为说服叙利亚同意联合国进入霍姆斯进行援救行动发挥了重要作用，给叙利亚难民带来了希望，世界再也不能无视叙利亚受灾民众的迫切需求。[②] 因此，国际社会有责任和义务安置好叙利亚民众，这也是叙利亚完成政治过渡的必要条件之一。

---

① 张希焱、刘素云：《阿难民问题国际会议开幕，寻求难民问题长久解决之策》，http://world.huanqiu.com/hot/2012-05/2682302.html

② 《叙利亚难民安置问题紧迫，大国需合作》，http://world.huanqiu.com/exclusive/2014-02/4820672.html

黎巴嫩官方的统计数字显示，黎巴嫩已接收叙利亚难民110万人。而非官方统计数据则显示，黎巴嫩实际接收的难民数量几乎是官方数据的两倍。据英国路透社报道，黎巴嫩境内自发形成的难民聚集地多达360处。大批叙利亚难民涌入黎巴嫩使联合国难民署深感忧虑。一些国际救援组织表示，国际社会对叙利亚难民的救援行动不力，他们呼吁国际社会投入更多的资金，以救济难民。

由于叙利亚难民已经占到黎巴嫩国内人口的1/4左右，以致在黎巴嫩出现了"国中之国"的现象，这对于这个教派林立、曾长期陷入内战、暴力袭击事件频发的国家简直就是灾难。大量叙利亚难民的涌入，给黎巴嫩经济带来了巨大的问题。由于叙利亚难民涌入，黎巴嫩的失业问题更趋严重，因为一些年富力强的叙利亚难民抢走了黎巴嫩人的工作岗位，使当地黎巴嫩人特别是青年的失业率迅速上升。

联合国的难民数据统计显示，黎巴嫩、叙利亚、巴勒斯坦、伊拉克等地的阿拉伯难民数量十分巨大，联合国早已不堪重负。联合国难民事务署高级专员安东尼奥·古特雷斯呼吁，国际社会应当搁置分歧，集中精力解决难民问题，欧美等世界大国应当努力阻止战争爆发，避免因战争产生新的难民。[1]

据联合国统计，自叙利亚战乱爆发以来，约旦共接受了60多万逃离故土的叙利亚难民。其中扎阿特利难民营是约旦最大的叙利亚难民营，人数超过13万，被视为目前世界上的第二大难民营。2014年5月，约旦建成阿兹拉克难民营并立即接纳了7000多名叙利亚难民，其中53%是儿童，20%尚不满5岁，最年长者达97岁。[2]

---

[1] 刘水明、焦翔、刘睿：《黎巴嫩难民问题造成新危机》，http://world.huanqiu.com/article/2014-06/5029765.html。

[2] 《约旦阿兹拉克难民营已安置7000多名叙利亚难民》，http://china.huanqiu.com/News/mofcom/2014-07/5063705.html。

叙利亚内战不仅造成了严重的难民问题，而且使战争前生活在叙利亚的巴勒斯坦难民的处境更加艰难。在叙利亚爆发战乱前，大约有60多万名巴勒斯坦难民生活在叙利亚的大马士革、霍姆斯、阿勒颇、德拉等地。长期以来，联合国近东救济工程处一直在为这些难民提供援助。[①] 2013年3月，由于叙利亚境内武装冲突升级，使流落在叙利亚的巴勒斯坦难民处境愈发艰难，迫切需要国际社会的援助。[②] 据联合国近东巴勒斯坦难民救济和工程处发布的统计报告，在大马士革、阿勒颇和霍姆斯等地，几乎所有的巴勒斯坦难民营都因叙利亚战乱而深陷险境，需要人道主义救援的巴勒斯坦难民人数已突破40万。除叙利亚战乱使在叙的巴难民再度流离失所外，2014年7至8月间的巴以冲突再次造成了10万余名巴勒斯坦难民。[③]

伊拉克不仅为叙利亚难民所累，同时也因"伊斯兰国"的崛起产生了许多难民。2012年7月，伊拉克总理努里·马利基下令对叙利亚难民开放边境，命令伊拉克军队、警察和"红新月组织"接纳叙利亚难民，对他们实施援助并提供（人道主义）服务。[④] 此前，伊拉克政府曾一度表示拒绝接纳叙利亚难民，理由是伊叙边境的伊方一侧位于沙漠地带，城市不多，人口较少，难以对叙难民开展援助工作。但是，具有较大行政自主权的库尔德自治区不予理会，自作主张地向叙利亚难民开放了区内边境，接纳了近万名叙利亚难民。

[①]《25万巴勒斯坦难民受叙冲突影响联合国呼吁援助》，http://world.huanqiu.com/regions/2012-09/3115705.html。

[②]《叙利亚内巴勒斯坦难民突破40万》，http://hope.huanqiu.com/globalnews/2013-03/3767192.html。

[③]《以巴冲突使10万余巴勒斯坦人成难民》，http://world.huanqiu.com/exclusive/2014-07/5077835.html。

[④]《伊拉克总理下令接纳叙利亚难民》，http://world.huanqiu.com/hot/2012-07/2943575.html。

此后，越来越多的叙利亚难民逃到伊拉克。2013年8月，联合国难民署发布消息说，逃到伊拉克境内的叙利亚难民已迅速增至17.5万人。① 大批叙利亚难民的到来，加之多年的战乱和冲突，以及2013年以来出现的新暴力浪潮，导致伊拉克自身110万人流离失所。

2014年8月，伊拉克少数族群雅兹迪人为逃避极端组织"伊斯兰国"的迫害，逃入辛贾尔山区，其中仅6000-8000人逃入杜胡克省的临时难民营，其余3万多难民被困山上，陷入缺水缺粮的绝境。② 联合国难民处虽然持续向难民送水、送饼干及卫生用品，但无法从根本上解决难民问题。在此背景下，库尔德武装出手相救，于8月10日成功地解救了近两万名被困于辛贾尔山的雅兹迪难民。③ 尽管有两万人获救，但在"伊斯兰国"武装向北的突进中，仍有数千名难民被困，其中约有500名雅兹迪族无辜难民惨遭杀害。此后，"伊斯兰国"武装继续向伊拉克北部推进，迫使大批难民逃往伊拉克第三大城市埃尔比勒。④

四、粮食安全问题

粮食安全是阿拉伯国家长期面临的严峻挑战，同时也构成了引发阿拉伯国家动荡的具体原因之一。20世纪70年代以前，阿拉伯国

---

① 《联合国难民署称逃到伊拉克的叙利亚难民激增》，http://world.huanqiu.com/regions/2013-08/4261804.html

② 《伊拉克难民陷绝境》，http://world.huanqiu.com/exclusive/2014-08/5107140.html

③ 《近两万伊拉克难民获库尔德武装解救》，http://world.huanqiu.com/exclusive/2014-08/5102384.html

④ 《伊拉克难民呼吁美派遣地面部队》http://world.huanqiu.com/exclusive/2014-08/5102599.html

家大都不存在粮食安全之虞，但此后由于人口激增和生活水平提高，粮食需求增大，以及农业在经济结构中的比重下降，使部分阿拉伯国家出现了粮食短缺的现象。

阿拉伯国家总面积约1420万平方公里，其中沙漠占总面积的68%，适合农耕的土地只有70多万平方公里，约占总面积的5.1%。由于气候干燥和水源匮乏等因素制约，农业普遍不发达。尽管如此，农业仍然是这些国家的重要产业，农村劳动力超过3000万人，像苏丹、埃及、突尼斯、摩洛哥、伊拉克、叙利亚、黎巴嫩和也门等国，农业在国内生产总值中的比重都不小。[1] 但只有少数阿拉伯国家（如海湾国家）的农业在政府的大力支持下获得了较大的发展。海湾国家虽然同样属于沙漠地带，不适合农作物生长，但各国政府普遍重视农业发展，向农民免费提供种子、化肥和无息贷款，建造隔热的蔬菜种植大棚，并对农产品全部实行包购包销，因此大大促进了本国的农业生产。

近年来，阿拉伯国家的粮食总产量为6500多万吨/年，按3.5亿多人口分摊，人均粮食占有量约185公斤左右。[2] 从阿拉伯国家的粮食供应看，他们主要从美国、法国和澳大利亚等国进口粮食，进口来源的相对集中，隐藏着许多不确定性，同时受世界粮食市场价格波动影响也较大。现在埃及和突尼斯等国正遭受食品价格飞涨和金融状况恶化双重冲击，一旦处置失当，很可能引发新的"大饼革命"，使原本深陷困境的政治局势更加动荡不安。

值得注意的是，阿拉伯国家的粮食安全问题具有外生性特点，即受国际粮价变动影响较大。经济合作与发展组织以及联合国粮农组织预测，在未来相当长一段时期内，国际粮价及其他基本食品价

---

[1] 《粮食短缺困扰阿拉伯国家》, http://finance.huanqiu.com/data/2014-03/4911405.html

[2] 同上。

格将会趋于平稳。这对于阿拉伯国家的粮食短缺问题无疑是一利好消息。受此影响，未来阿拉伯国家的粮食安全问题可能会得到适度的缓解，粮价问题对政治动荡的影响也会有所降低。现有数据表明，目前阿拉伯非产油国的民众已经基本接受了高粮价的现实，除粮食价格未有明显上涨的摩洛哥外，其他阿拉伯非产油国维持国内粮食及其他基本食品价格稳定的压力已有所减轻。[1]

进口量是衡量粮食短缺程度的重要依据。据统计，现在阿拉伯国家的人均粮食进口支出已增至133美元，海合会六国85%以上的食品依赖进口，其中沙特阿拉伯已成为全球第六大大米进口国。在阿拉伯国家中，主要存在以下缺粮国家：

（1）埃及：埃及位于尼罗河下游，农村人口占全国总人口的55%，全国可耕地面积为860万费丹（1费丹约合0.042平方公里），约占国土总面积的3.5%。由于人口增长太快，埃及的粮食生产一直不能自给自足，必须大量进口。根据埃及内贸和物资供应部部长哈利德·哈纳菲提供的数字，从2013年7月到2014年3月，埃及政府共进口了452.7万吨小麦。为填补粮食缺口，现在埃及政府每年进口小麦约1000万吨。仅埃及人每天的主食大饼一项，政府每年的补贴高达210亿埃镑（约合30亿美元）。[2]

（2）叙利亚：叙利亚曾是个粮食可以自给自足的国家，但因连年战乱，粮食产量大幅下降，致使叙利亚民众深陷粮食短缺的危机中。2013年1月9日，联合国粮食计划署发言人比尔斯公开表示，叙利亚约有250万人急需粮食援助，但由于粮食署每月只有向150万人提供人道救援的能力，所需资金也只有1.17亿美元到位，尚有

---

[1] 《阿拉伯地区粮食安全压力趋缓》，http://news.china.com.cn/world/2014-04/26/content_32215704.htm。

[2] 《粮食短缺困扰阿拉伯国家》，http://finance.huanqiu.com/data/2014-03/4911405.html。

1.36 亿美元的资金缺口,因此面临着无法扩大人道援助规模的困境。①

(3) 也门:也门约有 1000 多万人正在遭遇粮食短缺之苦,其中 540 万人处于严重短缺状态。2013 年 1—7 月,也门约有 43% 的人口面临粮食短缺,农村地区的粮食短缺人口达到 49%,城镇地区约为 36%。② 造成这一问题的主要原因是也门的高失业率和普遍贫困化,以及不断恶化的政治、安全形势和部落冲突。为此,世界粮食计划署开展了一项惠及也门 500 万人、总金额达 2.6 亿美元的援助计划。

(4) 苏丹:苏丹是阿拉伯国家中最大的农产品出口国,每年出口粮食创汇约 20 亿美元。但由于南苏丹的独立和局势动乱问题,目前苏丹的粮食产量仅仅是其潜在产量的 15%—20%,因而同样出现了粮食短缺问题。

五、气候变化问题

气候变化尤其是全球变暖是中东国家在非传统安全领域面临的又一严峻挑战,其影响很可能是灾难性的。

受全球气候变暖的影响,中东的水资源问题将更趋严重。阿拉伯国家大都位于干燥或极干燥地区(干燥指数低于 0.2),仅有少部分位于半干燥地区(干燥指数 0.2—0.5)。如不采取有效措施减少全球变暖的影响,阿拉伯地区极可能面临农业生产减少、旱灾可能性增大、极热天气增多、供水长期减少以及因海平面上升导致沿海

---

① 《联合国称叙利亚粮食短缺加剧 250 万人急需援助》,http://world.huanqiu.com/regions/2013-01/3466313.html

② 聂国雨:《也门农村地区粮食短缺状况进一步恶化》,http://china.huanqiu.com/News/mofcom/2013-10/4419184.html

地区被淹没等问题。在近几年全球的创纪录高温国家中,有5个为阿拉伯国家。除了气温升高外,极端气候现象也不断出现。有专家预测,随着全球气候不稳定性的增加,阿拉伯世界将出现更多的从未遇到过的极端气候现象,降雨大量减少和阿拉伯人口的高增长率交互影响,将使水资源短缺问题更加严重。[1]

受气候变化的影响,阿拉伯国家的传统农业产业也将受到严重冲击。例如,气候变化将使阿拉伯国家的咖啡生产将受到严重影响。阿拉伯国家盛产咖啡,目前产量约占全球商业生产的70%。阿拉伯咖啡是一稀有品种,享誉世界,其遗传基因的多样性对于该产业的可持续性发展非常重要,但它在适应气候变化、病虫害等风险和危害方面的适应性较差。英国学者采用气候模拟手段,对阿拉伯咖啡在三种不同碳排放情况下的生长情况进行了研究。他们发现,随着时间的推移,全球变暖将使适宜种植阿拉伯咖啡的区域减少38%—90%。[2]

气候变化与政治之间也存在着微妙的关系。近年来的所谓"阿拉伯觉醒"与气候变化实际上存在着千丝万缕的联系,其中全球变暖、粮食价格(尤其是小麦价格)与政治的相互作用,是一个隐藏性的压力因素,助推了群众性广场革命的爆发。[3]

全世界有九大小麦进口国,都是中东国家,其中7个阿拉伯国家都爆发了广场革命,而埃及则被认为是世界上最大的小麦进口国之一。由于全球小麦的年产量中只有一小部分(约6%—18%)是跨国界销售的,所以全球供应中的任何减少都会导致小麦价格的激

---

[1] 《全球变暖对阿拉伯国家影响最严重》,http://www.jieyue.net/showNews.jsp?classId=L6V1YPRL8A&newsId=86005

[2] "Climate change threat to Arabica coffee crops",http://www.bbc.com/news/science-environment-20252472

[3] 托马斯·弗里德曼:《气候变化与阿拉伯之春》,http://www.199.com/EditText_view.action?textId=639460

增,这对埃及而言,无疑会产生严重的经济影响。① 在埃及,民众将38%的收入用于购买食物。在那些发生政治动荡的阿拉伯国家中,食物消费大都超过家庭平均支出的35%,埃及甚至达到了38%。而在发达国家中,这个比例在10%以下。因此,小麦短缺引起的面包价格上涨,构成了导致多个阿拉伯国家陷入严重动荡的重要推手。

除埃及外,叙利亚和利比亚的情况也差不多。据一些国际机构的报告说,已有80多万叙利亚人因严重干旱而失去了生计,大批农牧民家庭背井离乡来到城市,加剧了叙利亚的动荡。美国国家大气研究中心的一份报告指出,未来25年气候变化的后果是,叙利亚和利比亚将面临-8到-15的预测值,在旱涝等级方面,数值低于-4即被认为是极度干旱。

区域合作是克服气候变化影响的重要途径,但目前阿拉伯世界的四分五裂无疑无助于共同应对气候变化,而部落传统和宗派主义的盛行既蚕食了阿拉伯革命的成果,也削弱了阿拉伯各国应对气候变化的适应能力。

近年来,国际社会在应对全球变暖的协调与合作中,逐渐形成了一种处理全球气候变化的政治。在阿拉伯世界(尤其是产油国),气候变化政治要求他们减少能源消耗和降低二氧化碳排放量以缓解全球变暖趋势,从而对这些国家以能源出口收益来维护生存环境和社会稳定的基本经济模式构成冲击。② 为了共同应对气候变化问题,阿拉伯国家于2014年5月5日在阿联酋召开了为期两天的气候变化问题阿布扎比峰会。出席这次峰会的有各国政府部长、商业、金融及公民社会领袖,主要商讨如何在国家、企业和组织间就应对气候

---

① 《托马斯·弗里德曼:气候变化与阿拉伯之春》,http://www.aisixiang.com/data/71833.html

② 汪波:《气候变化政治对海湾国家的影响》,载《阿拉伯世界研究》2012年第3期。

变化挑战进一步扩大和深化合作伙伴关系，更积极地参与适应和减缓气候变化影响的全球行动等，同时为定于2014年9月23日在纽约举行的联合国气候变化峰会的重点议题提供行动建议。① 上述事态也从一个侧面反映了气候变化问题对阿拉伯国家的挑战。

六、网络安全问题

中东的网络安全问题由来已久，10多年前围绕着巴以冲突和反恐斗争，各种力量就展开了互联网争夺甚至上演"黑客"大战。在中东，这场以全球互联网为载体，由一些掌握计算机技术的政治活跃分子所发动的网络战，被称作是一场针对异教徒的"电子讨伐战"。当前，这场网络战争的规模和手段都在不断升级。②

（一）电子商务的网络安全受到严重冲击

2013年以来，随着全球电子商务市场的蓬勃兴起，中东电子商务市场也取得了长足的进步与发展，其增长率高达45%。据国际网络支付服务公司（PayPal）估计，中东电子商务市场总额到2105年可达到150亿美元，而2011年还仅为50亿美元。电子商务支付方式早已被海合会国家所接受和使用，中东地区的电子商务存在着巨大的发展空间。但网络安全已成为中东电子商务发展的最大障碍，密码被盗、资料曝光、资金不安全等问题，都影响了网上购物的积极性。因此，解决网络安全问题便成为推动电子商务发展至关重要

---

① 《阿拉伯气候变化会议为9月纽约峰会热身》，http://www.news-com.cn/asean/brunei/a/201405/06236335.shtml。
② 《中东上演"黑客"大战》，http://www.people.com.cn/GB/paper447/2400/373358.html。

的环节。

为了维护客户利益和信心,中东闪购电子商务平台(MarkaVIP)投入了大量的资金和人力,建立了一个强大的反攻击网络系统,其防攻击能力达到了国际标准。[①] 2014年9月17日,全球第一家信息技术研究和分析公司(Gartner)在迪拜召开安全与风险管理峰会,会议发布报告称,预计2014年中东各国在网络信息安全方面支出的费用将达10亿美元,同比增长8%,未来几年将增至12亿美元/年。[②]

(二) 网络恐怖主义威胁严重

20世纪90年代以来,新型恐怖主义势力将触角伸到了互联网领域,使网络恐怖主义的威胁日趋严重。互联网既是恐怖分子的联络工具,同时也是他们进行网上攻击的途径。自阿拉伯国家发生政治动荡以来,中东局势进一步刺激了恐怖主义势力的发展,加剧了他们的暴恐活动,最突出的例子就是"伊斯兰国"组织的兴起。"伊斯兰国"组织利用互联网尤其是社交网站传播极端主义意识形态、招募成员、从事恐怖活动的能力超过了以往任何恐怖组织。

(三) 石油公司成为网络攻击的主要目标

随着中东网络战的不断升级,中东主要产油国的大型石油和天然气公司经常遭到大规模的电脑网络攻击。例如,全球最大的石油公司——沙特的沙美石油公司在遭到"Shamoon"病毒攻击后,30多万台电脑瘫痪,公司用了两周的时间才使网络恢复正常,其损失

---

① 《网络安全成中东电商发展的最大"绊脚石"》,http://www.ecview.cn/e-commerce/3753.html。
② 《中东北非2014年信息安全支出将达10亿美元》,http://news.hexun.com/2014-09-17/168578228.html

不言而喻。"Shamoon"病毒还攻击了美国和卡塔尔合资的拉斯拉凡液化天然气公司。埃及《金字塔报》的文章指出,中东网络战的始作俑者是美国和以色列。为了打击伊朗核项目,美、以最早开启了中东的网络战。早在2010年,伊朗就遭到了一系列的网络攻击,致使核设备离心机被"震网"病毒破坏;2011年,伊朗的一个导弹设施爆炸,也是受西方电脑病毒攻击所致;2014年4月,伊朗哈尔克石化公司遭到大规模的网络攻击,以致伊朗政府被迫下令暂时断开包括哈尔克公司在内的部分石化企业的网络连接。为了应对来自西方国家的网络攻击,伊朗不得不大力提升网络战能力。对于来自伊朗可能发起的网络攻击威胁,以色列总理内塔尼亚胡指出:"以色列正面临着日益加剧的网络攻击威胁。"[1]

---

[1] 侯涛:《中东多家石油巨头遭大规模网络攻击》,载《环球时报》网2012年10月22日,http://news.sina.com.cn/w/2012-10-22/034925407453.shtml。

阿拉伯国家民主转型的嬗变及其核心问题

上海外国语大学中东研究所 刘中民

【内容提要】

中东变局以来，伊斯兰教、军人干政和地缘政治因素构成了影响阿拉伯国家民主转型的核心因素。从伊斯兰教与民主转型的关系来看，教俗对立将继续困扰阿拉伯国家民主转型，同时温和伊斯兰力量也将探索伊斯兰特色的民主道路，伊斯兰与民主的关系将呈现多样化发展态势，并不断进行调整与重塑。从军人干政与民主转型的关系看，阿拉伯国家军人干政的消解需要经历从民主启动、民主巩固到民主运转的长期的历史过程，同时有赖于宗教与世俗关系经长期磨合互动后而走向正常化。从地缘政治与民主转型的关系看，阿拉伯国家内部复杂的宗教、教派和族群矛盾，阿拉伯国家间的矛盾、意识形态竞争和地区领导权的争夺，以及西方大国的军事干涉和民主输出，都加剧了阿拉伯国家民主转型的动荡。

阿拉伯国家的政治体制具有极大的差异性，但基本上可以分为共和制和君主制两种类型。共和制阿拉伯国家的前身多在殖民统治的晚期进行过自上而下的半民主化的尝试，但均不成功，并在随后的非殖民化进程中通过军人革命建立了威权共和体制，如埃及、突尼斯、阿尔及利亚、利比亚、伊拉克、叙利亚等国家，这类国家也成为 2010 年年底以来中东变局的重灾区。埃及宗教与世俗的严重对立及其伴生的军人干政，成为阿拉伯共和制国家民主转型困境的集中体现。阿拉伯君主制国家的情况大概又有两种：一是海湾的君主制国家（包括阿联酋、阿曼、巴林、卡塔尔、科威特、沙特阿拉伯），政教合一与家族统治相结合的传统合法性根深蒂固，其民主进程异常缓慢；二是约旦和摩洛哥两个具有君主立宪色彩的国家，其民主化进程好于绝对君主制国家，实行议会选举，国王多以更换内阁的方式平抑民众的不满。在阿拉伯君主制国家，尽管民主化进程缓慢，但这种传统合法性与石油美元塑造的"食利国家"却拥有远好于共和制国家的政治稳定。因此，本文主要围绕以上两种类型的国家，对阿拉伯国家民主转型及其重点问题进行分析，并结合中东变局分析其民主转型的趋势。

一、中东变局以前阿拉伯国家的民主化进程

在 2010 年底中东变局之前，阿拉伯国家的民主转型大致可划分为三个阶段：

（一）早期宪政改革的失败与威权体制的确立

在历史上，埃及是较早进行宪政实验的阿拉伯国家。1829 年和 1866 年先后成立的咨议会和协商代表委员会，成为埃及早期议会的雏型，[1] 这些机构虽徒有其表，但对"宪政主义在埃及的发展仍产生

---

[1] 王林聪：《关于阿拉伯国家民主化道路的思考》，载《阿拉伯世界研究》2006 年第 3 期，第 11 页。

了一定的影响。"① 随后，1882年颁布的基本法确立了内阁制和议会制，但很快因英国和奥斯曼帝国的干涉而失败。埃及于1922年获得民族独立，于1923年颁布宪法，并于1924年举行首次议会选举。此后直至1952年"纳赛尔革命"爆发的近20年间，多党制和议会选举成为埃及政治生活的主要特征，但由于英国的干涉和国王专权，议会活动屡遭破坏、内阁更迭频仍，导致"埃及政坛党派林立，政局动荡不定，民主选举流于形式，立宪制度陷入了困境，最终被纳赛尔军人政权所取代。"② 从此，埃及进入了阿拉伯民族主义占主导地位的威权统治时期，纳赛尔的"统治地位源于其个人魅力和恺撒式的专制"③，议会完全依附于总统，"内阁成员仅仅充当听众的角色，只有纳赛尔是发言人"④。埃及的政治发展在两个重要方面在阿拉伯世界产生了示范效应：

第一，阿拉伯世俗民族主义与伊斯兰主义的尖锐矛盾，使穆斯林兄弟会（以下简称穆兄会）成为地区性的政治反对派组织。"世俗色彩的议会政治、政党政治与精英政治呈三位一体的状态"，使民众政治参与的渠道堵塞，导致"埃及民众的价值取向逐渐由崇尚西方的世俗政治理念转变为回归传统的宗教政治理念"⑤，并于1928年在哈桑·班纳的领导下成立了穆兄会，成为民众政治反对派的典型代表。作为中东伊斯兰主义组织的鼻祖，他主张按伊斯兰原初教旨

---

① P. J. Vatikiotis, *The History of Modern Egypt: from Muhammad Ali to Mubarak*, Baltimore: The Johns Hopkins University Press, 1991, p. 127.

② 王林聪：《关于阿拉伯国家民主化道路的思考》，载《阿拉伯世界研究》2006年第3期，第11页。

③ P. J. Vatikiotis, *The History of Modern Egypt: From Muhammad Ali to Mubarak*, Baltimore: The John Hopkins University Press, 1991, p. 425.

④ D. Hopwood, *Egypt: Politics and Society, 1945 - 1984*, Boston: Derek Hopwood, p. 103.

⑤ 哈全安：《埃及现代政党政治的演变》，载《南开学报》2007年第4期，第134页。

变革现实社会，主张推翻现存世俗政权，变革现存的世界秩序，建立由宗教领袖或教法学者统治的、以伊斯兰教法为基础的伊斯兰国家和秩序。此后，穆兄会发展成为中东地区的跨国伊斯兰主义组织，成为世俗国家政权的强大反对者，深刻影响了阿拉伯国家的政治发展。

第二，纳赛尔式的"军官革命"成为阿拉伯国家推翻君主制政权，建立世俗共和威权体制的典型方式。例如，1958年伊拉克卡塞姆领导军人政变推翻费萨尔王朝（后被阿拉伯复兴社会党取代），1969年利比亚卡扎菲发动军人政变推翻伊德里斯王朝。此后，在阿拉伯世界，通过军人政变上台成为屡见不鲜的现象。例如，在苏丹，1969年尼迈里通过军事政变上台直至到1985年被新的军人政变推翻；在伊拉克，自1958年政变推翻费萨尔王朝后的十年间，曾发生过大大小小十几次政变、未遂政变及武装起义，直到1968年阿里夫政权被贝克尔领导的政变推翻，建立复兴社会党政权，后来逐步为萨达姆所控制。[1]

在其他阿拉伯国家，如北非的突尼斯、利比亚、苏丹和西亚的伊拉克、黎巴嫩、叙利亚、约旦等国家也都进行过以宪政改革和代议制为内容的民主改革。例如，作为中东变局首发之地的突尼斯于1861年颁布了阿拉伯伊斯兰世界的第一部宪法。[2] 在1881年突尼斯沦为法国保护国后，该宪法虽被废除，但却为突尼斯政治民主化奠定了基础。[3] 其他阿拉伯国家也进行了宪政体制下的代议制民主探索。（参见下表）

---

[1] 参见田文林：《军队干政：中东非典型政治中的典型现象》，载《世界知识》2012年第3期，第32~33页。

[2] 参见 B. Powel & L. Sadiki, *Europe and Tunisia: Democratization via Association*, London: Routledge, 2010, pp. 17 – 18.

[3] 李竞强：《论欧盟与突尼斯政治民主化》，载《世界经济与政治论坛》2012年第5期，第41页。

早期阿拉伯国家代议制试验经历

国家	代议制试验初始之年	代议制试验终止之年
伊拉克	1921 年	1958 年
埃及	1923 年	1952 年
黎巴嫩	1926 年	1975 年
叙利亚	1930 年	1949 年
利比亚	1951 年	1969 年
约旦	1952 年	1957 年

资料来源：王林聪：《关于阿拉伯国家民主化道路的思考》，《阿拉伯世界研究》2006 年第 3 期，第 15 页。

在海湾的阿拉伯地区，二战前取得民族独立的只有通过家族统治与伊斯兰教瓦哈比派相结合于 1932 年建立的沙特阿拉伯，其他地区基本上仍为殖民统治下的酋长制度。由于该地区受西方民主主义和世俗主义影响较小，加之宗教和部族传统深厚，尚未开始民主化进程。该地区的阿曼、阿联酋、卡塔尔、科威特、巴林在 20 世纪 60 年代末、70 年代初英国撤出中东后才取得独立，均实行类似沙特的君主制，形成了当今世界君主制国家最为集中的地区，这些国家还于 1981 年建立了海湾合作委员会，因此也称海合会国家。

基于阿拉伯国家的上述政治发展进程，国外有学者将独立后的阿拉伯国家划分为三种政治模式：以埃及、伊拉克、叙利亚为代表，在意识形态上奉行民族主义和权威主义的国家；以约旦、黎巴嫩为代表的半民主国家，政治领域存在着较大程度的多元主义，但国家在政治动员和社会控制方面的能力十分有限；纯粹的"食租国家"（Rentier States），即海湾的石油国家，集中了当代世界的传统君主制国家。[①] 战后初期，阿拉伯国家的民主虽然有所扩大，但却鲜有实质

---

① Simon Bromley, "Middle East Exceptionalism—Myth or Reality", in David Potter, David Goldblatt, Margaret Kiloh and Paul Lewis, eds., *Democratization*, Cambridge: Polity Press, 1997, p. 323.

性的进展。有分析指出,"贵族统治、选举舞弊、广大农村不识字的选民,是中东早期半民主的显著特征。它徒有民主的外表,实际上却在败坏着民主的声誉。"①

(二)威权体制的松动与伊斯兰"劫持民主"

20世纪70年代以来,受席卷世界的第三次民主化浪潮和冷战结束的影响,阿拉伯国家也进行了以解除党禁、保障言论自由、制定新宪法、举行自由选举为内容的政治自由化改革。其具体表现是:第一,威权主义政权实行了有限度的自由化改革;第二,一些国家由威权主义过渡到半民主政治制度,但其多党制、议会制以及对公民自由和权利的保障都十分有限;第三,个别原来的准民主国家恢复了民主;第四,传统君主政体国家适应时代潮流,扩大了政治参与。但阿拉伯国家民主化进程的收效并不明显,"伴随政治自由化和半民主化而来的是伊斯兰运动的复兴"。②

在伊斯兰复兴运动中,宗教政治反对派企图通过民主选举掌握政权,而阿拉伯各国对伊斯兰政治反对派多采取打压和遏制的措施,从而导致政治秩序混乱,并深刻影响了中东伊斯兰国家的政治稳定。在埃及,伴随萨达特政府的政治自由化,穆兄会"最大限度地利用了萨达特政府所准许的和平手段,为建立伊斯兰社会而努力"。③ 穆兄会自身也"经历了一场目标明确的改造。它明确选择了主张接受政治多元化和议会民主的温和的、渐进的政策以实现社会政治变革。"④ 穆

---

① 丛日云:《当代世界的民主化浪潮》,天津:天津人民出版社1999年版,第310页。

② 同上,第299页。

③ Raymond William Baker, *Sadat and After: Struggles for Egypt's Political Soul*, London: I. B. Tauris & Co. Ltd., 1990, p. 246.

④ [美]埃斯波西托著、东方晓等译:《伊斯兰威胁:神话还是现实》,北京:社会科学文献出版社1999年版,第170页。

兄会的成员声称,"只有名副其实的民主才是解决危机的唯一办法和通向美好未来的唯一道路。"① 萨达特政府既利用又限制穆兄会的政策,最终使二者走向严重对立。穆巴拉克上台后,开始对穆兄会交替使用宽容与分化瓦解、安抚与镇压的斗争策略,不允许任何伊斯兰组织直接参加政治活动,但允许主张非暴力的伊斯兰"温和派"以间接的方式参加政治活动。② 但在萨达特和穆巴拉克时期,穆兄会已成为埃及最大的政治反对派。当时就有学者预言,"如果埃及举行真正的自由选举,穆兄会极有可能赢得大部分选票。"③

阿尔及利亚伊斯兰拯救阵线从崛起到失败的大起大落更为引人注目。1989年阿尔及利亚政府颁布新宪法,实行多党制。在1990—1991年选举中,伊斯兰拯救阵线取得了势如破竹的胜利,但随后在军队的强力镇压下与政权失之交臂,阿尔及利亚因此陷入了长达20多年的动荡。在此背景下,西方提出了伊斯兰"劫持民主"(Hijack Democracy)④的问题,即中东伊斯兰国家一旦启动真正的竞争性选举,取得胜利的往往是伊斯兰主义力量,民主选举只是伊斯兰力量夺取权力的手段,而真正目标是建立实施伊斯兰教法的伊斯兰国家。⑤ 为避免伊斯兰"劫持民主"和维护中东稳定,美国和西方国家多对阿拉伯国家打压伊斯兰势力的做法予以认可和支持。

---

① Azzam Tamimi, ed., *Power-Sharing Islam*? London: Liberty for Muslim World Publications, 1993, p. 168.

② 参见刘中民:《伊斯兰复兴运动与当代埃及》,载《西亚非洲》2000年第3期,第26~27页。

③ Robert Kaplan, "Egypt: Eaten from within", *Atlantic Monthly*, November 1994, p. 28.

④ John L. Esposito and John O. Voll, *Islam and Democracy*, New York: Oxford University Press, 1996, p. 196.

⑤ David Pool, "Staying at home with the Wife: Democratization and Limits in the Middle East", in David Potter, David Goldblatt, Margaret Kiloh and Paul Lewis, eds., *Democratization*, Cambridge: Polity Press, 1997, p. 213.

(三) 美国的"大中东民主计划"与"阿拉伯之春"的预演

"9·11"事件和伊拉克战争后,美国民主改造中东的战略对阿拉伯国家的民主化进程产生了重要影响。2004年,美国的"大中东倡议"(The Greater Middle East Initiative)在西方7国首脑会议上正式推出,其核心内容包括"提倡民主和良治;建立知识社会;扩展经济机会。"[1] 尽管阿拉伯国家在政策宣示上反对美国的民主输出,但也对如何推进民主做出了一定的回应。2004年3月,阿盟首脑会议发表《突尼斯声明》,一方面对美国强硬干涉阿拉伯事务表示不满;另一方面也表示愿意"加强民主实践,扩大政治和公共生活的参与,强化公民社会的作用"[2],这"等于变相接受了美国大中东倡议的部分要求。"[3]

在美国推行"大中东民主计划"的政治气候下,阿拉伯国家的政治生态发生了重要的变化。2005年2月,埃及总统穆巴拉克向人民议会提议要求修改宪法第76条的建议,指示议会废除总统选举"唯一候选人"的制度,允许有多党、多名候选人通过直接选举产生总统。对此,有评价指出,这是埃及"对华盛顿新近施加的压力做出直接回应的最清楚的例证"[4]。穆巴拉克自己的表态也印证了这一判断,他指出:"美国提出的大中东计划要重塑中东政治版图,这已经威胁到了我们的国民性和身份……而教条的政府不能应对这种挑

---

[1] Talmiz Ahmad, *Reform in Arab World: External Influences and the Debates*, New Delhi: India Research Press, 2005, pp. 17-18.

[2] Ibid., pp. 46-47.

[3] 王锁牢:《"阿拉伯之春"的回顾与展望》,载王缉思主编:《中国国际战略评论》(2011卷),北京:世界知识出版社2012年版,第236页。

[4] 王泰:《2011,埃及的政治继承与民主之变》,载《国际政治研究》2011年第1期,第125页。

战,要想拯救埃及除了改变政府外别无他法。"① 穆巴拉克的建议获得协商议会和人民议会的批准,并通过全民公投获得通过。当然,宪法对候选人的资格进行了严格的限制,其他候选人根本无法对穆巴拉克构成真正的挑战。但在2005年的埃及选举中,穆兄会仍有上佳表现,它不仅提出了颇具温和色彩的关于埃及变革的一揽子方案,而且一举赢得了人民议会454个议席中的88个席位,成为埃及人民议会中最大的反对派。

埃及的政治反对派也从美国的"大中东民主计划"中获得了鼓舞,2004年—2005年初,开罗大学多次发生自由派、左派和伊斯兰教人士参加的示威游行,并公然打出了"打倒穆巴拉克"的标语。② 在2004—2005年发生的其他一些标志性事件也标志着阿拉伯民主进程的扩大。2004年3月,伊拉克举行首次议会选举,美国民主改造伊拉克的进程全面启动;2005年2月,黎巴嫩前总理哈里里遇刺案引发民众抗议示威,并被西方命名为"雪松革命"(Cedar Revolution,雪松为黎巴嫩的国树)。③

在2004年前后,民主进程长期缓慢的海湾国家也在君主制框架内启动了多项民主改革措施。在沙特内部,自海湾战争以来,由自由主义者和伊斯兰主义者构成的两大政治反对派不断向王室施加改革的压力,并在世纪之交出现了合流的态势,④ 沙特社会还出现了要求选举、实行"君主立宪"等请愿活动。在外部,"9·11"事件后

---

① Yoram Meital, "The Struggle Over Political Order in Egypt: the 2005 Election," *Middle East Journal*, Vol. 60, No. 2, 2006, p. 257.

② 王泰:《2011,埃及的政治继承与民主之变》,载《国际政治研究》2011年第1期,第127页。

③ 王锁劳:《"阿拉伯之春"的回顾与展望》,载王缉思主编:《中国国际战略评论》(2011卷),北京:世界知识出版社2012年版,第236页。

④ 吴彦:《沙特阿拉伯"伊斯兰-自由主义"运动初探》,载《西亚非洲》2011年第4期,第32~37页。

美国与沙特关系的紧张以及"大中东民主计划"的压力,也迫使当权者加大改革力度,缓解社会矛盾。2005年2~4月,沙特举行了历史上首次地方市政选举,并许诺妇女在下一轮地方选举(2009年)中拥有投票权。这是1993年沙特成立"协商会议"之后的重大民主改革举措。在科威特、约旦、摩洛哥、巴林等君主制国家,改革的进展也较明显,并突出表现为妇女公民权利的扩大。在2003年约旦议会选举中,有6位妇女赢得了席位,有3位妇女出任政府部长;2003年4月,卡塔尔经全民公投通过宪法,赋予妇女选举权;2005年5月,科威特国民议会批准了允许女性享有选举权与被选举权的修正案。[①]

在阿拉伯共和制与君主制国家都启动民主变革的背景下,西方媒体于2005年3月第一次提出了"阿拉伯之春"的概念。[②] 当然,美国的"大中东民主计划"并非阿拉伯国家民主转型的根本动力,阿拉伯社会内部的民主变革诉求以及阿拉伯国家在政治、经济与社会领域存在的积弊,才是阿拉伯国家民主转型的根本动力,也是2010年以来爆发"阿拉伯之春"的根本原因。

二、中东变局以来阿拉伯国家的民主转型

尽管中东变局的性质和成因十分复杂,但民主变革和民主转型无疑构成了中东变局的重要组成部分。中东变局发生以来,无论是发生政权更迭的转型阿拉伯国家,还是没有发生政权更迭的阿拉伯国家,包括海湾君主制国家,都正处在全面的改革与调整之中,而

[①] 王林聪:《关于阿拉伯国家民主化道路的思考》,载《阿拉伯世界研究》2006年第3期,第12页。

[②] Jeff Jacoby, "Arab Spring", *The Boston Globe*, March 10, 2005.

民主化无疑构成了阿拉伯国家转型与改革的重要组成部分。对此，有评价指出，"2011年的反独裁斗争终结了阿拉伯民族和穆斯林与民主观念格格不入的观念"，①"不管变革中的阿拉伯国家的社会政治形势如何发展，即便很可能许多国家仍保持着那种在西方看来不完全民主的统治模式，对民意和民众的重视程度都会上升。"②

（一）政权发生更迭的阿拉伯国家的民主转型

在政权更迭后，埃及、突尼斯、也门、利比亚四国已相继建立民选政权或过渡政权，在政治上大多都实行了修改宪法、多党制和议会民主选举。但它们普遍面临宗教与世俗矛盾加剧、经济与民生问题严重恶化、地方和部落势力坐大、社会动荡不安、宗教极端主义和恐怖主义强势反弹等问题的严峻挑战。

在埃及，自2011年"1·25革命"以来，全民公投和议会选举、总统选举频仍，主要包括2011年3月就新宪法草案举行的全民公决，2011年11月至2012年1月举行的三轮人民议会选举；2012年1至3月举行的协商会议选举；2012年5月至6月举行的总统选举，穆兄会建立的自由与正义党候选人穆尔西以微弱多数当选，但执政仅一年便遭军方废黜；2014年6月，埃及再次进行总统选举，军方领导人塞西毫无悬念地当选。在此过程中，穆兄会代表的伊斯兰主义力量与军方代表的世俗政治力量之间的博弈，成为影响埃及民主转型的核心议题。③

在突尼斯，被本·阿里政权长期打压的伊斯兰复兴运动党在

---

① Eugene Rogan, "The Arab Wave", http://nationalinterest.org/article/the-arab-wave-5169

② 费奥多尔·卢基扬诺夫：《重建联系的时候到了：应该在西方影响力衰落的地区加大活动力度》，俄罗斯《独立报》2011年4月27日。

③ 详见刘中民：《阿拉伯国家转型进入深水区》，载《东方早报》2014年1月7日。

2011年10月举行的制宪议会选举中获胜,并与"保卫共和大会"、"争取工作和自由民主论坛"等政党组成执政联盟,共同负责临时的政府日常工作,并着手制定新宪法。[①] 但突尼斯政局依然十分动荡,反对党领袖两次遭暗杀,民众抗议浪潮频仍,都严重影响了突尼斯的政治稳定。

在利比亚,根据推翻卡扎菲政权后的政治过渡进程安排,主要分建立过渡政府、选举国民议会和制定新宪法三个阶段进行政治重建,目前已进入制定新宪法的第三阶段。但在转型过程中,利比亚面临着国内安全脆弱、经济重建任务艰巨、伊斯兰势力和世俗势力矛盾尖锐、民族和解与司法重建困难重重等重大问题。另外,利比亚战争后遗症还造成了地区性的难民外流、武器扩散和恐怖主义威胁加剧等问题。

在也门,自2011年底萨利赫政权接受海合会的调停和平交权后,哈迪于2012年当选为也门总统,目前的主要转型工作是继续推进2013年3月启动的"全国对话会议",力图完成组建制宪委员会、制定新宪法、宪法公投、总统选举等政治进程。[②] 但是,由于也门国家政权脆弱、治理能力低下,部落与教派矛盾严重,导致"全国对话会议"多次被推迟,而地方势力和部落势力则借机不断扩大影响,不仅对民族和解和政治重建构成掣肘,同时也使地方和部落成为极端主义势力盘踞的中心。

(二)阿拉伯君主制国家的民主转型

中东变局对8个阿拉伯君主制国家的影响可以划分为四种类

[①] 刘中民、李志强:《中东变局与伊斯兰政党的新发展》,载《阿拉伯世界研究》2013年第6期,第96页。

[②] 张金平:《全国对话会议与也门政治过渡》,载《西亚非洲》2013年第2期,第84~99页。

型①：卡塔尔和阿联酋两国基本未受影响；沙特和阿曼受到轻度影响，两国均发生局部的抗议和小规模骚乱，尤其是沙特东部的什叶派抗议与巴林的什叶派抗议有重要联系；约旦、摩洛哥和科威特受到中度影响，都爆发了大规模青年抗议活动；受到冲击最大的是巴林，占巴林人口70%的什叶派为抗议浪潮的主体，其目标是推翻逊尼派王室政权，这明显区别于其他君主制国家的抗议，其他国家的民众抗议虽然要求发展民主、改善民生，但均未提出改变王室政权的诉求。巴林的动荡凸显了逊尼派政权与什叶派反对派之间的矛盾，同时也反映了伊朗什叶派势力与沙特逊尼派势力的较量，"阿拉伯各王室经常祭出'伊朗牌'来为血腥镇压抗议活动正名。"而美国基于盟友安全、遏制伊朗、能源安全、反恐合作、军事基地安全等自身利益的考虑，默认了沙特主导的海湾合作委员会对巴林的干预。"由于美国重要的海军资源集中部署在海湾地区，因此华盛顿不愿谴责对抗议民众的残酷镇压。"②

尽管阿拉伯君主制政权在中东变局中无一被颠覆，但他们也纷纷进行了自上而下的政治与社会改革。在沙特，在对小规模抗议活动进行打压后，王室政权在出台多项改善民生、增加就业的财政计划同时，也公布了多项政治改革方案，其内容涉及协商议会直选、扩大妇女权利、改善人权等多个领域。③约旦和摩洛哥两个具有君主立宪国家先是以改组内阁、提前大选等方式应对危机，随后也启动多项民主改革，尤其以摩洛哥的改革更为引人注目。在约旦，国王已承诺议会选举实行比例代表制，由获得多数席位的党派负责组阁，

---

① 丁隆：《阿拉伯君主制政权相对稳定的原因探析》，http://www.aisixiang.com/data/72364.html

② Richard Javad Heydarian, "The Economics of the Arab Spring", http://www.fpif.org/articles/the_economics_of_the_arab_spring

③ 丁隆：《阿拉伯君主制政权相对稳定的原因探析》，http://www.aisixiang.com/data/72364.html

改变过去由国王指定首相组阁的做法，同时加强了经济改革和打击腐败的力度。① 在摩洛哥，2011年3月国王穆罕默德六世宣布了包括修改宪法、实行真正的议会内阁制、加强议会权力和政党政治、总理由议会选举胜利的政党任命、提高柏柏尔人权利等一系列改革举措。在修宪后进行首次选举中，伊斯兰政党公正与发展党获胜并组阁。②

三、影响阿拉伯国家民主转型的核心问题及其趋势

相对世界其他地区和国家，阿拉伯国家的民主转型具有超乎寻常的复杂性，诸如民主化进程的多样性、不同步性和外部输入性等特点，受篇幅所限，本文仅就若干重大理论与现实问题从以下几个方面进行思考。

（一）伊斯兰与民主转型

伊斯兰与民主的关系是中东民主转型研究争论不休的问题，西方学者对这一问题的看法也并不一致，较有代表性的是多数西方学者坚持的"阿拉伯例外论"和"伊斯兰例外论"，认为伊斯兰文明具有天然的、难以改变的缺陷，缺乏实行民主的基本条件，伊斯兰文明与西方文明天然处于对抗状态等。例如，有学者强调，"伊斯兰教是有关宗教共同体和社会控制的一种思想体系，而自由思想却是关于世俗主义、平等、个人自主和经济自由的一种观念。……在个

---

① 《约旦国王公开承诺改革内阁组建方式》，http://news.xinhuanet.com/world/2011-06/13/c_121525553.htm

② 李彬：《浅析北非剧变与摩洛哥政治改革》，载《西亚非洲》2013年第2期，第142页。

人权利的构成、社会共同体的边界及其运行方式等方面,伊斯兰与自由主义,都存在矛盾。"[1] 在西方也有少数学者认为伊斯兰教与民主之间具有一定的相容性。美国学者埃斯波西托认为,伊斯兰主义者并不是反对民主,而是主张伊斯兰化的民主。"伊斯兰化的民主是基于对传统伊斯兰观念进行现代系列的重新解释。"伊斯兰的协商、公议等传统经过重新解释,都可以成为"支持民主议会制、代表选举制和宗教改革的观念。"[2]

在伊斯兰世界,关于伊斯兰教与民主的关系基本上有三种观点:第一,伊斯兰与民主对立论,突出表现为较为激进的伊斯兰主义思想家,基于对西方民主的反对和排斥而持的观点;第二,伊斯兰与民主相容论,主要是伊斯兰社会的现代主义思想家所持的观点,强调伊斯兰传统文化的协商和公议传统与民主的相容性;第三,伊斯兰特色民主论,主要表现为伊斯兰主义思想家强调伊斯兰社会有区别于西方民主的独特性。有国内学者比较准确地指出,伊斯兰教与民主之间是一种不确定的关系。伊斯兰教既能用来支持民主的某些理念,又会被作为反对民主赖以存在的基础,反对或支持的程度如何,主要取决于如何理解伊斯兰教,取决于同伊斯兰教发生关系的社会经济和政治环境。伊斯兰教价值观通过影响社会政治、经济、文化等方面来加强或束缚民主化进程。[3] 受篇幅所限,这里不再从理论上进行更多探讨,主要围绕阿拉伯国家民主转型的现实与趋势提出以下三点看法:

第一,宗教与世俗的矛盾是影响阿拉伯国家尤其是共和制国家

---

[1] Simon W. Murden, *Islam, the Middle East, and the New Global Hegemony*, London: Lynne Rienner Publisher, Inc. 2002, pp. 94 – 95.

[2] [美] 约翰·埃斯波西托:《伊斯兰与现代化》,载《世界宗教文化》1997年第1期,第18页。

[3] 关于西方和伊斯兰世界对伊斯兰教与民主关系的讨论参见王林聪:《论伊斯兰教与民主之间的不确定关系》,载《西亚非洲》2005年第5期。

民主转型的重要变量，教俗对立仍将长期困扰阿拉伯国家的民主转型。当前，在阿拉伯转型风向标的埃及，教俗两大阵营的极化对立，构成社会分裂和对立的根源，甚至在约旦、科威特等君主制国家，穆兄会势力也对现政权强烈不满。穆尔西政权倒台后，支持和反对穆兄会的势力发生严重冲突，围绕宗教和世俗两大阵营的极化和对立严重，街头政治泛滥和教俗分裂都使埃及的民主转型举步维艰。[①] 如何处理与穆兄会的关系，将是新近产生的塞西政权面临的难题。从历史的角度看，1991年阿尔及利亚军方对"伊斯兰拯救阵线"进行镇压，导致阿尔及利亚陷入长期动荡，而且直接催生了"基地"组织伊斯兰马格里布分支的崛起和发展。从埃及自身的历史看，埃及政权历史上对穆兄会的数次强力镇压，都促使极端派别与穆兄会分离，进而走上极端主义和恐怖主义道路，成为影响国家政治稳定和民主转型的破坏性力量。

第二，温和伊斯兰力量探索伊斯兰特色的民主道路，成为阿拉伯国家民主转型的趋势之一。对于在中东变局中崛起的伊斯兰力量，尽管埃及穆兄会及其自由与正义党遭遇了严重挫折，但伊斯兰力量如突尼斯的复兴运动党、摩洛哥的公正与发展党仍有重要影响力，他们都属于温和的伊斯兰主义力量，而不是极端保守的伊斯兰主义力量。在对伊斯兰教的理解上，他们更强调伊斯兰的理性精神，如突尼斯复兴运动党领导人加努西早就明确指出，伊斯兰应该是"活生生的伊斯兰"，而不是"博物馆中的伊斯兰"[②]。在政治目标上，他们已逐渐淡化实行伊斯兰教法、推行全面伊斯兰化的立场，其主要关注点已转向民主、民生等问题。复兴运动党和公正与发展党都

---

① 详见刘中民：《阿拉伯国家转型进入深水区》，载《东方早报》2014年1月7日。

② Ray Takeyh and Nikolas K. Gvosdev, *The Receding Shadow of the Prophet: The Rise and Fall of Radical Political Islam*, Westport: Praeger, 2004, p.6.

强调学习土耳其的"世俗伊斯兰"模式,力争成为展现伊斯兰教与民主相容的典范。① 在政治参与方式上,他们更注重民主选举的和平渐进道路,逐步放弃以暴力手段夺取政权的激进道路。② 当然,温和伊斯兰主义能否找到伊斯兰特色的发展道路,尚需实践的检验。

第三,伊斯兰与民主的关系将呈现多样化发展态势,伊斯兰与民主的关系也将在这一进程中不断进行调整与重塑。在阿拉伯世界,埃及在一定历史时期内有可能仍是教俗关系紧张的代表;突尼斯和摩洛哥有可能成为温和伊斯兰探索伊斯兰与民主相容性道路的代表;而沙特等海湾国家有可能成为在政教合一和君主制传统合法性框架下渐进改革的代表。尽管这些国家都面临各自不同的挑战,但伊斯兰与民主的关系并非简单的对立,而是存在多种表现形式。在中东变局的冲击下,无论是通过自上而下的改革,还是通过自下而上的变革,民主变革都将成为大势所趋,但阿拉伯国家不会照搬西方民主,而是实现具有各自国情和伊斯兰特色的民主。从整个中东地区来看,伊斯兰与民主关系的不同模式体现得更为明显。在土耳其,其民主转型经历了从威权体制到多党民主与军人干政相互交替,再到正义与发展党的温和伊斯兰民主的曲折转型,其特征是在维持国家政权世俗主义原则的基础上强调传统伊斯兰价值观,把宗教自由作为民主化的重要内容。③ 在伊朗,伊斯兰革命以来实行的伊斯兰共和制度极具特色,并具体体现为二元选举制,"伊斯兰"体现为最高宗教领袖,其产生程序是由选民选举教法学家委员会,后者再推选最高领袖,颇具伊斯兰历史上的"协商"和"公议"的民主色彩;

---

① 王林聪:《"土耳其模式"的新变化及其影响》,载《西亚非洲》2012年第2期,第85~86页。

② 王凤:《中东变局与伊斯兰主义力量的发展趋势》,载刘中民、朱威烈主编:《中东地区发展报告》(2012年卷),北京:时事出版社2013年版,第92~109页。

③ 王林聪:《"土耳其模式"的新变化及其影响》,载《西亚非洲》2012年第2期,第90~93页。

而"共和"体现在议会和总统都经过高度竞争性的定期的选举产生。①

(二) 军人干政与民主转型

从本质上来说,军人干政在阿拉伯国家民主化进程中的频繁出现,有两个重要原因。

第一,共和制阿拉伯国家多为"军官革命"推翻君主政权所建立,奠定了军人在阿拉伯国家的特殊地位,使其在阿拉伯国家政治生活中具有举足轻重的地位,并突出表现在三个方面:首先,在阿拉伯国家,军队往往代表相对先进的力量,具备在政治生活中扮演重要角色的基本条件;其次,阿拉伯较为落后的社会结构和部族文化形成"强者为王"的思维定势,这为军队干政提供了适应的外部环境;最后,中东国家面临的安全难题,客观上需要军队在国家政治生活中扮演重要角色。②

第二,军人干政是宗教与世俗矛盾或者说是伊斯兰与民主关系的伴生物。在阿拉伯共和制国家,军队是世俗化力量的代表和捍卫者,一旦在民主化进程中出现伊斯兰"劫持民主"的迹象,便会以政变的方式打压或绞杀伊斯兰主义力量,1991年阿尔及利亚军方镇压"伊斯兰拯救阵线",以及2013年埃及军方废黜执政仅一年之久

---

① 从理论上讲,伊朗现行体制的民主程度相对其前身巴列维王朝的君主专制以及海湾的绝对君主制国家,均具有一定的历史进步性。但由于伊朗奉行"不要东方、不要西方,只要伊斯兰"的对外政策,尤其是在国际层面奉行强烈反西方政策、在地区层面的"输出革命",以及受核问题影响遭受的长期制裁,其地区处境和国际处境异常艰难,进一步加剧了其"宗教民主"探索的异类性和孤立性。但这种体制能够在险恶的国际环境中已经存续30多年,保持了国内的相对稳定,抵御了"阿拉伯之春"的冲击,值得深入研究。

② 田文林:《军队干政:中东非典型政治中的典型现象》,载《世界知识》2012年第3期,第33页。

的穆斯林兄弟会政权,都具有这种典型特征。

军人干政形成了阿拉伯国家民主化进程中的悖论,一方面军人干政有维护稳定和捍卫世俗化的积极作用,另一方面又因破坏文官执政的现代民主制度而屡遭诟病。对如何评判军人干政本文不再赘述,仅就如何认识未来军人干政与阿拉伯民主转型的趋势谈以下两点看法。

第一,从民主转型的周期[①]来看,阿拉伯国家的民主转型仍处在"民主启动"阶段,尚未进入到"民主巩固"和"民主运转"阶段,军人干政属于民主启动阶段的正常现象,其消解需要一个长期的历史过程。世界范围内的民主转型进程表明,除美国和加拿大等少数国家外,许多国家的民主转型在民主启动后,都经历过"民主崩溃"的反复,诸如内战、革命、军人政变、外部入侵等,[②] 包括法国资产阶级革命后拿破仑军人威权体制的建立。在民主基础薄弱、民族(族群)和宗教矛盾复杂的阿拉伯国家,更容易出现军人干政。在民主启动后,只有经历长期的民主巩固,真正进入到民主运转的成熟阶段后,军人干政才会逐步退出历史舞台。这也恰如亨廷顿所言,军队的角色和地位会随着整个社会的发展而变化,"随着社会发展变化,军队的角色也就发生变化。在寡头统治的世界里,军人是激进派;在中产阶级的世界里,军人是参与者和仲裁人;当公民社会出现后,军人就变成现存秩序的保守的护卫者。"[③]

第二,从具体的角度看,军人干政退出阿拉伯国家民主转型的

[①] 包刚升:《民主转型的周期性:从启动、崩溃到巩固》,载《二十一世纪》(香港)2012年第2期,第17~27页。

[②] 亨廷顿著、刘军宁译:《第三波——20世纪后期民主化浪潮》,上海:三联书店1998年版; Ethan B. Kapstein and Nathan Converse, *The Fate of Young Democracies*, New York: Cambridge University Press, 2008.

[③] 田文林:《军队干政:中东非典型政治中的典型现象》,载《世界知识》2012年第3期,第34页。

历史舞台，有赖于宗教与世俗关系经长期磨合互动后而走向正常化。了解中东另一重要国家土耳其的经验教训或许有助于认识阿拉伯国家军人干政的未来趋势。土耳其是在第二次民主化浪潮中实现民主转型的唯一中东国家，也是世俗化最为彻底的国家，但在从威权体制向多党民主转型的过程中，因伊斯兰政党试图改变国家的世俗性质，先后发生过1960、1971和1980年的三次军人政变以及1997年的"软政变"①，在此过程中，宗教政党尤其是作为现今执政党正义与发展党前身的民族秩序党、民族救国党、繁荣党因挑战国家的世俗性质，先后被军人政变所被取缔，直至2002年以来连续三次执政的正义与发展党不再触碰国家的世俗化根基，才使军方和文官政府的关系初步走向正常。可以肯定的是，土耳其的伊斯兰政党之所以不再触碰国家的世俗化根基，其根本原因之一就在于军人干政驯服了伊斯兰力量，正义与发展党正是吸取了此前各伊斯兰政党屡次为军人干政所取缔的教训而走向温和化。当正义与发展党不再挑战世俗化，军人干政便失去了合法性，这是正义与发展党近年来能够逐步削弱军方权力的原因所在。对于在中东世俗化和民主化程度最高的土耳其，军方与伊斯兰政党的关系尚且经历了半个多世纪的磨合互动才逐步正常化，对于教俗关系复杂、民主化程度较低的阿拉伯国家而言，军人干政退出历史舞台将是一个更加漫长曲折的过程。

（三）地缘政治与民主转型

阿拉伯世界是当今世界地缘政治结构最为复杂的地区之一，地缘政治的破碎性及其导致的长期动荡，构成了影响阿拉伯民主转型的重要制约性因素。这里仅从阿拉伯国家内部、中东地区和西方大

---

① 李秉忠：《军人干政与土耳其民主政治》，载《史林》2010年第4期，第171~173页。

国干预三个层面进行简要分析。

第一，从阿拉伯国家内部来看，复杂的宗教、教派和族群矛盾及其诱发的政治冲突构成影响民主转型的重要消极因素。在阿拉伯国家，由宗教和族群矛盾诱发的政治冲突主要有四种类型。[①] 其一是权力分割族裔化而引发的国内冲突，如黎巴嫩和萨达姆政权垮台后伊拉克的族裔和教派分权结构，都使国家权力结构具有先天的脆弱性和不稳定性。其二是权力垄断族裔化而引发的国内冲突，地位处于边缘化和弱势的教派和族群往往通过民主抗争的方式改变现有权力结构，如中东变局中的巴林什叶派、叙利亚的逊尼派反对派、利比亚以班加西为中心的东部部落等。其三是主体民族与少数族裔群体的冲突，突出表现为民主转型进程中少数群体的权利保障问题，如埃及基督徒科普特人问题、阿尔及利亚和摩洛哥的柏柏尔人问题。其四是跨界族群寻求自治与独立引发的冲突，如长期困扰伊拉克、叙利亚、土耳其、伊朗四国的库尔德人问题。

第二，从整个阿拉伯世界和中东地区来看，族群和教派冲突的外溢、意识形态竞争和地区领导权的争夺，使阿拉伯国家政治具有密切联动的特点，并对民主转型产生消极影响。22个阿拉伯国家"一族多国"的现实是西方殖民主义历史遗产的产物，加之民族和宗教的同构关系，导致在民族国家体系形成后的"阿拉伯国家间关系几乎没有真正的外交关系，而是一个扩大了的家庭政治的一部分。"[②] 以致有学者评价指出，阿拉伯国家"可以向本国疆域之外的政治或宗教中心输出忠诚，任何中东领导人都能够轻易地通过资助邻国的报纸和反对派以寻求邻国民众对自己的支持，这是非常自然的，也

[①] 刘中民：《从族群与国家认同的矛盾看阿拉伯国家的国内冲突》，载《阿拉伯世界研究》2008年第3期，第14~15页。

[②] Bahgat Korany, Ali E. Hillal Dessouki, *The Foreign Policies of Arab States*, Boulder: Westview Press, 1984, pp. 2-3.

是被广泛接受的。"① 从教派矛盾的角度看，逊尼派与什叶派的矛盾，不仅影响阿拉伯国家内部的权力斗争，而且通过跨国教派渗透影响国家间关系乃至地区格局。从意识形态竞争和地区主导权争夺的角度看，以埃及、叙利亚、伊拉克、利比亚为代表的奉行泛阿拉伯民族主义的共和制国家为一方，以沙特为主导、由海湾阿拉伯国家构成的奉行泛伊斯兰主义的国家为另一方，长期围绕阿拉伯世界的主导权进行争斗②，同时在泛阿拉伯阵营的内部也是矛盾重重。在中东变局中，沙特等海湾阿拉伯国家积极支持叙利亚逊尼派反对派颠覆叙利亚政权，但又支持巴林王室镇压什叶派抗议，无疑与教派矛盾有关，其目标是以此实现削弱什叶派和宿敌伊朗的双重利益。③ 而海湾国家积极支持埃及、突尼斯、利比亚和叙利亚的抗议浪潮，其重要目的之一在于进一步削弱世俗阿拉伯民族主义，进而确立泛伊斯兰主义阵营的君主制国家对阿拉伯世界的领导权，④ 中东变局后，海合会已经讨论吸收约旦和摩洛哥两个君主制国家加盟，大有在阿拉伯世界建立"神圣同盟"之势。在埃及穆兄会逐步得势后，沙特又对埃及军方废黜穆尔西政权表示大力支持，其重要考虑则在于穆兄会作为现代伊斯兰主义的代表及其在整个中东地区内的发展，威胁沙特在伊斯兰世界的领袖地位。更为有趣的是，在海合会内部，沙特与卡塔尔之间也展开了竞争，如沙特支持埃及军方，而卡塔尔则

---

① Roger Owen, "Arab Nationalism, Unity and Solidarity", in Talal Asad & Roger Owen, (eds.) *Sociology of "Developing Societies": The Middle East*, London: Macmillan Press, 1983, pp. 20 – 21.

② 刘中民、薄国旗：《纳赛尔的阿拉伯民族主义与伊斯兰教》，载《宁夏社会科学》2006年第2期，第76~78页。

③ Geneive Abdo, *The New Sectarianism: the Arab Uprisings and the Rebirth of the Shi'a-Sunni Divide*, Washington D. C.: The Saban Center for Middle East Policy at Brookings, 2013, pp. 1 – 8.

④ 刘中民：《"阿拉伯之春"已蜕变为地缘政治博弈舞台》，载《东方早报》2012年3月6日

支持穆兄会。而土耳其和伊朗两个非阿拉伯大国对阿拉伯国家转型的积极介入，也都有教派、意识形态和地区领导权矛盾渗透其中。①

第三，中东地区的发展始终受到西方主导的国际体系的影响，西方大国的军事干涉和民主输出使阿拉伯国家的民主转型具有突出的外部输入性特征，加剧了阿拉伯国家民主转型的动荡。阿拉伯伊斯兰世界与国际体系的关系一直处于紧张状态，中东地区的发展也始终面临来自国际体系的沉重压力。② 从历史角度看，无论是殖民统治晚期不成功的宪政改革以及确立议会制度和选举制度等"半民主"的尝试，还是冷战后欧洲和美国的"民主促进"（democracy promotion）③，以及 2003 年伊拉克战争后美国的"大中东倡议"，都是影响中东民主化进程的重要变量，尤其是阿富汗战争和伊拉克战争的政权更迭和民主改造，使阿富汗和伊拉克在枪口下"被民主化"，但至今二者的民主转型仍是希望渺茫的两锅民主夹生饭。2010 年以来的中东变局同样深受西方的深刻影响，美欧采取了包括民主价值输送、舆论谴责与外交压力、经济制裁、军事干预在内的各种手段对"阿拉伯之春"施加影响，以致有观点认为"阿拉伯之春"是美国"大中东民主计划"的胜利果实，是"布什的胜利"④

---

① Evangelos Venetis, *The Struggle between Turkey and Saudi Arabia for the Leadership of Sunni Islam*, Athens: Hellenic Foundation for European and Foreign Policy, February 2014, pp. 5 – 8.

② 刘中民：《中东伊斯兰地区与国际体系的关系缘何紧张》，载《国际观察》2009 年第 5 期，第 59~65 页。

③ Mona Yacoubian, *Promoting Middle East Democracy, European Initiatives*, Washington D. C.: United States Institute of Peace, 2006; Brian Katulis, *Democracy Promotion in the Middle East and Obama Administration*, New York: The Century Foundation, 2009; Sheila Carapico, "Foreign Aid for Promoting Democracy in Arab World," *Middle East Journal*, Vol. 56, No. 3, 2002, pp. 379 – 395.

④ Tobin Harshaw, "Egypt's Revolution, Bush's Victory?" *The New York Times*, February 11, 2011.

和"美国的成功"①。西方的干预尽管客观上对阿拉伯国家民主观念的进步，以及作为外在压力促使阿拉伯国家进行民主改革发挥了一定的积极作用，但通过军事干预进行政权更迭以及在干预过程中执行双重标准的恶劣做法，都对阿拉伯国家的民主转型产生了十分消极的影响。

---

① Yair Evron, "An American Success," *Haaretz*, February 17, 2011.

专题报告一
变动中的中东热点问题

"伊斯兰国"组织兴起的原因、特征及影响

西北大学中东研究所 冯燚
上海外国语大学中东研究所 刘中民

【内容提要】

  "伊斯兰国"组织兴起的原因主要包括殖民主义历史遗产导致的叙利亚和伊拉克国家认同脆弱、伊拉克和叙利亚国家治理陷入严重危机、美国中东战略的失败、中东变局的冲击尤其是叙利亚危机的影响。"伊斯兰国"组织深受圣战萨拉菲主义等宗教极端主义意识形态的影响,旨在通过极端残暴的手段建立否定中东民族国家边界的政教合一的伊斯兰国家。"伊斯兰国"的兴起导致中东地区秩序受到强烈冲击,叙伊两国国家认同更为脆弱,中东地缘政治版图更趋碎片化;"伊斯兰国"组织取代"基地"组织成为新的恐怖主义中心,对中东地区安全和全球安全构成严重威胁。

  "伊斯兰国"(IS)的前身是2003年伊拉克战争后建立的"基地"组织伊拉克分支(AQI),领导人为"基地"组织三号人物扎卡维。2006年,扎卡维死于美军的空袭行动,使该组织遭受重创。该组织前两号头目于2010年4月被美军击毙后,阿布·贝克尔·巴格达迪(Abu Bakral-Baghdadi)于当年5月成为该组织的头号人物,该组织的意识形态更趋极端,行为更趋残暴,并更名为"伊拉克伊斯

兰国"（ISI）。2013年4月9日，巴格达迪宣布"伊拉克伊斯兰国"与叙利亚极端组织"解放阵线"合并成立"伊拉克和叙利亚伊斯兰国"（ISIS）。2014年6月6月29日，在占领伊拉克北部大片领土后，该组织在互联网上以多种语言发表书面声明，宣称建立"伊斯兰国"，其领土包括叙利亚北部阿勒颇省至伊拉克东部迪亚拉省的大片区域，巴格达迪自称哈里发，并号召全世界的穆斯林支持并效忠。"伊斯兰国"组织的兴起对中东地区格局产生了强烈冲击，严重威胁中东地区与全球安全。因此，本文拟就"伊斯兰国"组织兴起的复杂原因、主要特征及其影响作深入分析，以深化对"伊斯兰国"组织的认识。

一、"伊斯兰国"组织兴起的复杂原因

"伊斯兰国"组织的兴起是多重因素交互作用的结果。下文主要从殖民主义历史遗产导致的叙利亚和伊拉克国家认同脆弱、伊拉克和叙利亚国家治理的失败、美国中东战略的失败、中东变局的冲击尤其是叙利亚危机的影响等方面分析"伊斯兰国"组织兴起的复杂原因。

（一）殖民主义历史遗产埋下的祸根

现代中东国家大多是西方殖民主义炮制的"人造国家"，其现有的国家边界是殖民主义分而治之政策的产物，造成这些国家矛盾错综复杂和长期动荡不安，并为恐怖主义通过极端暴力方式改变现存秩序提供了历史土壤。

当前中东国家尤其是东地中海地区（黎凡特地区）国家疆界的形成可追溯至1916年的《赛克斯—皮科协定》，该协定划分了英法在中东的势力范围，法国的势力范围主要包括叙利亚和黎巴嫩以及

北非的马格里布地区，英国的势力范围包括北非的埃及和苏丹、海湾地区、伊拉克、约旦和巴勒斯坦等，进而奠定了中东民族国家政治版图的雏形。

在东地中海地区，英法无视中东的历史传统、宗教派别、民族成分等因素来划分各自的势力范围，把阿拉伯人、库尔德人和土耳其人划分到不同国家，同时把逊尼派为主的地区和什叶派为主的地区又强行整合到一个国家，导致伊拉克、叙利亚等国家的族群和教派矛盾异常复杂。

现代伊拉克是由奥斯曼帝国时期的巴格达、巴士拉和摩苏尔3个行省整合而成的"人造国家"，库尔德人占多数的摩苏尔地区之所以被强行并入伊拉克，其重要原因在于英国一直觊觎该地区的丰富石油资源。科威特历史上隶属于奥斯曼帝国巴士拉省，1899年英国强迫科威特签署了《英科秘密协定》，英国成为科威特的宗主国。但是，独立后的伊拉克一直以科威特历史上为巴士拉行省的一部分为由，强调科威特是伊拉克的一部分，这是1990年伊拉克入侵科威特的重要借口。

在叙利亚，法国通过扶持什叶派支派阿拉维派，挑拨逊尼派和什叶派的关系，加剧了两派之间的仇恨和隔阂。叙利亚和黎巴嫩的复杂关系同样是殖民主义的产物。在奥斯曼帝国统治时期，黎巴嫩地区归属叙利亚大马士革省管辖，但在一战后，法国通过实行"分而治之"策略，推动黎巴嫩和叙利亚分离，导致二者的国家间关系以及各自内部的教派和族群关系异常复杂。

此外，为获取对巴勒斯坦的殖民统治，英国于1917年公开发表了支持犹太复国主义的《贝尔福宣言》，支持犹太人在巴勒斯坦建立一个犹太人民族之家。1947年，美英主导的联合国通过巴以分治决议直接导致以色列建国，并长期得到西方国家的偏袒支持，从而引发了旷日持久的阿以冲突。阿以冲突和巴以争端导致该地区的民族与宗教矛盾更加复杂，反对西方、反对以色列成为阿拉伯民族主义、伊斯兰主义（伊斯兰原教旨主义）的长期政治诉求。

因此，正是殖民主义的历史遗产造就了叙利亚、伊拉克、巴勒斯坦和以色列等中东现代国家的雏形，同时也为这些"人造国家"之间以及其内部的冲突埋下了历史祸根。有学者指出，殖民主义人为划分国界的方式导致了中东地区连绵不断的战争与冲突，这一问题在持续一个世纪后仍未得到解决，并构成中东地区安全的严重隐患。[①]

中东国家体系的形成具有典型的外部输入性和强制性特征，留下了深厚的殖民主义的历史印记。在西方强加的以领土分化为基础的中东地区体系下，存在着大量的本土的反体系力量，他们或是围绕领土，或是围绕意识形态，或是围绕家族和部落群体，或是围绕宗教，或是围绕针对西方的态度等开展活动。[②]

在中东地区，由于民族与国家的严重不吻合，以及存在未能以本民族为主体建立国家的少数族群和跨界族群，导致中东民族国家体系异常脆弱，并时常出现种种复杂的要求改变现存国家疆界的政治运动，有的是现存国家发起的"领土收复型"运动（如伊拉克入侵科威特），有的是以民族统一运动为名行谋取自身利益之实（如部分国家对阿拉伯统一运动的利用），有的是少数族群或跨界族群力图摆脱现存国家（如库尔德独立运动）等等。[③]

此外，在近代以来的阿拉伯世界，泛阿拉伯民族主义和泛伊斯兰主义两种意识形态和社会运动，都始终有否定和改变中东民族国

[①] Mohammed Ayoob, "What is Wrong With the Arab World ?" October 9, 2014. http://www.mepc.org/articles-commentary/commentary/what-wrong-arab-world. （上网时间：2014—10—19）

[②] 巴瑞·布赞等著，朱宁译：《新安全论》，杭州：浙江人民出版社2003年版，第180页。

[③] 刘中民：《中东伊斯兰地区与国际体系的关系缘何紧张——次国家行为体视角的分析》，载《国际观察》2009年第5期，第63页。

家体系的历史冲动，前者的目标是实现阿拉伯统一，后者的目标是实现伊斯兰统一。泛阿拉伯民族主义的目标是以阿拉伯民族认同为基础，建立统一的阿拉伯国家，进而实现民族复兴。泛阿拉伯民族主义在20世纪五六十年代达到巅峰时期，其最高成就是1958—1961年间埃及、叙利亚和伊拉克的短暂联合，但很快因内部矛盾走向失败。1967年第三次中东战争后，泛阿拉伯民族主义严重衰落，而海湾战争和中东变局更是重创了泛阿拉伯民族主义。另一谋求改变中东民族国家体系的政治思潮与运动是泛伊斯兰主义，它主张通过宗教复兴实现民族复兴，其终极目标是重建伊斯兰的"乌玛"（宗教共同体），直至建立统一的政教合一的哈里发国家。[①] 尽管泛阿拉伯民族主义和泛伊斯兰主义均未取得成功，但二者都反映了阿拉伯民族试图改变现存中东民族国家体系的政治诉求。

从某种程度上说，"伊斯兰国"组织的意识形态来源于伊斯兰宗教极端主义思想，其终极目标是通过极端暴力手段建立超越现有中东国家边界的哈里发国家。从意识形态的角度看，其思想来源无疑植根于在中东地区有深厚根基的泛伊斯兰主义和伊斯兰原教旨主义，但其政治主张更加极端，活动方式更加残暴，并已经建立准国家的政治实体。从历史与现实的角度看，"伊斯兰国"组织的所谓"建国"行动，旨在改变中东现有民族国家体系，否定一战后建立的中东地区秩序，而殖民主义的祸根无疑是"伊斯兰国"组织历史逆动的深刻根源。

（二）叙利亚危机和伊拉克危机叠加的产物

20世纪70年代以来，叙利亚的阿萨德和伊拉克的萨达姆先后登上政治舞台，开启了叙利亚和伊拉克的强人政治时代。从历史和现

---

① 刘中民：《阿拉伯民族的三大特点及其对阿拉伯政治思潮的影响》，载《国际观察》2010年第3期，第10~17页。

实的角度看，叙利亚和伊拉克国家治理均存在严重问题，导致国家陷入严重的政治、经济与社会危机，其共性特征具体主要体现在以下几个方面。

第一，在政治上都采取高压统治。在叙利亚和伊拉克复兴党执政时期，两国的复兴党政权一方面运用政党组织机构、行政官僚机构和军事安全机构加大对社会的控制力度；另一方面利用个人魅力、家族部落和亲信来巩固统治地位，建立具有家长制色彩的威权政治。在此期间，阿萨德政权和萨达姆政权都通过残酷的高压手段镇压政治反对派。例如：1980年两伊战争爆发后，萨达姆政府对库尔德人进行了疯狂镇压，甚至动用化学武器进行屠杀。1982年阿萨德政权对叙利亚穆斯林兄弟会进行残酷镇压，酿成了数万人死亡的哈马流血事件。

第二，都存在严重的教派冲突。叙利亚和伊拉克都是宗教少数派掌权的国家，导致宗教矛盾和政治矛盾相互叠加。叙利亚约占全国人口11.5%的什叶派支派阿拉维派占据统治地位，萨达姆时期伊拉克的逊尼派少数处于主导地位。在伊拉克战争和叙利亚危机爆发后，两国长期被压制的教派矛盾迅速爆发，导致教派冲突日趋严重。在伊拉克，逊尼派、什叶派、库尔德人三大力量之间的教派矛盾和民族矛盾加剧，教派冲突与族裔冲突叠加，已经使国家处在分裂边缘。在叙利亚，从2011年初发展至今的政府军和反政府武装之间的冲突将整个国家拖入内战的深渊，并呈现出僵持难解的长期化态势。

第三，政治动荡导致经济与社会发展陷入危机。20世纪80年代以来，伊拉克经济因两伊战争受到重创，叙利亚经济因结构失调和黎巴嫩内战的冲击陷入严重困境，而国际油价的大幅下跌进一步加剧了两国经济的衰退。上世纪90年代，伊拉克经济因长期受到国际制裁而凋敝，叙利亚经济的结构性矛盾依然存在，经济增长乏力。进入21世纪，因受到伊拉克战争和叙利亚内战的冲击，两国陷入长期动荡，导致国民经济濒临崩溃。受政治动荡和战争冲突的影响，叙利亚和伊拉克均已陷入严重的人道主义灾难，民生艰难、难民四溢，已经使叙利亚和伊拉克社会近于崩溃。

伊拉克战争后，美国主导了伊拉克战后重建，伊拉克一直未能建立包容性的政府，什叶派占主导地位的马利基政府不断采取打压逊尼派的政策，致使两派之间的矛盾冲突始终未能得到解决，导致伊拉克的恐怖主义袭击具有明显的教派冲突的特征。"伊斯兰国"正是利用伊拉克逊尼派对自身政治社会地位和什叶派的不满情绪，以推翻伊拉克什叶派政府为借口赢得了许多逊尼派的支持。伴随叙利亚内战的久拖不决，叙利亚成为新的全球恐怖主义大本营，进而为"伊斯兰国"通过介入叙利亚内战拓展空间创造了条件。[1]

因此，"伊斯兰国"的兴起是伊拉克和叙利亚危机叠加的产物。伊拉克战争后的教派冲突和反美主义盛行等因素直接催生了"伊斯兰国"的前身——"基地"组织伊拉克分支和"伊拉克伊斯兰国"，而叙利亚内战的长期化又为"伊拉克伊斯兰国"跨境活动，建立具有准国家性质的恐怖暴力实体"伊斯兰国"创造了空间。在伊拉克和叙利亚国家濒临崩溃的状态下，在教派认同和族裔认同根深蒂固的两国社会，当国家无法正常运转并陷入衰败时，人们转向教派、族群和部落寻求保护，导致教派主义、族裔主义和部落主义不断泛滥，进而催生了"伊斯兰国"组织这一集极端主义和恐怖主义于一身的政治怪胎。

（三）美国中东战略和反恐战略失败的产物

冷战期间，尤其是 1979 年苏联入侵阿富汗后，美国向阿富汗的伊斯兰"圣战"武装力量提供大力支持，使其作为代理人抗衡苏联，

---

[1] 刘中民：《中东变局以来中东恐怖主义的新发展及其根源》，载《西亚非洲》2014 年第 6 期，第 7 页。

最终催生了遗患无穷的"基地"组织。随着冷战结束,尤其是海湾战争后美国中东霸权的确立,"基地"组织将斗争矛头指向美国,在全球发动了多起针对美国目标的恐怖袭击,直至骇人听闻的"9·11"事件的爆发。

"9·11"事件后,美国发动阿富汗反恐战争,推翻了与"基地"组织联系密切的阿富汗塔利班政权。但小布什政府借机将反恐战争扩大化,于2003年发动了伊拉克战争并一举推翻了萨达姆政权。但是,虽然"美国赢得了战争,却失去了和平"[①]。在美国占领军驻扎伊拉克的10余年间,其主要精力和经费主要用于安全投入,而政治和社会重建始终举步维艰。从策略上来说,美国完全排斥前萨达姆政权势力参与伊拉克重建,导致在政治重建中必须倚重什叶派势力,依据教派和族群结构进行分权,致使被边缘化的逊尼派群体成为"伊斯兰国"等极端组织兴起的肥沃社会土壤。[②] 针对美国失败的伊拉克政策,美国前国务卿鲍威尔指出:"伊战给美国留下最深刻的教训是打碎了一个盘子,却没有将地上的碎片收起来"。[③]

2011年,美国按照预期完成了从伊拉克撤军的任务,奥巴马此举一方面出于兑现承诺、树立个人外交遗产等考虑,另一方面则是为了实现从中东进行战略收缩,服务于"亚太再平衡"战略。但在伊拉克国内局势不容乐观和国家安全力量非常有限的情况下,这种"甩包袱式"的仓促撤军减轻了极端组织和恐怖势力面临的军事压力,为"伊斯兰国"的兴起提供了机遇。

[①] 孙必干:《重读伊拉克战争》,载《阿拉伯世界研究》2006年第2期,第15页。

[②] 刘中民:《伊拉克乱局将引发中东民族国家版图变更?》,载《中国社会科学报》2014年7月14日。

[③] 黄滢、许文静:《穆斯塔法:"伊斯兰国"危害整个中东》载《环球人物》2014年第7期,第48页。

二、"伊斯兰国"组织的主要特征

(一) 信奉圣战萨拉菲主义意识形态

"萨拉菲"(Salafi) 在阿拉伯语中意为"祖先""先辈",萨拉菲派 (Salafist) 的基本含义为"尊古派",是产生于中世纪的保守宗教派别,主张严格奉行《古兰经》和"圣训",特别强调净化信仰、尊经崇圣,近代以来的伊斯兰主义运动均深受萨拉菲派的影响。

当代萨拉菲派的具体表现形式形形色色,但并非所有的萨拉菲派都主张采取暴力恐怖行为建立伊斯兰国家。当前的萨拉菲主义大致可划分为传统萨拉菲主义、政治萨拉菲主义和圣战萨拉菲主义三大派别。传统萨拉菲主义强调恪守传统宗教信仰和宗教礼仪,主张远离政治,也反对恐怖暴力行为。政治萨拉菲主义在强调宣教的同时,主张通过参政议政实现伊斯兰教法的统治,但反对暴力恐怖活动。圣战萨拉菲主义则主张通过发动"圣战"等暴力手段颠覆阿拉伯国家的世俗政权,建立伊斯兰教法政权。[①]"圣战萨拉菲主义"构成了"基地"组织等伊斯兰极端组织和国际恐怖主义组织的重要意识形态基础。

"伊斯兰国"组织的政治主张基本上反映了圣战萨拉菲主义的意识形态,其目标就是要在中东地区乃至全世界建立实施伊斯兰教法的哈里发国家。从"伊斯兰国"要求禁烟、禁酒,要求妇女必须呆在家中、必须佩带面纱等保守行为方式的特点看,也符合萨拉菲主义的特点。但是,"伊斯兰国"组织肆意滥杀无辜的极端残忍方式,在很大程度上却极具其特殊性。

---

① 包澄章:《中东剧变以来的萨拉菲主义》,载《阿拉伯世界研究》2013 年第 6 期。

（二）采取实体化的"国家式"运作模式

早在2006年"伊拉克伊斯兰国"（ISI）成立之初，它就确立了在伊拉克和叙利亚建立跨境逊尼派国家的目标，并在2007年通过发行一本小册子进行宣传。近两年来，"伊斯兰国"组织不断在伊拉克和叙利亚"开疆拓土"，据称已控制了近20万平方公里的领土。[1]在政治上，"伊斯兰国"组织化程度极高，其最高决策机构为"协商委员会"，下设行政、司法、安全、军事、宣传五个部门，该组织还创办了英文报纸，开设了电视台，并在其控制区内提供交通、教育、水电等各种社会服务，俨然已具备国家的雏形。

在经济上，"伊斯兰国"组织拥有雄厚的财力，其来源主要包括占领伊拉克城镇后抢劫银行和金库获取的巨额资金，在其控制区内向商店、加油站和超市等私营业主强行收取的保护费（在摩苏尔每月收取的保护费就高达800万美元），通过在黑市倒卖石油、贩卖文物获得的利润，以及来自海湾国家逊尼派商人的捐助。[2] "伊斯兰国"还在其控制区内发行货币"第纳尔"，制造实体货币金币、银币和铜币。据报道，"伊斯兰国"通过收取保护费、走私、绑架、抢劫银行、海湾捐助等方式获得的总资产多达近20亿美元；另有报道称，该组织每月的石油收入为5000万美元，每月总收入为1亿美元。[3]

在军事上，"伊斯兰国"组织通过多种渠道招募武装人员，不断壮大其军事实力。其成员既有伊拉克和叙利亚企图推翻现政权的逊

---

[1] 田文林：《"伊斯兰国"兴起的多重影响》，载《中国战略观察》2014年第10期，第4页。

[2] 严帅：《伊拉克和黎凡特伊斯兰国》，《国际研究参考》2014年第7期，第24页。

[3] 田文林：《"伊斯兰国"兴起的多重影响》，载《中国战略观察》2014年第10期，第4页。

尼派极端分子，也有中东地区内为谋求生存而加入"伊斯兰国"的他国人员，更有来自包括西方国家在内的世界各地的"圣战"分子。

（三）行之有效的独特行动策略

首先，广泛运用现代传媒的宣传策略。"伊斯兰国"组织经常通过互联网等媒介大肆传播极端主义意识形态；播放斩首人质、集体屠杀战俘等恐怖视频，以制造恐慌和紧张氛围。该组织还通过网络发布文件和电影、电视宣传片等传播极端主义思想，通过推特、脸谱等社交媒体进行人员招募等活动，尤其是广泛运用针对青年人的现代传媒手段，都产生了十分恶劣的影响。

其次，灵活机动的指挥与行动策略。在管理上，"伊斯兰国"组织实施中心控制和分散执行的"控制和指挥"（command-and-control）模式。[1] 该组织的中心负责确定袭击地点和时间，地区领导根据实际情况灵活采取行动。在行动上，"伊斯兰国"组织多采取避实就虚的进攻策略。例如，2014年8月中旬，该组织对埃尔比勒发起攻击，但遭到美国、库尔德人武装的联合抵抗后，"伊斯兰国"旋即掉头集中力量攻打叙利亚库尔德地区的重镇科巴尼。[2]

最后，充分利用阿拉伯部落力量。在2014年8月在库尔德地区进行的多次行动中，"伊斯兰国"组织充分利用阿拉伯部落反对库尔德人的情绪，吸收阿拉伯部落人员对抗库尔德人，同时通过对进行抵抗的部落采取残忍消灭的手段，对阿拉伯部落势力进行震慑。[3]

（四）极端凶残的反人类恐怖行径

"伊斯兰国"嗜血成性、手段凶残的恐怖行径超过了包括"基

---

[1] Michael Gunter and Nahro Zagros, "How Formidable is ISIS?" October 21, 2014.
[2] Ibid.
[3] Ibid.

地"组织在内的所有恐怖组织,它屡屡对所谓"异教徒"和俘虏采取斩首、集体杀戮和活埋等血腥手段,其突出表现主要包括:第一,对政府军俘虏进行集体屠杀。例如,2014年6月15日,"伊斯兰国"以极端凶残的方式集体屠杀了1700名伊拉克政府军俘虏,并将视频上传到网络;7月17日,"伊斯兰国"攻占叙利亚霍姆斯省沙尔天然气田后,将270名叙利亚政府军军官全部处死。① 第二,对少数民族采取种族灭绝政策。雅兹迪人是生活在伊拉克北部和辛贾尔山区一带的少数民族,是库尔德人的一个分支,信仰雅兹迪教。"伊斯兰国"将雅兹迪人视为"信奉魔鬼"的民族,强制雅兹迪人"皈依伊斯兰教",并对拒绝者实施集体处决。2014年8月,"伊斯兰国"在伊北部杀害了至少500名雅兹迪人,包括妇女和儿童在内的部分雅兹迪人被活埋,还劫持300名妇女为奴。② 第三,斩首西方人质,报复美国领导的空袭行动。截止2014年11月16日,已有3名美国人和1名英国人被"伊斯兰国"处死。

三、"伊斯兰国"组织的影响

(一)中东地区的民族国家体系面临严峻挑战

中东地区民族国家体系是殖民主义历史遗产的产物,东地中海地区国家的疆界基本上是根据1916年英法秘密签署的《塞克斯—皮科协议》划定的,严重违背该地区的人文地理特点,该地区复杂的教派和族群矛盾在国家间关系中的相互渗透,进一步加剧了该地区

---

① 董漫远:《伊斯兰国崛起的影响及前景》,《国际问题研究》2014年第5期,第54页。
② 李绍仲:《联合国官员:IS犯下对雅兹迪教派种族屠杀罪行》,http://world.huanqiu.com/exclusive/2014-10/5175100.html。

的地缘政治破碎性，致使"阿拉伯国家间关系几乎没有真正的外交关系，而是一个扩大了的家庭政治的一部分。"①

2011年中东变局以来，伴随多数阿拉伯国家陷入动荡，要求按照教派和民族界限重新划分中东政治版图的势力不断抬头，而"伊斯兰国"组织无疑是要求以逊尼派教派认同为基础，否定现行民族国家边界，主张建立政教合一哈里发国家的极端代表。按照"伊斯兰国"组织头目巴格达迪的构想，要在5年内建立囊括整个中东、非洲大部、中亚和南亚（包括印度大部和中国西部地区）的哈里发国家，并得到了亚非地区不少伊斯兰极端组织的响应。②

因此，有西方学者悲观地指出，伊拉克危机继续发展的直接可能性后果之一是伊拉克作为民族国家的崩溃和瓦解，并将与叙利亚危机交互作用，导致东地中海地区乃至整个中东地区的民族国家版图发生变更。曾担任伊拉克驻联合国副大使的费萨尔·伊斯特拉巴迪表示，"伊拉克作为一个国家即将崩溃"；③ 美国《时代》周刊则断言"伊拉克作为民族国家的解体看起来已成事实。"④ 尽管这种言论有言过其实之嫌，但是，伊拉克逊尼派、什叶派和库尔德人三大族群的离心倾向不断增强，已是不容否认的事实，而叙利亚的国家分裂趋势也因内战的长期化和"伊斯兰国"的分疆裂土而加剧。

---

① Bahgat Korany, Ali E. Hillal Dessouki, The Foreign Policies of Arab States, Boulder: Westview Press, 1984, pp. 2 – 3.

② 田文林：《"伊斯兰国"兴起的多重影响》，载《中国战略观察》2014年第10期，第5页。

③ 《伊拉克叛军进逼首都巴格达，各方考虑应对办法》，http://www.chinanews.com/gj/2014/06 – 13/6276303.shtml

④ 《时代周刊：伊拉克的终结》，http://news.sina.com.cn/w/zg/gjzt/2014 – 06 – 21/144447.html

（二）中东地区的教派矛盾和地区格局将更趋复杂

从教派矛盾的角度看，逊尼派与什叶派的矛盾，不仅影响阿拉伯国家内部的权力斗争，而且通过跨国教派渗透影响国家间关系乃至地区格局。中东变局发生以来，宗教与世俗的矛盾、温和伊斯兰力量与保守伊斯兰力量之间的矛盾、逊尼派与什叶派教派矛盾不断加深，伊斯兰宗教极端组织的强势反弹都加剧了中东地区的动荡。

伊拉克教派冲突的加剧将进一步凸显教派关系对地缘政治格局的影响，以沙特为中心的逊尼派阵营和以伊朗为核心的"什叶派新月地带"的较量将更加复杂。伊拉克政府指责逊尼派极端势力得到沙特支持恐怕并非空穴来风，因为伊拉克恰好处于"新月地带"的中间环节，如果"伊斯兰国"建国梦想成真，"什叶派新月地带"将因此被肢解。但是，沙特等海湾国家也面临诸多挑战，他们不仅因盲目支持叙利亚反对派而自食其果，必须面对"伊斯兰国"等极端组织的安全威胁，以及来自美国的反恐压力，而且其颠覆巴沙尔政权的战略目标的实现更趋渺茫。土耳其也面临类似的处境，同时还面临国内库尔德人独立倾向受伊拉克局势影响而增强的严峻挑战。

伊拉克乱局对伊朗来说可谓喜忧参半，伊朗既面临"什叶派新月地带"被肢解的危机，同时也面临深度介入伊拉克事务、借机改善与美国关系的机遇，但这一切都将为沙特和以色列所忌惮。[1] 对于叙利亚巴沙尔政权来说，"伊斯兰国"的兴起既在道义层面增强了叙利亚强调的打击恐怖势力的合法性，也在现实层面牵制了西方颠覆巴沙尔政权的力量投入，甚至使西方在打击"伊斯兰国"组织方面有求于巴沙尔政权。

---

[1] 刘中民：《伊拉克乱局将引发中东民族国家版图变更？》，载《中国社会科学报》2014 年 7 月 14 日。

（三）美国中东政策面临严峻挑战

2003年伊拉克战争完成了对萨达姆政权的更迭，同时也使美国陷入在时间上仅次于越南战争的泥潭；在奥巴马任内，"结束两场错误的战争"成为美国中东政策的主轴，致使在撤军条件并不成熟的情况下，美国于2011年完成了从伊拉克撤军；也是在2011年，在西方大国和地区国家的支持下，叙利亚反对派与巴沙尔政权的内战愈演愈烈，使叙利亚成为"基地"组织和"伊斯兰国"组织扩充实力的大本营；进入2014年以来，在美国撤军不到3年后，"伊斯兰国"组织的异军突起使伊拉克面临崩溃和解体的深渊。

这就是当前伊拉克局势演变的四步曲，但伊拉克局势的演进完全摆脱了美国的剧本设计和导演控制，其结局已经看不到"民主改造"的任何影子，而伊拉克解体和崩溃很可能成为30多年来美国伊拉克政策的终曲。伊拉克的悲剧仍将继续上演，但美国在其中的角色和作用却渐趋模糊。《时代》周刊封面文章称，美国希望在伊拉克建立一个稳定良好的民主国家，但这一希望正越来越多地变为失望。[①] 2014年9月，美国开始组建打击"伊斯兰国"组织的国际联盟，对"伊斯兰国"组织进行空袭，但始终强调不向伊拉克派出地面部队，其重要原因在于唯恐再次陷入战争泥潭，而仅靠空袭又注定在短期内难以根除"伊斯兰国"组织，进而使其伊拉克政策乃至整个中东战略陷入两难困境。

（四）全球反恐任重而道远

根据伊拉克情报显示，"伊斯兰国"现有1.1—1.3万核心武装

---

① 《时代周刊：伊拉克的终结》，http://news.sina.com.cn/w/zg/gjzt/2014-06-21/144447.html

人员，其中3000人是外籍士兵，加上摇摆不定的部落武装人员，总人数共有2—3万人，控制着横跨叙伊的广大地区，仅叙伊边界两侧就有近20万平方公里的地盘，所辖省（市）数据称已达16个、人口近400万。[①] 目前"伊斯兰国"组织已经得到中东地区乃至世界范围内众多极端组织和恐怖组织以及"独狼"式恐怖分子的响应，使全球面临的恐怖主义威胁日趋严重。例如：2014年7月，巴格达迪宣称建立"伊斯兰国"之后，印尼、菲律宾的伊斯兰极端组织相继宣布支持并效忠"伊斯兰国"。2014年7月，尼日利亚极端组织"博科圣地"（Boko Haram）表示效忠"伊斯兰国"，并在8月攻占尼东北部城镇后宣布建立"伊斯兰国"，其恐怖手法与"伊斯兰国"如出一辙。因此，"伊斯兰国"组织已成为继"基地"组织之后又一恐怖主义组织核心和策源地，严重威胁全球各地区的安全稳定。2014年9月，美国组建打击"伊斯兰国"组织的联盟，虽在一定程度上遏制了"伊斯兰国"的发展势头，但很难在短期内根除"伊斯兰国"组织。

[①] 黄滢、许文静：《穆斯塔法："伊斯兰国"危害整个中东》，载《环球人物》2014年第7期，第46页。

穆尔西政权倒台后的埃及形势

上海外国语大学中东研究所 李意

【内容提要】

近年来，埃及经历了一系列激烈的政治变革和社会动荡。2013年7月，由于种种原因，穆尔西政权遭遇失败，军方重返埃及政坛；2014年6月，塞西正式当选为埃及总统。作为埃及新总统，塞西面临的主要挑战是安全问题，而恢复经济和调整国内外政策也是重中之重。调整与周边国家和美欧俄等大国的关系是埃及新政府的外交重点，其多元化的对外关系格局，将对整个中东地区的政治生态产生重要影响。

自2011年1月25日以来，埃及经历了一系列激烈的政治变革和社会动荡，其中包括：穆巴拉克和穆尔西两位总统被推翻（2011年和2013年）；穆斯林兄弟会（下文简称穆兄会）下属自由与正义党的代表穆尔西成为首任民选总统（2012年6月）；军方在世俗力量和民众的支持下罢免穆尔西总统职位（2013年7月）；在两年内，在缺乏共识的情况下两次进行宪法公投；2013年8月14日，埃及军方对穆尔西支持者展开"清场行动"，官方确认此次行动造成578人死亡；埃及政府重拳镇压穆兄会，穆兄会组织被取缔，并被定性为恐怖组织。伴随塞西当选为埃及总统，埃及再度向强人政治回归，并开始进入政治、经济与安全重建的关键时期。

一、穆尔西政权遭遇失败

2012年6月,穆兄会下属的自由与正义党主席穆尔西在选举中获胜,成为埃及首位民选总统,标志着穆兄会得到法律的认可,通过组建政党、参加选举登上了埃及的政治舞台。新政权建立伊始,就面临来自军方、司法部门以及反对派等的压力和挑战。2012年年底,新宪法通过全民公投生效,证明广大民众曾一度对穆尔西政府抱有希望。但是穆尔西后来的种种"扩权行为"则遭到了民众的强烈反对和抵制,并爆发了大规模、持续性的示威冲突。2013年7月初,埃及军方利用民众的反抗情绪,逮捕了总统穆尔西。穆兄会号召其成员和支持者继续举行示威抗议,导致在开罗解放广场举行长时间静坐示威的穆兄会成员或民众遭到军方残酷"清场",造成严重的人员伤亡。8月20日,军方以"策动恐怖活动"为名抓获了穆兄会总训导师巴迪亚。穆尔西政府在执政短短一年后被军方解散,大批穆兄会成员被逮捕,埃及穆兄会又进入了低谷期。

从表面上看,穆尔西政权是被军方罢黜,但真正推翻穆尔西政权的是埃及民众。从2013年6月30日起,在连续4天的反对穆尔西的签名活动中,有超过2700万名示威者联名签字,要求穆尔西政权下台,这事实上是一场前所未有的公民投票。[①] 在穆尔西执政的一年中,他不断扩张权力,因而引起了公众的强烈反应。总体而言,穆兄会执政失败的原因主要包括两个方面:一方面,埃及国内经济状况持续恶化,民生问题没有得到解决。民众"要面包,要自由,要社会公正"的诉求没有得到满足,他们对穆尔西振兴经济的"百日

[①] 宋丽丹:《穆尔西政权垮台与埃及的未来选择——埃及共产党总书记沙拉·阿德里访谈》,载《当代世界与社会主义》2013年第5期。

计划"落空感到强烈不满,而穆巴拉克倒台以来留下的"烂摊子"也没有得到明显改善;另一方面,穆兄会热衷垄断权力、排除异己的做法引发群众严重不满,导致教俗之争不断激化。

上任之初,穆尔西提出了涉及安全、能源、环境、食物补贴和交通五大类、64项改革议题的"百日计划"。埃及百姓对他寄予厚望,民意支持率曾高达80%。但在继续推行经济私有化和自由化等方面,穆尔西实际上实行了与穆巴拉克时期同样的政策,并没有提高最低工资,甚至降低了商人的税收,继续推行服务业私有化并拒绝实施健康保险计划。穆尔西政府在由穆兄会控制的协商会议(议会上院)上匆忙通过"伊斯兰债券"(Islamic bonds)计划,坚持销售和抵押埃及国家机构的资产,导致外债从340亿美元上升到450亿美元,总额增长了3650亿埃镑。在此背景下,2012年埃及社会抗议的数量(罢工、静坐、示威和抗议游行)多达7400起。[1]

穆尔西执政期间,民众对政府在经济方面的无所作为大失所望。穆巴拉克下台前,埃及的GDP增速为5.1%。穆尔西执政末期,国内一片混乱,汽油短缺,停电频发;埃及的失业率已经超过13%,而穆巴拉克政权末期失业率为8.9%;埃及超过40%的人口每天生活费低于2美元,政府将国内生产总值的10%都用于粮食和能源补贴;在9000万人口中,有1700万居住在棚户区。[2] 此外,外国投资的撤离进一步恶化了埃及经济。仅2013年,就有14.5%的公司撤离,超过4500家工厂关闭,如瑞典的伊莱克斯有限公司、瑞典爱立信公司、通用汽车有限公司、德国巴斯夫公司、英国壳牌石油公司等,致使数以万计埃及人失业,2/5以上的人口仍在贫困线徘徊。

---

[1] 宋丽丹:《穆尔西政权垮台与埃及的未来选择——埃及共产党总书记沙拉·阿德里访谈》,载《当代世界与社会主义》2013年第5期。

[2] 《经济是埃及新政府悬而未决的挑战》,载(西班牙)《国家报》2014年1月16日。

作为埃及经济支柱之一，旅游业同样遭遇重创。在陷入动荡前，埃及旅游业总规模130亿美元，自2011年初埃及局势陷入动荡以来萎缩大约50%。此外，穆尔西越来越明显的伊斯兰化倾向，引起了世俗自由派政党的强烈不满。穆尔西甚至通过宪法声明来保护制宪委员会，而该委员会的绝大多数成员来自伊斯兰宗教势力，这种做法导致了教俗矛盾日趋激化。

从外部因素看，美国政府的暧昧态度对穆尔西政权垮台起到了推波助澜的作用。这一态度实际上支持了塞西，其目的是为了保持一个亲美的世俗政权，而埃及军人是最亲美的政治力量。[1] 有消息称，军方在发动"政变"前曾与美国通气。事后，奥巴马政府表示"不选边站"。这无疑表明，美国默认了军人干政。因为埃及军方的举动虽不符合美国的价值观，但却符合美国的战略利益。

综上所述，穆尔西的下台反映了埃及政治剧变的显著特点：各派力量围绕国家稳定、挽救经济和推动民主进程等至关重要的问题无法达成共识；埃及各方力量（武装力量、穆兄会、国家官僚机构）执着于零和游戏，导致埃及社会陷入严重分裂。[2]

二、军方主导埃及政坛

2013年7月之前，穆尔西政权虽然执掌着埃及的行政和立法权，但处于国家权力之巅的始终是军队。从穆尔西当选埃及总统时起，埃及军方就表现出强烈的不满。在此期间，穆尔西与军方关系持续

---

[1] 赵启光：《美国暧昧态度是对埃及军方的支持》，http://phtv.ifeng.com/program/qqlx/detail_ 2013_ 08/01/28152552_ 0. shtml。

[2] 海扎姆·阿米拉·费尔南德斯：《埃及的未来：好的、坏的和丑的》，载（西班牙）《外交政策》2014年1/2月刊。

紧张，两者间的矛盾和较量不断升级。实际上，从那时起，军方就已开始筹划推翻穆尔西的统治，军方与他的博弈一天也未停止过。①塞西领导的军方推翻了以穆兄会为执政基础的穆尔西的政权后，军方一直是临时政府背后的操纵者。在临时政府和军方的精心策划和准备下，塞西顺利当选总统，这在某种程度上意味着埃及重新回到军人主政的模式。

军队一直在当代埃及拥有重要地位，是埃及政坛的实力派。"自1952年以来，这个国家的真正政治权力一直都掌握在军队的领导层手中，他们追求着自己的政治与军事目标。"② 在埃及，大约有56万人效力于军队。即便单从数量上来看，同许多阿拉伯国家相比，埃及的武装力量也堪称强大。

军队能够在埃及的政治生活中长期扮演重要角色，主要有两方面原因：一方面，回顾埃及半个多世纪的历史，军人当选总统在埃及已经成为传统。无论是当年的纳赛尔、萨达特还是后来的穆巴拉克都是军人出身，他们执政后都仰赖军队的力量，以确保总统权力的稳固。新任总统塞西也是如此，在2013年走上埃及政治舞台之前，军旅生涯占据了塞西生活的主要内容。他15岁加入埃及陆军，23岁毕业于埃及军事科学院，之后无论是留学英国，还是游历美国，也都是在军事院校学习。威权国家这种强大的总统独大制，要求军队听从执政者的命令行事，所以军队不得不履行镇压动乱、维持社会秩序的职能，这样才能得到执政者的信任。从军队层面来看，它主动积极配合政府行动，主要是为了保护有利于埃及军队利益的制度不受冲击，它极力维护的"核心利益在于部门利益、制度利益

---

① 刘月琴：《埃及大选：国家最高权力的博弈》，载《寰球时事》2014年第5期。
② Latif Wahid, *Military Expenditure and Economic Growth in the Middle East*, Palgrave Macmillan, 2009/9/29, p. 141.

和既得利益"。①

另一方面，1952年革命后，军队一直为埃及人民所爱戴，被埃及人看作"救世主"和"坚强后盾"。历史上，军方曾多次干政以维护社会稳定。自20世纪70年代起，军队广泛参与社会经济事务。到了穆巴拉克时代，军队在社会经济生活中的作用已经非常突出。军队对埃及经济的控制主要表现在四个基础部门，即军工产业、民用产业、农业和国家基础设施建设。除了每年能从美国政府那里得到13亿美元的经济援助外，军方依靠在这些基础产业领域的生产活动，为自身打下了雄厚的经济基础。根据埃及国家信息服务机构的介绍，埃及军方在国内拥有14家大型企业，涉及塑料、化学、电子设备、食品、房地产、公路建设、桥梁、矿山等领域和行业。强大的经济实力为军队增强自身发言权提供了重要保障。据俄罗斯媒体报道，来自军队的将军们掌控的公司年收入估计高达1000亿美元，约占埃及GDP的1/5。②

2012年6月，穆尔西当选为埃及总统，军方正式将权力移交给穆尔西。此后不久，军方的权威就遭到穆尔西公开的挑战。当年8月，执政未满两个月的穆尔西借西奈半岛检查站遭袭导致军人死亡事件之机，解除了穆罕默德·侯赛因·坦塔维的国防部长职务，任命阿卜杜勒·法塔赫·塞西为国防部长，同时撤换了武装部队总参谋长萨米·阿南，令其退休。随后，他又宣布废除补充宪法声明，剥夺了军方在新人民议会选举产生前代行立法权等方面的权力。自此，穆巴拉克时期的军方核心人物离开政治舞台，以后虽然退居幕后，但其实力并未因此削弱。

---

① Steven A. Cook, *The Military and Political Development in Egypt, Algeria, and Turkey*, Johns Hopkins University Press, March 13, 2007, p. 156.
② 田晓航、李姝莛：《军队：埃及政坛真正实力派》，载《国际先驱导报》2013年7月12日。

然而，事实证明，得不到军队的支持，就无法在埃及政坛上站稳脚跟，因为军队在政治转型中被视为在关键时刻"稳定社会、扭转乾坤的保障力量"。① 在罢黜穆尔西总统的职位后，军队扮演着维护国家安全和社会稳定的角色。在解放广场等反穆尔西示威者聚集的地方，军方数次以直升机悬挂国旗从上空飞过的方式，向民众表示军队的支持。那么，军队扮演的角色到底是进步的还是保守的？这在很大程度上取决于所在国家的社会和政治发展程度。亨廷顿曾指出："随着社会发展变化，军队的角色也就发生变化。在寡头统治的世界里，军人是激进派；在中产阶级的世界里，军人是参与者和仲裁人；当公民社会出现后，军人就变成现存秩序的保守的护卫者……社会越落后，军队扮演的角色就越进步；社会变得越进步，其军队的角色就变得越加保守和反动。"②

三、塞西面临诸多挑战

2013年7月3日，国防部长塞西以顺应民意为由，宣布罢免穆尔西的总统职位，由最高宪法法院院长暂行总统职权，并成立临时政府。此时，塞西虽仍为国防部长，但实际上却行使着监管国家的最高权力，埃及政局进入以军方主导的"政治过渡"阶段。2014年5月29日，为期三天的埃及大选正式落幕，塞西获得了92%的支持率。早在竞选游说活动期间，塞西就借助官方控制的主流媒介向埃及民众阐述其竞选纲领和执政理念。塞西指出，维护国家安全与稳

---

① 田文林：《军队干政：中东非典型政治中的典型现象》，http：//www.mod.gov.cn/intl/2012-03/01/content_4349492.htm

② 塞缪尔·亨廷顿：《变化社会中的政治秩序》，王冠华等译，上海：上海人民出版社2008年版，第201页。

定是他当选后的首要任务。为了安全与稳定，他将继续打击"恐怖"和暴力活动，将不会允许穆兄会存在，也不会允许危及国家安全的反政府的新闻报道和抗议活动存在。他承诺将会把更多的注意力转向民生和经济发展，在任期内努力降低失业率，解决民众的住房问题，发展"苏伊士运河走廊"等一些大型经济建设项目。但他也坦言短期内不会有奇迹发生，因此呼吁埃及民众要更加努力地工作。[①]总之，塞西面临的艰巨任务主要集中于重振陷入停顿的经济、打击伊斯兰极端分子、巩固自身统治等方面。

（一）重振陷入停顿的经济

振兴埃及经济是对塞西政府的一项艰巨考验。在经过几年的社会动荡后，埃及的经济已陷入严重危机，目前埃及财政支出占 GDP 之比为 14%，公共债务占 GDP 之比则为 100%，而适龄劳动力人口 70% 的失业率和高学历人口 80% 的失业率也为埃及的社会动荡埋下隐患。

为了提振埃及民众对未来的信心，塞西拟定了一个雄心勃勃的经济发展计划，内容包括兴建 26 座旅游城市、22 座以采矿业为主的城市、8 个新机场以及大量道路、医院、学校、太阳能发电站等。他还主张政府大力参与经济，兴建国家支持的大型项目以创造就业机会，政府为部分商品定价等。在吸引国际援助和外国投资方面，塞西接受了国际货币基金组织和外国咨询公司的建议，实施财政紧缩政策。在 2014～2015 年新的财年预算中，新政府将削减财政赤字 480 亿埃镑，使财政赤字占 GDP 的比重缩减到 10% 之内，其中绝大部分将需要通过改革政府补贴政策来实现。新预算通过后，埃及政府采取了减少对能源、住房的补贴，实施"面包积分制"，上调电

[①] 李国富：《展望大选后埃及内外政策的走向》，载《当代世界》2014 年第 8 期。

价，大幅征收进口烟酒税，提高5%的税收等措施。① 为了赢得人民支持，塞西身体力行，捐出自己一半的工资和财产，并呼吁其他人也做出努力，帮助国家渡过难关。塞西明确表示，他的团队优先考虑的是安全和经济。在致力于打击伊斯兰武装分子和重振疲弱的经济之际，言论自由只能退居其次。他还建议重塑埃及版图，将尼罗河的省份扩大到沙漠之中，从而为人口密集的河谷之外的发展铺平道路。关于如何为这些项目筹资，他表示将从海湾国家以及移居海外的埃及人那里获得数十亿美元。② 这一系列举措体现了新政府重振埃及经济的决心。

（二）打击伊斯兰极端分子

为了尽快恢复稳定，埃及政府除加大打击恐怖暴力活动的力度外，最突出的举措就是严厉镇压穆兄会。2013年12月，临时政府将穆兄会定性为"恐怖组织"，使穆兄会成为埃及"反恐"的主要目标。此外，新政府还通过法律来禁止街头革命，规定今后游行示威活动需事前征得内政部允许，且只能在允许的时间和地区内进行。此外，新政府不但收紧了对电视、电台、报纸等新闻舆论工具的管控，而且还查封了所有与穆兄会有关的媒体，其中包括半岛电视台驻埃及的机构等，不允许任何反对甚至是批评新政府的新闻和报道面世，以便进一步加强政府的管控力度。

在宣布穆兄会为恐怖组织后，埃及法庭先后两次判处529名和683名穆兄会成员死刑，并核准其中37人死刑。然而，无论采取怎样的措施都无法抹杀这样的事实，即穆兄会可以被噤声，但作为一

---

① 马岩：《埃及当选总统面临三大挑战》，http://news.xinhuanet.com/world/2014-05/30/c_1110937664.htm。

② 哈姆扎·汉达维：《反对派变身而成的总统塞西在埃及迎来历史性转折点》，载《基督教科学箴言报》，2014年6月8日。

个组织良好、惯于地下活动的组织，是很难被根除的。由于穆兄会的根基和组织结构都非常牢固，因此未来它很可能将东山再起。[①] 这也成为塞西新政府面临的持久性挑战。

（三）巩固自身统治

埃及"1·25"革命以来，长期的社会动荡使心力交瘁的埃及人民渴望稳定，他们认为塞西能够为埃及带来和平。塞西曾表示，在他统治之下，埃及将致力于维护地区安全与稳定。但埃及民众并不认为他有一个明晰的经济发展计划。埃及的经济仍备受腐败、高失业率、高赤字的困扰。与此同时，塞西新政府要努力平衡各方诉求。平民阶级希望塞西能够改变埃及"强人政治"时期所留下的腐败与官僚习气；城市精英希望塞西可以重视他们的政治诉求与利益；军方希望塞西可以恢复他们曾经享有的特权。如何满足各阶层需求，维护其正当利益，将成为塞西执政能否稳定的一个关键。

修宪是塞西执政前埃及临时政府在过渡时期的一个重要任务。相对于"穆尔西版"的埃及宪法，新宪法除了增加妇女权利外，与旧宪法最大区别有三点：一是进一步限制了宗教在政治中的影响力，规定不得以宗教为基础成立任何政党；二是将埃及议会两院制改为一院制，取消协商会议，即议会上院；三是扩大了军队的权限。新宪法除了允许军事法庭可审判平民外，还规定军队的领导人必须由军人担任。可以说，新宪法在进一步打压穆兄会的同时，也提升了埃及军队的权力，还强化了军队的利益。

从长远看，埃及局势对中东局势具有决定性影响。埃及的人口、战略地位以及自1979年与以色列签署和平协议以来的相对和平，使其在中东发挥着十分重要的作用。有学者指出："自从穆巴拉克下台

---

① 戴维·阿兰德特：《埃及穆兄会重回地下状态》，载（西班牙）《国家报》2014年1月18日。

以及经过选举而上台的穆兄会继任者穆尔西遭到罢黜以来,稳定既不会很快到来,也不会通过半独裁的军政权而得到。目前来看,塞西政权与穆巴拉克本人也没有什么不同。"① 此外,还有一个不稳定因素来源于广场运动所释放出来的"抗议惯性",在经历了一次又一次"革命"后,许多民众认为自己已经被赋予了某种权利,即通过抗议表达对政府的不满。正如阿拉伯前秘书长阿姆鲁·穆萨所述:"埃及新总统首先面临的主要挑战就是安全问题。新政府必须解决埃及尤其是西奈半岛的恐怖主义问题。此外,恢复经济和调整政策也是重中之重。官僚主义政府是一个严峻的问题,埃及的很多问题都归因于政府管理不善。"② 由此可见,塞西新政府面临的挑战仍然十分严峻。

四、新政府的对外关系走向

促进外交多元化是塞西对外政策的重点。就大国关系而言,塞西首先重视与美国关系的改善,但埃美关系的改善还取决于埃及与美国之间新的战略互动。由于吸取了过分亲美的教训,塞西力求通过多元外交重塑埃及对外关系,避免重蹈穆巴拉克覆辙。塞西不仅邀请了伊朗总统鲁哈尼参加就职典礼,而且把目光投向俄罗斯,使埃俄关系得到恢复和发展。此外,埃及的对外关系还出现以下新动向。

(一) 解决与埃塞俄比亚在尼罗河大坝问题上的争端

塞西把尼罗河上游国家埃塞俄比亚的复兴大坝视为"生死攸关

---

① 格雷格·R·劳森:《中东的30年战争》,载《国家利益》2014年4月16日。
② 《穆萨:赛西不是新的穆巴拉克》,载(西班牙)《国家报》2014年6月2日。

的问题",该大坝工程将在2017年上马,很可能严重威胁到埃及的供水。埃塞俄比亚不顾埃及的反对,坚持认为从大坝产生的电力将使整个地区受益,而且只要河水流经大坝而不储存,就不会对埃及的供水产生影响。自2014年1月以来,埃及与埃塞俄比亚的谈判一直陷入僵局,埃及一度宣布采取军事选择的威胁言辞,后来又转向强调达成区域协定。埃及用水的90%来自尼罗河,如果埃塞俄比亚采取任何措施使尼罗河水改道或减少河水流量,都将加深埃及的水危机。因此,如何解决埃及与埃塞俄比亚的尼罗河争端,是塞西政府面临的严峻外交课题之一。

(二)控制利比亚的不稳定局势

近年来,埃及一直是利比亚武器走私和极端分子渗透的对象,并威胁埃及西部边境安全。2014年6月初,利比亚退役将领哈夫塔尔对该国东部的伊斯兰主义民兵组织发动大规模行动。他的支持者把他比作埃及的塞西,理由是他对激进的伊斯兰主义者采取了强硬政策。尽管利比亚打击激进伊斯兰力量的行动符合埃及的利益,但埃及却无力提供支持,因为此举将使埃及不堪重负,埃及军方正为平息西奈半岛上的叛乱活动和维护各大城市的安全而奔忙,无法抽出精力顾及别国。此外,公开支持哈夫塔尔将会导致利比亚冲突外溢,加剧伊斯兰武装分子与埃及政府对抗。有评论指出,对塞西而言,更合适的做法是专注于封锁利比亚边境,而不是跨越它。[①]

(三)维护与以色列、巴勒斯坦关系的平衡

维护埃及与以色列、巴勒斯坦关系的平衡,是塞西政府外交的

---

① 丹尼尔·尼斯曼:《埃及的外交政策挑战》,载《国家利益》2014年6月27日。

主要特点之一。塞西执政后，埃及与以色列之间的安全合作达到了几十年来的最高点。塞西表示，埃及有责任防止有人从西奈半岛向以色列发动袭击。作为他对穆兄会政策的一部分，他还不遗余力地削弱加沙地带哈马斯的力量。塞西此举也是出于振兴本国经济的考虑，因为以色列有能力帮助解决埃及的能源危机。2014年5月5日，以色列近海塔马尔天然气田的运营商与西班牙一家企业签订了意向书，向埃及沿海城镇达米埃塔的液化炼油厂转让天然气。虽然埃以正在协调双方共同的安全利益，但塞西也不会忽视巴勒斯坦问题，埃及仍将扮演巴以关系重要协调者的角色。

（四）修复因穆兄会问题受损的对外关系

塞西在宣誓就职时表示，埃及未来的任务就是重新承担起埃及的"历史使命"，维护伊斯兰世界和阿拉伯国家的稳定。特别是在外交政策方面，塞西政府采取了更加务实的态度。如埃及与俄罗斯进行试探性武器交易、依赖于沙特阿拉伯和阿拉伯联合酋长国等海湾国家提供的经济援助、致力于修复与西方国家的关系等。

2013年埃及军方宣布废黜穆尔西之后，美国和欧洲曾在一定程度上进行抵制。但在塞西当选总统后，美国政府立即表示祝贺，称美国方面期待与塞西领导的埃及新政府开展合作，塞西政府也做出了积极的回应。此外，埃及还积极寻求与俄罗斯在经济、旅游和军事等方面的合作。2014年2月，塞西会晤了俄罗斯官员，并就一份20亿美元的军火协议展开了讨论和沟通。2014年8月12日，塞西抵达俄罗斯索契开始访问，这是塞西担任总统以来首次访俄。塞西在机场参观了俄方展示的虎式装甲车、道尔与铠甲防空导弹系统等武器装备，体现了俄埃加强在军工领域合作的意愿。可见，美俄不会忽视埃及作为中东大国的重要地位，发展与塞西领导的新政权的关系关乎二者在该地区的战略利益。塞西在竞选中提出了"在大国关系中寻求平衡"的政策主张，表明埃及也不会再坚持过去长期亲美的外交传统，而是将在美俄等大国之间"游走"并寻求本国利益最大化，如何在美俄等大国之间寻求微妙平衡在一定程度上决定着其未来外交政策的成败。

在穆尔西执政期间，埃及同海湾国家的关系渐行渐远，而塞西严厉打击穆兄会的立场，赢得了沙特、阿联酋等海湾君主制国家的支持，但也遭到了卡塔尔的反对。2013年7月，时任国防部长的塞西领导军方罢黜穆尔西后，沙特联手阿联酋、科威特等海湾国家向埃及提供了累计超过120亿美元的经济援助。当埃及新内阁于2013年年底将穆兄会定性为恐怖组织后，沙特也追随埃及将其列入恐怖组织名单。2014年6月3日，沙特国王阿卜杜拉成为首位祝贺塞西当选的国际领导人，他将塞西的当选之日称作是"历史性的一天，埃及进入了新阶段"，并呼吁召开捐助者会议，以此来帮助埃及渡过经济难关。沙特力挺塞西新政权是出于排斥穆兄会力量、谋求地区力量平衡、遏制什叶派等原因。与此同时，巩固与海湾国家的关系，对埃及来说也十分重要，这不仅有助于通过争取经援使埃及摆脱财政困境，尽快恢复经济和社会发展，也将增强埃及在反恐、维护地区安全等方面的影响力。因此，塞西政府继续巩固与海湾国家的友好关系，逐步恢复在阿拉伯国家中的话语权。

尽管埃及新政权得到了美俄等大国和海湾国家的认可和支持，但塞西未来在周边外交上仍面临诸多挑战。卡塔尔被视为穆兄会的"幕后金主"，穆尔西下台后，卡塔尔一直谴责塞西发动"政变"。土耳其政府同样因对塞西领导的"政变"及其对穆尔西支持者的"清场"行动持谴责态度并一度与埃及交恶。总之，塞西政府将把多元化作为埃及外交的重点，这势必对整个中东地区的政治生态产生重要影响。

化武危机后叙利亚局势的新发展[①]

上海外国语大学中东研究所　潜旭明

【内容提要】

近两年来，叙利亚政府和反对派的内战陷入僵持状态，教派之争愈演愈烈，并使域内外大国围绕叙利亚危机展开复杂博弈，进而对中东地缘政治格局和全球战略格局产生了重大影响。在地区层面，叙利亚内战的背后是地区范围内以沙特为代表的逊尼派势力和以伊朗为代表的什叶派势力的博弈。在国际层面，叙利亚危机的实质是美俄博弈，但美俄在化武问题上的妥协使叙利亚危机发生重大变化，安理会第2118号决议为叙利亚问题朝政治解决方向迈出了一大步，充分体现了联合国在解决叙利亚化武危机中发挥的重要作用。

叙利亚危机发生以来，叙利亚政府和反对派的内战已持续3年有余，教派之争愈演愈烈，并使域内外大国围绕叙利亚危机展开复杂博弈，进而对中东地缘政治格局和全球战略格局产生了重大影响。

---

① 本文为教育部重大攻关项目（08JZD0039）、国家社会科学基金资助项目（12CGJ009）、教育部重点研究基地项目（2009JJD810010）、教育部重点研究基地自选项目（2012JDZDSZX001）的研究成果。

一、叙利亚的宗教及政治生态分析

叙利亚国土面积为18.518万平方公里，人口为2253万，其中1532万为逊尼派穆斯林，360万为什叶派穆斯林，314万为基督徒。[①] 叙利亚国内宗教和教派众多，除伊斯兰教逊尼派和什叶派之外，基督徒也为数不少。其中，伊斯兰教信徒约占总人口的85%，基督教人口占10%左右。在穆斯林人群中，逊尼派穆斯林占总人口的约74%，什叶派各支派接近13%，德鲁兹人占3%。[②] 什叶派中又分为阿拉维派、十二伊玛目派和伊斯玛仪派等，其中阿拉维派为260万，约占叙利亚总人口的12%。叙利亚西北部还是库尔德人的聚居地。

叙利亚执政的阿萨德家族属于阿拉维派，阿拉维派是伊斯兰教什叶派中的少数派。阿萨德家族自20世纪70年代执政至今已持续40多年，阿拉维派占据了叙利亚统治阶层的几乎所有核心位置，如军队的指挥阶层、情报部门等。阿萨德的统治基础主要由三部分组成：（1）其自身所属的阿拉维派；（2）大约占10%人口的基督徒，其中多数为比较富足的商人，这些商人多有黎巴嫩背景；（3）穆斯林逊尼派中的商人，占人口的8~10%左右。后两者属于既得经济利益集团，因此成为巴沙尔政权的维护者。这三部分合在一起大约占叙利亚人口的30%。基督教徒和逊尼派商人多数处于摇摆状态。[③]

---

① 刘中民、朱威烈主编：《中东地区发展报告》（2013年卷），北京：时事出版社2014年版，第267页。

② United States Department of State, Bureau of Democracy, Human Rights and Labor, "International Religious Freedom Report for 2013," July 28, 2014, p. 2.

③ 陈贻绎：" 叙利亚内战的宗教族群派别冲突状况分析"，载《阿拉伯世界研究》2013年第6期，第55页。

2011年以来，叙利亚先后出现的反政府团体多达数十个，这些团体主要有：（1）境外的"反对派和革命力量全国联盟"，简称"全国联盟"，成立于2012年，得到美国、英国、法国、土耳其和阿拉伯国家的支持。① （2）境内的"全国民主变革力量民族协调机构"，成立于2011年6月，由15个叙利亚政党组成，主张通过和平方式进行民主变革。② （3）境内的"叙利亚自由军"，成立于2011年7月，其核心是部分变节的政府军。③ 在与政府军作战的同时，部分反政府武装也涉嫌制造恐怖袭击、谋杀和绑架事件。在这类血腥事件被媒体报道之后，叙利亚国内民众对巴沙尔表示支持的人增多。④ 反对派中最具有战斗力的大都是从叙利亚自由军中分裂出来的逊尼派武装力量，这些力量主要包括叙利亚（伊斯兰）解放阵线（SLF）、叙利亚伊斯兰阵线（SIF）和胜利阵线（JN）等。此外，叙利亚反对派中还有土耳其人后裔、巴勒斯坦难民民兵"风暴旅"和库尔德人。

叙利亚局势动荡以来，巴沙尔推行了一些改革举措。2012年2月，巴沙尔颁布新宪法修订案，改一党制为多党制；2013年6月，大幅上调军人和政府工作人员退休金；7月，改组叙利亚阿拉伯复兴社会党，更换大批领导层人选，同意联合国化武小组进入境内调查。巴沙尔还表示愿意亲自出席在日内瓦举行的叙利亚问题国际会议。

2012年6月30日，叙利亚问题第一次日内瓦国际会议召开，与

---

① Aron Lund, "Holy warriors: A field guide to Syria's jihadi groups", http://www.foreignpolicy.com/articles/2012/10/15/holy_warriors.

② Aaron Y. Zelin, "The Syrian Islamic Front: A New Extremist Force", http://www.washingtoninstitute.org/policy-analysis/view/the-syrian-islamic-front-a-new-extremist-force.

③ 刘中民、朱威烈主编：《中东地区发展报告》（2013年卷），北京：时事出版社2014年版，第269页。

④ 《巴沙尔结束内战的"底气"从何而来？》，http://news.xinhuanet.com/2013-08/09/c_125142204.htm.

会各方就呼吁在叙利亚成立"过渡管理机构"、成立叙利亚问题"行动小组"以协调国际社会后续行动等问题达成一致。① 2014年1月22日至31日,叙利亚问题第二次日内瓦国际会议在瑞士蒙特勒举行,此次会议分为两个阶段,第一阶段由联合国秘书长潘基文主持,美、俄、中、英、法、德等30多个国家的外长,以及叙政府与反对派代表出席了为期一天的会议。第二阶段会谈由联合国－阿盟叙利亚危机联合特别代表普拉希米主持,会议的参加者主要是叙政府与反对派组织"全国联盟"。在第一阶段的会谈中,与会各方交锋激烈,立场相距甚远。但与会各方达成了一些原则性共识,包括要坚持政治解决的方向,要尽快启动叙利亚冲突双方的和谈进程,共同努力缓解目前的人道主义状况,帮助叙利亚难民减轻苦难。在第二阶段谈判,叙政府与主要反对派"全国联盟"着重讨论了停火、打击恐怖主义、人道主义救援、释放在押人员、落实日内瓦公报、建立具有完全行政权力的过渡管理机构等具体问题,由于分歧依然巨大,和谈最终以失败告终。②

2014年2月10日至15日,在联合国－阿盟叙利亚危机联合特别代表普拉希米的极力斡旋下,叙利亚政府与反对派在日内瓦举行第二轮会谈,双方讨论了停止暴力、组建过渡组织和过渡机构的议题,在关于叙总统巴沙尔的去留问题上,反对派坚持巴沙尔下台是终止冲突的唯一条件,而叙政府则坚称,巴沙尔继续担任总统是不可触碰的红线。在关于建立过渡管理机构问题上,"全国联盟"代表坚持先讨论组建过渡管理机构是解决叙利亚问题的前提条件,并向普拉希米提交了一份组建过渡政权的文件。叙政府坚持先讨论停止暴力和反恐问题,依照会议议程依次进行,在叙政府占据战场优势

---

① 刘洋、王昭:《叙利亚将设过渡管理机构》,载《南方日报》2012年7月2日。
② 刘月琴:《评叙利亚问题第二次日内瓦会谈未取得突破的原因》,http://world.people.com.cn/n/2014/0207/c1002-24291690.html。

的情况下，巴沙尔不会放弃在未来建立的过渡管理机构中的地位，谈判进入僵局。①

叙利亚境内普通民众饱受武装冲突之苦，很多人寄希望于当局平定局势。因此，叙利亚当局还有一定的民意基础。2014年6月3日，叙利亚总统大选投票工作正式启动，现总统巴沙尔、前政府部长诺里和议员哈贾尔3人为候选人。在此次大选中，叙境内共有近1600万合法选民，全国共设9601个投票点。② 巴沙尔获得约1032万张有效选票，得票率为88.7%，另外两位候选人哈贾尔和诺里分别获得3.2%和4.3%的选票。16日，叙利亚总统阿萨德宣誓就职，开始他的第3个为期7年的总统任期。③

二、中东地区国家与叙利亚危机

从表面看来，叙利亚内战是其内部逊尼派穆斯林反政府力量与阿拉维派阿萨德政府的武装斗争，但其背后则是地区范围内逊尼派势力和什叶派势力的博弈。沙特是叙利亚境外逊尼派力量的核心国家，其他支持者还包括土耳其、约旦以及阿联酋、卡塔尔等海湾国家。④ 伊朗和黎巴嫩的真主党是境外什叶派力量的代表。而以色列也从自身的利益出发谨慎介入叙利亚危机。

---

① 刘月琴：《评叙利亚第二轮日内瓦和会：没有走出僵局》，http://world.people.com.cn/n/2014/0218/c1002-24390367.html。

② 宦翔、柳玉鹏：《美国为首西方拒绝承认叙利亚大选，叙前景仍迷茫》，http://world.people.com.cn/n/2014/0604/c1002-25100133.html。

③ 《阿萨德将宣誓就任叙利亚总统，再执政7年》，载《环球时报》，2014年7月16日。

④ 王栋：《透视影响叙利亚时局的宗教与民族矛盾》，载《当代世界》，2012年第3期，第8页。

沙特：2003年伊拉克战争后，随着伊朗—伊拉克—叙利亚—黎巴嫩"什叶派新月地带"的形成，叙利亚与伊朗的关系日益密切，[①]而作为美国盟友的沙特与叙利亚的分歧则日益扩大。[②] 在叙利亚危机中，沙特力挺叙利亚的反对派，并积极游说欧美国家支持反对派，还多次公开呼吁武装反对派。沙特和卡塔尔利用海合会和阿盟两大地区性组织为平台，支持反对派，对巴沙尔政权形成了巨大的压力。[③]

以色列：叙利亚问题一旦全面失控，会造成叙利亚陷入持续的混乱和分裂，叙国内的伊斯兰激进势力将伺机抬头，这对于毗邻的以色列将形成极大的安全威胁。叙利亚危机发生以来，以色列对叙利亚问题保持低调，唯恐引火上身。但以色列一直密切关注叙利亚武器的流向，尤其关注叙利亚的化学武器，唯恐其落入真主党手中，为防范可能发生的危险，以色列在2013年上半年多次对叙利亚进行空袭。[④]

土耳其：起初，土耳其对叙利亚采取模糊政策，主要表现为敦促巴沙尔政权进行改革，支持联合国和平努力，后来转向积极支持反对派并向叙政府施压，以武力威胁巴沙尔政权下台。[⑤] 土耳其还积极通过主办"叙利亚之友"国际会议显示其国际影响。2012年4月1日，第二次"叙利亚之友"国际会议在土耳其伊斯坦布尔召开。[⑥]

[①] 《阿拉伯世纪巨变启示录》，http://news.xinhuanet.com/herald/2011-04/09/c_13820617.htm

[②] 肖凌：《叙利亚危机的特点、背景及其走向分析》，载《阿拉伯世界研究》，2013年第6期，第73页。

[③] 杨光主编：《中东发展报告（2012~2013）》，北京：社会科学文献出版社2013年版，第241—243页。

[④] 同上。

[⑤] 孔刚：《土耳其因应叙利亚危机的基本政策评析》，载《世界经济与政治论坛》2013年第1期。

[⑥] 马研：《"叙利亚之友"会议承认叙利亚反对派》，载《解放日报》，2012年4月2日。

4月20日,"叙利亚之友"主要成员国外长会议在伊斯坦布尔召开,与会国要求巴沙尔政权下台,并增加对反对派的援助。但伴随叙利亚危机的外溢,尤其是难民问题和安全问题不断冲击土耳其,土耳其的叙利亚政策陷入了十分尴尬的境地,2012年以来,叙利亚和土耳其多次发生空中冲突并彼此击落对方的飞机,令土耳其十分难堪;而"伊斯兰国"组织的兴起和库尔德问题的升温,更对土耳其构成了严峻的挑战。

伊朗:伊朗是目前同叙利亚关系最紧密的中东国家,叙利亚不仅是"什叶派新月地带"的重要一环,也是伊朗牵制以色列、对黎巴嫩真主党施加影响的重要伙伴。因此,伊朗力挺叙利亚巴沙尔政权。伊朗向叙利亚提供了大量的技术援助和经济援助,其中包括数十亿美元资金、医疗设备和武器。此外,伊朗还提供了限制反对派武装使用通信基础设施的技术指导,如切断互联网、利用木马病毒跟踪并窃听反对派活动分子的计算机等。[1] 2013年6月16日,伊朗作出决定,派遣一支由4000名革命卫队战士组成的队伍前往叙利亚,协助巴沙尔打击主要由逊尼派组成的叛军。[2]

黎巴嫩:叙利亚和黎巴嫩之间的密切联系,使叙利亚局势走向对黎巴嫩有直接影响。黎巴嫩真主党属于什叶派,与叙利亚当局一向关系紧密。真主党公开宣布向叙利亚派遣武装人员,使叙利亚和黎巴嫩局势的相互影响进一步上升。2013年5月,真主党领导人纳斯鲁拉公开承认向叙利亚的古赛尔地区以及大马士革周边派遣了武装民兵,他说:"真主党的战士正在并将继续与巴沙尔的军队并肩作战"[3]。

---

[1] KashefipourSina, "Iran's Tactical Successes in Syria Come With Political, Strategic Cost", *World Politics Review*, April 12, 2013.

[2] 《传伊朗将派兵驰援叙利亚》,载《参考消息》2013年6月17日。

[3] 《黎真主党发誓与巴沙尔并肩作战》,载《参考消息》2013年5月27日。

巴勒斯坦：叙利亚是支持巴勒斯坦民族解放事业最坚定的阿拉伯国家之一，但由于种种原因，叙利亚当局与巴民族权力机构之间也存在不少分歧，并与哈马斯关系密切。哈马斯政治局领导人马沙阿勒曾长期在叙生活。但在中东变局发生以来，伴随逊尼派力量的崛起，哈马斯与叙利亚当局的关系日渐疏远，哈马斯多次对叙利亚处理危机的方式表示不满，还多次拒绝对身陷困境中的叙利亚政权表示支持，导致双方关系最终走向决裂。2012年3月，"哈马斯"领导人马沙阿勒宣布将总部迁往卡塔尔，其领导人也已离开叙利亚，前往卡塔尔、埃及、加沙等地。[①]

伊拉克：叙利亚与伊拉克边界接壤，是叙利亚通往外界的陆路和空中的必经之路之一。2003年伊拉克战争后，伊拉克国内政局及国内教派政治力量对比发生了深刻的变化，什叶派执掌国家政权，这使得伊拉克与同为什叶派执政的叙利亚之间关系更为紧密。在叙利亚危机中，什叶派马利基政府暗中支持巴沙尔政权。据报道，伊拉克不仅允许伊朗利用其领空支持叙利亚，还默许什叶派武装人员赴叙利亚参战。[②]

三、美欧俄等大国在叙利亚的博弈

在叙利亚危机初期，由于美欧正在进行对利比亚的军事行动，无暇顾及叙利亚，美欧的叙利亚政策主要以经济制裁和政治施压为主。美国意图以压促变，通过对叙利亚实施经济制裁、武器禁运来

[①] 肖凌：《叙利亚危机的特点、背景及其走向分析》，载《阿拉伯世界研究》2013年第6期，第72—73页。

[②] Suadad al-Salhy, "Iraqi Shiites flock to Assad's side as sectarian split widens," June 19, 2013, http://in.reuters.com/article/2013/06/09/iraq-syria-militants-idINDEE95I0G920130619.

削弱巴沙尔政权，让英国和法国扮演先锋的角色，积极支持并扶持叙利亚反对派，帮助反对派取得合法地位。[①]

利比亚卡扎菲政府垮台之后，美欧利用"叙利亚之友"国际会议加大了对叙利亚干涉的力度。2012 年 2 月 24 日，美、法、德、土以及欧盟、阿盟、联合国等 60 多个国家和国际组织在突尼斯召开"叙利亚之友"国际会议，对叙利亚反对派力量进行整合，承认最大的反对派组织"叙利亚全国委员会"为叙利亚的合法代表。2012 年 7 月 6 日，"叙利亚之友"会议在巴黎举行，时任美国国务卿希拉里与会，会后发表的声明表示将加大对叙利亚反对派的支持力度，呼吁联合国安理会尽快通过决议，加大对叙利亚政权的制裁。[②]

2013 年 6 月 22 日，"叙利亚之友"会议在多哈举行，大会发表联合声明，向叙利亚反对派提供军事援助，援助的方式由各国自行决定。2013 年 2 月 28 日，克里就任美国国务卿后，访问欧洲和中东 9 国，其重点在于叙利亚问题。在与盟友协商之后，克里宣布将向反对派提供"非杀伤性武器"；3 月 11 日，英国也提出将向叙利亚反对派提供"非致命性武器"援助。同日，欧盟宣布改变对叙利亚武器禁运政策，允许欧盟国家向叙利亚反对派提供装甲车、非致命性军事设备和技术援助。[③] 2013 年 6 月 13 日，奥巴马总统批准向叙利亚反对派提供美国的武器。[④] 在美欧的大力支持下，叙利亚反对派的力量得到增强，对巴沙尔政府的威胁也逐渐加大。

2014 年 6 月，叙利亚举行总统选举，阿萨德在叙利亚总统选举

---

① 杨光主编：《中东发展报告》（2012~2013），北京：社会科学文献出版社 2013 年版，第 230 页。

② 成珞：《"叙利亚之友"几成"反对派之友"》，载《解放日报》，2012 年 7 月 8 日。

③ 路透社华盛顿 2013 年 3 月 1 日电。

④ 《奥巴马批准向叙反对派提供武器》，http：//news.xinhuanet.com/world/2013-06/15/c_124858882.htm

中获胜连任。6月2日,美国国务院发言人普萨基表示,整个大选进程缺乏公信力,美国拒绝承认大选结果。6月3日,美国国务院发言人玛丽·哈夫表示,选举日当天叙利亚政权仍在炮轰耶尔穆克难民营和东古塔地区,美国不会承认大选结果,但哈夫强调美国不会军事介入叙利亚局势,美国将通过各种方式支持叙利亚温和反对派对抗叙政权和恐怖主义威胁。① 6月27日,美国总统奥巴马要求国会拨款5亿美元,支援叙利亚反对派中的温和派。美国国务院、财政部于7月9日分别表态称,美国政府决定加大对叙利亚企业的制裁力度,冻结一家叙利亚国有企业和两家"挂名"公司的资产。7月30日,美国政府宣布,再次向叙利亚提供3.78亿美元的人道主义援助,使得美国对叙利亚的总援助额达到24亿美元。②

叙利亚是俄罗斯在阿拉伯世界的盟友,塔尔图斯港是目前俄罗斯黑海舰队南出博斯普鲁斯海峡之后的唯一补给地,是俄罗斯同西方战略博弈的重要支撑点。维护叙利亚政权对于俄罗斯具有极其重要的战略意义,叙利亚的政权更迭不符合俄罗斯的战略利益,不仅会削弱俄罗斯对欧盟的政治和经济影响力,还会加剧伊斯兰极端势力对俄罗斯高加索民族问题的负面影响。③

叙利亚危机伊始,俄罗斯力挺阿萨德政权,3次否决联合国安理会涉叙决议案,坚持履行俄叙签署的军事合同,向叙利亚出口高精尖武器。其后,随着局势一度向有利于反对派的方向发展,2012年俄罗斯对阿萨德政权的支持有所退缩,其主要目标是防止伊斯兰极端势力控制叙利亚政权,但并不固守于对巴沙尔的支持。2012年

---

① 张蔚然:《阿萨德料将三度担任叙利亚总统,美称选举是"耻辱"》,http://world.people.com.cn/n/2014/0604/c1002-25101811.html

② 《美宣布再向叙利亚提供3.78亿美元人道主义援助》,http://www.chinanews.com/gj/2014/07-31/6444548.shtml

③ 崔小西:《俄罗斯应对叙利亚危机的政策分析》,载《阿拉伯世界研究》,2014年第2期,第41页。

1月，俄外交部公开否认和巴沙尔政权的盟友关系；2月，俄罗斯继续反对西方军事介入叙利亚，同时与反对派在德国慕尼黑举行首次会谈；3月，俄罗斯对叙利亚两面下注，一方面派特种部队抵达塔尔图斯港展示对阿萨德政权的支持，另一方面又暗示俄罗斯没有义务向阿萨德政权提供军事援助；12月，普京总统在访问土耳其时表现出要与阿萨德政权拉开距离的姿态，表示准备应对叙利亚政府失败后可能出现的局面，希望与反对派"全国联盟"接触。从2013年5月份开始，叙利亚战场局势开始向有利于阿萨德政权方向发展，俄罗斯又开始有保留地加强对阿萨德政权的支持。在叙利亚问题上，俄罗斯的战略应对灵活多变，但整体战略意图摇摆不定，始终根据叙利亚双方力量对比维持其政策的动态平衡。[①]

总之，在叙利亚局势持续僵持的情况下，美欧和俄罗斯都缺乏在叙利亚问题上全面对抗和殊死一搏的勇气，不会进行彻底摊牌，也不愿意看到叙利亚出现化武等杀伤性武器扩散和大规模教派冲突的局面。

四、叙利亚化武危机的和平解决

叙利亚动荡的不断加剧使国际社会日益关注其化武安全问题。针对外界的担忧，叙利亚外交部发言人于2012年7月23日发表声明表示，叙利亚政府不会在国内危机中使用生化武器，这类武器处在叙利亚军队的安全监控下，只有在叙利亚面临外部入侵时才会被使用。随着叙利亚国内局势日益恶化，反对派力量逐渐扩大，美国等西方国家开始担心叙利亚政府可能会使用化武或使之扩散。2012

[①] 刘中民、朱威烈主编：《中东地区发展报告》（2013年卷），北京：时事出版社2014年版，第280—282页。

年8月20日，奥巴马表示，"我们的红线是我们开始看到化武的转移或使用。"①

2013年3月19日，有报道称阿勒颇省坎阿萨镇的一个村庄发生了化武攻击，巴沙尔政权和叙利亚反对派均拒绝对此次攻击负责。美国国防部长哈格尔认为，巴沙尔政府很可能在叙利亚多地使用了化学武器，美国政府因此将强化对叙利亚反对派的支持。而俄罗斯常驻联合国代表丘尔金却说，俄罗斯专家的调查结果显示，2013年3月叙利亚反对派武装向政府军控制的阿勒颇省坎阿萨镇发射了一枚无制导"巴沙伊尔-3"型火箭弹，这是既定事实。②

2013年7月，阿萨德政府同意联合国化武核查小组进入叙利亚，对包括坎阿萨在内的3处地点进行首次检查。2013年8月，联合国化学武器调查小组抵达大马士革，在叙利亚境内进行为期14天的实地调查。③ 2013年8月21日，正当该核查小组在叙利亚进行调查时，大马士革郊外发生了一起大规模化武攻击。美英法等国的情报部门断定，巴沙尔政府应对本次化武攻击负责。2013年9月6日，美国等10余个国家发表联合声明，谴责叙利亚政府使用化学武器，并以军事打击叙利亚相威胁。但是，俄罗斯反对对叙利亚动武，并表示如果巴沙尔政权遭到军事打击，俄罗斯将继续向其提供包括武器在内的协助。④

2013年9月10日，叙利亚在俄罗斯的斡旋下同意将其化学武器

---

① J. Greenberg, "Context: President Obama, Syria and the 'Red Line'", September 5, 2013. http://www.politifact.com/truth-o-meter/article/2013/sep/05/context-president-obama-syria-red-line/

② 王雷，裴蕾：《谁在叙利亚使用化武》，载《浙江日报》2013年7月11日。

③ 《联合国化武调查小组抵达叙利亚》，http://www.un.org/chinese/News/story.asp?NewsID=20345。

④ 《美国与10国签署联合声明谴责叙利亚使用化学武器》，http://news.xinhuanet.com/2013-09/07/c_117270296.htm

库置于国际管控下并最终销毁,同时承诺加入《禁止化学武器公约》。9月14日,俄罗斯和美国达成了《销毁叙利亚化学武器的框架协议》。根据该协议,叙利亚应在一周时间内公布其境内化学武器的详细情况,包括化学武器制剂的名称、类型和数量以及储藏、制造和研发设施所在地等细节,联合国武器核查人员必须在11月前进入叙境内开展工作,最终目标是在2014年年中前全部销毁或转移叙利亚化学武器。美俄双方向禁止化学武器组织提交了一份计划,内容包括销毁叙利亚化武的步骤和核查措施。在获得该组织批准后,再设定销毁叙利亚化武的具体时间表。① 《销毁叙利亚化学武器的框架协议》的签署,形成了美俄共同主导销毁叙利亚化学武器的局面,采取了大国协商解决化武问题的模式,避免了叙利亚危机的进一步升级。

在协议签署的当天,叙利亚政府正式提交加入《禁止化学武器公约》的申请,并将根据《公约》的要求,立即执行拒绝使用化学武器、摧毁化学武器、转化或摧毁所有化学武器生产设施的规定。叙利亚政府还依照协议的要求,于2013年9月21日和22日提交了两份化学武器清单,为接下来的核查工作创造了条件。

2013年9月27日,联合国安理会全票通过了关于销毁叙利亚化学武器的2118号决议。决议要求叙利亚与禁止化学武器组织和联合国合作消除化武,同时呼吁尽快召开叙利亚问题国际会议以落实日内瓦公报。② 决议强调"叙利亚的任何一方都不得使用、开发、生产、获取、储存、保留或转让化学武器"。决议还规定,叙利亚如果不遵守本决议,包括未经批准转让化学武器,或境内有人使用化学武器时,将采取《联合国宪章》第七章规定的措施。③ 第2118号决

---

① 张亮、李博雅:《美俄就销毁叙化武达成框架协议》,载《人民日报》2013年9月15日。
② 《安理会一致通过涉叙化武问题决议》,载《人民日报》2013年09月29日。
③ 联合国安理会:《第2118(2013)号决议》,2013年9月27日。

议为叙利亚问题开启了政治解决之门,将叙利亚局势从一触即发的战争边缘拉回到和平轨道,为推动叙利亚问题政治解决提供了新的机遇。

叙利亚化学武器销毁工作主要包括境内销毁和境外销毁两个阶段:首先是境内销毁阶段:2013年10月1日,禁止化学武器组织和联合国的核查人员开始了对叙利亚各地的化学武器仓库的核查,核查任务主要包括三方面内容:(1)建立早期的核查体系和核对叙利亚政府的申报内容;(2)监督化学武器的销毁过程;(3)核查所有与化学武器相关的材料和项目的销毁进程。核查人员对叙利亚政府所提供清单中的21处化学武器存放点进行了快速清查,积极运用填充水泥、粉碎等低技术要求、快速和廉价的方法,对包括导弹弹头、航弹、静态混合和填充装置在内的军用设备进行高效的就地销毁。10月16日,禁止化学武器组织与联合国正式组建联合代表团,负责消除叙利亚化武的相关工作。10月31日,禁止化学武器组织发布新闻公报称,叙利亚政府已在规定时限内,销毁了所有其宣布的化学武器生产和组装设施,按时完成了全面销毁化武的首期目标,并得到了叙利亚政府的保证,即最后两处位于战乱区域的仓库已被废置,储存的化学武器和设备也已被转移。[1]

其次是境外销毁阶段:依据禁止化学武器组织的计划,叙利亚化武境外销毁的方式主要分为两类:第一类是将优先类的化学武器原料运送到美国"开普雷"号舰船上,在公海海域对它们进行水解销毁;第二类则是将剩下的原料进行招标,而后将其运往中标公司所在国,中标公司将通过商业模式将其销毁。从2014年1月开始,叙利亚化学武器原料被陆续分批运往境外销毁,最后一批待境外销毁的叙利亚化学武器原材料7月2日抵达焦亚陶罗港,7月7日由

---

[1] 雷希颖:《全面销毁叙利亚化学武器,什么样的节奏?》,载《世界知识》,2014年第3期。

"开普雷"号运往公海水域进行销毁。[①]

安理会第 2118 号决议为叙利亚问题朝政治解决方向迈出了一大步,充分体现了联合国在解决叙利亚化武危机中发挥的重要作用。

[①] 《美国称叙利亚 75% 化武材料已销毁 9 月上旬或完成》,http://www.chinanews.com/gj/2014/08-12/6482858.shtml。

中东变局与巴勒斯坦问题的新发展

上海外国语大学政治学博士后流动站、中东研究所　包澄章

【内容提要】

中东变局以来，中东地区国际关系的深刻调整和力量格局的复杂变动，一度令巴勒斯坦问题被严重边缘化。2013年7月，新一轮巴以和谈在美国重启，却因双方在关键问题上难以达成实质性妥协等多重因素而宣告破裂。2014年6月，3名犹太青年遇害事件成为新一轮加沙冲突的直接导火索，以色列随后发起的"护刃行动"导致双方人员大量伤亡。此轮冲突的背后是中东国家在美国影响力式微的背景下，利用地区热点问题争夺地区主导权和控制权的斗争，由此形成了中东政治的新生态。

一、中东变局对巴勒斯坦问题的冲击

中东变局以来，地缘政治格局深刻调整，安全局势日益恶化，叙利亚危机等热点问题进一步升温，美国地区影响力逐渐式微，伊核问题趋于缓和，以及由此造成的海湾阿拉伯国家、以色列与伊朗关系日趋紧张，地区国家之间加速角力，都导致巴勒斯坦问题被严重边缘化。造成这种局面的主要原因包括：

第一，以埃及为代表的转型国家因国内政治、经济和社会重建的需要，将精力更多地放在稳定国内局势和恢复经济发展上，对巴

勒斯坦问题的影响力严重下降。作为地区传统政治大国的埃及在经历两次政权更迭后，因国内教俗矛盾激化而深陷政治泥潭，短期内参与地区事务的意愿和能力受到国内动荡局势的牵制。

第二，沙特和卡塔尔通过扶植不同派别的伊斯兰势力，加速政治角力，扩大势力范围，争夺地区领导权，导致双方之间矛盾重重。在埃及问题上，卡塔尔支持穆斯林兄弟会（以下简称穆兄会），沙特、阿联酋、科威特和巴林反对穆兄会，阿曼则采取中立立场，导致海合会国家内部分歧日益严重。2014年3月5日，沙特、阿联酋和巴林发表联合声明，宣布召回各自国家驻卡塔尔大使，海合会内部矛盾彻底公开化。7日，沙特宣布穆兄会为恐怖组织，令支持穆兄会的卡塔尔深陷尴尬。在巴勒斯坦问题上，卡塔尔和沙特虽未直接交锋，但卡塔尔支持与穆兄会联系密切的哈马斯，沙特出于美伊（朗）关系改善后应对共同威胁的需要同以色列走近，都使得海湾阿拉伯国家之间的间隙扩大，也削弱了它们对巴勒斯坦问题的影响。

第三，中东变局导致地区安全局势日益恶化，阿拉伯世界的碎片化不断加剧。在伊拉克动荡和叙利亚危机长期化的影响下，伊拉克与叙利亚国内的极端恐怖势力形成跨境联动效应，严重威胁地区安全。2014年6月以来，极端组织"伊斯兰国"在伊拉克和叙利亚攻城略地，令两个深陷动荡的国家面临进一步分裂的危险。

第四，美国中东战略深陷困境，影响力日益下降。"小布什总统留给其继任者的是一套彻底失败的中东政策，以及美国与其在阿拉伯和伊斯兰世界中的前盟友和朋友近乎完全的疏远"。[1] 阿富汗战争和伊拉克战争消耗了美国大量军力、财力，削弱了美国在中东地区的影响力；在叙利亚问题上，美国难以制定有效的外交政策，导致极端组织借机坐大；美国从伊拉克撤军后，伊安全局势每况愈下，

---

[1] ［美］傅立民：《美国在中东的厄运》，周琪、杨悦译，北京：社会科学文献出版社2013年版，第129页。

导致美国在中东陷入外交困境却又难以脱身。同时，美国又被伊核问题、斯诺登事件、乌克兰危机牵制过多精力，难以在巴勒斯坦问题上集中投入资源和精力。2013年以来，美国加大对伊核问题和巴以问题的外交投入，以恢复其在中东地区逐渐下降的影响力。

第五，美伊（朗）关系的改善以及伊核问题阶段性协议的达成，令中东地区的和平与稳定出现新的转机，但也导致美国两个传统盟友——以色列和沙特的忧虑和不满。鲁哈尼当选伊朗新总统后，奉行务实外交，美伊关系从紧张趋于缓和。2013年11月24日，伊朗与伊核问题六国达成一项阶段性协议，以换取国际社会部分解除对伊朗的制裁。美国在对待伊核问题、叙利亚危机等问题上的态度令美沙关系一度产生裂痕，沙特因此于2013年10月拒绝接受安理会非常任理事国席位[1]，并开始寻求与以色列建立反伊（朗）同盟，导致当前海湾阿拉伯国家与伊朗的关系紧张，在一定程度上弱化了过去阿拉伯国家在巴勒斯坦问题上针对以色列的敌意。

二、巴勒斯坦内部环境的变化

2006年1月，哈马斯击败法塔赫赢得巴勒斯坦立法委员会大选，两大派别随后组建联合政府。2007年6月，哈马斯武装夺取了加沙地带的控制权，使其明显"从一种暴力抵抗运动转变为负责治理一个'真实存在的'政治实体的事实上的国家行为体"[2]。与此同时，

---

[1] 2013年10月17日，联合国大会经投票决定，选举沙特、乍得、立陶宛、尼日利亚和智利五国为2014年和2015年安理会非常任理事国，沙特获176票，历史上首次当选安理会非常任理事国。18日，沙特阿拉伯外交部拒绝接受联合国安理会非常任理事国席位，这是联合国历史上首次出现此类情况。

[2] Michael Broning, *The Politics of Change in Palestine: State-building and Non-violent Resistance*, London and New York: Pluto Press, 2011, p. 24.

法塔赫在安全部队指挥权上不肯让步，导致双方在约旦河西岸和加沙地带各自建立独立的行政机构和安全部队，形成分治局面。

2007年、2011年和2012年，巴勒斯坦两大政治派别先后在麦加、开罗和多哈举行谈判并发表和解宣言，但因两派在协议的执行上存在严重分歧，和解进程总是不了了之。2014年4月23日，法塔赫与哈马斯达成和解协议，同意组建联合政府，宣布于2014年内举行巴总统选举和议会选举。6月2日，法塔赫与哈马斯组建联合政府。新一届联合政府的17名部长均为独立人士和技术人士，不属于任何党派，但与法塔赫有密切联系。技术官僚政府虽是哈马斯与法塔赫妥协的结果，但其政治架构难以有效弥合两派之间的分歧。在巴勒斯坦内部，解放巴勒斯坦人民阵线、"巴勒斯坦伊斯兰圣战运动"、未来党、"第三条道路"等政党组织即使在对以政策上存在分歧，但都认为组建联合政府是一个理想的目标。[①] 因此，民族和解是法塔赫与哈马斯为应对中东变局冲击做出的现实选择。

对哈马斯而言，同意和解并组建联合政府是形势所迫。

首先，哈马斯近年来先后失去叙利亚、伊朗和埃及穆兄会三座靠山，资金面临严重短缺。叙利亚危机爆发后，哈马斯公开支持叙反对派的立场，导致巴沙尔政权减少了对哈马斯的资助；伊朗总统鲁哈尼上台后，为缓和伊朗与美欧的紧张关系，伊朗刻意与哈马斯保持距离，减少了对哈马斯的支持力度；埃及总统塞西上台后，将穆兄会列为恐怖组织，实行严厉打压，全面封堵加沙地带通往埃及的地下通道，穆兄会的失势直接导致哈马斯面临资金枯竭和物资短缺的困境。在加沙地带，哈马斯既要解决支付4万名公务员工资的财政压力，也面临该地区失业率急剧上升的社会难题，2014年上半

---

① Hatem Shurrab, "Gaza's Views on Reconciliation," Carnegie Endowment for International Peace, May 28, 2014, http：//carnegieendowment.org/sada/2014/05/28/photo-essay-gaza-s-views-on-reconciliation/hbtr.

年加沙地带的失业率已达41%,[①] 这对失去叙利亚、伊朗和埃及穆兄会支持的哈马斯无疑是雪上加霜。

其次,2006年哈马斯赢得巴议会选举后,四年"任期"已过,其统治合法性危机日益凸显。哈马斯与以色列长期的敌对关系和武装对抗不但使巴以和平的实现遥遥无期,也令哈马斯在巴内部面临的政治压力与日俱增。因此,内外交困的哈马斯选择与法塔赫和解并组建联合政府,意在增加其政治合法性,同时也是为了缓解自身的财政压力。

对法塔赫而言,组建联合政府主要出于以下几点考虑:

首先,法塔赫欲通过和解争取民意,振奋民心,巩固自身的政治地位。在与以色列谈判破裂后,与哈马斯签订和解协议并组建联合政府,有助于提高巴人民对法塔赫的支持。

其次,阿巴斯试图利用哈马斯的现实困境,通过民族和解来阻止其对手达赫兰在加沙日益上升的影响力。达赫兰曾任法塔赫前加沙预警安全部队司令,在加沙地区拥有极高声望,围绕巴勒斯坦内部改革、巴勒斯坦—埃及关系等问题一直对阿巴斯颇有微词。

第三,组建联合政府是阿巴斯实现巴以全面和平计划的关键一步。阿巴斯曾计划分三步实现巴以之间的全面和平,包括谋求巴勒斯坦取得联合国观察员国地位,实现法塔赫与哈马斯之间的民族和解,最终通过与以色列开展全面和平谈判,实现巴勒斯坦问题的最终解决。

2011年9月23日,巴勒斯坦民族权力机构主席阿巴斯向联合国秘书长潘基文递交巴勒斯坦入联申请,因遭到美国和以色列反对而未能获得安理会支持,以失败而告终。"巴勒斯坦总统马哈茂德·阿巴斯在第66届联大上递交入联申请,总的来说等于宣布在美国领导

---

① See Avi Issacharoff, "Even after unity deal, Hamas still runs failing Gaza," *The Times of Israel*, June 14, 2014, http://www.timesofisrael.com/even-after-unity-deal-hamas-still-runs-failing-gaza/.

下巴以历时20年的双边谈判道路的失败。"① 10月31日，联合国教科文组织大会批准巴勒斯坦成为该组织成员国，以色列随即采取在约旦河西岸新建定居点等报复性措施，美国也以拒绝缴纳教科文组织会费的方式进行抵制。此后，巴勒斯坦宣布改变策略，不再争取联合国成员国，转而寻求观察员国地位。2012年11月29日，第67届联合国大会经投票表决通过《巴勒斯坦在联合国的地位》的决议草案，给予巴勒斯坦联合国观察员国地位。联大接纳巴勒斯坦成为观察员国，等于间接承认了巴勒斯坦的国家地位，巴勒斯坦不仅因此在道义上能够获得更多的国际支持，也可以参加联合国下属的其他机构，国际地位和政治活动空间的提升，有助于巴勒斯坦在政治上进一步获得国际社会的支持。巴勒斯坦联合政府组建完成后，无论以色列和美国愿意与否，未来将不得不与代表全体巴勒斯坦人民的政府进行谈判，而哈马斯加入联合政府也必将限制巴勒斯坦在巴以谈判中妥协的程度。

三、新一轮巴以和谈的破裂与加沙冲突再起

奥巴马上台后，致力于推进巴以和平进程，呼吁"以巴边界应以1967年边界线为基础，根据双方达成的协议交换土地，使两个国家都有安全的、得到承认的边界"，强调"巴勒斯坦人民必须拥有主权、领土完整的国家，有权实行自治，并充分发挥其潜力"，② 成为首位公开宣称以1967年边界作为巴以谈判基础的美国总统。

---

① 《申请入联后巴勒斯坦领导层的选择》（阿拉伯文），阿拉伯学术与政治研究中心，2011年9月28日，第1页，http：//www.dohainstitute.org/file/Get/008acef9-69d6-4ee4-b00b-1352bdc2a8a9.pdf。

② Office of the Press Secretary, "Remarks by the President on the Middle East and North Africa," The White House, May 19, 2011, http：//www.whitehouse.gov/the-press-office/2011/05/19/remarks-president-middle-east-and-north-africa.

在美国国务卿克里的积极斡旋下，巴以和谈于2013年7月29日在华盛顿再度重启，这是自2010年9月和谈陷入停滞以来，巴以双方举行的首次直接会谈。巴以双方均对推进和谈作出姿态：以色列内阁决定，在和谈期间分四个阶段释放1993年《奥斯陆协议》签署之前被关押在以色列的104名巴勒斯坦囚犯；巴勒斯坦方面则承诺暂停申请入联的计划。期间，克里开展多次穿梭外交，努力改善巴以关系。

巴以和谈重启后，双方谈判代表举行了近20次双边会谈，但始终未能达成一致。此后，在美国的斡旋下，双方转为"近距离间接会谈"，美国也不再追求最初设定的达成"最终协议"的目标，转为达成"框架性协议"。在美国极力推动的巴以和谈濒临破裂之际，以色列于2014年4月8日宣布对东耶路撒冷定居点708套住宅建设项目重新进行招标。13日，巴勒斯坦加入《日内瓦公约》，巴以和谈进一步陷入僵局。23日，哈马斯与法塔赫宣布和解，并表示将在五周内组建联合政府，半年内举行大选。以色列对此反应强烈，于次日发表声明，宣布拒绝与由哈马斯支持的巴勒斯坦政府进行和谈，并决定终止与巴方谈判进程。历时9个月的新一轮巴以和谈以失败而告终，究其原因，主要有以下几点：

第一，美国对和谈结果的过高期望，以及对和谈障碍的估计不足导致美国斡旋难度增大。此轮和谈重启时，克里便设定了在9个月内就"最终地位"问题达成一项协议的目标。谈判进程随着难度日益增大逐渐陷入僵局，克里不得不修改不切实际的既定目标，转为寻求双方达成框架性协议。而美国国内也出现了一些对"两国方案"持悲观态度的论调，甚至出现了主张将约旦河西岸和加沙地带分别划入邻国约旦和埃及的"三国方案"[1]，以及在约旦河与地中海

---

[1] See John R. Bolton, "A 'Three-state Solution' for Middle East Peace," *The Washington Times*, April 16, 2014, http://www.washingtontimes.com/news/2014/apr/16/bolton-a-three-state-solution-for-middle-east-peac/.

之间建立一个基于所有民族享有平等权利或采取某种形式的种族隔离制度的"双民族国家方案"①。美国本想借巴以和谈恢复其在中东乱局中渐失的影响力,然而和谈破裂令巴以关系这块美国中东政策的"压舱石"也开始动摇。

第二,中东变局导致多个阿拉伯国家政局动荡,以及由此引发的地区权力之争,令分裂的阿拉伯世界在巴以和谈问题上较之过去更加难以形成合力。塞西当政后的埃及和沙特直接将哈马斯称为"恐怖组织",并与支持哈马斯的卡塔尔展开争夺,严重削弱了阿拉伯国家在巴勒斯坦问题上的影响力。继叙利亚危机后,巴以和谈再次沦为地区国家进行政治较量,重塑地区权力格局的"新舞台",埃及、沙特、卡塔尔、土耳其等国家之间开展了激烈的权力斗争。

第三,巴以之间的长期对立和互不信任导致双方的和谈意愿不断下降。巴以双方在犹太人定居点、巴勒斯坦难民、边界划分、耶路撒冷地位等核心问题上的分歧依然巨大,难以做出实质性妥协和让步。尤其是在犹太人定居点问题上,即使有来自美国的压力,以色列依然继续扩大定居点扩建的规模。据以色列非政府组织"现在和平"(Peace Now)发布的一份报告显示,在此轮和谈的9个月中,以色列政府批准了东耶路撒冷13851套新住宅的建设计划和招标项目,以平均每个月1540套、每天50套的速度进行扩建,② 内塔尼亚胡本届政府的定居点扩建数量是其首任总理期间的四倍多。③ 定居点的扩建不仅破坏了美国斡旋巴以和谈的努力,也证明了内塔尼亚胡

---

① Mohammed Ayoob, "The End of the Two-State Solution," Project Syndicate, April 17, 2014, http://www.project-syndicate.org/commentary/mohammed-ayoob-welcomes-the-collapse-of-an-israeli-palestinian-peace-process-that-was-all-process-and-no-peace.

② "Summary of the 9 – Months Talks: Unprecedented Settlement Development," Settlement Watch, Peace Now, April 29, 2014, p. 1, http://peacenow.org.il/eng/sites/default/files/9%20months%20settlements%20summary%20280414.pdf.

③ Ibid.

政府加强以色列对被占领土控制的顽固立场，反过来进一步加深了巴以双方之间的猜忌和互不信任。

第四，巴以双方各自的内部分歧阻碍了和平协议的达成。在巴勒斯坦内部，2006年哈马斯赢得大选后，以色列和美国拒不承认哈马斯合法性的强硬立场，以及法塔赫拒绝将约旦河西岸的权力让渡给哈马斯，令哈马斯一直被排除在巴以和谈进程之外，由此加深了哈马斯与法塔赫之间的分裂。在以色列国内，内塔尼亚胡政府内部在和谈问题上也是分歧严重，极右翼势力始终持强硬立场，拒绝接受"两国方案"，令内塔尼亚胡不得不一边小心谨慎地推动和谈，一边通过扩建定居点等方式安抚极右翼势力。以色列政党政治长期影响并左右巴以关系与和平进程，各政党对巴以和平进程"态度的分歧和复杂性，是导致该进程不稳定性、曲折性和长期性的重要因素"。[1] 以色列外长利伯曼率领的极右政党"以色列是我们的家园"甚至以退出联合政府对内塔尼亚胡政府施加压力。

2014年7月8日至8月26日，以色列对加沙地带发起代号为"护刃行动"的大规模军事行动，这场持续了50天的冲突导致巴方2141人丧生，其中包括500多名儿童，30万人流离失所；以色列方有69人死亡。这是自2012年加沙冲突以来巴以双方间最严重的一次冲突。以色列的"护刃行动"无论在作战规模和时间跨度上，还是伤亡人数上，都远超过2008年12月的"铸铅行动"和2012年7月的"防务之柱"行动。[2]

巴以和谈于2014年4月破裂后，法塔赫与哈马斯达成和解协议，并在6月初完成巴勒斯坦联合政府的组建，引起以色列强烈不满，导致巴以关系趋于紧张，这是新一轮加沙冲突的背景。6月12

---

[1] 王彦敏：《以色列政党政治研究》，北京：人民出版社2014年版，第250页。
[2] 2008年的"铸铅行动"持续22天，造成1400多人死亡；2012年的"防务之柱"持续8天，造成160人死亡。

日，3名以色列犹太青年在约旦河西岸失踪，以色列极右翼势力呼吁对阿拉伯人实施报复，该事件成为激化巴以矛盾的直接导火索。以色列安全部门随即开展了代号为"兄弟的守护者"的搜查行动，并逮捕420多名巴勒斯坦人。30日，以色列国防军发表声明称，在约旦河西岸希伯伦市以北的巴勒斯坦城镇找到3名失踪犹太青年的尸体。随后，以色列军队对哈马斯控制的加沙地带发动空袭，而哈马斯则从加沙地带向以色列境内发射多枚火箭弹进行报复。

不久后的7月2日，巴勒斯坦少年阿布·胡达伊尔遭绑架遇害。这起血案将巴以双方推向了全面冲突的边缘，耶路撒冷阿拉伯社区中的巴勒斯坦人与以色列当地安全部队发生暴力冲突。6日，以色列警方逮捕了杀害巴勒斯坦少年的6名犹太犯罪嫌疑人，其中3人承认谋杀了阿布·胡达伊尔。以色列总理内塔尼亚胡对杀害少年的行为表示愤怒和谴责。与此同时，以色列仍继续对加沙地带进行空袭，哈马斯扬言进行报复。14日，埃及提出巴以停火协议，敦促巴以双方于次日早晨停火。以色列安全内阁接受停火协议，哈马斯态度强硬，表示除非达成完整的协议，否则将不承诺停火。在持续遭受来自哈马斯不间断的火箭炮袭击后，以色列终于在暂停军事行动6小时后，再次对加沙地区展开空袭，并炸毁了哈马斯高级领导人扎哈尔的住宅。26日，以色列和哈马斯同意接受联合国提议，就人道主义停火达成共识。此后，双方打打停停。期间埃及调停的数轮谈判均以失败告终。直到8月26日，在埃及等国的斡旋下，哈马斯和以色列终于达成长期停火协议。

以色列发动"护刃行动"，除为了最大限度地削弱哈马斯的武装力量和军事装备外，其更深层次的目的在于通过削弱哈马斯，进一步瓦解巴勒斯坦内部和解的基础。以色列和哈马斯历来视对方为死敌，以色列将哈马斯定性为恐怖组织，哈马斯则坚持武装抵抗，以"消灭以色列"为己任。对于哈马斯来说，他期望通过在军事上展现强硬姿态赢回在加沙地带的民意，同时也希望借本轮冲突向法塔赫要求更多的权力,增加自己的政治筹码。

以色列方面认为,巴勒斯坦内部和解会动摇以色列长期以来在巴以关系中的绝对优势地位。3名犹太青年失踪事件发生以来,以色列有意"借题发挥",将该事件贴上"恐怖主义"的标签,而哈马斯则向以色列境内发射火箭弹,更成为以色列采取军事行动的一个借口。以色列还多次指责哈马斯使用平民作为"人体盾牌"掩护哈马斯武装人员,并将民用设施作为武器藏匿点。但《纽约时报》指出,"没有证据表明哈马斯和其他武装力量要求平民呆在受到攻击的区域。"[1]"大赦国际"的报告也指出,"没有证据表明,巴勒斯坦平民在当前的敌对行动中被哈马斯或巴勒斯坦武装组织蓄意利用"。[2]

本轮加沙冲突结束后,哈马斯受到重创,而以色列的国际形象则进一步受损。哈马斯付出了惨重的代价,但通过扮演"强硬的弱者",赢得了民意,哈马斯及其领导人的支持率迅速上升,为2014年内举行的巴勒斯坦立法委员会选举赢得部分政治筹码。而冲突爆发后,由于调解不力,阿巴斯的人气大幅下滑,巴勒斯坦民族权力机构的合法性遭受质疑。冲突结束后,巴勒斯坦政策与调查研究中心开展的一项民意调查显示,哈马斯领导人哈尼亚的支持率为61%,比阿巴斯32%的支持率高出近一倍。而该机构2个月前开展的类似民调显示,当时哈尼亚的支持率为41%,阿巴斯的支持率为53%。[3]

---

[1] Anne Barnard, Jodi Rudoren, "Israel Says that Hamas is Using Civilians Shields, Reviving Debate," *The New York Times*, July 23, 2014, http://www.nytimes.com/2014/07/24/world/middleeast/israel-says-hamas-is-using-civilians-as-shields-in-gaza.html.

[2] "Israel and the Occupied Palestinian Territories: Israel/Gaza Conflict," Index: MDE 15/017/2014, Amnesty International, July 25, 2014, http://www.amnesty.org/en/library/asset/MDE15/017/2014/en/e916c6f0 - 4729 - 48a8 - bcf8 - 22ac8484df17/mde150172014en.pdf.

[3] "Special Gaza War Poll," Palestinian Center for Policy and Survey Research, August 26 - 30, 2014, p.4, http://www.pcpsr.org/sites/default/files/Special%20Gaza%20War%20Poll%20english%20_0.pdf.

另一项有关加沙民众对"护刃行动"看法的民意调查显示,67%的受访者认为,加沙灾难的责任不在哈马斯;68%的受访者表示希望在加沙重建时保留武装派别力量。① 在以色列方面,内塔尼亚胡的支持率下降至38%,而此前内塔尼亚胡的支持率曾高达82%。②

四、地区权力斗争与巴勒斯坦问题前景

随着新一轮巴以谈判的破裂,美国对中东地区的影响力继续下降,巴以之间的裂痕进一步加深。在以往的巴以冲突中,巴以双方"对外部力量的依赖度很高,尤其是美国,是一种缓解因素"③。如今,中东正在形成一种新的政治生态,地区国家利用热点问题,通过向非国家行为体提供资金、武器,在他国国内扶植和动员支持力量,以争夺势力范围和主导权。有学者评价指出,"中东的战争已不再是国家间的战争,而是国家与非国家行为体之间的战争"。④ 在此轮冲突中,除以色列和哈马斯的直接对抗外,地区国家和组织之间更加激烈的政治较量逐渐浮出水面:以伊朗、土耳其、卡塔尔及其支持的穆兄会、哈马斯、真主党为一方,以色列和埃及、沙特、约旦等国为另一方,双方利用地区冲突和热点问题的激化,发动代理

---

① "Poll: Huge Majority in Gaza Want Lasting Ceasefire," *The Times of Israel*, August 7, 2014, http://www.timesofisrael.com/poll-huge-majority-in-gaza-want-lasting-ceasefire/.

② "Massive Drop in Support for Netanyahu-Poll," *The Times of Israel*, August 25, 2014, http://www.timesofisrael.com/massive-drop-in-support-for-netanyahu-poll/.

③ Benjamin Miller, "The State-to-Nation Balance: A Key to Explaining Difficulties in Implementing Peace-The Israeli-Palestinian Case," in Guy Ben-Porat, ed., *The Failure of the Middle East Peace Process?: A Comparative Analysis of Peace Implementation in Israel/Palestine, Northern Ireland and South Africa*, New York: Palgrave Macmillan, 2008, p.62.

④ Jonathan Eyal, "Gaza Conflict can Shape Future of the Middle East," *The Straits Times*, August 5, 2014.

人战争，争夺地区主导权。"从埃及、沙特、约旦、阿联酋及其他一些阿拉伯国家的角度来看，以色列总理正在发动的战争，相当于代表他们发动了一场针对哈马斯的战争，以此终结穆兄会的最后一个据点。"①

此轮加沙冲突反映了地区力量组合的新变化，具体表现为以下几个方面：

第一，美国虽积极调停和斡旋冲突，但无法掩盖其在中东地区影响力日渐式微的事实。2014年8月1日，美国国会众议院通过紧急援助法案，同意向以色列"铁穹"导弹拦截系统增加2.25亿美元的资金援助。但这并不能消除以色列对美国的不满，美以关系的裂痕仍在不可避免地加深，也促使以色列开始逐渐摆脱对美国的依赖。

第二，经历了两次政权更迭的埃及，虽"元气大伤"，但随着国内局势的逐步回稳，埃及调解地区事务的意愿和能力在逐步回归。塞西政府将埃及穆兄会定性为恐怖组织后，埃及与哈马斯的关系随之一落千丈，因此哈马斯最初并没有接受埃及在7月14日提出的停火倡议。而以色列则利用哈马斯与埃及之间的隔阂，于次日宣布单方面接受倡议。在埃及的斡旋下，巴以双方最终于8月26日达成长期停火协议，表明埃及作为地区传统政治大国，正在恢复其政治影响力。

第三，土耳其、卡塔尔两国介入地区热点问题的意愿日益凸显。早在2011年，土耳其总理埃尔多安便通过密函邀请哈马斯领导人哈尼亚访土，并决定为哈马斯提供3亿美元的援助。② 此外，哈马斯下属的"卡桑旅"约旦河西岸分支创始人萨利赫·艾鲁尼（Saleh al-

---

① Josh Levs, "This Time, Gaza Fighting is 'Proxy War' for Entire Mideast," CNN, August 1, 2014, http://edition.cnn.com/2014/07/31/world/meast/israel-gaza-region/.

② Saed Bannoura, "Turkey to Grant Hamas $300 Million," International Middle East Media Center, December 3, 2011, http://www.imemc.org/article/62607.

Arouri）也定居在土耳其。① 2013 年，哈马斯领导人迈沙阿勒还曾秘密访问土耳其，并与埃尔多安进行了数小时会谈。② 埃及塞西政府曾对土耳其和卡塔尔出席在巴黎举行的巴以停火谈判十分恼火，以至于拒绝派埃及外长萨迈赫·舒凯里前往。③ 舒凯里也曾指责土耳其和卡塔尔企图"阻止"埃及斡旋冲突的努力。中东变局引发的地区力量重组与分化为土耳其重返中东提供了契机，土耳其因此加大了对地区热点问题的介入力度，以增强其地区影响力，这是土耳其介入巴以冲突的重要原因。

卡塔尔也是哈马斯重要的支持者。2012 年 10 月，时任卡塔尔国王哈马德访问加沙，成为自 2007 年哈马斯控制该地区以来首位到访的外国元首，并为哈马斯提供了 2.54 亿美金的巨额援助。有分析指出，卡塔尔与美国签署了 110 亿美元的军售合同，并暗中将购得的武器提供给哈马斯，用来对抗以色列。此外，卡塔尔每年提供给哈马斯的资金高达 10 亿美元。④ 在加沙冲突期间，卡塔尔甚至威胁哈马斯，如果接受埃及提出的长期停火倡议，将驱逐在多哈定居的哈马斯政治局主席迈沙阿勒⑤。这一切都表明，卡塔尔企图通过介入巴以冲突与埃及、沙特等国争夺地区主导权。

---

① Jonathan Schanzer, "Hamas's BFFs," *Foreign Policy*, August 4, 2014, http://www.foreignpolicy.com/articles/2014/08/04/hamas_s_bffs_turkey_qatar_israel_gaza.

② Mirren Gidda, "Hamas Still Has Some Friends Left," *Time*, July 25, 2014, http://time.com/3033681/hamas-gaza-palestine-israel-egypt/.

③ Benny Avni, "Kerry's Ceasefire Pivot Angers Egypt, Israel—Even the Palestinian Authority," *Newsweek*, July 28, 2014, http://www.newsweek.com/kerrys-ceasefire-pivot-angers-egypt-israel-even-palestinian-authority-261834.

④ Armin Rosen, "Qatar's Purchase of Billions of US Weaponry - And Support for Hamas-Shows How Awkward Foreign Policy Can Be," *Business Insider*, July 23, 2014, http://www.businessinsider.com/gaza-conflict-qatar-us-relations-2014-7.

⑤ Ron Prosor, "Club Med for Terrorists," *The New York Times*, August 24, 2014, http://www.nytimes.com/2014/08/25/opinion/qatar-club-med-for-terrorists.html.

在巴勒斯坦问题上,以色列一直视哈马斯为恐怖组织,而哈马斯则一贯坚持"彻底消灭以色列"的强硬立场,这是导致巴以和谈举步维艰的重要因素之一。以色列和美国均表示不会在谈判桌上接受任何包括哈马斯的联合政府。如果哈马斯在联合政府的议会选举中再次获胜,加沙可能再次回到2006年的状况,巴政府将再次遭到国际社会的抵制。以色列明确表示将通过外交、经济手段施加压力,结束法塔赫与哈马斯的联合。

巴两大政治派别达成和解协议后,以色列表示强烈反对,随后宣布暂停本轮巴以和谈,以总理内塔尼亚胡要求阿巴斯在以色列和哈马斯之间做出选择。① 对法塔赫而言,它不仅要与哈马斯弥合政治上的分歧并应对经济挑战,还要考虑如何与以色列在安全协调问题上达成一致。对哈马斯而言,抗争政治是其立足的基础,虽然近年来哈马斯的立场有所软化,但无论是在口头上还是行动上,哈马斯暂时不会放弃抵抗以色列。随着埃及穆兄会的失势,塞西政权出于维护政权稳定的需要,以及沙特对穆兄会等伊斯兰主义政治模式取代沙特君主制模式的担忧,使埃及和沙特不会接受像哈马斯这样的伊斯兰主义势力上台执政。

随着新一轮巴以和谈的破裂以及双方间新一轮冲突的爆发,巴以之间的裂痕愈渐加深,冲突虽已平息,但和平仍遥遥无期。未来巴勒斯坦问题的解决不仅有赖于哈马斯同法塔赫的真正和解和权力分享,更取决于以色列、美国以及相关地区国家的巴勒斯坦政策。

---

① Jeffery Hiller, "Netanyahu Tells Abbas to Choose Peace Partner: Hamas or Israel," Reuters, April 23, 2014, http://www.reuters.com/article/2014/04/23/us-palestinian-israel-idUSBREA3M0FW20140423.

鲁哈尼执政以来的伊朗核问题

中国现代国际关系研究院　田文林

【内容提要】2013年6月鲁哈尼当选伊朗总统后，伊朗积极缓和与美国等西方国家的关系，伊朗核问题出现一定程度的缓和，这是多种因素共同作用的结果。2013年11月24日，伊核谈判有关各方在日内瓦达成为期半年的初步协议，以伊朗部分停止核活动，换取西方国家部分放松对伊朗制裁。此后，伊核问题谈判继续进行，但始终未能达成最终协议，并两次被推迟。由于双方结构性矛盾难以化解、国内掣肘力量强大及核谈判立场差异甚大，伊核问题进展艰难，要想最终解决殊为不易。

2013年6月鲁哈尼当选伊朗新总统以来，美国与伊朗频繁互释善意，僵持10多年之久的伊核问题出现缓和迹象。那么，伊核危机缓和的大背景是什么？伊核谈判目前面临哪些问题？未来前景如何？这些问题值得深入探讨。

一、伊朗核问题出现持续缓和的迹象

伊朗核问题的核心是美伊关系问题。30多年来，美伊关系长期敌对，水火不容，而2002年开始凸显的伊朗核问题，则成为美国对伊朗进行孤立、制裁乃至军事威胁的主要抓手。因此，只要美伊关系不松动，伊核危机就不会得到根本解决。值得注意的是，2013年6月鲁哈尼当选伊朗新总统后，美伊互动频繁，双边关系出现了前所未有的缓和迹象。

在伊朗方面，鲁哈尼就职后，持续对美国发动"魅力攻势"，表达缓和关系的意愿。2013年8月中旬，鲁哈尼与美国总统奥巴马互通书信，展开"信函外交"。鲁哈尼后来在接受美国全国广播公司专访时表示，他与奥巴马通信是"通向未来微小而精妙的一步"，并称美伊关系外部环境正发生改变，伊朗希望与其他国家的关系进入新时代。9月20日，鲁哈尼在《华盛顿邮报》撰文称，国际政治不再是零和博弈，而是合作与竞争同时并存，"血海深仇的时代已经过去"，美伊"应携手合作，共同结束这种不健康的对抗方式和相互干扰"。[1] 9月24日，鲁哈尼在纽约联合国大会发言称，伊朗与美国能够就弥合双方分歧"达成框架"。同日，鲁哈尼通过美国有线电视新闻网的节目向美国传递友善信号，称他"给美国人带来了伊朗人的和平与友谊"，伊美关系已"开始破冰"。9月25日，鲁哈尼接受《华盛顿邮报》采访时称，伊方愿意推进核项目"透明化"，使国际社会相信伊朗核计划的目的不是发展核武器。[2] 为体现诚意，鲁哈尼上台后释放了若干名政治犯，包括此前被扣押的美国人阿米尔·希克马提和赛义德·阿贝迪尼。据德国《明镜周刊》称，伊朗还准备允许国际核查人员进入福尔多核工厂、监视离心机拆除，条件是美欧解除对伊制裁。世界银行9月27日也确认，伊朗开始恢复偿还所欠的世行贷款，该消息被媒体解读为伊方着力"配合"伊朗核问题

---

[1] Hassan Rouhani, "Why Iran seeks constructive engagement", *The Washington Post*, September 20, 2013.

[2] David Ignatius, "Rouhani sees a nuclear deal in 3 months," *The Washington Post*, September 25, 2013.

对话。

伊朗的精英人士也积极造势。9月23日,伊朗前总统哈塔米在英国《卫报》撰文称,鲁哈尼凭借最高领袖哈梅内伊和几乎全社会的支持成为总统,当前伊朗已与过去完全不同,西方国家与伊朗的关系出现不可复制的机遇。面对寻求和平的伊朗,西方国家需要展现乐观和勇气。[1] 与此同时,约500名伊朗知识分子联名致信奥巴马,要求他回应伊朗的良好意愿,解除对伊经济制裁。这封致奥巴马总统公开信的第一句话便是:"现在轮到你了。"[2]

面对伊朗的"魅力攻势",美国方面予以了积极回应。2013年7月中旬,美国财政部宣布,"出于人道主义原因",美国将放松对伊朗出口基本药品及医疗器械的管制。9月24日,奥巴马在联大讲话中明确承诺不对伊朗进行政权颠覆,承认伊朗有权和平利用核能,并称伊朗弃核将使美伊关系实现某种程度的缓和。[3] 9月26日,美国国务卿克里与伊朗外长扎里夫在联合国总部会面,讨论伊朗核问题,这是美伊外长6年来首次会面;9月27日,奥巴马与鲁哈尼直接通电话,探讨改善两国关系的可能性,这是两国最高领导人34年来首次直接对话;10月2日,美国又向伊朗归还了十年前收缴的一个拥有2700年历史的银质杯子,以示友好。其他西方国家对鲁哈尼的缓和政策也普遍持欢迎态度。10月8日,英国宣布将在伊朗设立代办处,双方断交多年的外交关系恢复至代办级。

---

[1] Khatami, "Iran: this times, the west must not turn its back on diplomacy", *The Guardian*, September 23, 2013.

[2] "Don't Miss Golden Opportunity, 500 Iranian activists tell Obama", http://www.albanytribune.com/24092013-dont-miss-golden-opportunity-500-iranian-activists-tell-obama/

[3] Kitty Stapp, "US, Iran trade cautious overtures at UN," *Asia Times online*, September 25, 2013.

美伊关系出现破冰迹象，使僵持已久的伊朗核问题随之出现缓和迹象。2013年11月24日，伊核谈判有关各方在日内瓦达成为期半年的初步协议，以伊朗部分停止核活动，换取西方部分放松对伊制裁。具体地说，伊朗将暂停生产20%丰度的铀浓缩、转化或稀释20%丰度的浓缩铀存量、不增产超过5%丰度的浓缩铀、不升级铀浓缩工厂及阿拉克重水反应堆的运作。作为交换条件，美欧同意不出台与核问题相关的新制裁，暂停对伊朗汽车行业、使用贵金属交易、石化产品出口的限制，允许伊朗在现有水平上（约100万桶/日）出口石油并收回部分油款等。此后，双方启动一揽子解决伊朗核问题谈判。尽管原定2014年7月达成最终方案的目标未能实现，但双方将最后期限两次延期，分别延至2014年11月24日和2015年7月1日，表明各方通过谈判解决伊朗核问题意愿强烈。

二、伊朗核危机降温的主要背景

10多年来，伊朗核问题不断升温，甚至一度达到剑拔弩张的程度。但现在美国和伊朗双方却彼此拉近距离，使该问题出现"软着陆"可能性，这是多种因素共同作用的结果。

（一）美伊双方的利益需要

急于缓解经济制裁的压力，是伊朗外交政策趋于缓和的主要动机。近几年来，以美国为首的西方国家接连对伊朗实施严厉制裁，尤其是2012年以来，西方制裁触及石油和金融两大命脉，伊朗经济深受其害。截止2013年3月，伊朗石油出口量略高于100万桶/日，远低于2011年日均250万桶的出口量。伊朗石油收入也从2011年的

950亿美元降至2012年的670亿美元。[①] 伊朗里亚尔与美元的汇率从2008年的1∶9677，跌至2013年的1∶3.3万。伊朗国内通胀率近30%，民生日益艰难。据2014年4月国际货币基金组织的报告，伊朗石油出口下降使伊朗GDP同比减少了15%，2012—2013年和2013—2014年度，伊朗实际GDP下降8.5%，而2012—2013年度的通胀率则上升45%，里亚尔贬值60%。在此情况下，伊朗政府被迫削减政府支出，其2014—2015年财政支出相对2011—2012年下降了37%；政府支出占GDP的比重从2011—2012年的19.5%，下降到2014—2015年的14.9%。[②] 2014年8月28日，伊朗主管行政事务的副总统称，伊朗目前有7.5万个未完成项目，伊朗的优先任务就是完成70%至80%的项目。由此可见，西方制裁已经使伊朗面临不能承受之重。与此同时，2011年叙利亚内战升温后，伊朗力挺处境艰难的叙利亚巴沙尔政府，从叙利亚爆发危机到2013年，伊朗已向巴沙尔政权提供了176亿美元的经济援助，这使本已十分困难的伊朗经济更加艰难。

早在总统竞选期间，鲁哈尼就承诺优先解决经济困境，缓和与西方关系，并藉此高票当选，表明伊朗国内人心思变。在鲁哈尼政府看来，美国是制裁伊朗的主要操纵者，"解铃还须系铃人"，要想缓解西方对伊制裁，关键在于改善美伊关系，尤其是通过在核问题上有所让步，打开美伊关系的大门。伊朗核计划的发展现状是，尽管它已经建立起完整的核循环体系，浓缩铀水平发展到一定程度，但突破红线、制造核武器目前尚不太可能。在此背景下，将核计划

[①] Bryan Gold, Anthony H. Cordesman, and Chloeoughlin-Schulte, "U. S. and Iranian Strategic Competition Sanctions, Energy, Arms Control, and Regime Change", July 22, 2013. http：//www.csis.org/files/publication/120124_ Iran_ Sanctions.pdf

[②] Patrick Clawson, "Iran Can Afford to Say No to a Nuclear Deal", The Washington Institute for Near East Policy, July 17, 2014. http：//www.washingtoninstitute.org/policy-analysis/view/iran-can-afford-to-say-no-to-a-nuclear-deal

作为谈判筹码，换取西方经济制裁缓解，成为伊朗的基本思路。从实际反应看，鲁哈尼频频向外界释放缓和意愿，使伊朗外汇市场里亚尔对美元的汇率应声走强。鲁哈尼当选不到两个月，里亚尔对美元已升值近20%。而前任总统内贾德此前每次在国际场合讲话，都会引发里亚尔贬值。这表明，美伊关系相对缓和明显有利于改善伊朗经济。

美国的利益考虑主要有两个方面：

首先，美国不愿让伊朗成为其中东收缩战略的负累。经过阿富汗战争和伊拉克战争的持续消耗，再加上2008年金融危机持续冲击，美国软硬国力严重受损，推行全球霸权力不从心。奥巴马上台后，将主要精力集中在经济民生，同时战略重点从中东转向亚太，在中东战略收缩态势明显。即使是2011年中东发生大动荡，也未能使美国掉头重返中东；在2013年8月的叙利亚化武事件中，美国对叙动武的大棒最终"高高举起，轻轻落下"，同样表明美国不愿再趟中东浑水，重新陷入地区纷争。在战略收缩态势下，美国要想保住在中东的既得利益和势力范围，需要更多借助地区国家配合和帮助。而伊朗是中东大国，地区影响力和辐射力不可小觑，美伊在阿富汗问题、伊拉克问题、打击恐怖主义、能源运输安全、反毒品等领域均有共同利益。[①] 因此，美国要想切实维护在中东的诸多利益，除了遏制伊朗外，也不得不与伊朗接触，乃至进行某种程度的合作。

其次，借助和谈实现对伊朗以压促变的目标。10余年来，美国通过渲染伊朗核威胁，对伊朗发动了多轮次的多边或单边制裁，其

---

① Anthony H. Cordesman, "Negotiating with Iran: The Strategic Case for Pragmatism and Real Progress", Washington: Center for Strategic and International Studies, September 23, 2013. http://csis.org/publication/negotiating-iran-strategic-case-pragmatism-and-real-progress

最终目的就是"以压促变",通过经济制裁促使伊朗生变,并最终颠覆伊朗伊斯兰政权。换句话说,"施压"只是手段,"促变"才是目的。目前,美国对伊制裁已触及石油、金融等要害领域,并对伊朗造成严重损害,继续加码制裁的余地已十分有限,很可能导致边际效用递减、国际支持度下降等副作用。在此背景下,美国需要适时调整策略,重点从"施压"转向"促变"。要想将制裁效果转化为外交成果,美国最终还得通过双边或多边接触。而鲁哈尼上台则被美国视为实现以压促变的难得的契机。

(二) 美伊双方国内政治气候发生变化

伊朗政坛派系林立,大体有改革派(前总统哈塔米为代表)和务实派(前总统、现"确定国家利益委员会"主席拉夫桑贾尼为代表)、保守派(最高领袖哈梅内伊、前总统内贾德为代表)之分。内贾德执政的2005—2013年期间,伊朗外交政策极为强硬,在核问题上更是拒不妥协。2013年6月,鲁哈尼高票胜选意味着温和务实派占据上风。这批势力主张与西方改善关系,推动经济改革和开放。鲁哈尼虽自恃中庸,但其政治观点显然更接近改革派。他认为,一定程度的政治与社会改革,有助于增强伊朗现政权的合法性,并认为应通过与西方达成核交易减轻伊朗的外部压力。2013年1月,在竞选总统前发表的最后一篇文章中,鲁哈尼将与美国进行核谈判同当年结束两伊战争相提并论,[①]认为伊朗总统应着眼长远,管控危机,同西方世界进行谈判。在鲁哈尼看来,伊核计划引发西方严厉制裁,进而使伊朗经济遭受严重损害。

鲁哈尼一再强调,"我们应小心地与敌人谈判,免得激怒对手。

---

① 伊朗统治精英认为,对伊朗伊斯兰革命理想而言,1988年的两伊停战协定是必要而临时性的妥协,是保存现行体系的有效办法。

我们不应该让敌人找到任何借口。"① 鲁哈尼上台后，明确提出了缓和伊朗与美国关系的主张。在鲁哈尼内阁中，外交、石油、国防等重要部门的部长均深谙西方，外交部长扎里夫更是"美国通"，曾在美国接受教育，担任伊朗驻联合国常驻代表，对美国各界人士包括现任副总统拜登和国防部长哈格尔等颇为熟悉。扎里夫也相信沟通和外交的力量，主张与美国建立正常关系，并曾致力于美伊达成"大交易"。扎里夫担任外长，被普遍认为是打破美伊关系坚冰、实现美伊关系正常化的最佳选择。

鲁哈尼的缓和政策也得到保守派阵营的认可。伊朗国内的强硬派人士认识到，内贾德推行的"抵抗政策"效果不佳，一味对抗不能解决问题，反而会使问题更加复杂化，使伊朗遭受更多制裁，外交更加孤立。因此，他们将鲁哈尼的缓和政策视为实现伊朗地区大国梦的新办法，愿意进行尝试。② 而鲁哈尼曾在最高国家安全委员会任职25年，其专业水平、可信度和对国家安全事务的娴熟不容置疑。③ 需要说明的是，鲁哈尼的缓和政策还得到最高领袖哈梅内伊的支持。2013年9月17日，哈梅内伊公开称赞鲁哈尼的缓和政策体现出"英勇的灵活性"。④ 哈梅内伊还告诫革命卫队"没必要"参与政治活动，暗示革命卫队不要参与由外长扎里夫负责的核谈判进程，进而给鲁哈尼的缓和政策创造更宽松空间。总之，鲁哈尼在国内获

---

① Steven Ditto, "Who Is Hassan Rouhani?" The Washington Institute for Near East Policy, Policy Watch 2147, September 24, 2013. http://www.washingtoninstitute.org/policy-analysis/view/who-is-hassan-rouhani

② Patrick Clawson, "Stalemate's End?", Foreign Policy, September 19, 2013. http://www.washingtoninstitute.org/policy-analysis/view/stalemates-end

③ Nasset Hadian, "Why Iran Is Ready", 22 September, 2013. http://www.irdiplomacy.ir/en/page/1921748/Why+Iran+Is+Ready.html

④ Valerie Lincy and Gary Milhollin, "Will President Rouhani's Actions Mirror His Words?", Wisconsin Project on Nuclear Arms Control, September 25, 2013. http://www.iranwatch.org/status-report

得广泛支持,其实际影响力比前任内贾德更大。①

俗话说"一个巴掌拍不响",伊朗缓和政策之所以能得到美国积极回应,同样与美国政局变化有关。与当年小布什政府简单鲁莽的外交政策不同,奥巴马2009年上台后更强调"巧实力",致力于改善与伊斯兰世界关系、降低反恐调门、从伊拉克和阿富汗撤军等,这种鲜明的执政风格以及战略收缩态势,决定了奥巴马政府从内心不愿与伊朗的对抗再度升级,不愿意被长期拖在中东。进入第二任期后,奥巴马很想在中东有所建树,留下正面外交遗产。在巴以问题迟迟难以突破的情况下,在伊朗核问题上寻求突破便成为新的政策选项。简言之,正是因为奥巴马执政风格迥异于小布什时期,才使伊朗在不同历史时期向美国发出的缓和信号得到截然相反的反馈:当年哈塔米推行缓和政策,遭遇小布什的粗暴回绝;这次鲁哈尼发动"魅力攻势",却得到奥巴马政府的积极反响。

三、伊朗核问题缓解容易解决难

伊朗核问题谈判原定2014年7月达成最后协议,但由于各方分歧太大,又将谈判时间两次后延至2014年11月和2015年7月,这表明双方在关键问题上依然分歧严重。这其中既有核问题本身的原因,还有很多是核问题之外的政治和战略原因。

(一)美伊之间的结构性矛盾尚难化解

美伊矛盾是一种结构性矛盾,美国中东政策的主要目标就是防止地区大国崛起,以及确保以色列安全;而伊朗则矢志成为独立自

---

① Patrick Clawson, "Stalemate's End?", *Foreign Policy*, September 19, 2013. http://www.washingtoninstitute.org/policy-analysis/view/stalemates-end

主的地区大国,并将"反美反以"作为意识形态基础。双方战略目标针锋相对,化解难度极大。

首先,伊朗不太可能进行结构性调整。尽管伊朗目前急于缓和对美关系,但其政策出发点是缓解经济制裁压力和外交孤立处境,而愿意为此付出的代价是在核问题上适当让步。因此这更多是策略性调整。迄今为止,没有迹象表明,为换取与美国缓和关系,伊朗准备牺牲自己的战略利益(成为地区大国、掌握核能力等)。鲁哈尼本身就是一位实用主义政治家。他早年参加伊斯兰革命,与最高领袖和强硬派关系密切。鲁哈尼当政后的主要政策目标是改善经济民生,这种关切促其谋求解除制裁,但要在核问题上实现其"英勇的灵活性"仍面临诸多困难。[1]

其次,美国对伊政策做出实质性调整更不容易。防止地区大国崛起和确保以色列安全,是美国多年来中东政策的既定目标。而伊朗恰恰在这两方面对美国构成直接挑战。因此,美国一直将伊朗视为称霸中东的最大障碍,必欲除之而后快。这些年来,美国中东政策的基本框架就是围绕"遏制伊朗"而设计、展开的,改变这种政策结构牵扯面实在太大。奥巴马政府仍没有足够的动力和理由实现美伊关系的实质性改善。有分析认为,迄今为止,没有一位美国总统打算以承认伊朗政体合法化和核心利益为条件与伊朗实现关系缓和,也没有迹象表明,美国打算因美伊达成核协议而彻底调整与伊朗的关系。相反,根据一位美国高官的话说,这种谈判有助于拖延时间,继续将问题拖到未来,以等待伊朗自行崩溃。[2] 2014年8月29日,美国财政部对伊朗25家企业、银行或个人实施制裁,理由是

---

[1] Shahram Akbarzadeh, "Pragmatic Rouhani senses limited options", *Asia Times Online*, October 3, 2013. http://www.atimes.com/atimes/Middle _ East/MID - 03 - 031013. html

[2] Flynt Leverett and Hillary Mann Leverett, *Going to Tehran: Why the United States Must Come to Terms with The Islamic Republic of Iran*, Metropolitan Books, 2013, pp. 5 - 6.

这些机构或个人涉嫌扩大伊核计划、支持恐怖主义，以及帮助伊朗逃避美国和国际社会的制裁。美国冻结这些机构或个人的财产，并禁止美国人与其往来。上述情况表明美国仍将继续对伊朗进行打压。

从理论角度看，化解美伊结构性矛盾的前提条件，除了双方要有一定共同利益外，还要有共同的外部威胁，并且这种外部威胁对美伊战略利益的损害或潜在损害，明显超过美伊对立带来的战略收益。唯有如此，美伊才可能实现实质性和解。但目前显然不完全具备上述条件。很多媒体将当前美伊缓和与1971年中美缓和相比，认为美伊关系可能像当年中美"乒乓外交"那样，最终开启关系正常化的大门。历史不能简单类比，中美能够实现关系正常化，一个重要原因是当时中美都面临苏联咄咄逼人的威胁和挑战，以致只有中美联手，才能增强自身安全。但在当前的美伊关系中，并不存在类似苏联那样的强大外部威胁。卡耐基国际和平基金会学者认为，美伊关系不会出现"尼克松到达中国"的时刻。鲁哈尼政府的目标并非全面缓和（包括重开使馆），而是通过谨慎的缓和来中止国际制裁，但伊朗仍保持核选项。因此，尽管"双方重新打开谈判大门，但桌子两边坐的是耐心的实用主义者"[1]。由于不具备化解结构性矛盾的客观条件，美伊即便实现缓和，也只能是策略性的、脆弱的缓和。自1979年伊朗伊斯兰革命30多年来，美伊曾数次私下接触，尤其是1997年至2005年哈塔米执政时期，伊朗曾尝试大幅改善对美关系，但最终无果而终。鲁哈尼推动的缓和政策恐怕也难逃厄运。

当前，国际和地区环境变化出现了某些有利于解决伊朗核问题的新变化。从国际层面看，乌克兰危机的持续升温，迫使美欧不得不花费更多精力去应对俄罗斯，因而一定程度分散了对伊朗核问题的关注度。从地区层面看，2014年6月以来极端组织"伊斯兰国"（IS）异军突起，严重威胁美国及其地区盟友的利益。这也迫使美国

---

[1] "Iran and America: Testing diplomacy", *The Economist*, 25 September, 2013.

不得不加大对极端势力的军事打击力度，由此对伊朗的战略需求有所增强。奥巴马政府的一名官员称，德黑兰和华盛顿在打败逊尼派极端分子方面存在"利益共通之处"，这应该会使二者拥有一个共同的目标。然而，这些有利条件并未改变美国敌视伊朗的战略定位。2014年9月以来，美国加紧组织针对"伊斯兰国"的"国际联盟"，其中包括了10多个阿拉伯国家，但却把在中东军事实力相对强大的伊朗和叙利亚排除在外。布鲁金斯学会的学者也认为，"伊朗很可能会觉得，我们需要他们的协助来打败'伊斯兰国'，而这会让我们在核谈判中更通融，如果他们真这么想，就是一种错觉"。以色列战略部长施泰尼茨也指出，"如果应对'伊斯兰国'组织是一个5年问题，那么应对拥有核武器的伊朗将是一个持续50年的问题，影响要大得多"。因此，在可见未来，外部环境变化尚未达到足以改变美伊关系的程度。在美伊关系难以根本改善的情况下，指望伊核谈判出现突破性进展，显然很不现实。

（二）美伊双方国内力量的掣肘

鲁哈尼与奥巴马均面临国内掣肘，推动缓和政策的回旋余地有限。从伊朗方面看，鲁哈尼上台虽使改革派影响力上升，但保守派势力仍相当强大。事实上，最高领袖哈梅内伊才是伊朗大政方针的"最后拍板者"，其最终决策直接影响鲁哈尼政府的政策空间。有分析认为，哈梅内伊可能不反对改善美伊关系，但没有兴趣与美国恢复外交关系，不会允许美国重开使馆。[①] 另有学者分析认为，哈梅内伊"英勇的灵活性"提法，既非为核计划拖延时间的伎俩，也非在遭受制裁后打算孤注一掷地与美国全面交易；哈梅内伊的真实意图在于既不想让伊朗公开与西方国家对抗，但也不想使伊朗屈从于美

---

① Nasser Hadian, Nasset Hadian, "Why Iran Is Ready", 22 September, 2013. http://www.irdiplomacy.ir/en/page/1921748/Why+Iran+Is+Ready.html

国。哈梅内伊希望与美国缓和关系，但代价不是放弃伊朗反抗西方国家霸权的政策。历史上，哈梅内伊曾数次谈到"英勇的灵活性"，但每次都强调"友好对话"不等于"友谊"。例如，1996年8月7日，哈梅内伊在对内政部和外交部官员发表演讲时指出，国际政治舞台是需要"英勇的灵活性"的舞台，它直接与敌人面对面，因此伊朗外交官必须坚持原则立场。2013年9月5日，在对革命卫队的演讲中，他宣称"当摔跤选手与对手较量时，出于技术原因显示的灵活性，是为了让他别忘记对手是谁"①。换言之，哈梅内伊并不认为美伊一定要公开敌对，但他又确实把西方国家视为伊朗的意识形态对手。哈梅内伊总是将"进步的伊斯兰伊朗模式"与西方国家的"专制发展模式"相对照，并称伊朗的基本目标是"创造一个新的伊斯兰文明"。哈梅内伊的长远目标是使伊朗成为独立、强大、技术先进，同时拥有强烈伊斯兰认同的强国，但短期看，出于实用主义目的进行妥协是必要的，适应新环境是伊斯兰文明的一项义务。因此，他认为伊朗必须继续反抗西方国家霸权，保持伊斯兰政体，但又应与美国互利友好。② 此外，哈梅内伊拒绝与美国进行双边会谈，因为他更倾向于将美国视为敌人而不是朋友。③ 因此，伊朗最高领袖对美伊关系的这种政策定位，等于为鲁哈尼的外交政策划定了活动范围。

此外，伊朗政坛还有相当一批强硬派，倾向于充当美伊谈判"搅局者"的角色。这些势力更愿意看到鲁哈尼缓和政策的失败，而

---

① Akbar Ganji, "Frenemies Forever: The Real Meaning of Iran's 'Heroic Flexibility'", September 24, 2013. http://www.foreignaffairs.com/articles/139953/akbar-ganji/frenemies-forever

② Ibid.

③ Tvtti Erasto, "Learning from the Past in the Iranian Nuclear Dispute", *Middle East Report Online*, April 16, 2014. http://belfercenter.ksg.harvard.edu/publication/24127/learning_from_the_past_in_the_iranian_nuclear_dispute.html?breadcrumb=%2Fexperts%2F2681%2Ftytti_erasto

不是成功，因为他们可以从西方国家制裁伊朗的过程中获益。例如，伊朗革命卫队拥有庞大的走私网络，国际制裁使革命卫队的走私活动利润更加丰厚。同时，许多强硬派教士害怕西方国家制裁的解除将导致非伊斯兰观念大量涌入。① 因此，当鲁哈尼推行对美缓和政策，如果成就卓然，他们可能默不作声；如果略微有损国家利益和尊严，他们必然会对政府群而攻之。2013年9月6日，伊朗外长扎里夫在推特上祝贺犹太新年，并承认为伊朗前总统内贾德否认的纳粹大屠杀，结果遭到国内多家强硬派报纸的抨击。鲁哈尼参加联合国大会返回德黑兰时，曾在机场遭人扔鞋。一家据信与前总统内贾德有关的强硬派网站刊文反对鲁哈尼与奥巴马通话，称这是"奇怪且无用的举动"。革命卫队领导人贾法里称，鲁哈尼政府犯了"策略性错误"。② 而最高领袖哈梅内伊则一面表态支持鲁哈尼与西方国家外交接触，一面认为他的某些做法"有失妥当"。

因此，鲁哈尼的政治回旋空间十分有限。从历史来看，鲁哈尼之前三任总统的政策基本都是虎头蛇尾，每位总统刚开始时都是雄心勃勃，励精图治，但此后便深陷各派势力的掣肘之中而难有作为。如拉夫桑贾尼当选总统后的主要目标是实现经济自由化，哈塔米总统的主要目标是进行文化开放，内贾德是宣扬民粹思想，并且都在开始阶段取得一定成功，但随着来自最高领导人和其他方面的阻力越来越大，最终被迫改变政策，无功而返。③ 鲁哈尼恐怕也难脱此厄运，尤其是在伊朗核问题上，据估计伊核计划的成本已超过千亿美元，鲁哈尼在核问题上的让步如果不能获得相应的收益，其政治声

---

① Zachary Keck, "Iran: The Case for Rapprochement", September 27, 2013. http://nationalinterest.org/commentary/iran-the-case-rapprochement-9139

② "Iran Guards chief criticises Rouhani—Obama call", October 1, 2013. http://www.foxnews.com/world/2013/09/30/iran-guards-chief-criticises-rouhani-obama-call/

③ Patrick Clawson, "Stalemate's End?", *Foreign Policy*, September 19, 2013. http://www.washingtoninstitute.org/policy-analysis/view/stalemates-end

望将极大受损。

来自美国国内的掣肘力量也不容小觑。美国国内反伊朗势力十分强大，最典型的代表是国会以及犹太人院外游说集团。鲁哈尼就职前夕（2013年7月31日），美国众议院高票通过对伊朗实行更严厉制裁的提案，这明显是给美伊缓和泼冷水。奥巴马9月24日在联大讲话表示要推动解决伊朗核问题后，美国共和党议员次日便开始向奥巴马发难，要求其澄清美国对伊政策是否有变化。美国在中东的铁杆盟友以色列，更是高调反对美伊缓和。以色列总理内塔尼亚胡一再声称，鲁哈尼是"披着羊皮的狼"，① 在2013年9月25日发表的声明中，他抨击鲁哈尼伪善，称伊朗在多国从事恐怖主义活动，却又自诩谴责恐怖主义，并认为所谓核计划用于和平目的，只是伊朗对外争取时间的策略。同年9月30日，内塔尼亚胡与奥巴马会晤时，要求美方继续对伊朗进行经济制裁，美国眼下对伊朗的经济制裁不应减轻。在美国的中东战略棋盘中，以色列的份量显然比伊朗重要得多，美国中东政策的核心目标之一，就是确保以色列的安全。② 因此，美国不可能为缓和美伊关系而不顾以色列的感受和利益关切。

（三）美伊各自处境与要价差异甚大

从技术角度看，美伊谋求解决伊朗核问题都有一定诚意，但问题的关键是双方的要价难以谈拢。这就涉及到当前美伊的处境和要价是否能"合拍"。目前看，双方各方面的指标均差异甚大，因此很难达成"大交易"。

---

① Jim Lobe, "Netanyahu pours scorn on Rouhani", *Asia Times online*, October 2, 2013.

② Ramzy Baroud, "Why Obama needs a pen pal in Tehran", *Asia Times online*, September 25, 2013.

首先,双方对解决伊朗核问题的迫切程度不同。

目前,伊朗在核问题上的外交姿态更为积极主动,这恰好折射出其战略处境的日益被动。近几年来,伊朗经济深受西方国家制裁之苦,西方国家制裁延续时间越长,伊朗经济和百姓受损就越严重。因此,伊朗急于摆脱制裁,谋求缓和意愿更为强烈。《华盛顿邮报》于2013年9月25日对鲁哈尼进行了采访,在问及解决伊朗核问题时间框架时,鲁哈尼回答:"越短越好,伊方期望的是3个月,但6个月也不错。这不应耗时数月或数年"①。2014年6月,一名鲁哈尼政府的高官称:"我们必须马上消除制裁,鲁哈尼已经将所有的鸡蛋放到这个篮子里,如果和谈失败将意味着伊朗改革的失败"②。

美国的心态则恰恰相反。这些年美国借助炒作伊朗核威胁,好不容易将国际社会拉拢到自己一边,并借机采用多边和单边制裁举措,勒住伊朗的经济命脉。制裁拖得越久,伊朗就越虚弱,美国在谈判中就越主动。因此,美国并不急于与伊和谈,更不会轻易让步。即使现在双方已经接触,但美国的态度明显更为强势。奥巴马强调,"若想达成协议,需要军事威胁和强硬外交手段结合""不要以为我们没打叙利亚,就不会打伊朗"。2013年9月18日,鲁哈尼表示伊朗不会制造核武器,对此,美国国务卿克里表示,"任何事都需要接受测试"。③ 同年9月30日,奥巴马再次表示,美国尝试通过外交途径解决伊朗核问题,但不会放弃通过军事手段确保伊朗无法拥有核武器。奥巴马还宣称,如果伊朗不放慢铀浓缩步伐,将对伊进行更严厉的经济制裁。国务卿克里也告诉媒体,美国不会被伊朗总统鲁哈尼的

---

① David Ignatius, "Rouhani sees a nuclear deal in 3 months", *The Washington Post*, September 25, 2013.

② " July deadline for Iran nuclear deal appears in jeopardy ", http://news.yahoo.com/july-deadline-iran-nuclear-deal-appears-jeopardy-envoys-032835940.html

③ Radio Free Europe, "World reacts to Rouhani's no nuclear pledge", *Asia Times On-line*, September 20, 2013.

温和调门"忽悠"。① 俗话说"上赶着不是买卖",在双方处境相差悬殊情况下,伊朗急于与美国缓和,往往很难达成公平公正的协议。

其次,美伊双方的谈判要价差异甚大。

伊朗目前已建立起较为完整的核循环体系,能够自主生产20%丰度的浓缩铀。据国际原子能机构2013年8月份的报告,伊朗已安装了1.55万台第一代离心机,并在纳坦兹安装了3000台第二代离心机,这些机器工作效率比第一代离心机高出数倍。伊朗存储的低浓缩铀数量已达6700千克。据估算,这些材料经浓缩后可制造6枚核弹。② 据说250千克20%丰度的浓缩铀就可制造一枚核弹,伊朗已经拥有186千克20%丰度的浓缩铀,伊朗实际已处在核门槛上。③ 目前,伊朗已经实现最低目标——掌握核知识和浓缩铀技术。因此,准备以在核问题上的有限让步,换取西方国家取消2008年以来的所有制裁,并希望欧盟拿出激励性方案,包括投资伊朗石油工业、技术转让、飞机零件等等。④ 伊朗外长扎里夫在伊核谈判中表示,整个协议应在一年内完成(也就是,一年内西方国家解除制裁),但迄今为止,伊朗的核立场并无实质性改变。鲁哈尼强调不发展核武器,强调和平利用核能权利等,这些立场与内贾德政府时期事实上别无二致。鲁哈尼政府实际是希望在保留核能力的前提下,让西方国家解除对伊制裁。

美国的想法恰恰相反,美国希望以持续制裁为手段,迫使伊朗

---

① Bradley Klapper and Matthew Lee, "No 'suckers': US threatens Iran with new sanctions", The Associated Press, October 4, 2013

② Valerie Lincy and Gary Milhollin, "Will President Rouhani's Actions Mirror His Words?", Wisconsin Project on Nuclear Arms Control, September 25, 2013. http://www.iranwatch.org/status-report

③ Charles Krauthammer, "The Iranian 'moderate'", The Washington Post, September 27, 2013.

④ Nasset Hadian, "Why Iran Is Ready", 22 September, 2013. http://www.irdiplomacy.ir/en/page/1921748/Why+Iran+Is+Ready.html

先行放弃核计划，尤其是消除伊朗制造核武器的潜在可能性。在美国看来，检测鲁哈尼立场是否温和，关键不是对方想要什么，而是看他能给什么。对伊施加制裁不是开玩笑，而是通过联合国安理会决议，条件是要求伊朗停止浓缩铀。① 因此，在美方看来，只有提供更加综合性的方案，也就是伊朗暂停核计划具有透明性，或不会在伊朗选定的时间获得突破性能力情况下，美国才可能减缓制裁。② 在伊朗做出实质性让步前，美国不会解除对伊朗的实质性制裁。

目前，双方在核谈判中的分歧主要体现在几个问题上：一是离心机数量。美国要求伊朗将 1.9 万离心机（其中 1 万台正常工作）降至 2000—4000 台，③ 并禁止研发新一代离心机，但伊朗坚称要保留这些离心机，甚至要增加成千上万的额外离心机。二是阿拉克重水反应堆。美国要求伊朗将阿拉克重水反应堆改造成轻水反应堆，以彻底废止伊朗提炼加工钚的生产能力，但伊朗则坚持在保留重水反应堆的前提下降低核材料的浓度。三是福尔多铀浓缩加工厂问题。美方坚持伊朗必须废弃伊朗秘密建造的福尔多浓缩铀加工厂，但伊朗坚决不同意。四是在解除制裁问题上，伊朗要求最终协议签订后，西方国家对伊朗的经济制裁必须一劳永逸地结束，而且时间限定在 3—5 年内，最多不超过 7 年。而美国则坚持视伊朗的态度在 20 年内逐步取消制裁。这意味着即使伊朗做出重大让步，换来的只是在未来十几年放松制裁的承诺。这显然是伊朗不可能接受的。

此外，西方还试图禁止伊朗民用核能，限制伊朗的导弹能力。这些要求显然超出伊朗的接受能力。伊朗总统鲁哈尼于 2014 年 5 月

---

① Charles Krauthammer, "The Iranian 'moderate'", *The Washington Post*, September 27, 2013.

② Dennis Ross and David Makovsky, "Trust, but Clarify", *Foreign Policy*, October 1, 2013.

③ Gareth Porter, "Iran Nuclear Talks: Moving Toward an Agreement?" *Global Research*, July 19, 2014.

11日在电视讲话中指出："我们除了透明度没有什么可以拿到谈判桌上提供给他们。伊朗在核技术领域不会后退一步。"① 哈梅内伊称，纳坦兹工厂应该为伊朗拟议中的核能项目提供浓缩铀。因此，伊朗不但没有表示将着手按照联合国五大常任理事国和德国的要求大幅度削减铀浓缩能力，反而谋求将原有铀浓缩能力提高10倍。在美国看来，如果不能大幅度削减伊朗的铀浓缩项目，伊朗就极有可能形成秘密"突破"能力并生产出核爆炸装置。因此，双方心理价位差距甚大，决定了美伊接近过程艰难而脆弱。

最后，美伊严重缺乏互信。

由于美伊长期敌对，彼此间的不信任已经"根深蒂固"②。伊朗人不会忘记1953年美国中情局发动政变，推翻伊朗摩萨台政府；美国人也不会忘记1979年伊朗劫持美国使馆人员长达444天。伊朗副外长阿拉齐表示，"我们从未百分之百信任美国，在将来，我们仍将继续保持同样的方式。我们永远不会百分之百信任他们"。在核问题上，伊朗高层更是怀疑伊朗在核问题让步是否管用。哈梅内伊就曾说过，"反对伊朗的运动不仅仅是针对核问题，他们（西方）现在的话题是核问题，并借炒作核问题制裁我们。但核问题何时才出现，制裁又持续了多久？西方制裁伊朗已有30年了，为什么没有核问题之前，他们就制裁我们？"③ 在伊朗强硬派看来，美国历史上和当前对伊朗充满敌意，不是伊朗的可靠的谈判者。因此，伊朗最高领袖哈梅内伊于2014年2月17日表示，他对谈判前景并不乐观，认为谈判不会有任何结果，但也不反对和谈，他还强调伊朗可以在制裁

---

① 《外媒：鲁哈尼称伊朗不接受"核隔离"》，http：//www.spyb.cn/meirong/gelis180988.html

② Kitty Stapp, "US, Iran trade cautious overtures at UN", *Asia Times Online*, September 25, 2013.

③ Zachary Keck, "Iran: The Case for Rapprochement", September 27, 2013. http://nationalinterest.org/commentary/iran-the-case-rapprochement-9139

下生存下去。2014年7月5日，他又表示，尽管西方国家不断制裁，但伊朗仍然有能力发射卫星，并生产核能。[1]

美国同样不信任伊朗。尽管鲁哈尼频频发动"魅力攻势"，但美国仍质疑鲁哈尼到底是"披着羊皮的狼"（内塔尼亚胡的表述），还是愿意用核计划换取西方缓解制裁的实用主义者。[2] 美国总统奥巴马表示，他对达成核协议的期望值很低，认为很多障碍恐怕很难克服，不过必须通过外交途径进行尝试。[3] 据《美国之音》报道，部分美国议员担心，一项新达成的临时协议会让伊朗有机会继续进行浓缩铀的活动，参议员格雷厄姆甚至表示，"美国国会认为，制裁以及美国和以色列有说服力的军事力量帮助我们走到了今天这一步。如果现在后退，那么我们将发出最糟糕的信号"，显示出美国国会对伊朗是否会遵守协议的怀疑及不信任。美智库学者也认为，在中东没有什么东西能够运行良好，美国没有理由相信伊朗会放弃核计划以换取解除制裁。[4] 还有美国学者怀疑伊朗是否仍会借和谈继续推进核计划。他提到，鲁哈尼担任核谈判代表期间，2004年曾在一次内部演讲中称，"当我与欧洲人在德黑兰谈判时，我们正在伊斯法罕装备铀转化的设备。事实上，通过创造平静的环境，我们完成了在伊斯法罕的工作。"[5]

---

[1] Reza Ekhtiari Amiri, "Iranian's fractured hope for US deal", *Asia Times Online*, September 12, 2014.

[2] Valerie Lincy and Gary Milhollin, "Will President Rouhani's Actions Mirror His Words?", Wisconsin Project on Nuclear Arms Control, September 25, 2013. http://www.iranwatch.org/status-report

[3] "Iran and America: Testing diplomacy", *The Economist*, September 25, 2013.

[4] Jeffrey Goldberg, "Don't be fooled by Iran's charming new leader", October 1, 2013. http://www.bloomberg.com/news/2013-09-30/dont-be-fooledby-iran-s-charming-new-leader.html

[5] Charles Krauthammer, "The Iranian 'moderate'", *The Washington Post*, September 27, 2013.

有道是"冰冻三尺，非一日之寒。"美伊已经有 30 多年没有正式交往，伊朗核问题也已持续 10 多年。因此，彻底解决伊朗核问题可谓"破冰不易，融冰更难"。当前，尽管美伊都有谋求缓和的意愿，伊朗核问题也出现了局部缓解迹象，但真正实现突破难度颇大。

中东变局以来伊拉克形势的新变化

上海外国语大学中东研究所　张金平

【内容提要】

美国撤军和中东变局，特别是叙利亚动荡对伊拉克构成直接冲击，导致近年来伊拉克的政治动荡、安全局势不断恶化：一是恐怖势力猖獗，恐怖组织"伊斯兰国"在伊拉克发动了大规模的武装攻势；二是伊拉克政治派别纷争加剧，政治危机频仍，国家分裂倾向加剧；三是美国伊拉克政策不力，对伊拉克安全局势出现误判，反恐策略存在严重隐患。今后较长一个时期，安全问题与政治和解将是伊拉克面临的重大挑战。

一、恐怖势力强势反弹，"伊斯兰国"攻城略地

美军撤离后，伊拉克的恐怖活动迅速回升，而2013年以来叙利亚动荡向伊拉克的外溢，导致"伊斯兰国"（Islamic State）强势崛起，对伊拉克的安全局势构成了严峻挑战。

2008年前后，伊拉克的恐怖活动曾一度得到遏制，但在2011年美国撤军后，伊拉克恐怖势力又渐趋活跃，导致恶性恐怖袭击事件时有发生。根据联合国伊拉克援助团公布的报告，2013年伊拉克因恐怖袭击和暴力冲突而死亡的平民为7818人（安巴尔省因战乱而没

有统计），有1.8万人受伤。① 2014年6月，伴随"伊斯兰国"在伊拉克攻城略地，该月伊拉克因暴力冲突、恐怖袭击和暴力冲突导致的死亡人数为5月份的3倍，而2014年上半年因暴恐袭击和冲突死亡的平民达5500人。②

恐怖势力既会随机实施恐怖袭击，也会选择一些重要的时机实施恐怖袭击以扩大恐怖效应。例如，2012年在伊拉克战争9周年的当天（3月20日），伊拉克10多个城镇发生恐怖袭击，2012年斋月伊拉克也出现了恐怖袭击浪潮。从2013年3月起，为破坏即将于4月份举行的省议会选举，恐怖势力制造了一系列恐怖袭击事件，导致几十位候选人身亡。2014年4月，在议会选举前也有多名候选人遭袭击。

恐怖袭击多发的地区主要包括首都巴格达和南部（如什叶派圣地卡尔巴拉）的什叶派聚居区，也包括中部、北部的尼尼微、萨拉赫丁、迪亚拉、安巴尔等逊尼派聚居省份，以及多族群聚居的基尔库克；恐怖袭击目标既包括政府机构、安全机构、警察局等，也包括清真寺、学校和商业区等。

2014年6月以来，"伊斯兰国"的崛起导致伊拉克安全形势严重恶化。"伊斯兰国"发动了大规模武装攻势，不仅在伊拉克攻城略地，控制了大片地域，还在组织上宣布"建国"，使恐怖主义的发展呈现出国家化、实体化的新特点。

2014年1月初，"伊斯兰国"的武装力量从叙利亚大举回师伊拉克，控制了安巴尔省，并不断发动武装袭击和进攻。到6月初，

---

① "UN Casualty Figures for November 2013", http：//www.uniraq.org/index.php?option=com_k2&view=item&id=1394：un-casualty-figures-for-november-2013&Itemid=633&lang=en

② "UN Casualty Figures for September 2014, Anbar province excluded", http：//www.uniraq.org/index.php?option=com_k2&view=item&id=2695：un-casualty-figures-for-september-2014-anbar-province-excluded&Itemid=633&lang=en

"伊斯兰国"的大规模武装攻势取得巨大进展，在先后攻克尼尼微、萨拉赫丁、迪亚拉等省份的大片地域后，在数日内兵临伊拉克首都巴格达。"伊斯兰国"势力在其占领的广大地域内以"国家"形式进行统辖，控制石油、小麦等资源，并向居民征收财物等。

2014年6月底，"伊斯兰国"的领导人自称"哈里发"并宣布"建国"，其宣称的"国家"版图包括中东、非洲、中亚地区，并要求全世界的穆斯林民众服从"哈里发"的领导[1]。"伊斯兰国"是中东恐怖组织从未有过的组织形式，"基地"组织尽管在苏丹、阿富汗和巴基斯坦建有活动据点，但并没有建立拥有大片地域的国家政权。在"伊斯兰国"控制的地区内，该组织对其他宗教信仰的民众进行残酷迫害，基督教、什叶派的宗教场所和圣地遭到大肆毁坏。2014年8月以来，"伊斯兰国"还不断绑架、杀害美国、英国、法国等西方国家的人质，并发布恐怖视频，引起了极大的国际恐慌。

近年来，伊拉克恐怖暴力活动激增，恐怖势力强势反弹，是多种因素交互作用的产物。

第一，长期存在和不断拓展的伊拉克恐怖组织是恐怖势力强势反弹的基础。伊拉克战争后，"基地"组织在伊拉克的分支机构发展十分迅速。2004年10月，伊拉克的恐怖势力宣布效忠"基地"组织并组建"基地"组织伊拉克分支（Al-Qaeda in Iraq，AQI）；该组织头目扎卡维在2006年6月遭美军空袭死亡后，几股恐怖势力于同年10月组建"伊拉克伊斯兰国"（Islamic State of Iraq，ISI）；2010年4月，该组织的头目又被美军炸死，但其组织根基并未动摇。美军占领伊拉克期间，曾联合逊尼派部落力量"伊拉克之子"等民兵组织打击该恐怖势力，到2008年曾一度遏制了伊拉克恐怖势力的嚣张气焰，但伊拉克的恐怖组织一直存在，美国和伊拉克政府一直未

---

[1] Abu Safiyyah Mizan Rahman, "The Calamity of the so-called 'Caliphate of ISIS' in Iraq", http://www.madeenah.com/the-calamity-of-the-so-called-caliphate-of-isis-in-iraq/

能彻底摧毁"伊拉克伊斯兰国"等恐怖势力。美军撤离后不久,恐怖势力在2012年到2013年间连续实施所谓"破墙行动"的越狱行动,致使大批恐怖分子骨干成功越狱,壮大了恐怖组织的力量。2011年叙利亚危机爆发后,"伊拉克伊斯兰国"乘机进入叙利亚活动,一方面发展了叙利亚本土化的恐怖组织"支持阵线"(Al-Nusra Front),一方面又组合叙利亚国内外的恐怖势力于2013年4月组建了"伊拉克和叙利亚伊斯兰国"(ISIS),并最终更名为"伊斯兰国",招募了大批来自北非、阿拉伯半岛、西欧、中亚、东南亚、澳洲和欧美等地的极端分子,组织力量扩张非常迅猛。

第二,伊拉克长期动荡和中东变局尤其是叙利亚危机的久拖不决为恐怖活动提供了巨大的空间。美国撤军后,伊拉克政治纷争迅即加剧、叙利亚危机外溢效应不断冲击伊拉克,都为恐怖势力的强势反弹创造了条件。例如,在美军撤离后,什叶派主导的伊拉克政府停止向"伊拉克之子"等逊尼派民兵组织提供支持,一度与政府合作打击恐怖活动的逊尼派力量在受到冷落、排挤后,不再配合政府的反恐行动。又如,伊拉克的恐怖分子还利用政局动乱、管理能力薄弱而实施了一系列的越狱活动。再如,处于动荡中的伊拉克和叙利亚两国对边境地区都难以进行有效的治理和管控,使恐怖分子在边境地区肆意活动。叙利亚反对派占据的地区,长期存在反政府活动的伊拉克逊尼派地区特别是安巴尔省,都成为恐怖分子的天堂。

在动荡的政治环境与安全局势中,恐怖势力能够利用各种矛盾聚合力量,强化活动能量,使伊拉克恐怖袭击和政治动荡往往存在一种互为因果的复杂关系。例如,在2011年12月19日伊拉克最高司法机构向逊尼派副总统哈希米下达逮捕令后,巴格达10多个什叶派聚居区于12月22日遭遇连环袭击;2012年1月4日,马利基主导的什叶派政府免去了5个参与民众抗议的逊尼派部长,导致巴格达于5日发生多起爆炸;伊拉克法庭在2012年9月9日以恐怖主义罪名宣判哈希米死刑，伊拉克各地随即发生了 30 多起恐怖袭击。恐怖势力还借政治矛盾赢得某些社会力量的支持，借机扩大影响。"伊斯兰国"势力之所以能够在 2014 年 1 月初迅即占据安巴尔省，其重要背景是安巴尔省逊尼派示威抗议活动遭到了政府的武装清场，逊尼派武装在与政府安全力量发生冲突后接纳了"伊斯兰国"势力以对抗政府。因逊尼派力量对政府普遍反感，"伊斯兰国"势力获得了不少逊尼派部族的支持或"默认"。"伊斯兰国"势力还与萨达姆的残余势力结合，从而获得了大规模武装行动的军事经验。在叙利亚，"伊斯兰国"势力与叙利亚的恐怖势力和反对派中的极端组织合作，壮大了组织力量，增强了大规模武装活动的经验和能力，并控制了叙利亚的一些城镇。[1]

第三，美国及部分地区国家错误的叙利亚政策助长了恐怖势力的滋生。美国及部分地区国家颠覆叙利亚政权的政策，为恐怖势力的发展提供了重要机遇，使伊拉克的恐怖分子乘机大举向叙利亚拓展。[2] 此外，西方国家和中东地区国家对叙利亚逊尼派反对派的支持，导致伊拉克逊尼派和什叶派之间的对立不断加剧，伊拉克逊尼派普遍支持叙利亚反对派，什叶派普遍支持叙利亚政府，而叙利亚的教派暴力冲突也不断向伊拉克外溢，使伊拉克恐怖暴力活动的教派冲突色彩不断加重。中东地区一些逊尼派国家还向包括"伊斯兰国"等极端组织在内的叙利亚反对派提供了大量资金和武器，西方国家给予叙利亚反对派的一些援助也落到了"伊斯兰国"等极端势力手中。此外，西方国家还在叙利亚周边国家对包括极端势力在内的叙利亚反对派进行培训，助长了极端组织和恐怖组织势力的壮大。

---

[1] Derek Harvey and Michael Pregent, "The Lesson of the Surge: Defeating ISIS Requires a New Sunni Awakening", http://security.newamerica.net/sites/newamerica.net/files/policydocs/IraqAwakening%20FINAL_2.pdf, p.2.

[2] 李伟：《"基地"组织重返中东？》，载《世界知识》2014 年第 4 期，第 43 页。

未来一定时期内伊拉克恐怖活动的走势将呈现出以下几个方面的特征：

第一，"伊斯兰国"将在美国领导的国际联盟的打击下得到一定程度的遏制，但很难在短期内根除。在伊拉克政府军和库尔德武装力量打击"伊斯兰国"的同时，美国自2014年8月开始对"伊斯兰国"进行空袭，组建了打击"伊斯兰国"的国际联盟，并将空中打击范围扩大到叙利亚，同时加强了对"伊斯兰国"的经济制裁。因此，"伊斯兰国"势力的活动能力已得到一定的遏制。但叙利亚和伊拉克的动荡局势仍然有可能恶化，叙利亚暴力冲突再次加剧的可能性依然存在，伊拉克教派、部族矛盾也难以在短期内从根本上得到解决，而美国又不愿意出动地面部队打击"伊斯兰国"。因此，很难在短期内彻底铲除"伊斯兰国"，"伊斯兰国"仍会伺机发动大规模武装活动或恐怖袭击。此外，伊拉克恐怖势力与中东其他恐怖组织的联合行动可能会不断强化。当前，"伊斯兰国"的触角已经扩展至伊拉克周边国家和北非地区，并且在欧美等西方国家招募人员。因此，"伊斯兰国"将是未来一段时期内国际社会所面临的最严峻的恐怖主义威胁。

第二，伊拉克的恐怖活动将会长期化，伊拉克和叙利亚将成为恐怖主义组织的大本营。伊拉克的恐怖组织已经具有了广泛的组织网络和根基，仅仅依靠军事打击难以彻底清除。美军在伊拉克的长期军事围剿都未能彻底清除恐怖组织的网络，现在仅仅依靠空中打击和伊拉克的地面力量，更难以有效摧毁恐怖组织网络。2011年以来，伊拉克的恐怖势力在组织、资金、装备、人员数量等方面急剧膨胀，进一步加大了反恐的难度。"伊斯兰国"势力在伊拉克和叙利亚都占据了大片的地域，其活动空间和回旋余地较大。伊拉克和叙利亚恐怖势力的合流，形成了又一个恐怖活动的高发地带，也是当前国际恐怖活动最为嚣张的地带。①

第三，伊拉克的恐怖组织推动中东恐怖主义实现更新换代。如果说20世纪80—90年代埃及、阿尔及利亚以宗教极端口号为旗帜的恐怖主义是第一代恐怖主义，"基地"组织是第二代恐怖主义，那么"伊斯兰国"则是第三代恐怖主义。在组织上，三代恐怖组织之间有密切的联系。埃及的第一代恐怖分子扎瓦赫里后来成为"基地"恐怖组织的核心成员，许多埃及与北非的恐怖分子也成为"基地"组织的骨干；而"基地"组织兴起后又在北非、阿拉伯半岛和索马里等地组建分支组织，将各地的恐怖组织带入第二代。"伊斯兰国"的前身曾是"基地"组织伊拉克分支。在活动区域方面，第一代恐怖组织侧重在本国活动，活动失利后转向国外，很多埃及的恐怖分子在20世纪80年代遭到打击后逃亡也门、阿富汗。"基地"组织作为第二代恐怖主义的代表以阿富汗为中心，建立了恐怖主义的全球网络，并策划实施了震惊世界的"9·11"恐怖袭击事件。第三代恐怖组织"伊斯兰国"已宣布在伊拉克、叙利亚"建国"，实现了恐怖主义组织的国家化和实体化。

二、派系纷争迭起，政治危机深重

伊拉克主要由三部分组成：什叶派阿拉伯人聚集的南部，库尔德聚集的北部山区和东北部，逊尼派阿拉伯人聚集的西部、中部，这三部分占总人口的95%，其他少数民族如雅兹迪教派（Yazidi）等共占5%。伊拉克战争及战后政治重建诱发了民族和教派之间的政治纷争。2005年伊拉克的三次选举确立了以民族、部族、教派进行

---

① 张金平：《从三年到三个月：ISIS开启"恐怖主义新纪元"》，载《世界知识》2014年第17期，第51页。

分权的政治格局。2010年11月，伊拉克各政治派别就政治分享达成了协议，但什叶派在国家政权中占据主导地位，逊尼派遭到严重削弱，库尔德人自治权力得到加强，这显然是一种十分脆弱的权力平衡。2011年美国撤军后，伊拉克政治纷争迭起，并在2013—2014年达到了白热化的程度。

（一）逊尼派与什叶派主导的中央政府的矛盾冲突

自美军撤离后，马利基政府便大肆排挤政府内的逊尼派人士。美军刚撤离，马利基政府就指控逊尼派副总统哈希米涉嫌恐怖活动。2011年12月17日，伊拉克安全部门逮捕了10多名哈希米的安保人员；12月19日，伊拉克最高司法机构（最高法律委员会调查组）指控哈希米涉嫌参与恐怖活动，并下达了逮捕令；2012年9月9日，中央刑事法庭判哈希米死刑，哈希米被迫流亡。此后，针对逊尼派官员的袭击活动时有发生。2012年12月20日，任财政部长的逊尼派领导人拉菲·艾萨维的办公室遭到袭击。2013年3月，逊尼派温和派领导人拉菲·艾萨维、艾哈迈德·阿布·里沙（"逊尼派觉醒运动"领导人，曾与美军合作打击恐怖活动）都因面临政府的抓捕威胁而藏匿于逊尼派聚居区安巴尔省。马利基政府还试图通过强力打击逊尼派领导人瓦解逊尼派民众持续一年多的示威活动。2013年12月28日，政府武装人员包围逊尼派政治领导人阿勒瓦尼的住宅并实施逮捕，其理由是阿勒瓦尼支持逊尼派民众的示威活动。

马利基政府对逊尼派的排挤引发了逊尼派民众的持续抗议活动。2012年12月20日，来自逊尼派的财政部长拉菲·艾萨维及150多名财政部人员遭抓捕后，引发了波及所有逊尼派聚集地区的抗议示威活动。2013年1月5日，巴格达等地再次爆发逊尼派的大规模反政府游行示威，要求政府取消对逊尼派的歧视政策，而南部什叶派聚居地5个省份则于1月8日爆发了支持马利基政府的大规模示威游行，逊尼派和什叶派的矛盾已经完全公开化。2013年4月22日，萨拉赫丁、安巴尔和尼尼微等省份的逊尼派民众举行大规模的罢工、罢课和罢市，抗议政府对逊尼派的压制和迫害，示威者还在一些地方建立了固定的示威营地，而政府则指责示威营地已成为恐怖分子活动的窝点，导致逊尼派的不满进一步加剧。2013年1月22日，逊尼派组织"伊拉克名单"的7名部长宣布将抵制内阁会议，以此表示对逊尼派反政府示威活动的支持。2013年12月30日，在逊尼派领导人阿勒瓦尼被捕后，"联合者联盟"等逊尼派团体的44名议员宣布辞职，以抗议政府对逊尼派示威活动采取高压政策，并要求政府从安巴尔省撤军。

马利基政府在对逊尼派政治精英的排斥、动用武力对逊尼派民众示威进行驱逐等做法，进一步激化了逊尼派与政府的矛盾，产生了十分消极的后果。

首先，国家治理在逊尼派地区陷入瘫痪，安巴尔省等逊尼派地区逐渐脱离了政府的控制。遭到政府打击的逊尼派领导人大多藏身于逊尼派地区，从事反对政府的活动。而逊尼派民众普遍敌视政府，政府武装力量被视为"占领者"而遭到反对，难以在逊尼派地区开展行动。曾与美军和政府合作打击恐怖势力的逊尼派力量如"觉醒委员会"等，虽然依然反对恐怖势力进入逊尼派地区活动，也同样反对政府安全部队的部署，不再与政府合作。安巴尔省省长也支持民众的示威活动。

其次，暴力冲突升级。2013年以来，在逊尼派地区存在三种暴力冲突：一是逊尼派力量与政府武装的冲突；二是极端势力与政府军的武装冲突；三是恐怖势力的暴恐袭击。三种暴力都与教派、族群间的矛盾冲突密切关联。逊尼派部族武装与政府武装的冲突升级，为极端势力和恐怖组织趁机兴风作浪提供了空间。例如，2013年1月，政府武装力量打死了7名示威人员后，逊尼派武装随后袭击了政府武装力量；2013年4月，政府武力进入哈维杰镇后，伊拉克各地冲突迭起，导致120多人丧生，其中警察与部族武装在摩苏尔城发生激烈冲突，导致25人死亡；2013年12月30日，伊拉克安全部队对安巴尔省一处示威营地进行清场，武装人员与逊尼派民众发生了冲突，冲突迅即蔓延到该省的各个主要城市。

最后，逊尼派地区安全失控，为"伊斯兰国"的兴起提供了机会。安巴尔是伊拉克面积最大的省，与叙利亚、约旦、沙特阿拉伯交界，一直是暴力冲突频仍的地区。在伊拉克战争中，该省的反美武装斗争最为突出，美国及伊拉克政府联合"觉醒委员会""伊拉克之子"等逊尼派力量共同打击"基地"恐怖活动，一度有效遏制了恐怖势力的猖獗势头。① 叙利亚动荡发生后，极端势力利用该省份的地缘便利条件和长期存在的极端组织网络，在伊拉克和叙利亚进行猖獗的暴力活动。2013年底，政府与逊尼派示威者的暴力冲突蔓延到大部分逊尼派地区，马利基政府被迫从安巴尔省一些主要城市撤离武装力量。在2014年1月1日，逊尼派的一些部族武装接管了安巴尔首府拉马迪和费卢杰等城市，"伊斯兰国"势力乘机从叙利亚回师控制了安巴尔省，并在1月4日宣布"建国"。

（二）库尔德地区与中央政府的矛盾斗争

2011年底，马利基政府频频施压，要求库尔德自治区政府交出被通缉的逊尼派副总统哈希米，导致库尔德地区与中央政府的矛盾迅速激化。而长期存在的库尔德地区与中央政府在财政预算、石油收益分配等方面的矛盾也随之激化，导致库尔德地区的独立倾向日趋增强。

第一，库尔德人与中央政府之间围绕2014年度财政预算问题纷争不断。2014年3月，库尔德族议员要求政府在2014年度向库尔德

---

① Stephen Biddle, "How to Leave a Stable Iraq", Foreign Affairs, September/October, 2008. http://www.foreignaffairs.com/articles/63565/stephen-biddle-michael-e-ohanlon-and-kenneth-m-pollack/how-to-leave-a-stable-iraq

地区拨款35亿美元,而政府同意的拨款数目是6.5亿美元,双方争议的焦点是库尔德自治区油田收益的分配问题。库尔德自治政府与中央政府曾于2011年达成一项协议:库尔德自治区获得其辖区内石油收益的17%,其余收益上缴中央政府,因此如何确定库尔德地区石油收益的总数是石油收益分配的基础。中央政府和议会预算委员对收益的估算和库尔德自治政府的估算之间差距很大,中央政府认为库尔德自治区应该上缴中央政府240亿美元,而库尔德自治政府则认为中央政府还拖欠自治区政府数10亿美元。其他产油地区包括安巴尔省、巴士拉省一直对库尔德自治政府在石油收益上享有的特殊政策强烈不满,在讨论2014年度财政预算问题时,他们联合起来要求政府削减库尔德地区的收益比例,将更多资金投到中部和南部的发展。马利基政府为了在4月举行的大选中争取其他地区的支持,以停发库尔德自治区公务员工资的举措来迫使库尔德自治政府让步。在此背景下,直至2014年9月中旬,政府的财政预算仍然没有获得通过,导致库尔德人的不满日趋强烈。库尔德领导人宣称,停发工作人员工资等同于向库尔德自治政府宣战。

第二,库尔德自治区通过加强石油资源独立开发与政府分庭抗礼。为实现政治独立,库尔德地区一直争取石油资源和运营的独立控制权,而伊拉克中央政府则坚决反对库尔德自治区未经中央同意而独立开发石油资源、与外国公司签订石油协议等。2012年以来,库尔德力量不断突破政府的限制,甚至以武力夺取石油资源的控制权。2012年7月,法国一家石油公司与伊拉克库尔德自治区就两个油气勘探区块的股权收购达成协议,伊拉克政府因此向法国公司发出严重警告。库尔德地区还不断通过强化与土耳其的联系促进石油出口,试图打破长期通过伊拉克南部石油管道出口石油的限制,以实现直接出口石油,最终独立控制石油资源。2012年4月,伊拉克政府表示愿意与库尔德自治区讨论石油分配的分歧,但到2012年5月,库尔德自治区却宣布建造从基尔库克到土耳其杰伊汗的输油管道，实现直接输出原油。2013 年底，输油管道建成，但因遭到伊拉克政府的阻挠而运营不佳。此外，库尔德自治区还于 2013 年 1 月 10 日与土耳其一家能源公司签订石油出口协议，希望借道土耳其实现向国际市场直接出口原油。2014 年 5 月以来，库尔德地区政府开始从土耳其港口杰伊汉出口大量石油。库尔德自治政府宣称，如石油收入分配的矛盾得不到解决，将拒绝通过南部管道出口石油。2014 年 6 月，库尔德武装力量借"伊斯兰国"兴起之机夺取了基尔库克附近的两个重要油田，进一步增强了对石油资源的控制。

第三，库尔德力量不断强化对争议地区的控制，乘机扩大独立的基础。伊拉克政府与库尔德自治区在一些省份存在部分地域的管辖权争议，美军撤离后，双方的管辖权争议再度激化。2012 年 11 月，库尔德武装向基尔库克的一个争议的产油区增加兵力和重型武器，要求政府撤军，遭致伊拉克政府的强烈指责。2013 年，库尔德武装力量又占据了萨拉赫丁省东北部的苏莱曼贝克、图兹胡尔马图两个存在争议的城镇。"伊斯兰国"兴起后的动荡局势进一步增加了库尔德力量与政府对抗的筹码。美国撤军后，库尔德领导人马苏德·巴尔扎尼（库尔德民主党主席）虽然曾多次表示要"重新考虑"与中央政府的关系，但一直没有公开提及独立。伴随"伊斯兰国"不断攻城略地和中央政府管控能力严重下降，库尔德地区的独立倾向愈加强烈，巴尔扎尼公开表示库尔德地区将通过公投寻求"正式独立"。"伊斯兰国"发动大规模武装攻势后，库尔德力量乘机占据了基尔库克，大幅扩大了库尔德人的控制区。库尔德力量还试图通过强行占领来解决基尔库克争议。2014 年 6 月，库尔德领导人公开宣称，即使是在击退"伊斯兰国"后也不会放弃对基尔库克等有争议城镇的控制权。为打击"伊斯兰国"，国际社会尤其是西方国家加强了对库尔德人的支持和援助，以色列也积极支持库尔德地区独立建国，都助长了库尔德人的独立倾向。

尽管库尔德地区的独立倾向不断增强，但要真正实现独立还有诸多困难。从库尔德内部看，在经济上，库尔德自治区的财政状况不佳，暴露了其经济自治能力有限。2014年初，政府因石油收入配额的争端而停止支付库尔德自治区公务员工资，导致自治区政府陷入严重财政危机。在政治上，库尔德人的两大政治力量，即巴尔扎尼家族领导的库尔德民主党和塔拉巴尼家族领导的库尔德斯坦爱国联盟，一直存在重大政治分歧，经常发生武装冲突，甚至曾借助外部力量来打击对方。此外，伊拉克很多重要的政治力量都明确、坚决地反对库尔德人聚居区独立，反对国家分裂。从外部环境看，尽管库尔德力量是美国掌控伊拉克所借重的重要政治力量，但美国目前更倾向于维持伊拉克三方势力间的脆弱平衡，并不支持库尔德地区独立。美国和西方国家既担心伊拉克库尔德人独立会在整个地区引发连锁反应，也担心是否能够控制独立后的库尔德"国家"。土耳其希望加强与伊拉克库尔德地区的石油贸易，但从长远和根本的利益考虑，因其自身也存在库尔德人问题，因此不会支持伊拉克库尔德人独立。伊朗则担心一旦伊拉克库尔德人独立，会严重冲击伊拉克什叶派政治影响力、助长地区内的逊尼派力量。伊拉克库尔德人在独立问题上还需要等待时机，"继续等待政治、经济、国际支持等条件的成熟"[1]。

（三）政府重组过程中的权力斗争

2003年伊拉克战争后，美国主导的伊拉克政治重建的基本方法是"推倒重来"，萨达姆政权的军队、安全及警察力量、情报机构等国家机器均被解散，并根据族群、教派结构进行权力分配，导致以族群和教派认同为基础的权力斗争日趋尖锐。

2013年4月，伊拉克举行美军撤离后的第一次重大选举，即省

---

[1] 孙西辉编译：《美国利益："新伊拉克战争"的关键》，载《社会科学报》2013年3月7日。

级议会选举。马利基领导的"法治国家联盟"在12个省中的8个省获得胜利，什叶派的政治优势地位得到巩固，马利基领导的政治联盟在什叶派中的政治地位得到加强。但此次选举也使伊拉克政治的固有矛盾进一步尖锐化。

首先，族群、教派间矛盾更加尖锐。在伊拉克全部18个省中，有6个省没有参加选举，逊尼派占多数的安巴尔、尼尼微两省和库尔德自治区的三个省或推迟选举，或自行举行选举，而基尔库克省因归属争议而没有参加选举。在参加选举的各省，选民主要从宗教和族群利益出发进行投票，三大派别的分化更趋明显。

其次，什叶派三大政治阵营的内斗加剧。马利基领导的"法治国家联盟"、萨德尔家族领导的"自由者联盟"和伊斯兰最高委员会主席哈基姆领导的"公民联盟"在大选中各自为战，什叶派的矛盾暴露无遗。

最后，马利基政府成为政治矛盾的焦点。逊尼派和库尔德人都指责马利基独揽大权，没有兑现权力分享的承诺，对马利基政府的猜忌不断加深，什叶派内部对马利基的不满也很严重。

2014年大选后，伊拉克各派政治力量对马利基政府的严重不满酿成了更加严重的政治危机。在2014年4月的议会选举中，马利基领导的党团"法治国家联盟"获得92个席位，成为新一届国民议会中第一大力量。大选结束后，各派力量围绕政府组建又展开了激烈角逐。

首先，马利基总理连任之争。马利基谋求连任总理，而逊尼派、库尔德人以及一些什叶派政治力量则反对马利基连任。由于马利基领导的"法治国家联盟"未能获得半数以上（164个席位）席位，根据宪法应由"最大党团"联合组建政府。马利基极力争取总理连任，但无论是逊尼派力量，还是什叶派政党"伊拉克伊斯兰革命最高委员会"（新议会中的第二大党，有34个席）和萨德尔家族领导的政党（在新议会中有31个席）都反对马利基连任。库尔德力量同样非常反感马利基政府。根据政府组建计划,原本应在7月1日的新议会中选出新议长、总统、总理,但由于意见分歧太大而未果,最大分歧就是马利基连任问题,不仅各派政治力量反对马利基连任,美国也因伊拉克安全局势急剧恶化反对马利基连任。7月24日,伊拉克国民议会选举福阿德·马苏姆(库尔德人,此前是临时议长)为总统,马苏姆任命阿巴迪负责组阁,但马利基以提名违宪为由向联邦法院起诉,甚至试图动用武装力量控制局面。但在国内安全急剧恶化的情况下,马利基在各方面压力下被迫于8月14日宣布放弃连任,撤销对马苏姆的违宪指控,马利基在新政府中出任副总统。

其次,新政府的职位分配之争。经过各方的讨价还价,伊拉克国民议会于2014年7月15日选举萨利姆·朱布里为议长,7月24日选举马苏姆为总统;8月11日,马苏姆任命什叶派党团"全国联盟"的海德尔·阿巴迪出任总理,负责组建新内阁,并于9月8日得到国民议会批准,通过了阿巴迪提交的新政府内阁名单。在组阁过程中,什叶派、逊尼派和库尔德人围绕内阁成员分配展开了激烈的争夺,致使国防部、内政部的部长人选难以产生,足见各派意见分歧之严重。

最后,政府执政能力面临严峻考验。伊拉克新政府面临着一系列重大、紧迫的任务,包括强有力地打击"伊斯兰国"极端武装,实现国家安全稳定;化解教派和族群的矛盾,维护国家政治统一;弥合社会分裂,发展经济等。

三、美国对伊政策陷入困境,"伊斯兰国"掣肘美国中东战略收缩

2010年8月底,美国总统奥巴马宣布驻伊拉克美军作战任务结束;2011年12月,美国完成从伊拉克撤军。美国从伊拉克撤军

的首要原因在于伊拉克战争使美国国力遭受重挫,无力承担沉重的战争支出。根据诺贝尔经济学奖获得者约瑟夫·斯蒂格利茨的推算,美国用于伊拉克战争的开支在 2008 年 6 月已达 3 万亿美元,[1] 到 2013 年更是高达 6 万亿美元。其次是伊拉克人民强烈要求结束美国占领。2011 年 12 月 18 日,美国完成从伊拉克撤军,伊拉克全国于 31 日[2]举行了各种庆祝活动,甚至将美军最初开始撤离伊拉克城镇的 6 月 30 日作为 "国家主权日",[3] 很多伊拉克民众焚烧美国国旗。

尽管美国如期完成从伊拉克撤军,但仍然对伊拉克的政治、安全事务拥有绝对影响。美国曾试图在撤军后在伊拉克留驻部分美国军队,2011 年 9 月时,美国还提出在伊拉克保留 3000—5000 名士兵,但由于马利基联合政府内的一些成员坚决反对而未果。在留驻军事力量无望的情况下,美国向伊拉克政府要求扩大美国驻伊大使馆规模,致使美驻伊使馆人数多达 1.5—2 万人,包括 1000 多人的外交人员、200 名左右的武装士兵、由复员军人组成的庞大保安队伍,以及万余人的承包商等。这支世界上最大的使馆队伍是美国影响、控制伊拉克的重要工具,其中使馆的武装人员还负责培训伊拉克的安全部队。

在完成撤军后,美国未对伊拉克安全问题做认真的评估和安排,留下了严重的安全隐患。首先,美国未能帮助伊拉克政府提高安全能力,伊拉克政府的安全能力十分薄弱。伊拉克安全部队缺少重火力装备、装甲车辆,更缺少空中力量,几乎不具备独立作战的能力,

---

[1] Shelagh Foremaneds, *The Necessary Steps for a Responsible Withdrawal from Iraq*, Cambridge, Massachusetts: Commonwealth Institute, 2008, p. 8.

[2] 伊美在 2008 年签署的驻军地位协定规定美军在 2011 年 12 月 31 日前从伊拉克完成撤军。

[3] Sami Moubayed, "Iraq celebrate savictory of sorts", *Asia Times Online*, Jul. 1, 2009.

从而为包括"伊斯兰国"在内的各种势力提供了可乘之机,[1] 这也是伊拉克政府军在"伊斯兰国"武装面前溃不成军的重要原因。其次,伊拉克国家的民族建构十分薄弱,[2] 美国的政治重建安排进一步催化了部族、教派间纷争,[3] 而美国未能帮助伊拉克各派实现真正的政治和解,致使美军撤离后伊拉克很快便陷入派系纷争。

在完成撤军后,美国继续保持着对伊拉克政府的影响和控制。2011年11月底,美国副总统访问伊拉克,并出席了美国—伊拉克高级协调委员会首次会议,表示美军撤离后双方将在安全部队训练、反恐合作、情报合作等方面进行密切合作,美国承诺帮助伊拉克政府维护国家稳定。2011年12月中旬,伊拉克总理马利基访问美国,奥巴马表示美国撤军后将与伊拉克建立稳固、长期的伙伴关系,双方将在安全、经济、能源、军事和教育等领域展开合作。但是,撤军后的美国很快就对伊拉克的对外政策特别是叙利亚政策产生严重不满,对伊拉克政府的国内政策和反恐行动也颇有微词,导致美国与伊拉克马利基政府的关系渐行渐远。[4]

在叙利亚陷入危机后,美国不断指责伊拉克不仅不配合颠覆巴沙尔政权,反而配合伊朗政府支持巴沙尔政权,并持续向伊拉克施加压力。2012年9月,多名美国议员要求伊拉克政府阻止伊朗飞机经伊拉克领空向叙利亚提供援助,否则美国将减少对伊拉克的援助。2013年3月中旬,美国国务卿克里访问伊拉克,要求伊

---

[1] Sami Moubayed, "Heated blame-game in shocked Iraq", *Asia Times On line*, Aug. 25, 2009.

[2] Markus Kaim, *Great Powers and Regional Orders*: *The United States and the Persian Gulf*, Ashgate Publishing Limited, 2008, p. 183.

[3] Jason Brownlee, "Imagining the Next Occupation", *Middle East Report*, Winter, 2008, p. 9.

[4] "Crisis in Iraq: Is It al-Maliki's Policies and Miscalculations or Is it ISIS?" Arab Center for Research and Policy Studies: Assessment Report, Policy Analysis Unit - ACRPS, June 2014, p. 3.

拉克在叙利亚问题上配合美国，包括强化检查以阻止伊朗经伊拉克领空空运武器等物资给巴沙尔政权。马利基政府回应美国说，伊拉克没有足够的人员和时间检查所有伊朗开往叙利亚的飞机；此前曾按照美国的要求进行检查，但发现飞机所运送的都是人道主义援助物资。

在伊拉克国内问题上，美国批评伊拉克政府推迟在安尔巴、尼尼微两省的地方选举，以及在处理教派和族群矛盾方面不够包容等等。面对恐怖势力的猖獗回潮，伊拉克总理于2013年11月访问美国时，请求美国给予伊拉克更多、更快的武器援助，加强对政府武装人员的培训等，以提高伊拉克政府的反恐能力。美国虽然在2013至2014年向伊拉克出口了一批导弹和无人机，但并未在反恐问题上给伊拉克更多的帮助。美国认为伊拉克的暴力活动多是教派冲突而非恐怖活动，其原因在于马利基政府领导无方，其教派、族群等政策不够包容。到2014年"伊斯兰国"势力在伊拉克发动猖獗进攻后，美国借助各方的强大压力迫使马利基放弃连任总理。

2014年6月以来，"伊斯兰国"在伊拉克不断攻城略地，不仅直接威胁美国在中东的主导权，而且有可能使美国在伊拉克的多年经营付之东流。因此，打击"伊斯兰国"极端势力成为美国对伊政策的首要问题。美国打击"伊斯兰国"势力的策略主要包括：与伊拉克新政府合作反恐，采取空袭的方式打击"伊斯兰国"武装攻势及其重要目标，但不出动地面武装；援助和支持库尔德力量打击"伊斯兰国"的行动。

事实上，美国对"伊斯兰国"的反应十分迟缓，甚至一度借"伊斯兰国"向伊拉克政府施加压力，错失了打击"伊斯兰国"的最佳时机。2014年1月初，"伊斯兰国"在伊拉克的安巴尔省宣布"建国"，当时在中东访问的美国国务卿克里虽然表示支持伊拉克政府打击该势力，但明确表示美国不会派遣军队增援伊拉克政府。在

"伊斯兰国"已经抵近巴格达之时，伊拉克政府于6月18日正式向美国请求空袭"伊斯兰国"武装，但美国并未答应。6月23日，克里访问伊拉克，要求各派领导人尽快组成联合政府，并暗示以马利基放弃连任总理和组建新政府作为美国空袭"伊斯兰国"的一个条件。8月初，在"伊斯兰国"势力向库尔德地区发动攻势后，美国开始对"伊斯兰国"进行空袭，同时再次敦促伊拉克总统尽快组建新政府，并声称美国对伊拉克的援助将与政府的组建挂钩。9月8日，亲美的伊拉克新政府名单获得通过后，克里于9月10日访问伊拉克，并与新政府商讨打击"伊斯兰国"事宜，肯定了伊拉克新政府关于重建军队、进行广泛政治改革和有力打击"伊斯兰国"的计划，承诺增加约4800万美元的人道主义援助。与此前相比，美国对伊拉克政府的态度显然积极了很多。9月中旬，美国的战机开始对"伊斯兰国"实施空中打击。美国之所以不接受马利基连任总理，重要原因之一在于美国认为马利基政府与伊朗比较亲近。通过加强与伊拉克新政府的合作，美国强化了对伊拉克的控制和影响，既有利于当前打击"伊斯兰国"的行动，也有利于美国在伊拉克的长远利益。

由于美国对"伊斯兰国"的打击仅限于空中打击，打击"伊斯兰国"的军事活动可能会长期化。2014年1月初，美国就明确表示不会派地面部队在伊拉克打击极端势力。2014年9月10日，美国正式宣布了打击"伊斯兰国"的方案，扩大了在伊拉克空袭的范围，并通过支持库尔德人力量、培训伊拉克政府军队强化打击"伊斯兰国"的武装力量，但美国依然坚持不出动地面武装力量，美国的盟友也纷纷表示只进行空袭打击。美国坚持不出动地面武装力量的根本原因在于美国力图避免再次陷入战争泥潭。在打击"伊斯兰国"的过程中，美国对库尔德力量明显比较"偏爱"，库尔德力量在打击"伊斯兰国"势力中获益甚多，乘机占领了与政府争议的许多地域，还获得了诸多的国际援助[①]。但库尔德地区的独立倾向一直比较强烈，在美国及其盟国的支持下，不断壮大的库尔德力量将谋求更大程度的自治乃至独立，并加剧伊拉克的动荡和冲突。

[①] Gareth Stansfield, "Kurdistan Rising: To Acknowledge or Ignore the Unraveling of Iraq", *Middle East Memo*, No. 33, July 2014, pp. 7 - 9.

美国撤军与总统选举后的阿富汗形势

兰州大学中亚研究所　杨恕　宛程

【内容提要】

多国部队从阿富汗撤出后，阿富汗局势的复杂性凸显，面临着安全局势恶化的可能性。军阀战争重启和塔利班卷土重来，都是国际社会最为担心的核心问题。阿富汗大选虽然已有结果，但各派政治力量之间的竞争在选举后不会平息，旧有的民族、部族、地域矛盾依然存在，滞后的经济和社会发展状况不可能在短期内解决。另一方面，这种情况并不是绝对的，因为，多国部队在撤出后的战略部署以及阿富汗自身安全力量的建设，都影响着阿富汗未来的前途。阿富汗"天下大乱"的可能性不大，但局部不稳定却势必难以避免。

一、后撤军时代阿富汗的安全局势走向

在阿富汗重建过程中，最令人担忧的莫过于军阀战争的重启，它可能以三种形式表现出来。

（一）军阀之间的冲突

军阀之间的混战可能表现为两种形式：

一是同一民族、同一派别内军阀的混战。这种状况已经突出表

现在杜斯塔姆领导的"伊斯兰民族运动"内部。在"伊斯兰民族运动"中，自1997年5月阿卜杜尔·马利克将军发动针对杜斯塔姆的叛乱以后，尽管杜斯塔姆后来成功重建了这一派别，但他对"伊斯兰民族运动"的实际控制能力已经远不能和叛乱之前相比。在阿富汗重建开启后，该派别内诸军阀逐渐崛起，成为阿富汗北方乌兹别克民族地区的实际控制者，而随着杜斯塔姆权力的逐渐衰落，军阀们将围绕最高权力、领土、人口、资源展开争夺。

二是不同民族、不同派别之间的军阀冲突。在阿富汗，不同民族、不同派别之间的军阀矛盾素来很大，在当前的阿富汗重建中，这一矛盾在北方的马扎里沙里夫地区最为突出。在马扎里沙里夫地区，乌兹别克族和塔吉克族共存，由于马扎里沙里夫是传说中的伊斯兰圣贤之一阿里的陵墓所在地，是阿富汗各民族前往朝拜的圣地，因此成为乌兹别克族和塔吉克族争相控制的对象。客观上讲，塔吉克军阀和乌兹别克军阀是该地区最具实力的两股势力，并且两派军阀的积怨很深。在2001年，虽然杜斯塔姆和乌斯塔德·阿塔合作攻取了马扎里沙里夫，但两派旋即陷入了长达18个月的武装冲突。因此，在乌兹别克族和塔吉克族的激烈争夺下，这一地区将会是军阀之间争夺最为激烈的地区。

（二）军阀和塔利班之间的冲突

塔利班虽然在2001年美国的打击下垮台了，但它失势后经过战略和组织上的重新整合，实力得以保存，并利用在巴基斯坦的基地不断地骚扰阿富汗，同时寻求和国际社会而非阿富汗政府的直接对话。塔利班的目的在于重新夺取阿富汗政权，但塔利班也深知，即使在多国部队撤出阿富汗后，重掌阿富汗也并非易事，因为军阀强烈抵制塔利班重掌阿富汗。其原因主要有以下三个方面：

第一，军阀和塔利班是世仇，尤其是阿富汗主要大军阀派别都由少数民族构成。在塔利班崛起过程中，军阀与塔利班的冲突实质上是少数民族同普什图族的内战。在阿富汗重建开始后，军阀极力反对甚至破坏政府同塔利班的和谈，甚至有些军阀在政府向塔利班发出和谈的信号后便重新招募了武装。①

第二，军阀对塔利班的抵制得到了美国的支持。对美国来说，利用军阀打击塔利班大大降低了美军士兵的伤亡率，也增加了美国同阿富汗政府谈判的筹码。所以正如一名美国政府官员所说，军阀是抗击塔利班和"基地"组织进攻的有效堡垒。②

第三，打击塔利班符合军阀的最大利益。各军阀是塔利班垮台的最大受益群体，他们不仅重新控制了原来的势力范围，还能得到美国提供的物资以及技术支持。此外，塔利班还是毒品走私、武装贩运以及收取过路费等非法盈利项目的主要获利者。因此，塔利班复出必将对军阀的利益构成巨大威胁。

阿富汗南方的楠格哈尔、帕卡蒂亚、帕卡蒂卡、坎大哈、查布尔、赫尔曼德等省份是普什图军阀的主要势力范围，也是塔利班进行袭扰、宣传动员、物资运输以及人员招募的主要地区，因而成为军阀和塔利班争夺最为激烈的地区。这些地区的军阀主要是普什图族军阀以及由普什图部落领袖蜕变而成的军阀，他们虽不像北方少数民族军阀有统一派别和较为庞大的规模，但却同样有很强的实力：一是他们在下属中拥有更高的权威。他们虽然各自为战，控制的武装人数也无法同北方少数民族大军阀相比，但由于普什图军阀大多

---

① Ben Farmer, "Afghanistan Warlords Prepare to Rearm as Taliban Arrive for Peace Talks in Kabul", 24 Octorber, 2010, http://www.telegraph.co.uk/news/worldnews/asia/afghanistan/8082845/Afghan-warlords-prepare-to-rearm-as-Taliban-arrive-for-peace-talks-in-Kabul.html.

② Madoka Futamura, "Transitional Justice in the Afghan Peacebuilding Process: The Potential and Limitations", in Yuji Uesugi (ed.), *Toward Bringing Stability in Afghanistan: A Review of the Peacebuilding Strategy*, IPSHU English Research Report Series No. 24 (2009), p. 104.

数由部族长老、村长或宗教毛拉蜕变而来，因而在当地普什图社会中拥有较高的权威性，能够更为容易地招募和组织自己的武装。二是普什图军阀具有一定的实战经验和能力。许多军阀在抗苏战争前武装反抗阿富汗政权，经历过抗苏战争、阿富汗内战以及同塔利班的战斗，拥有丰富的战斗经验和技术。三是普什图军阀拥有充足的资金和经济网络。普什图军阀和部落军阀在阿富汗南方各省大多参与毒品与武器的走私与贩运，控制主要城市之间的公路并收取保护费，从而形成了独立的经济网络，从中获取了巨大的利益。[①] 四是普什图军阀还获得了巨大的外部支持，美国一直为普什图军阀提供资金、武器和技术支持。

（三）军阀与阿富汗政府之间的冲突

军阀和阿富汗政府之间的矛盾始自阿富汗重建之初，美国支持的卡尔扎伊政府的建立打破了军阀在塔利班垮台后主导阿富汗政治的美梦，致使军阀一直对卡尔扎伊政府耿耿于怀。军阀的存在严重破坏了阿富汗的安全重建、政治重建、经济重建和文化重建，并使政府的实际管辖范围仅限于喀布尔。卡尔扎伊执政之初，采取了一系列试图解决军阀问题的措施，但最终因自身实力有限而未果。当前，军阀和政府间的关系发生了分化，南方普什图军阀受到卡尔扎伊的重用，与政府的关系较好；北方马扎里沙里夫和西部赫拉特的军阀与政府的关系十分紧张，军阀和政府军的武装冲突时断时续，双方的武装冲突升级为战争的可能性一直存在。当前，美国等多国部队已经启动撤军计划并开始逐步实施，但阿富汗政府的能力并没有实质性提高，尤其是阿富汗国民军的安全保障能力十分有限。装备落后、疏于训练、资金和后勤供给严重缺乏，导致阿富汗国民军

---

① John F. Tiernry, "US House Subcommittee Report: Extortion and Corruption Along the US Supply Chain in Afghanistan", http://warisacrime.org/node/53441

能力和素质的低下，使阿富汗政府无法应对拥兵自重的地方军阀。

二、塔利班依然拥有巨大的能量

塔利班一直没有被消灭，这与塔利班组织的策略调整及其较强的融资能力有很大的关系。尽管塔利班重掌阿富汗政权的可能性不大，但它无疑是阿富汗重建进程中一支不容小觑的政治力量。

塔利班最主要的变化突出表现为组织的分散化。虽然毛拉·奥马尔依然是塔利班的最高领袖，但塔利班的活动已经分散化，地方领导人在很大程度上掌握着决策权和领导权，而不需要再通过最上层的指示。2003年以来，不断有塔利班的高层领导在多国部队的打击下毙命，但塔利班的活动并没有得到有效遏制，其重要原因之一就在于塔利班的分散化。阿富汗问题专家法哈娜·施密特形象地指出，过去的塔利班是一只章鱼，而如今的塔利班更像一个海星；章鱼的多条触角都需要靠头部（塔利班的最高层）指挥，而如今的塔利班就像海星一样，即使把它分解成几部分，它依然可以存活。[1] 塔利班在攻击目标及策略选择上也都发生了变化。首先，攻击目标的选择更为注重轰动效应。过去，塔利班的活动主要表现为不加选择地在市场或街道上对平民进行攻击，近年来塔利班的主要袭击目标是较有影响力的政治人物或标志性场所。其次，塔利班在策略选择上也发生了变化。目前，塔利班已经很少发动大规模武装攻势，主要是以袭扰为主。

拥有获取巨额资金的渠道，是塔利班能够蛰伏并在重新整合力量后开展有效行动的另一个重要原因。除了国际恐怖主义网络的外

---

[1] Fhrhana Schmidt, "From Islamic Warriors to Drugs Lords: The Evolution of the Taliban Insurgency", *Mediterranean Quarterly*, Vol. 2, No. 2, 2010, pp. 61–77.

部支持外，毒资依然是塔利班获取资金的重要来源。2005年以后，塔利班重新占领了阿富汗南部的一些重要的鸦片产区，罂粟种植面积迅速增长。塔利班重新占领赫尔曼德和坎大哈的一些地区后，通过强迫和利诱相结合的方式迫使农民种植罂粟。在塔利班重新控制的罂粟种植区，塔利班向烟农征收10%的农业税和数额不等的保护费，向鸦片零售商和贩卖鸦片的商铺征收10%的所得税，向毒品贩子征收最高可达到20%的保护费，[1]进而通过控制鸦片生产和销售获取了大量的资金。

经营海洛因精炼厂也是塔利班获取资金的重要途径。随着2004年美国不断对巴基斯坦施加外交压力，巴基斯坦不断清剿部落区的海洛因加工厂，导致大部分海洛因加工厂向阿富汗转移，而塔利班则成为海洛因加工厂的拥有者和控制者。在塔利班重新控制赫尔曼德和坎大哈的部分地区后，海洛因加工和精炼厂纷纷向这些地区转移，加之塔利班控制了临近的重要罂粟产区，进而形成了从生产到加工的产业链，使塔利班获得了巨额利润。

根据联合国毒品与犯罪办公室的估计，在2008年，在塔利班控制地区的海洛因加工和精炼厂生产的海洛因达到了500吨，同时还生产出500吨可用于精炼成海洛因的吗啡。塔利班从中获利颇丰，因为这些精炼厂每生产出1克海洛因，塔利班就可以从中获得250美元的好处，其利润总额高达1.25亿美元，而塔利班每年获得的毒品运输保护费更是高达2.5亿美元左右。[2] 塔利班还拥有专门的洗钱机构，有分析指出，塔利班成员在阿联酋迪拜注册了许多空壳公司专供洗钱之用。[3]

---

[1] Gretch Peters, "How Opium Profits the Taliban", United States Institute of Peace, 2009, http：//www.usip.org/sites/default/files/resources/taliban_ opium_ 1.pdf, p.20.

[2] Ibid, p.23.

[3] Fhrhana Schmidt, "From Islamic Warriors to Drugs Lords: The Evolution of the Taliban Insurgency", *Mediterranean Quarterly*, Vol.2, No.2, 2010, p.69.

三、多国部队撤军后阿富汗邻国的对阿政策前瞻

在多国部队从阿富汗撤军之际，阿富汗周边国家都在积极应对形势变化，调整对阿政策。当前，阿富汗安全局势存在恶化的可能性，并有可能向周边国家扩散，所以维持地区安全稳定成为周边国家的共同利益；多国部队退出会在阿富汗后留下战略真空，这又会吸引周边国家为了争夺战略空间以及现实的政治经济利益而积极地介入阿富汗事务。

（一）巴基斯坦

在阿富汗的所有邻国中，受阿富汗局势变化影响最大、对阿富汗事务介入最深的国家是巴基斯坦。因此，多国部队从阿富汗撤出将会促使巴基斯坦积极地调整对阿政策。巴基斯坦对阿政策的出发点主要有如下两个方面：

第一，保持在阿富汗的战略存在，并维持对印度的战略优势。从抗苏战争到阿富汗重建，巴基斯坦都一直通过官方和非官方渠道与阿富汗国内较为重要的政治、军事势力保持着较为密切的联系，并能够施加一定的影响力，尤其是对塔利班和其他反政府武装拥有重要影响力。基于战略需要，巴基斯坦在后撤军时代仍会通过对阿富汗的重要政治势力施加影响，保持巴基斯坦在阿的战略优势。

第二，保持地区稳定，防止阿富汗安全局势的进一步恶化。巴基斯坦国内的安全局势以及经济发展都与阿富汗的安全状况密切相关。目前，巴基斯坦是阿富汗难民的最大承接国和毒品走私的主要过境和消费国。一旦阿富汗局势恶化，将会导致大量的难民涌入巴基斯坦，毒品走私也会随之加剧，这些都会对巴基斯坦的安全状况和经济发展造成严重影响。此外，在反恐战争中，巴基斯坦遭受了

巨大的经济损失和人员伤亡。到 2012 年，巴基斯坦已有 2 万多名公民在恐怖袭击中遇害，3500 多名官兵在反恐斗争中死亡。不仅如此，恐怖袭击还对巴基斯坦的旅游业、投资环境造成了较为严重的影响，造成直接和间接经济损失多达到 680 亿美元。[1] 因此，阿富汗局势直接关系到巴基斯坦的稳定和发展。

纳瓦兹·谢里夫于 2013 年 5 月重新执掌巴基斯坦政权后，在对阿事务上表现得颇为积极。在谢里夫成功当选总理的第二天，他就表示在组阁后将会帮助北约从阿富汗安全撤离。此后，谢里夫接连访问美国和阿富汗，并表示阿富汗的和平符合巴方利益。而阿富汗对巴基斯坦新政府也高度重视，时任阿富汗总统卡尔扎伊不仅在谢里夫当选后的第一时间内就表示祝贺，还于 2013 年 8 月访问了巴基斯坦，表示希望巴新政府能够在推进阿富汗和平、携手打击恐怖主义方面发挥重要作用。此外，阿方还邀请巴基斯坦帮助阿富汗政府同塔利班进行和谈。

在谢里夫上台后，巴基斯坦的对阿政策更趋务实。从现实考虑，巴基斯坦既无力承受阿富汗安全局势恶化的严重影响，也无能力单独承担多国部队撤出之后阿富汗的安全责任。虽然巴基斯坦一直同塔利班保持着较为密切的关系，但巴政府不可能完全倒向塔利班。谢里夫政府清醒地意识到，要想实现在阿富汗的战略意图，就必须修复同美国的关系。在美国突袭击毙本·拉登以及 2011 年 11 月的空袭事件后，美国和巴基斯坦的关系已跌至低谷。谢里夫上台后，他不仅表示巴基斯坦会支持北约撤军，还会见了美国国务卿并访问了美国。

值得注意的是，普什图人问题依然是影响未来阿巴关系的重要因素。普什图人问题是在近代英俄争夺中亚的历史遗产。普什图人在阿富汗人口中占大多数，而巴基斯坦也拥有数目很大的普什图人

---

[1] Shanthie Mariet D'Souza (ed.), *Afghanistan in Transition*, Pentagon Press, 2012, p. 152.

群体，通过普什图人对阿富汗施加影响是巴基斯坦的一个基本考虑，但阿富汗并不愿受制于巴基斯坦。在国际社会的帮助下，阿富汗于2001年成立了以卡尔扎伊为总统的普什图人主导的政府。新政府成立后拒绝承认以历史上的"杜兰线"为两国国界，并宣布巴一侧普什图地区为阿富汗所有。此后，这一问题一直是阿巴关系的症结所在，至今未能得到有效解决。值得注意的是，在2014年3月4日举行的阿富汗第三轮总统竞选辩论时，"杜兰线"问题一度成为辩论的焦点。因此，可以预见，"杜兰线"问题将继续成为困扰阿巴两国关系的重要问题。

（二）印度

长期以来，由于对抗巴基斯坦的需要，印度希望同阿富汗搞好关系以压制巴基斯坦的战略空间。但是由于1979年苏联入侵阿富汗之后，印度政府并未谴责苏联的侵略行为，导致阿富汗和西方世界对印度严重不满，也使印度失去了介入阿富汗事务的机会。相反，巴基斯坦则积极介入阿富汗事务，大大压缩了印度的战略空间。塔利班在阿富汗掌权后，更是频频向印度发动袭击，使印度颇受其害。2001年，美国发动阿富汗反恐战争推翻了塔利班的统治，为印度重返阿富汗提供了重要的历史机遇。

印度重返阿富汗，表现得既谨慎又务实。印度拒绝了西方国家向阿富汗派遣军队的邀请，而是积极自主地同卡尔扎伊政府发展外交关系。在第一时间内，印度在重开和增设驻阿富汗使馆和领馆的同时，还积极参与阿富汗经济重建尤其是基础设施建设。2003年，印阿两国签订贸易协定备忘录，对一系列商品减免关税。此后，两国双边贸易稳定增长，到2011年两国贸易额已达6亿美元。[1] 2008

---

[1] Shanthie Mariet D'Souza (ed.), *Afghanistan in Transition*, Pentagon Press, 2012, p. 166.

年，在印度的推动下，土库曼斯坦、阿富汗、巴基斯坦和印度四国签订了天然气管道框架协议。至 2011 年，印度已向阿富汗提供援助 20 亿美元，成为阿富汗的第五大援助国。印度还与阿富汗进行了一定的军事与安全合作，具体内容包括印度每年训练 100 名阿富汗安全部队成员，为阿富汗空军培训飞行员以及提供先进的轻型直升机等武器。因此，在后撤军时代，印度的阿富汗政策不会有太大的改变，通过经济援助增加对阿富汗的影响仍然是印度的主要选择。

（三）中亚五国

长期以来，中亚五国对阿富汗的政策都以防御为主，这一政策在多国部队撤出阿富汗后（至少在短时期内）会被进一步强化。在多国部队从阿富汗撤出后，阿富汗局势的复杂性进一步增加，中亚国家面临的安全压力也随之增大，突出表现为来自阿富汗的恐怖主义、毒品走私、难民涌入等安全威胁，而与阿富汗直接接壤的塔吉克斯坦、乌兹别克斯坦、土库曼斯坦的安全形势则面临着更大的挑战。

在中亚国家中，塔吉克斯坦面临的来自阿富汗的威胁最为严重，由于自身安全力量薄弱和社会矛盾尖锐，很容易受到极端分子跨境活动的威胁。乌兹别克面临来自阿富汗的主要威胁包括毒品走私、非法越境和极端组织"乌伊运"的回归。土库曼斯坦也面临着来自阿富汗毒品走私的巨大压力，但由于土库曼斯坦的中立国地位，土库曼斯坦在政治领域和安全领域与阿富汗的合作有限。吉尔吉斯斯坦和哈萨克斯坦由于不与阿富汗接壤，面临的安全压力相对较小，但也不同程度地面临毒品走私和宗教极端主义的威胁。阿富汗安全形势对中亚五国的影响与其自身存在的严重问题有密切的互动关系。基于中亚五国自身力量有限，国内问题复杂的现实，中亚国家对阿富汗的防御性政策不会改变。

(四) 伊朗

在塔利班执政期间，伊朗与阿富汗的关系降到了历史最低点，作为对内战中伊朗支持北方联盟的报复，塔利班在1998年绑架并杀害了9名伊朗人质（其中包括8名外交官和1名记者），并不断袭扰伊朗东部边界。美国发动阿富汗反恐战争后，塔利班政权的覆灭在很大程度上改善了伊朗的地缘战略环境。塔利班政权垮台后，伊朗一直在阿富汗问题上采取防御性政策。伊朗的政策选择既出于避免与美国正面冲突的考虑，也与伊朗自身在阿富汗的影响有限有关。在历史上，虽然伊朗同阿富汗一直保持着密切的联系，但除了对什叶派和塔吉克族施加影响外，伊朗并无更多的其他选择。

伊朗主要通过对阿富汗中部山区的哈扎拉人、喀布尔的基齐尔巴什叶派团体、坎大哈的什叶派团体和赫拉特省的塔吉克族对阿富汗施加影响。伊朗对什叶派的影响主要在于宗教联系，对塔吉克族的影响主要在于文化联系。但是，通过宗教和文化联系对阿富汗施加的影响毕竟有限。其原因在于：首先，无论是哈扎拉人还是什叶派，在阿富汗社会中都不居于主导地位；其次，阿富汗大多数信仰什叶派的教众并不追随大阿亚图拉霍梅尼，而是追随阿亚图拉哈基姆和阿亚图拉霍伊。[①] 从历史上看，伊朗对阿富汗事务的介入也并不成功。在抗苏战争中，虽然伊朗抓住了介入阿富汗的机会，在其影响下组织了八党联盟，但在随后的内战中，八党联盟被逐渐边缘化，伊朗也因此丧失了介入阿富汗事务的最大筹码。

目前，面对内外交困的局面，阿富汗局势并非伊朗外交事务关注的重点。在国内问题上，伊朗现在困难重重，经济上的高通胀率和高失业率，政治上保守派与改革派互不相让，都削弱了伊朗处理

[①] 冀开运:《伊朗与伊斯兰世界关系研究》，北京：时事出版社2012年版，第209~210页。

对外事务的能力。由于伊朗内外交困的重要根源在于伊核问题导致的西方国家制裁，因此推进伊朗核问题谈判构成了鲁哈尼政府外交的重中之重，而"伊斯兰国"和库尔德问题的重要性也远在阿富汗问题之上。但是，阿富汗毕竟是伊朗的邻国，应对毒品走私和难民的涌入，参与地区事务，谋求地缘优势都是伊朗阿富汗政策的重要考虑。因此，伊朗无疑将是影响阿富汗事务的重要国家，其政策也将根据阿富汗局势的变化进行调整，甚至会有所加强。

四、阿富汗总统大选与阿富汗形势

2014 年总统大选是阿富汗重建中的重要事件，这次选举是在多国部队撤军背景下进行的选举，能否通过选举实现阿富汗权力的和平转移，对于阿富汗的稳定和发展都会产生重要的影响。

总统大选的准备工作于 2013 年 7 月开始进行。2013 年 7 月 13 日，为确保新一届总统选举如期举行，阿富汗议会通过了两条选举法，对选举委员会、司法监督委员会的人员构成以及投票规则进行了规定。为确保大选安全，减少极端分子从巴基斯坦对阿富汗发动跨境袭击，巴基斯坦在选举期间内暂时关闭了两国边界。2013 年 10 月 6 日，经阿富汗独立选举委员会确认，共 27 人获得候选人资格；10 月 22 日，独立选举委员会经过最后的确认和筛选，取消了 16 名参选人的候选人资格。2014 年 3 月，现任总统卡尔扎伊等三人宣布退出总统大选，最终有 8 人角逐阿富汗总统，但选举资源主要集中在阿卜杜拉、加尼和拉苏尔 3 人身上，三者都掌握着一定的政治资源，代表着阿富汗的不同势力。

阿卜杜拉拥有塔吉克和普什图人血统，其政治生涯开始于阿富汗伊斯兰促进会，所以一般情况下他被认为是塔吉克族的政治代言人。伊斯兰促进会主要代表生活在阿富汗北部和东北部的塔吉克人的势力，拥有较强的影响力。阿卜杜拉的选举策略是尽最大的努力争取阿富汗南方和西南方普什图人选区的选票。在意识形态上，阿卜杜拉是温和的伊斯兰主义者，他积极支持阿富汗的安全能力建设，并极力反对同塔利班进行和谈。阿卜杜拉是2009年总统大选中卡尔扎伊的主要竞争者，也是反对党的最主要领导人，在阿富汗民众中的政治影响力较大。

作为长期在海外生活的普什图族人，加尼在2001年推翻塔利班后回到阿富汗，开始其政治生涯。虽然此前在阿富汗各方势力中影响有限，但其出色的工作能力获得了国际社会和卡尔扎伊总统的认可。随着政治经验的增加，加尼获得了相当一部分阿富汗民众的认可，尤其是在普什图人中有较大影响。所以，如何争取到生活在阿富汗北方的塔吉克族和其他少数民族地区的选票，是他能否赢得总统选举的关键。

拉苏尔曾担任卡尔扎伊政府的外交部长，其影响虽逊于阿卜杜拉和加尼，但却获得了多方政治势力的支持，其中包括现任总统卡尔扎伊。在纳伊尔和瓦尔达克退出选举后，也都表示支持拉苏尔。

2014年4月，总统大选第一轮投票结束，由于没有一个候选人的得票率过半，所以还要进行第二轮投票以最终确定总统职位的归属。在第一轮投票过后，得票率最高的两个候选人是阿卜杜拉和加尼。阿卜杜拉得票率为45%，加尼得票率为31.56%，拉苏尔得票率仅为11.37%。[①] 根据选举法，阿卜杜拉和加尼进入第二轮选举。在第一轮选举中，阿卜杜拉赢得了除法里亚布和朱兹詹两省以外所有的北部和东北部省份的选区（塔吉克族地区），而加尼则赢得了南方和西南方省份的选区（普什图族地区），选票结果与族群分布具有高度一致性，反映了阿富汗族群认同高于国家认同的现实。

---

① 《阿富汗总统选举无人得票超半数，6月第二轮投票》，http://world.huanqiu.com/article/2014-05/4996952.html

2014年6月14日，第二轮投票结束，独立选举委员会称7月初宣布选举结果。18日，阿卜杜拉称投票存在严重违规行为，并在随后中断了与独立选举委员会的关系，而加尼则于27日单方面宣布胜选。根据独立选举委员会公布的结果，加尼在第二轮投票中得票率为56.44%，阿卜杜拉得票率为43.56%。[1]但阿卜杜拉一直以选举中存在严重舞弊为由不承认这一结果。此后，在国际社会和卡尔扎伊的斡旋下，两人同意在独立选举委员会和联合国的监督下重新核查选票，并开始就组成联合政府进行谈判。但是，由于在谈判中存在严重分歧，阿卜杜拉一再宣布拒绝接受选举结果，阿富汗大选陷入被搁置的困境。

阿富汗总统选举引发的政治风波演变成了一场以民族为分野的不同政治派别的对抗，甚至有可能在多国部队撤军在即的情况下引发塔吉克族和普什图族之间的冲突，导致阿富汗安全形势严重恶化。2014年9月21日，在各方的斡旋下，阿富汗大选终于尘埃落定。当日，独立选举委员会宣布加尼在总统选举中获胜。但是，新总统的确定仅仅是阿富汗重建进程迈出的微小的一步，如何实现民族和解和经济发展，并最终完成阿富汗政治、经济与安全重建依然任重而道远。

---

[1] 《阿富汗总统大选第二轮投票加尼领先》，http://news.ifeng.com/a/20140708/41058194_0.shtml

中东变局以来库尔德问题的新发展

上海外国语大学中东研究所　汪波　王佳尼

【内容提要】

中东变局发生以来，库尔德人也以争取民族权利和自治为目标开展了所谓"库尔德之春"的民族运动。由于历史和现实的原因，虽然库尔德人在伊拉克、土耳其、伊朗、叙利亚四国的政治和社会地位存在明显差别，但他们都希望能够利用中东变局提供的历史机遇，争取更加充分的公民地位、少数民族权利和高度自治。但是，在各种复杂内外因素的影响下，库尔德人争取民族权利的民族运动仍面临诸多困难和挑战，库尔德问题的最终解决将是一个十分漫长的过程。

库尔德人是当前世界上最大的无国家民族，人口约3000万。库尔德问题产生的根源在于一战后西方列强对奥斯曼帝国领土的不合理分割。一战结束后，英、法、俄等国家从自身利益出发，将奥斯曼帝国统治下的库尔德斯坦地区划分到不同国家，使库尔德人成为土耳其、伊拉克、伊朗和叙利亚等中东国家的少数民族。长期以来，分布在不同国家的库尔德人一直在为争取民族权利和自决权进行斗争。经过多年的抗争后，库尔德民族运动虽然取得了一些成就，但距离建立独立民族国家的目标仍相去甚远。在中东变局之初，库尔德问题曾一度被普遍忽视，但伴随叙利亚内战久拖不决和"伊斯兰国"的出现，库尔德问题迅速升温，再次引起了国际社会的广泛关注。

一、伊拉克库尔德问题的新发展

经过半个多世纪的艰苦抗争,尤其是得益于美国发动伊拉克战争,伊拉克库尔德人在争取民族权利方面取得的成就最为显著。目前,库尔德人已经建立了伊拉克宪法认可的库尔德地区自治政府,并在伊拉克国家政治权力结构中占有一席之地。然而,伊拉克的库尔德问题并未得到根本解决,其根本原因在于要求自治程度不断提高的库尔德地区政府与伊拉克中央政府之间依然存在着尖锐的矛盾。因此,伊拉克库尔德人依然把争取最后的独立作为他们奋斗的最终目标。

2011年,在席卷中东的阿拉伯大变局的影响下,伊拉克库尔德地区也出现了与之相呼应的政治运动,其领导者是成立于2009年的"变革运动党"(Movement of Change,又名变革党),该党是伊拉克库尔德地区最大的反对党。在所谓的"库尔德之春"中,变革运动党要求库尔德地区内阁辞职,并解散库尔德地区政府,但遭到了在库尔德地区政府内联合执政的库尔德民主党(Kurdish Democrat Party)和库尔德斯坦爱国联盟(Patriotic Union of Kurdistan)的强烈反对。尽管如此,变革运动党仍然在苏莱曼尼亚(Sulaymaniyah)和埃尔比勒(Erbil)等省发起了游行示威活动。

苏莱曼尼亚省是伊拉克"库尔德之春"的中心。2011年2月16日,在苏莱曼尼亚省首府,3000多名反对者走上街头,对腐败问题、失业问题、电力缺乏、社会不公等问题表示了抗议和不满。当示威者们试图冲进库尔德民主党总部,并向其建筑投掷石块时,游行演变成了暴力冲突，造成两人死亡，47人受伤。① 尽管变革运动党宣布对这次游行负责，但宣称他们并未从事暴力活动，并对袭击库尔德民主党总部的行为表示了谴责。② 在接下来的几个星期中，示威游行的范围不断扩大，示威者的人数达到了7000人之多，并且以静坐示威的方式占领了苏莱曼尼亚的自由广场。2月24日，广场上的400多名示威者向警察投掷棍子和石头，骚乱造成至少50人受伤。与此同时，宗教领袖和其他反对党也开始加入示威游行行列，导致骚乱进一步升级。③ 直到4月份，政府的安全部队进入广场维护秩序，骚乱才得以平息。

除苏莱曼尼亚外，伊拉克库尔德地区政府所在地埃尔比勒也出现了类似的示威游行。但值得注意的是，库尔德地区的示威游行与伊拉克其他地区示威游行的诉求有很大的不同。库尔德地区示威者在向伊拉克政府要求更多民主的同时，强烈要求库尔德地区实现高度自治。反对腐败和要求包括社会公正在内的各项个人政治权利，也是他们对库尔德地区政府提出的要求。因此，这场政治运动也被西方媒体称为"库尔德之春"。

所谓"库尔德之春"的内容主要包括两个方面，针对中央政府，库尔德民众要求更高程度的自治；针对库尔德自治政府，库尔德民众则要求更广泛的民主权利。所谓的"库尔德之春"表明，在伊拉克库尔德地方已经出现高度自治的情况下，变革运动党与库尔德斯

---

① Khalid Al-Ansary, "Two killed, 47 hurt in Iraq protest violence", Returns, Feb. 17, 2011, http://www.reuters.com/article/2011/02/17/us-iraq-protests-idUSTRE71G6PF20110217.

② Mohammed Tawfeeq, "Teenager dies, 39 hurt in fresh clashes in Iraq's Kurdistan", CNN, Feb. 21, 2011, http://edition.cnn.com/2011/WORLD/meast/02/21/iraq.protests/index.html.

③ Karzan Kardozi, "Day Eight of Protest in Sulaimaniyah, Iraqi Kurdistan, Religious Leaders Join In", Feb. 24, 2011, http://www.ekurd.net/mismas/articles/misc2011/2/state4716.htm.

坦地方政府之间的博弈，导致了库尔德问题的进一步复杂化，反映了伊拉克库尔德地区政治发展的新特点。

萨达姆政权倒台后，库尔德地方政府吸引了来自英国、法国、挪威以及中国等国家的很多外资企业，对该地区丰富的油气资源和基础设施项目进行投资，达成了多项投资协议。同时，库尔德地区的房地产和IT行业也得到了长足发展。然而，苏莱曼尼亚和埃尔比勒的示威游行不仅对当地经济和商业造成了破坏，而且也打击了外国投资者的信心。因此，"库尔德之春"对伊拉克库尔德地区经济发展造成了较大的冲击。

伊拉克的"库尔德之春"尽管对库尔德地区的稳定造成了一定的影响，但并未动摇库尔德地方政府的统治根基。从库尔德人与伊拉克中央政府的关系来看，长期存在的库尔德地区与中央政府在财政预算、石油收益分配、基尔库克等争议地区的管辖权问题上的分歧构成了双方的主要矛盾，并在中东变局发生以来有不断激化的趋势，而"伊斯兰国"的兴起则进一步导致了伊拉克库尔德问题的复杂化。

2014年3月，库尔德族议员要求中央政府在2014年度向库尔德地区拨款35亿美元，而政府同意的拨款数目是6.5亿美元。马利基政府曾一度以停发库尔德自治区公务员工资的举措迫使库尔德自治政府让步，但双方一直争执不下。在此背景下，直至2014年9月中旬，政府的财政预算仍然没有获得通过，导致库尔德人的不满日趋强烈。

为实现政治独立，库尔德地区一直在争取石油资源和运营的独立控制权，而伊拉克中央政府则坚决反对库尔德自治区未经中央同意而独立开发石油资源，或与外国公司签订石油协议等。2012年以来，库尔德自治政府不断突破中央政府的限制，谋取能源独立，甚至与法国公司和土耳其方面签署石油开采和出口协议，并于2012年5月宣布建造从基尔库克到土耳其杰伊汉的输油管道，实现直接输出原油。2014年5月以来，库尔德地区政府开始从土耳其港口杰伊汉出口大量石油。

拥有丰富石油资源的基尔库克是伊拉克库尔德地区政府和伊拉克中央政府争夺的重要地区。伊拉克中央政府一直坚持要与库尔德地区政府共同享有基尔库克市的管辖权，而库尔人自治政府则坚持独立管辖，导致双方矛盾不断激化。2014年6月12日，在伊拉克军队与"伊斯兰国"发生严重武装冲突之际，库尔德武装力量趁乱占领了基尔库克，并明确表示不会将其交还给伊拉克中央政府。

此外，伊拉克库尔德地区还在不断谋求军事和安全方面的自主权。库尔德武装力量"自由斗士"构成了库尔德地区的准军事部队和警察力量。这支武装力量并没有正式的伊拉克军队编制，他们只维护库尔德人地区的安全。这种情况如果继续下去，伊拉克库尔德地区这种具有民兵性质的武装，就有可能发展成为与黎巴嫩真主党类似的武装力量，并有损伊斯兰克的国家利益。[①] 因此，如何处理好库尔德地区武装力量与伊拉克政府军队之间的关系，也是伊拉克中央政府面临的重要问题。

长期以来，伊拉克库尔德人控制着伊拉克的主要产油区，伴随"伊斯兰国"日趋猖獗，该地区已成为伊拉克库尔德人、伊拉克中央政府和"伊斯兰国"争夺的焦点。2014年8月，"伊斯兰国"武装开始袭击伊拉克库尔德人，并一度夺取了摩苏尔等库尔德地区的战略要地，甚至把战线推进到距离伊拉克库尔德地区政府所在地埃尔比勒几十公里的地方。出于维护自身利益的考虑，美国于2014年8月开始对"伊斯兰国"武装进行空中打击，西欧国家也向伊拉克库尔德地区政府直接提供军事援助。在美国空军以及其他国家的军事

[①] Riccardo Dugulin, "The Kurds' Place in the 'Arab Spring'", Dec 10, 2011, https：//www.opendemocracy.net/riccardo-dugulin/kurds%E2%80%99-place-in-%E2%80%98arab-spring%E2%80%99。

支援下，伊拉克库尔德武装在收复属于库尔德地区政府管辖区域的同时，还夺取了大片伊拉克中央政府控制的土地。

尽管库尔德武装在配合美国等西方国家打击"伊斯兰国"的武装行动中有不俗表现，并获得了美欧国家和地区国家的大量援助，但这并不意味着西方国家和地区国家真正支持库尔德独立，伊拉克库尔德问题的发展走势仍取决于伊拉克政局、库尔德地区自身发展以及域内外大国政策等多种因素，在短期内仍很难获得独立。

二、土耳其库尔德问题的新发展

长期以来，土耳其库尔德人的斗争目标是要求土耳其政府承认其民族身份，并获得更多的民族权利，乃至独立建国。多年来，土耳其库尔德人的抗争方式已经从库尔德工人党（PKK）的暴力斗争和恐怖袭击，逐步转向政治参与的非暴力方式。目前，土耳其政府也在一定程度上放宽了对库尔德的民族政策。不过，库尔德问题依然是土耳其政治的焦点问题之一，库尔德问题不仅影响土耳其国内政治，同时也对土耳其对外关系尤其是土耳其与欧洲及邻国的关系有重要的影响。

2011年上半年，在阿拉伯国家相继发生的大规模民众抗议的影响下，库尔德人聚集的土耳其东南地区也发生了一定规模的游行示威。身在狱中的库尔德工人党领导人奥贾兰也对其支持者喊话："库尔德人只有走上像迪亚巴克尔这样的库尔德城市街头，大声呼喊出自己要求的权利，这才算是自由。"[①] 库尔德人政党"和平与民主党"（Peace and Democrat Party, BDP）则是土耳其东南地区游行示威活动的直接领导者，导致库尔德地区最大的城市迪亚巴克尔率先

---

① Noam Chomsky, "On Kurds' Arab Spring," *Today's Zaman*, Jul. 21, 2011.

发生示威游行活动。土耳其政府对此很快就做出了回应，部署了大批士兵驱散这场 3000 多人参加的游行，导致警察和游行者发生冲突。①

在迪亚巴克尔游行示威活动的影响下，土耳其东南地区的巴特曼也爆发了游行示威活动，并迅速在整个库尔德地区的城市蔓延，导致警察与库尔德民众的暴力冲突时有发生。2011 年 5 月中旬，土耳其军队打死了 6 名试图从伊拉克库尔德自治区越境进入土耳其的库尔德工人党成员，② 再次引发了土耳其各地的大规模抗议活动，而和平与民主党也在当年 6 月的选举中赢得了将近 6.6% 的支持率。2012 年初，土耳其军队对库尔德地区的锡尔纳克省进行了空袭，数十名库尔德平民在空袭中丧生，③ 导致库尔德人聚集的城市再次爆发大规模游行。在迪亚巴克尔，警察用警棍和催泪瓦斯驱散示威者，示威者也向警察投掷石块和燃烧瓶。2 月 15 日，在奥贾兰被捕 13 周年之际，阿达纳等多地爆发示威游行，要求释放奥贾兰。在很多地区，示威者都和警察发生了冲突，警察逮捕了大批示威者。3 月中旬，在和平与民主党以及库尔德工人党的号召下，上千名示威者挥舞着库尔德的旗帜在迪亚巴克尔集会，警察出动了装甲车和直升飞机占领了城市的交通要道，以阻止游行范围的进一步扩大，导致双方都有人员伤亡。9 月 12 日是 1980 年土耳其军事政变的纪念日，70 名库尔德囚犯进行了绝食抗议，要求改善监狱环境、软禁或者完全释放奥贾兰，并给予库尔德人更多的文化权利，包括教授库尔德语

---

① "Turkey's Kurds launch protest movement for rights," Mar. 24, 2011, http://www.ekurd.net/mismas/articles/misc2011/3/turkey3163.htm.

② "Turkish forces kill 12 Kurd fighters crossing from Iraq," Reuters, May 14, 2011, http://www.reuters.com/article/2011/05/14/us-turkey-kurd-idUSTRE74D0Z620110514.

③ "Concerns raised about obscuring evidence in Uludere killings," Jan. 11, 2012, http://www.todayszaman.com/news-268332-concerns-raised-about-obscuring-evidence-in-uludere-killings.html.

和允许在法庭辩护中使用库尔德语。①

　　土耳其库尔德人的抗争取得了一定成效。2013年初，土耳其议会通过了一项法律，允许在法庭上有条件地使用库尔德语。2月，埃尔多安政府宣布支持伊斯兰教的伊玛目用土耳其语、库尔德语或阿拉伯语讲道。埃尔多安政府的这一举措得到了库尔德政治家和国际人权组织的赞赏。②3月，埃尔多安政府还和奥贾兰达成协议。奥贾兰同意库尔德工人党停止武装暴力行动，并逐步解散土耳其境内的库尔德工人党武装。但是，库尔德人争取自治和独立的斗争依然极其艰难，埃尔多安政府虽然在一定程度上放宽了对库尔德文化的限制，特别是放宽了对库尔德语使用的限制，但库尔德人所要求的民族权利诉求并没有得到充分实现。

　　近两三年来，叙利亚内战久拖不决、伊拉克再陷混乱和"伊斯兰国"的崛起，导致了土耳其库尔德问题的复杂化。对土耳其政府解决库尔德问题来说，其中既有一定的机遇，但更有严峻的挑战。为防范叙利亚冲突外溢至土耳其，并防止"伊斯兰国"对土耳其库尔德地区发动攻击，土耳其政府借机派军队驻守东南地区，保护土耳其库尔德人的安全，使其免受"伊斯兰国"的威胁，同时也增强了土耳其政府在库尔德地区的军事存在。土耳其政府的这种做法，不仅能够保护土耳其库尔德人的生命安全，而且还能防止伊拉克库尔德地区政府在打击"伊斯兰国"武装的过程中对土耳其库尔德地区进行渗透，特别是能够抵御伊拉克库尔德地区民兵武装对土耳其库尔德人的影响。

　　但是，伊拉克库尔德人独立倾向的增强，无疑会刺激土耳其库

---

① Berza Simek, "Kurdish hunger-strikers fight for rights," Nov. 5, 2012, http://www.aljazeera.com/indepth/features/2012/11/20121151054422727709.html.

② "Gov't move for delivery of sermons in local language receives applause", *Today's Zaman*, Feb. 18, 2013.

尔德人的分裂倾向，而叙利亚内战也对土耳其的库尔德问题产生了严重的消极影响。2011年底，在"阿拉伯之春"的影响下，土耳其境内库尔德人的分裂活动也愈演愈烈，最终促使土耳其政府派军队越界进入伊拉克北部地区，对驻扎在那里的库尔德工人党武装力量实施打击。此外，叙利亚政府也曾为土耳其库尔德工人党武装人员提供过庇护，甚至利用那些潜逃到叙利亚境内的库尔德激进分子对土耳其进行袭击，以扰乱土耳其的国内秩序，并积极支持土耳其库尔德人开展反政府活动，这些都大大增加了土耳其政府解决国内库尔德问题的难度。

三、伊朗库尔德问题的新发展

伊朗的国家性质属于神权政治体制，因此伊朗库尔德人的民族运动尤为艰难。但是，在阿拉伯大变局的影响下，伊朗库尔德人仍然在"库尔德自由生活党"（Party of Free Life of Kurdistan）的领导下，开展了新一轮争取民族权利的斗争。

"库尔德自由生活党"是伊朗库尔德人建立的一个政治和军事组织。自2004年以来，它一直在从事争取库尔德人政治和文化权利以及民族自决的斗争，已经和伊朗政府发生过多次武装冲突。2011年3月，在库尔德自由生活党发起的攻击中，伊朗的库尔德省份萨南达季市的2名伊朗警员遇害，3名警员受伤；4月，马里万市附近的警察局也遭到袭击，并有4名边防军人被打死，3人受伤。[1] 伊斯兰革命卫队立刻进行了反击，并在几天后宣布萨南达季事件的肇事者已被处决。6月中旬，伊朗伊斯兰革命卫队越境对躲藏在伊拉克北

---

[1] "Four Iran police killed in PJAK clashes," Apr. 4, 2011, http://www.presstv.ir/detail/173065.html.

部山区的伊朗库尔德自由生活党武装人员发动大规模袭击，打死至少5名库尔德自由生活党成员，还捣毁了该组织设立在伊朗西北部的总部。① 7月，库尔德自由生活党杀害了5名伊斯兰革命卫队的士兵和1名指挥官。作为报复，伊斯兰革命卫队几天后杀害了35名库尔德自由生活党武装人员，并逮捕了这个党的一些成员。② 此后，双方的冲突不断扩大，至少有50多名库尔德自由生活党武装战斗人员和8名伊斯兰革命卫队成员在冲突中丧生，上百名库尔德自由生活党武装人员受伤，并造成3名平民死亡，800多人流离失所。③ 7月底，库尔德自由生活党武装人员炸毁了伊朗和土耳其之间的天然气管道，伊朗军队为此处决了3名自由生活党的武装人员，还逮捕了4名宣称为该事件负责的人员，其中至少有1人拥有土耳其国籍。④

2011年8月初，库尔德自由生活党领导人宣布他们准备与伊朗政府谈判，愿意通过"和平手段"解决库尔德问题。他们承认，武装冲突并不能帮助库尔德人获得政治和文化权利。与此同时，土耳其的库尔德工人党也呼吁伊朗政府停止与库尔德自由生活党之间的武装冲突。他们还告诫伊朗政府："国际社会对中东的安排旨在围攻伊朗，目前他们正全神贯注于叙利亚问题，叙利亚问题一旦得到解

---

① "Iraq, Iran issue border demands after clashes," Jul. 19, 2011, http://www.khaleejtimes.com/displayarticle.asp?xfile=data/middleeast/2011/July/middleeast_July434.xml&section=middleeast&col=.

② "IRGC kills 35 PJAK terrorists," PressTV, Jul. 25, 2011, http://www.presstv.ir/detail/190761.html.

③ Agence France Presse, "Iran shelling of Kurd separatist rebels displaces over 200 families," Aug. 3, 2011, http://www.dailystar.com.lb/News/Middle-East/2011/Aug-03/145265-iran-shelling-of-kurd-separatist-rebels-displaces-over-200-families.ashx#axzz1U3SMJ2Os.

④ Ramin Mostafavi, and Jon Hemming, "Iran kills, arrests people linked to gas pipeline blast," Aug. 1, 2011, http://www.reuters.com/article/2011/08/01/us-iran-pipeline-arrest-idUSTRE7703BX20110801.

决，那么下一个目标就是伊朗。而库尔德人并不想与伊朗发生矛盾，只有美国人希望双方的冲突持续下去，因为这和他们希望同时削弱库尔德和伊朗的目标相吻合。"① 然而，伊朗政府却拒绝了库尔德自由生活党武装的停火声明，并于9月袭击了伊朗边境的库尔德自由生活党武装，导致库尔德自由生活党武装人员30人死亡，40人受伤。②

2011年9月，伊朗驻伊拉克大使宣布与伊拉克中央政府以及伊拉克库尔德地区政府达成协议，三方承诺将共同保持边境地区的和平。10月，伊拉克库尔德地区政府领导人在访问德黑兰时宣称，库尔德地区政府已经与伊朗库尔德自由生活党达成协议，库尔德自由生活党同意结束武装行动，愿意维持伊朗和伊拉克库尔德地区政府之间的边境安全。③ 但是，在当年12月底，伊朗伊斯兰革命卫队与库尔德自由生活党武装在伊朗西北部城市巴内再次发生冲突。库尔德自由生活党宣称，他们遭到了伊朗政府军的袭击，政府军违反了双方之间的停火协议。④

2012年初，伊朗库尔德自由生活党武装开始在边境地区重新修建防御阵地。4月底，伊朗政府军和库尔德自由生活党武装在科尔曼沙赫省的帕韦市再次爆发武装冲突，导致4名伊斯兰革命卫队士

---

① Kadri Gürsel, "Why would Iran capture Karayılan?" Aug. 15, 2011, http://www.hurriyetdailynews.com/default.aspx?pageid=438&n=why-would-iran-capture-karayilan-2011-08-15.

② "Iran rejects PJAK's cease-fire, demands withdrawal," Sep. 26, 2014, http://www.jpost.com/Breaking-News/Iran-rejects-PJAKs-cease-fire-demands-withdrawal.

③ "Safer border following agreement with PJAK – Barzani," Oct. 29, 2011, http://en.aswataliraq.info/(S(nfqprw55c3v0na2o0lc4kv45))/Default.aspx?page=article_page&c=slideshow&id=145461.

④ "JAK says Iran has violated ceasefire," Jan. 4, 2012, http://www.payvand.com/news/12/jan/1041.html.

兵丧生，另有4人受伤。① 这次冲突后，伊朗军队和库尔德自由生活党武装之间的冲突有所缓解，但小规模的摩擦依然不断。

2013年初，库尔德自由生活党武装和伊朗伊斯兰革命卫队再次在伊朗与土耳其交界处的库尔德人居住区发生冲突。② 直到2013年10月，双方之间的冲突依然时断时续。2013年底和2014年初，由于"伊斯兰国"的威胁不断扩大，才使双方的冲突告一段落。2014年6月以来，"伊斯兰国"的攻击范围不断扩大，对伊朗库尔德人和什叶派居民的安全均构成严重威胁。在此背景下，伊朗政府决定向伊拉克库尔德武装提供军事援助，以阻止"伊斯兰国"的进攻。

在中东四国广泛开展的库尔德民族运动中，伊朗库尔德人处境尤为艰难。综观伊朗库尔德民族运动的发展进程，导致伊朗库尔德问题难以解决的原因主要有三个方面。

首先，伊朗对其境内的库尔德人长期实施歧视政策，使得库尔德人难以取得平等的民族权利。近年来，伊朗库尔德人曾努力尝试通过选举等和平方式来参与伊朗政治，但伊朗政府并没有在政治、经济和社会等领域改变对库尔德民族的歧视政策。2003年伊拉克战争后，尽管伊拉克库尔德地区实现了自治，土耳其政府也开始在一定程度上放宽其对库尔德人的政策，但伊朗库尔德人的处境却依然如故，这是导致伊朗库尔德民族运动不断高涨的重要原因。

其次，伊朗的神权政治体制加大了解决库尔德问题的难度。作为一个神权政治体制的国家，伊朗的什叶派高层教士掌管着国家的政治生活。因此，伊朗的库尔德问题，不仅是民族问题，也是宗教问题。伊拉克战争结束后，伊朗作为中东的伊斯兰什叶派大国，一

---

① "Kurdish PJAK rebels kill four Iran's elite Revolutionary Guards," Apr. 25, 2012, http://www.ekurd.net/mismas/articles/misc2012/4/irankurd848.htm.

② Wladimor van Wilgenburg, "Iranian Kurdish Struggle Linked to Turkey, Syria," Jun. 14, 2013, http://www.al-monitor.com/pulse/originals/2013/06/iran-Revolutionary-guard-syria.html##ixzz2yJpZkAbO.

直致力于建立"什叶派新月带",抗衡沙特主导的逊尼派海湾国家。在这种情况下,伊朗政府试图利用库尔德问题牵制伊拉克和叙利亚,并调整与土耳其的关系。在现行的神权政治体制下,库尔德人很难以民主参与为手段和平表达政治诉求,导致双方的冲突难以避免。另外,伊朗神权政治体制的保守和封闭,也使得外部力量难以介入伊朗的库尔德问题。

最后,伊朗国内少数民族众多,不仅有库尔德民族,还有阿拉伯、土耳其、阿塞拜疆、巴拉奇斯、卡什加、亚述、亚美尼亚和切尔克斯等其他少数民族,但它们的力量普遍较弱,彼此之间存在着复杂的民族与宗教矛盾,利益诉求和斗争目标也存在很大差异,难以联合起来共同向波斯人主导的伊朗统治阶层争取少数民族权利。

四、叙利亚库尔德问题的新发展

在叙利亚,库尔德人约占总人口的9%—15%。近年来,伴随叙利亚危机演变成一场旷日持久的内战,库尔德人也被卷入其中,导致叙利亚的库尔德问题更加复杂。长期以来,叙利亚库尔德人的公民权利以及文化、经济和社会权利都无法得到保障。2011年上半年,当"阿拉伯之春"波及到叙利亚时,阿萨德政府决定赋予一部分库尔德人叙利亚公民身份,以分化库尔德反对派。然而,当叙利亚内战爆发后,叙利亚库尔德人已不再满足于叙利亚公民的身份,而是希望取得自治,甚至建立独立的库尔德国家。

库尔德人首次卷入叙利亚内战始于2012年底。2012年底,叙利亚自由军和叙利亚政府军在库尔德人聚集的艾因角地区发生交火,库尔德人民保卫组织(Kurdish People's Protection Units)趁乱占领了当地政府军的一些安全设施和行政管理部门。但是,在叙利亚自由军在交火中取得优势后,又转而攻打库尔德民主党联盟(Kurdish

Democratic Union Party）设在艾因角地区的一处检查站，并打死了 1 名库尔德民主党联盟成员，双方因此发生冲突，库尔德人也因此卷入叙利亚内战。2012 年底，叙利亚反对派武装和库尔德人达成停火协议，但好景不长，叙利亚反对派武装于 2013 年初再次从土耳其越境攻打艾因角的库尔德人，双方再次爆发激烈冲突，直到 2 月底才实现停火。

2013 年 7 月，在经历了短暂的停火后，库尔德人民保卫组织又和叙利亚反对派极端武装"胜利阵线"（al-Nusra）发生冲突。最终，库尔德人民保卫组织占领了胜利阵线总部，并驱逐了该地区的"圣战"分子，占领了土叙边界地区，陆续从伊斯兰极端分子手中夺取了一些重要据点。8 月底，伊斯兰极端武装和库尔德武装为夺取位于伊拉克和叙利亚边境上的小镇再次交火。9 月底，叙利亚自由军又对位于土叙边境上的叙利亚库尔德人居住的小镇发动了袭击。[①]

2013 年 10 月，库尔德人民保卫组织已经基本控制了叙利亚与伊拉克之间的边境地区，并打败了"伊斯兰国"武装，占领了叙利亚境内的重要产油区哈塞克。11 月初，叙利亚库尔德武装为巩固对哈塞克地区的控制，再次发动攻击，迫使伊斯兰极端分子离开了艾因角，并在后来与"伊斯兰国"和"胜利阵线"等极端武装的冲突中占领了两个村庄。11 月中旬，在控制了大约 40 个城镇后，库尔德民主党联盟宣布成立自治的过渡政府，管理库尔德人控制的叙利亚东北部地区。[②] 12 月底，库尔德人民保卫组织攻占了

[①] Khaled Yacoub Oweis, "Arabs battle Syrian Kurds as Assad's foes fragment," Sep. 27, 2013, http://in.reuters.com/article/2013/09/26/syria-crisis-kurds-idINL5N0HM3M220130926.

[②] Richard Hall, "Syria's Kurds move towards autonomy with announcement of transitional government," Nov. 12, 2013, http://www.independent.co.uk/news/world/middle-east/syrias-kurds-move-towards-autonomy-with-announcement-of-transitional-government-8935441.html.

位于哈赛克和卡米什利之间伊斯兰极端分子的占领区，但在 2014 年初，又在与伊斯兰极端分子的冲突中失去了对该地区的控制权。①

2014 年 1 月底，伊斯兰极端武装对哈塞克地区库尔德人民保卫组织控制下的城镇发动袭击，遭到了来自库尔德人的强烈抵抗，导致 23 名伊斯兰极端分子丧生，库尔德人民保卫组织还缴获了 1 辆坦克。2 月伊始，库尔德人民保卫组织对"伊斯兰国"在泰勒艾卜耶德的基地发动攻击，打死了 8 名"伊斯兰国"武装人员，其中包括 1 名指挥官。此后，库尔德人民保卫组织与"伊斯兰国"爆发了多次武装冲突，但大多以库尔德人民保卫组织的胜利告终。2 月底，库尔德人民保卫组织宣布暂停在叙利亚库尔德地区的军事活动，除非遭到外来敌对武装对该地区的军事攻击。就在声明发表的第二天，"伊斯兰国"便发动了攻击，但很快被库尔德人民保卫组织击退。整个 3 月份，"伊斯兰国"对库尔德人民保卫组织实施了大规模报复性打击，双方虽均有伤亡，但库尔德人民保卫组织在冲突中始终占据上风。不过，在"伊斯兰国"和库尔德人民保卫组织多次交火的泰勒艾卜耶德西边的农村地带，大批不堪忍受战火的库尔德平民都迁移到土叙边境。② 与此同时，库尔德人民保卫组织也对"伊斯兰国"占领的地区发动大规模攻击。③

2014 年 5 月底，"伊斯兰国"在阿勒颇绑架了 193 名库尔德平

---

① Tom Perry, "Syrian Kurds take town from Islamists: watchdog," Feb. 22, 2014, http://www.reuters.com/article/2014/02/22/us-syria-crisis-town-idUS-BREA1L0IJ20140222.

② "Violent clashes between ISIS and YPG taking place in Raqqa," May 10, 2014, http://syriahr.com/en/index.php? option = com_ news&nid = 1977&Itemid = 2&task = displaynews#.VBxlfPmSy9J.

③ "A new dialogue and collaboration in northern Syria between Kurds and rebels," May 1, 2014, http://the-arab-chronicle.com/dialogue-collaboration-syria-kurds-rebels/#.

民,① 以及186名库尔德学生。② 7月初,"伊斯兰国"武装利用从伊拉克库尔德地区政府武装手中缴获的先进武器,攻打位于艾因阿拉伯地区的多个村落,迫使库尔德人民保卫组织从该地区的部分村庄撤离。③ 7月中旬,叙利亚库尔德民主党联盟向中东地区所有库尔德人发出呼吁,请求支援他们保卫艾因阿拉伯地区的军事行动。土耳其库尔德工人党武装闻讯后,立刻开赴叙利亚,支援叙利亚库尔德人民保卫组织守卫其重要战略据点。在这次冲突中,"伊斯兰国"虽然一度占领了10个城镇,但库尔德人最终还是在月底击退了"伊斯兰国"对艾因阿拉伯地区的攻击,④ 并在冲突中打死了685名"伊斯兰国"武装人员。⑤ 2014年9月中旬,"伊斯兰国"再次动用坦克和火箭炮向艾因阿拉伯地区发动进攻,并于17日占领了21个库尔德人控制的村庄,使该地区陷入"伊斯兰国"武装的包围之中。⑥

目前,叙利亚的内战仍在继续,其冲突范围早已不限于政府军和反对派之间,各反对派之间的冲突也同样激烈。2013年底以来,

---

① "Nearly 200 Kurds kidnapped in Syria," May 30, 2014, http://www.iol.co.za/news/world/nearly-200-kurds-kidnapped-in-syria-1.1696707#.VBxpr_mSy9J.

② James Harkin, "Up to 186 Kurdish students kidnapped by Isis in northern Syria," Jun. 26, 2014, http://www.theguardian.com/world/2014/jun/26/186-kurdish-students-kidnapped-isis-syria.

③ "ISIS steps up assault on Kurds in Syria's north," Jul. 11, 2014, http://www.dailystar.com.lb/News/Middle-East/2014/Jul-11/263481-isis-steps-up-assault-on-kurds-in-syrias-north.ashx#axzz37PLIjESg.

④ Tom Perry, and Seyhmus Cakan, "Kurds go to Syria from Turkey to fight Islamists," Jul. 14, 2014, http://www.reuters.com/article/2014/07/14/us-syria-crisis-kurds-idUSKBN0FJ2A820140714.

⑤ "YPG: Nearly 700 Islamic Militants Killed in Kobane Fighting in July," Aug. 3, 2014, http://rudaw.net/english/middleeast/syria/03082014.

⑥ Kokab Farshori, "In Major Assault, IS Fighters Seize Kurdish Villages in Syria," Sep. 19, 2014, http://www.voanews.com/content/islamic-state-fighters-seize-syrian-villages/2453910.html.

"伊斯兰国"在叙利亚的出现,特别是"伊斯兰国"与库尔德人之间的冲突,进一步加剧了叙利亚库尔德问题和整个库尔德问题的复杂化。

总之,在阿拉伯大变局发生以来,叙利亚库尔德人先是走上街头,通过游行示威的方式表达自己的利益诉求。随着叙利亚内战的爆发,叙利亚库尔德人开始进行武装斗争。他们在维护叙利亚库尔德地区安全的同时,也力图借叙利亚内战实现库尔德地区自治甚至独立。

当前,叙利亚库尔德人尤其是库尔德武装力量已构成叙利亚内战的重要一方。叙利亚内战主要有四大交战方,即叙利亚政府、反对派、库尔德人和"伊斯兰国"。其中,叙利亚政府在国际上得到伊朗、黎巴嫩真主党、俄罗斯的支持,在国内得到什叶派支派阿拉维派、逊尼派商业精英阶层等力量的支持;组成反对派的军事力量主要是叙利亚自由军与伊斯兰阵线(Islamist Front)、叙利亚穆斯林兄弟会等,在国际上得到西方国家和海湾国家及土耳其的支持;构成叙利亚库尔德人军事力量的主要是库尔德人民保卫组织与库尔德联盟党,伊拉克库尔德地区政府和土耳其库尔德工人党为其提供了一定的援助和支持;"伊斯兰国"则是由"基地"组织伊拉克分支演变而来的极端武装力量,借叙利亚内战和伊拉克乱局控制了叙伊边境地区的大片区域。

叙利亚内战尽管使库尔德人的自主权有所增强,但也使其面临来自"伊斯兰国"等极端力量的安全威胁。叙利亚库尔德武装与"伊斯兰国"之间的冲突对叙利亚库尔德人的影响利弊兼有。一方面,叙利亚库尔德人在与"伊斯兰国"的武装冲突中彰显了实力,同时还扩大了叙利亚库尔德人控制的区域,这些都有利于叙利亚库尔德人实现自治。另一方面,叙利亚库尔德武装与"伊斯兰国"的武力冲突也对叙利亚库尔德人武装力量造成严重消耗,不利于叙利亚库尔德人在叙利亚未来的政治进程中与其他派别抗衡。

综上所述，自中东变局发生以来，伊拉克、土耳其、伊朗和叙利亚的库尔德问题都渐趋升温，其突出表现主要有二：一是阿拉伯国家的民众抗议浪潮刺激了库尔德人争取民族权利的斗争，存在库尔德问题的四个国家都发生了从游行示威到武装斗争的库尔德民族运动，库尔德人争取更高程度自治甚至独立的倾向在不断增强。二是叙利亚内战、伊拉克乱局和"伊斯兰国"的兴起导致库尔德问题不断升温，尤其是伊拉克和叙利亚的库尔德问题更加引人瞩目，库尔德问题已成为影响中东地区格局重组的重要因素。

中东变局以来的南北苏丹问题

浙江师范大学非洲研究院　姜恒昆
云南大学非洲研究中心博士生　周军

【内容提要】

　　自南苏丹独立以来，苏丹与南苏丹关系因诸多未决问题而一波三折，并因2012年初南苏丹石油停产及随后的哈季利季武装冲突而尖锐对立。在国际、国内的双重压力下，双方被迫重启谈判，并于2012年9月签署了一系列迄今未被落实的协议。2013年3—4月，两国军队开始从边界非军事区撤离，随后南苏丹正式恢复石油生产并经苏丹的输油管道出口，两国关系出现缓和。然而，2013年底爆发的南苏丹危机，使两国关系再添变数。两国关系的彻底改善，取决于双方能否在石油收入分配方面持续合作，能否在债务分担、边界划分、停止支持对方的反叛组织等重要问题的解决上取得突破，以及国际社会能否在未来的两国谈判及有关协议的落实中发挥重要作用。

　　从1956年苏丹独立到2011年南苏丹独立，保持统一或走向分离始终是苏丹南北关系的核心问题，并由此导致了两次南北内战：第一次南北内战（1955—1972年）以南方争取独立开始，以南方获得自治结束；第二次南北内战（1983—2005年）期间，虽然南方反抗运动（苏丹人民解放运动）将"统一、世俗和民主"的"新苏丹"作为其主导思想，但"分离主义"在南方一直暗流涌动。在国内和平力量和国际社会的共同推动下，南北双方于2005年1月9日签署结束内战的《全面和平协定》，给予南方在6年过渡期之后通过南方公投确定其未来政治地位（独立或继续留在统一的苏丹）的权利。2011年1月9日，苏丹南方顺利举行公投，近99%的投票者支持独立；2011年7月9日，苏丹南方独立，建立了世界上最年轻的国家——南苏丹共和国，苏丹率先承认南苏丹并与其建交。

然而，和平分离并未带来预期的和平相处。相反，南苏丹独立使过渡阶段潜伏的南北矛盾浮出水面，边界划分、领土归属、石油收益分配等悬而未决的问题，与因分离而出现的外债分担、公民权利等新问题交织在一起，迅速导致两国关系恶化直至兵戎相见。在国际社会的斡旋和压力下，虽然双方于2012年9月达成系列合作协议，双边关系也因之转向缓和，但2013年底南苏丹危机的爆发使两国关系再添变数。在石油合作受阻、领土和边界问题更趋复杂的情况下，两国关系很可能因诉诸"代理人战争"而再度恶化。

一、苏丹和南苏丹关系的演变

南苏丹独立以来，两国围绕悬而未决的问题展开博弈，双边关系大致经历了从对抗、缓和到有限合作三个阶段：从2011年7月南苏丹独立，到2012年4月两国在哈季利季油田[①]发生武装

[①] 哈季利季油田位于苏丹和南苏丹边界北侧，属于双方围绕阿卜耶伊的领土争端范围。根据海牙国际法院2009年的裁决，哈季利季油田属于苏丹领土，将该地区划到阿卜耶伊地区之外。虽然国际社会认可海牙国际法院的裁决，但南苏丹坚持对该地区拥有历史所有权。该油田日产原油5万桶，是南苏丹独立之后苏丹境内最重要的油田。"Tensions between the Two Sudans," http://www.enoughproject.org/conflicts/sudans/tensions-two-sudans#northsouth

冲突，两国关系处于对抗阶段；从2012年5月两国开始谈判，到2012年9月27日签署系列协议，两国关系逐渐走向缓和；以2013年4月南苏丹恢复石油生产为标志，苏丹与南苏丹关系进入有限合作阶段。

（一）激烈对抗阶段（2011年7月—2012年4月）

南苏丹独立后，苏丹与南苏丹两国的石油开发呈相互依赖的局面。对南苏丹来说，石油收益是南苏丹政府最重要的收入来源，虽然石油生产在本国，但绝大部分输油管道、出口终端及主要的精炼厂都在苏丹境内，需要依赖苏丹的输油管道将原油运到红海沿岸的苏丹港。对苏丹来说，南苏丹分裂使其失去3/4的石油储量，政府财政收入锐减[1]，导致国内出现经济危机和民众抗议。为弥补财政缺口，苏丹不得不向南苏丹收取高额输油管道和设施使用费。此外，两国有着漫长的边境线，边境贸易频繁，且大量南苏丹人仍在苏丹工作。国际社会曾希望这种相互依赖能促进两国在其他领域的合作，但由于两国之间存在的一系列悬而未决的问题和利益分歧，且《全面和平协定》并未就双方未来关系做出安排，因而两国关系在南苏丹独立后迅速恶化。

苏丹与南苏丹的边界问题涉及边界划分、跨境冲突、边界安全安

---

[1] 在南苏丹独立之前，《全面和平协定》对分享石油收益做了规定：2%的收益直接归产油州（北方和南方都是联邦结构），剩下的由南北政府平分。南方对这个规定一直不满，因此在获得独立后，南苏丹必然不愿再与北方分享石油收益。2011年1月苏丹南部地区举行公投时，石油收益占苏丹政府收入的60%—70%，占南苏丹政府收入的98%。南苏丹分离使苏丹失去了南部石油收入的49%，根据国际货币基金组织的数据，苏丹失去了55%的财政收入，以及2/3的外汇。苏丹原油出口收入从2010年的110亿美元左右下降到2012年的不到18亿美元，石油收入占苏丹政府总收入从2010年60%下降到2012年的27%。US Energy Information Administration, *Country Analysis Brief: Sudan and South Sudan*, 3 September, 2014, p. 1.

排等一系列问题。《全面和平协定》规定，南北界线应为1956年1月1日苏丹独立时的南北界线，并设立边界技术委员会负责边界划分。南苏丹独立时，两国长达2000多公里的边界尚有20%左右存在争议，即使双方认为没有异议的边界也未正式划定。在争议领土中，首当其冲的就是被称为两国关系"火药桶"的阿卜耶伊地区。① 除该地区外，边界技术委员会重点处理的5个争议地区的归属问题亦未解决，另外还存在一些双方"领土要求"存在争议的地区，如南苏丹对哈季利季油田，苏丹对卡卡镇周围地区的领土主张等。② 在边界划分难以进行的情况下，边界地区的安全安排就变得十分重要。然而，南北双方虽然签订了一系列安全安排协议，③ 但均未得到落实。

---

① 阿卜耶伊是苏丹与南苏丹边界一块面积超过1万平方公里的地区，两国对该地区的归属存在严重争执。按照苏丹南北双方签订的《全面和平协定》，阿卜耶伊将与南方公投的同时举行本地区的公民投票，以决定其继续留在北方还是并入南方，但因两国分歧严重，该地区而一直未能举行公投。详见姜恒昆、周军："苏丹南北关系中的阿卜耶伊问题"，载《西亚非洲》2011年第7期，第33—45页。

② 除阿卜耶伊外，两国还在伦克（Renk）、梅根尼斯（Megenis）、卡卡镇（Kaka Town）、卡菲亚金吉（Kafia Kingi）、"14英里"地区等地区的归属权问题上存在争议。其中"14英里"地区系指苏丹东达尔富尔州和南苏丹北加扎勒河州交界的一片区域，位于基尔河（或称加扎勒河）下游，也称"门罗—威斯利"（Monroe-Wheatley）地区。双方对该地区归属有争议，南苏丹出具了一张1954年的地图，显示"14英里"地区居住着马勒瓦勒丁卡人，但苏丹政府认为该地图表明"14英里"地区有一部分属于达尔富尔地区。在旱季，北部的牧民会赶着他们的牛群向南迁移，期间会穿过丁卡人居住的地区，并在那里放牧和贸易。详见：ICG Policy Briefing, *Sudan: Defining the North-South Border*, Africa Briefing N°75, 2 September 2010, pp. 5 – 11.

③ 2010年12月7日，双方签订《公投后时期安全安排共同立场文件》（Joint Position Paper on Security Arrangements of Post Referendum Period），同意重新部署联合部队（Joint Integrated Units），同时建立安全走廊；2011年5月30日，双方达成《边界安全共同立场文件》（Joint Position Paper on Border Security），即《库里夫图文件》（Kurif-tu），承诺建立非军事化的"共同边界地区"（Common Border Zone），以1956年边界线为基准向各自一侧延伸10公里；2011年6月20日，双方签订《亚的斯亚贝巴协议》，规定双方从阿卜耶伊撤出军队，并在该地区建立一个行政管理机构。随后，双方于6

事实上，早在南苏丹独立前，南北双方就已在阿卜耶伊问题上兵戎相见。由于南北双方在阿卜耶伊公投的选民资格问题上存在严重分歧，南方认为只有恩哥克—丁卡人才有权投票，而北方则坚持给予每年进入该地区游牧的阿拉伯—米塞里亚人投票权，阿卜耶伊地区公投因此未能如期举行。2011年5月，南部苏丹军队与苏丹武装部队发生冲突，苏丹武装部队随后占领阿卜耶伊镇，导致10万人流离失所，其中的绝大部分逃到南方避难。虽然双方在2011年6月20日签订了《阿卜耶伊地区行政管理和安全安排临时协议》[①]，但阿卜耶伊问题的解决并未因此出现进展，苏丹武装部队仍驻扎在阿卜耶伊地区，同时继续封锁该地区与南苏丹的边界。

南苏丹独立时，双方也未能就石油收益分配达成一致，石油问题遂成为两国博弈的另一焦点。为弥补石油收入损失，苏丹在石油过境费用谈判中"漫天要价"，要求南苏丹支付每桶32—36美元的运输和处理费用，而南苏丹则援用国际标准，只愿支付每桶1美元的过境费。[②]

月29日又签订了《关于边界安全和共同政治和军事机制的协议》(Agreement on Border Security and the Joint Political and Security Mechanism)，承诺建立一个非军事化安全边界地区(Safe Demilitarized Border Zone，亦即之前的"共同边界地区")，并在10天之内将各自的军队部署在这个20公里的范围以外；2011年7月30日，双方又签订了《边界监督支持派遣团协议》(Agreement for the Border Monitoring Support Mission)，规定设立"边界核查和监督联合派遣团"(Joint Border Verification and Monitoring Mission)，扩大"政治和安全联合机制"(Joint Political and Security Mechanism)以吸收两国外交部长和内务部长参与。该文件还要求联合国授权联合国阿卜耶伊临时安全部队为边界地区提供观察员。

① 协议文本请见："Agreement between The Government of the Republic of Sudan and The Sudan People's Liberation Movement on Temporary Arrangements for the Administration and Security of the Abyei Area", Addis Ababa, Ethiopia, 20 June 2011.

② Lauren Ploch Blanchard, "Sudan and South Sudan: Current Issues for Congress and U. S. Policy", CRS Report for Congress, October 5, 2012, p. 12, available at: http://www.fas.org/sgp/crs/row/R42774.pdf

由于分歧巨大,有关输油管道使用费的谈判在南苏丹分离后迅速陷入僵局。苏丹指责南苏丹拖欠其石油过境费,称南苏丹自独立后共欠其输油管道使用费 10 亿美元,并从 2011 年 12 月开始"没收"南苏丹石油;而南苏丹则指控苏丹"盗窃"了其价值达 8.15 亿美元的石油,并要求返还被"偷窃"的石油。[1]为报复苏丹政府的"偷窃"石油行为,南苏丹于 2012 年 1 月 20 日开始"自杀式"石油停产。随后,南苏丹与肯尼亚签署协议,宣布将修建一条通往肯尼亚拉穆港的输油管道,同时考虑修建一条经埃塞俄比亚至吉布提红海港的输油管道。[2]南苏丹政府的决定导致双方的谈判破裂,并最终导致 2012 年 3—4 月的两国军事冲突。

2011 年 9 月—2012 年 5 月,两国停止边界安全安排谈判,并频繁通过军事手段强化各自的强硬立场。从 2011 年 11 月开始,苏丹武装部队不时空袭南苏丹的北加扎勒河州和团结州,称此举是为了

---

[1] Lauren Ploch Blanchard, "Sudan and South Sudan: Current Issues for Congress and U.S. Policy", CRS Report for Congress, October 5, 2012, p. 12, available at: http://www.fas.org/sgp/crs/row/R42774.pdf

[2] 南苏丹打算修建一条通往肯尼亚拉穆港的输油管道,2012 年 1 月,南苏丹与肯尼亚签署谅解备忘录;2012 年 8 月,双方正式签订合作协议,并请一家日本公司做可行性研究。此外,南苏丹还设想从石油储量丰富的琼莱州修建一条经埃塞俄比亚到达吉布提港出口石油的输油管道。2012 年 9 月,南苏丹与埃塞俄比亚和厄立特里亚签订政府间协议,为建设这条输油管道确立合作机制。2013 年 3 月 12 日,南苏丹又与这两个国家签订谅解备忘录,同时请一家美国公司作可行性评估。尽管南苏丹与这些国家签订了相关合作协议,但这些输油管道建设计划目前仍停留在评估阶段。详见:"South Sudan's oil pipeline construction will commence soon", June 14, 2012, http://www.sudantribune.com/South-Sudan-s-oil-pipeline; Meraf Leykun, "South Sudan Oil Pipeline to Pass through Ethiopia", 19 March 2013, http://www.2merkato.com/201303192138/south-sudan-oil-pipeline-to-pass-through-ethiopia

追击"苏丹人民解放军—北方局"[①]和达尔富尔的反政府武装,而"苏丹人民解放军"(南苏丹国家军队)则报之以攻击苏丹武装部队的边界营地。此外,双方还反复争夺乔(Jaw)等战略要地。[②] 2012年3—4月,两国边境争端升级为大规模军事冲突。

2012年3月26日,苏丹与南苏丹军队在哈季利季发生冲突,并对南苏丹团结州首府本提乌附近的石油设施实施了轰炸。南苏丹总统基尔随即宣布南北边界附近的哈季利季油田为南苏丹领土,并于4月10日派兵占领。苏丹对此反应激烈,总统巴希尔发表措辞激烈的言论,并对南苏丹宣战。南苏丹称出兵占领是对苏丹武装部队越界轰炸和入侵的还击,且哈季利季油田与阿卜耶伊地区同属争议地区,对该地区的占领并不是对苏丹国家主权的侵犯。然而,出乎南苏丹意料的是,国际社会普遍谴责其入侵行为。在国际舆论和苏丹军事力量的双重压力下,占领仅10天后南苏丹就被迫从哈季利季撤出军队,但要求在该地区部署一支维和部队,以确保该地区不被苏丹用作对抗南苏丹的军事基地。[③] 尽管南苏丹只是短暂占领哈季利季油田,但石油设施却在两国冲突中遭到严重破坏。哈季利季冲突既是领土争端,也是对石油资源的争夺,充分反映了两

[①] 在南苏丹独立之前,作为南部地区武装"苏丹人民解放军"的第9和第10师在南科尔多凡州和青尼罗州活动。南科尔多凡州和青尼罗州在地理上位于1956年南北分界线以北,穆斯林人口占多数,但因为政治和文化上被苏丹政府边缘化,这两州的许多居民在南北内战期间加入南方的苏丹人民解放军。"苏丹人民解放运动—北方局"的高级官员同时也是"苏丹人民解放运动"的领导成员,其秘书长亚瑟·阿尔曼在2010年苏丹全国大选时曾一度作为"苏丹人民解放运动"方面的总统候选人。2011年7月9日南苏丹独立时,南科尔多凡州和青尼罗州的苏丹人民解放运动成员成立"苏丹人民解放运动—北方局",并与苏丹人民解放运动正式脱离关系。

[②] Joshua Craze, "Dividing lines: Grazing and conflict along the Sudan - South Sudan border", *Small Arms Survey*, July 2013, p.29.

[③] 《南苏丹宣布从哈季利季油田撤军》,http://news.xinhuanet.com/world/2012-04/20/c_111819141.htm

国关系的复杂性。

（二）缓和阶段（2012 年 5 月—2012 年 9 月）

哈季利季冲突使南北苏丹一度走向全面战争的边缘，为了重启因军事冲突而破裂的关于未决问题的谈判，外部力量加大了对两国的斡旋力度。2012 年 4 月 24 日，非盟和平与安全理事会通过了一份解决两国争端的"路线图"。为支持非盟的"路线图"，联合国安理会于 5 月 2 日一致通过了第 2046 号和 2047 号决议，要求两国在 8 月 2 日之前就所有悬而未决问题达成全面协议，否则将遭到国际社会的非军事制裁。[①] 此外，一直对苏丹实施制裁的美国也以强化制裁相威胁，要求两国恢复谈判。国际社会的其他成员也积极参与调停：南非前总统姆贝基领导的非盟高级别执行小组（AUHIP）和埃塞俄比亚已故总理梅莱斯均发挥了关键性调停作用；中国非洲事务特别代表多次访问苏丹和南苏丹，积极劝和促谈；阿盟、埃及等也为促进两国关系的缓和做了大量工作。

与此同时，两国的经济状况因南苏丹石油停产而持续恶化，两国政府承受的压力不断增大。在苏丹，严重的通货膨胀和政府削减燃料与食糖补贴的政策引发了公众抗议，使苏丹政府在 2012 年初一度面临陷入类似"阿拉伯之春"的危险。此外，削减支出还招致执政的全国大会党内部对政府的批评，这给总统巴希尔造成了巨大压力。石油停产给南苏丹造成的影响更为严重。2012 年南苏丹国内生产总值严重萎

[①] 决议的主要内容包括：要求苏丹和南苏丹立即停止武装冲突，将双方军队无条件撤至各自边界线内，并恢复和谈；根据非盟高级别执行小组 2011 年 11 月向双方提出的行政和安全地图，启动联合边界核查和监测机制以及设立非军事化边界安全区；停止庇护或支持对方国家的叛乱团体。决议还限定两国在 3 个月内，即 8 月 2 日之前达成协议，否则将按照《联合国宪章》第七章第四十一条规定给予制裁。有关 2046 号和 2047 号决议的全文详见：http://www.un.org/zh/documents/view_doc.asp?symbol=S/RES/2046%20；http://www.un.org/zh/documents/view_doc.asp?symbol=S/RES/2047%20

缩，政府收入锐减。在此背景下，南苏丹政府开始动用储备基金，并被迫执行2012年3月制定的财政紧缩方案。① 由于可用外汇急剧减少，南苏丹燃料短缺问题日益突出。随着经济恶化，特别是粮食安全状况的恶化，南苏丹民众的不满和抗议不断增多，社会动荡的风险随之增大。

在内外压力之下，苏丹和南苏丹于2012年5月29日在亚的斯亚贝巴恢复谈判。次日，迫于安理会反复要求阿卜耶伊实现非军事化的压力，苏丹武装部队在占领一年多后从阿卜耶伊地区撤出。然而，谈判进展依旧十分缓慢，主要原因在于两国均出于安抚国内强硬派的需要，不愿主动弥合分歧。在安理会2046号决议规定的最后期限到达之际，两国仍因分歧严重而未能达成任何协议。不过，为了避免被联合国制裁，在南非前总统姆贝基的斡旋下，两国于8月3日就石油收入分配问题达成了协议。② 2012年9月23日，苏丹总统巴希尔和南苏丹总统基尔在亚的斯亚贝巴会谈，并最终在9月27日签署了由9个协议组成的一揽子协议，内容涉及设立非军事缓冲区、允许南苏丹通过苏丹领土出口石油、双边贸易、银行服务、特定经济事项、抚恤金、边界划分及本国国民在对方国家的地位等问题。③

作为两国首脑会谈的最重要成果，两国批准了此前达成的石油收益安排协议，并确定南苏丹恢复石油生产。按照协议，南苏丹可

---

① 在新的预算制度下，政府只优先维持公务员的工资及与国家安全相关的支出，而包括教育和医疗卫生在内的社会服务支出，则被削减20%。基建投资和其他支出也被削减或是延缓进行，一些重要的基础设施项目被推迟，尤其是道路工程，这进一步制约了南苏丹发展经济及促进经济多元化的能力。

② "The position of the Government of the Sudan on the outstanding issues", 2August 2012, available at: http://www.sudantribune.com/spip.php?article43445

③ 这九项协议分别是：《苏丹与南苏丹特定经济问题协议》《苏丹与南苏丹邮政服务利益协议》《苏丹与南苏丹安全安排协议》《苏丹与南苏丹国民协议》《苏丹与南苏丹贸易协议》《苏丹与南苏丹石油协议》《苏丹与南苏丹合作协议》《苏丹与南苏丹银行业协议》《苏丹与南苏丹边界问题协议》，协议文本请见：http://www.sudantribune.com/spip.php?article44031

以使用苏丹的设备和管道,但需向其支付加工和运输等费用:南苏丹使用大尼罗石油作业公司(GNPOC)的设备和管道需支付每桶11美元的费用,使用佩特达尔(Petrodar)的设备和管道需支付每桶9.1美元的费用。协议还规定,除支付上述费用以外,南苏丹在此后的三年半内要向苏丹额外支付30.28亿美元,用以补偿苏丹因南苏丹分离造成的财政损失。这笔可解决苏丹1/3财政缺口的补偿款需按每桶15美元支付,且须在3年半内付完。如果将原油运往苏丹的出口终端,加上补偿款等费用,南苏丹需为佩特达尔支付每桶24美元、为大尼罗石油作业公司支付每桶26美元的费用。[①]

在边界安全安排方面,《安全安排协议》规定两国应承认所谓"软边界"[②],允许牧民和季节性迁移者自由穿越边界。协议还规定,双方军队从各自控制地区撤至1956年划定的边界线以外,以避免两国之间再次爆发军事冲突,同时在边界两侧建立20公里的"非军事化区"。该协定还对所谓"14英里"地区做出了特别安排,内容包括该区域的完全非军事化,以及由联合安全机制提供监督和支持等。关于阿卜耶伊问题,协议仅要求双方落实2011年6月20日达成的《阿卜耶伊地区行政管理和安全安排临时协议》,在该地区成立行政机构、地区委员会及警察机构,并未涉及阿卜耶伊的最终地位问题。

总之,系列协议的签订是两国关系由对抗到缓和的转折点。虽然这些协议并不能彻底解决两国间的未决问题,但至少为两国关系的改善创造了条件。

(三)有限合作阶段(2013年4月以来)

尽管系列协议的签署使两国关系趋缓,但协议的执行却被一再

---

① US Energy Information Administration, *Country Analysis Brief: Sudan and South Sudan*, September 3, 2014, p. 10.

② 有关"软边界"建设的详细规定,请见《苏丹与南苏丹边界问题协议》第2部分。

拖延，主要障碍是苏丹政府为系列协议的执行及阿卜耶伊问题的解决设定了三个"先决条件"。第一，在讨论阿卜耶伊最终地位问题之前需在该地区建立行政管理机构。但是，恩哥克—丁卡人和南苏丹政府支持的地方行政机构拒绝接受其他任何建议，坚持立即进行政治谈判。第二，南苏丹须在执行系列协议之前，特别是在石油复产并通过苏丹输油管道输出原油之前，与"苏丹人民解放运动—北方局"彻底脱离关系，并解除其武装。据报道，苏丹政府曾建议与南苏丹相互交换反政府武装领导人。① 第三，将执行《安全安排协议》，特别是在边界地带建立非军事化区域执行该协议，作为执行其他协议的前提。

在经济危机和政治动荡的双重压力下，苏丹与南苏丹不得不加快谈判步伐。2013年1月5日，两国元首在亚的斯亚贝巴再次会面。3月8日，两国就立即从非军事区撤军达成协议，决定开始设立非军事化安全边境区，并建立联合边界核查和监测机制。3月10日，两国开始从边界撤军，并商定3月17日前从有争议的边界线两侧撤出，4月5日前完全撤出非军事区。② 边界地区的非军事化举措有助于缓解两国紧张关系，也为南苏丹恢复石油生产创造了条件。

---

① 即南苏丹交出"苏丹人民解放运动—北方局"的三名主要领导人（阿加尔、希鲁和阿尔曼），苏丹交出苏丹人民解放运动—民主变革派（SPLM-DC）主席拉姆·阿科尔（Lam Akol）和穆尔勒民兵组织领导人戴维·亚乌·亚乌。2012年10月，苏丹政府在喀土穆将努尔民兵组织领导人詹姆斯·盖伊·雅克（James Gai Yoak）逮捕，但南苏丹政府却没有对"苏丹人民解放运动—北方局"采取同样行动。参见：International Crisis Group, "Sudan's Spreading Conflict (I): War in South Kordofan", Crisis Group Africa Report N°198, 14 February 2013, p. 34.

② 《苏丹军方称苏丹和南苏丹军队已撤出非军事区》，http://news.xinhuanet.com/2013-03/31/c_115224978.htm; Mollie Zapata, "Broken Agreement: Violations in the Demilitarized Border Zone by Sudan and South Sudan", Satellite Sentinel Project, 7 May 2013, p. 3, http://www.enoughproject.org/blogs/new-satellite-imagery-confirms-broken-agreements-along-sudansouth-sudan-border.

在停止原油生产 15 个月后，南苏丹于 2013 年 4 月 6 日开始恢复部分油田的生产。2013 年 4 月 13 日，大尼罗石油作业公司全面恢复其在南苏丹境内的 1、2、4 区的石油生产。4 月 12 日，苏丹总统巴希尔再访南苏丹。巴希尔重申，两国将切实履行双方已经签署的安全协议，并停止向对方的反政府武装提供任何形式的支持和庇护。[①] 同时，两国总统还宣布启动允许两国公民在对方国家定居、迁徙、工作和拥有不动产的所谓"四大自由"协议。[②] 2013 年 9 月 3 日，基尔总统回访苏丹。南苏丹恢复石油生产和两国领导人互访缓和了两国的紧张关系，双方重新开始在石油领域的合作。

南苏丹石油产业恢复的进程并非一帆风顺。2013 年 5 月，因苏丹关闭其中央处理设施的油泵站，南苏丹一度中断 3、7 区部分油田的生产。苏丹称油泵站的关闭是技术问题，但南苏丹则认为苏丹的做法有政治动机。2013 年 6 月，苏丹指责南苏丹支持苏丹的反政府武装，并威胁不允许南苏丹使用本国的两条输油管道，但南苏丹否认该指责。随后，南苏丹减少了石油生产，直到 2013 年 9 月苏丹宣布允许南苏丹继续使用输油管道后才恢复到原有产量。[③]

恢复石油生产仅仅半年后，南苏丹于 2013 年 12 月中旬爆发政治危机，导致部分油田停产，两国石油合作再次受到影响。在团结州，反政府武装对油田的袭击导致数百名外国工人撤离，日产 4.5 万桶的油田被紧急关闭。在上尼罗州，至少有部分油田因技术人员的撤离而关闭。美国的卫星图像显示，关键的石油基础设备

---

① 邵杰：《苏丹总统问南苏丹首都，苏丹和南苏丹关系开始正常化》，http://world.huanqiu.com/regions/2013-04/3829230.html。

② "Sudanese president orders 'resumption' of border trade with South Sudan", 13 April 2013, available at: http://www.sudantribune.com/spip.php?article46204.

③ US Energy Information Administration, *Country Analysis Brief: Sudan and South Sudan*, September 3, 2014, p. 11.

破坏严重。① 2014年5月25日，南苏丹石油部长承认冲突对石油生产造成重大影响，石油产量从战前的24.5万桶下降到16.5万桶。②

边界问题的解决同样进展缓慢。2013年3月，两国从边界地区撤出部分军队，非军事化安全边界地区的建设曾一度取得进展，但是苏丹武装部队和苏丹人民解放军的部队很快又回到该地区。③ 虽然两国在2014年上半年多次重申对非军事化安全边界地区的承诺，但边界地区并未实现非军事化，而用来核查非军事化状况的边界核查和监督联合派遣团也因2013年底南苏丹的退出而停止活动。④ 与此同时，阿卜耶伊地区的部族矛盾却在两国关系有所改善后再度激化。⑤ 2013年10月，阿卜耶伊地区的恩哥克—丁卡人不顾米塞里亚人的抗议举行单边公投，并宣布加入南苏丹。苏丹政府和米塞里亚人对此表示不满，而南苏丹政府也未承认公投结果。

---

① US Energy Information Administration, *Country Analysis Brief*: *Sudan and South Sudan*, September 3, 2014, p. 11.

② "South Sudan admits conflict has hampered oil production", *Sudan Tribune*, May 25, 2014, http://www.sudantribune.com/spip.php?article51123

③ Small Arms Survey, The Safe Demilitarized Border Zone, Updated 16 May 2014, http://www.smallarmssurveysudan.org/facts-figures/borderdisputed-areas/sdbz.html

④ 2014年3月和4月，两国两次重申落实2012年达成的《安全协议》，并承诺恢复边界核查和监督联合派遣团（Joint Border Verification and Monitoring Mission (JBVMM)）的工作，但边界地区的非军事化迄今并未实现。Small Arms Survey, The Safe Demilitarized Border Zone, Updated 16 May 2014, http://www.smallarmssurveysudan.org/facts-figures/borderdisputed-areas/sdbz.html

⑤ 2014年3月底，米塞里亚人对南苏丹平民发动袭击。5月4日，米塞里亚族人员袭击了联合国阿卜耶伊临时安全部队车队和恩哥克—丁卡族代表团，此次袭击事件共造成恩哥克—丁卡族最高首领和一名来自埃塞俄比亚的维和人员死亡，三名维和人员受伤。详见：《安理会发表声明，期待对阿卜耶伊袭击事件进行紧急、透明、彻底和公正调查》，http://www.un.org/chinese/News/story.asp?NewsID=19747

二、影响苏丹与南苏丹关系的主要因素

南苏丹独立以来,苏丹与南苏丹的关系经历了"过山车"式的曲折发展,不稳定是其主要特征。虽然两国签署了一系列协议,且在石油问题和边界问题上取得了一些进展,但多数协议至今仍是未被遵守和落实的一纸空文。两国关系的发展有许多制约因素,尤以边界问题、石油合作不稳定问题和"代理人战争"问题最为重要,因为这三个问题分别涉及两国的领土完整、经济发展和政治稳定,是决定两国关系走向的核心因素。

(一)边界问题

南苏丹独立以来,两国在解决边界问题方面一直未取得明显进展,并突出表现为边界划分陷入僵局,边界安全安排未得到落实,边界地区非军事化未能实现,阿卜耶伊行政管理机构尚未建立,"14英里地区"仍有南苏丹军队驻扎等问题。阿卜耶伊问题僵局显示了解决边界争端要克服的三个阶段的困难:国家层面确定边界、地方层面接受划界协议及划界协议的具体落实。[1]

总体而言,两国边界划分僵局主要由以下因素导致:

第一,双方领土并不存在一条明确的南北边界线。苏丹的独立日期是议会在独立日的前几天确定的,因而无暇勘探各省之间的边界,也没有官方资料精确标明1956年1月1日的南北边界,1956年南北边界的不精确和模糊性导致地方争端和双方的矛盾十分复杂。[2]

---

[1] Douglas H. Johnson, *When Boundaries Become Borders: The impact of boundary-making in Southern Sudan's frontier zones*, Rift Valley Institute, 2010, p. 29.

[2] Ibid, p. 15.

此外，大部分南北边界地区的争议并非在1956年之前发生，例如苏丹控制的卡菲亚金吉地区和南苏丹控制的"14英里地区"，这进一步增加了边界划分的难度。

第二，边界划分面临地方层面的障碍。边界地区有一些对季节性放牧和游牧族群间关系至关重要的牧场，南北边界的划分至少会涉及牧民季节性迁移和放牧的权利。边境地区的族群传统上会对牧场的使用做出灵活安排，而正式政治疆界的划分会分割这些牧场，并导致边界沿线居民之间重新陷入边界纠纷。以阿卜耶伊问题为例，该问题的僵局并非只是南北苏丹政府之间的僵持，在很大程度上还是恩哥克—丁卡人和米塞里亚人之间的僵持，而两大族群间的紧张关系反过来又增加了两国政府的谈判难度。因不满于南苏丹政府未承认2013年10月阿卜耶伊公投，南苏丹危机爆发后不少恩哥克—丁卡人加入了反叛组织。同样，在"14英里地区"，马鲁阿勒丁卡人（Malual Dinka）于2012年10月15日在南苏丹首都朱巴抗议南苏丹政府承诺从"14英里地区"撤出。①

第三，建立非军事化地区和"软边界"的目标同两国的边界安全需求相互矛盾，因为两国政府并没有完全控制边界地区。在苏丹南部，南达尔富尔州、南科尔多凡州和青尼罗州的反叛运动控制着部分边界，由于2012年下半年苏丹政府与苏丹人民解放运动—北方局在亚的斯亚贝巴的谈判失败，后者不可能主动切断其通往南苏丹的供应线。同样，南苏丹也只是名义上控制着位于其团结州和苏丹南科尔多凡州边界的马约姆县（Mayom）及上尼罗州和南科尔多凡州边界的曼约县（Manyo）。因此，两国面临着既要实现被反政府武装控制的边界地区的非军事化，又要对反政府武装发动军事"清剿"的矛盾。事实上，双方经常以"平叛"为由停止执行协议，并指责

---

① Joshua Craze, Joshua Craze, "Dividing lines: Grazing and conflict along the Sudan - South Sudan border", *Small Arms Survey*, July 2013, pp. 34 - 35.

对方不执行协议。① 因此，只要两国反政府武装还在边境或是对方境内活动，边界地区的非军事化就不可能实现，双方都不会也无力使这些需要军事控制的边界地区实现非军事化。同样重要的是，双方均因在边界线附近地区有既得利益而不愿从这些地区撤出驻军。苏丹武装部队在哈季利季油田附近维持驻军，这些部队至少有部分位于非军事化安全边界地区之内，因为该油田关乎苏丹的经济发展和战略安全；苏丹人民解放军则在"14 英里地区"驻有军队，并占领着基尔河沿岸的战略要地，因为这些地区对北加扎勒州与东达尔富尔州之间的贸易至关重要。②

第四，非军事化地区的中间线难以确定。两国政府对中间线位置的确定有严重分歧，虽然非军事化安全边界在理论上只是临时性措施，对两国划分最终边界没有实际影响，但双方都担心中间线的确定意味着未来边界的确定。即使两国就非军事化安全边界协议达成一致，实地划分中间线也存在问题。2013 年下半年，技术小组尝试划分中间线的努力都没有成功。由于非盟高级别执行小组提供的非军事化安全边界地区的位置图展示的中间线不够精确，非盟于 2013 年中专门成立了负责确定中间线非盟边界技术小组（AUBP—TT）。虽然没有中间线就无法建立非军事化安全边界地区，但由于担心非军事化安全边界地区的设立会导致两国边界的最终划定，当地社区都极力阻挠非盟边界技术小组开展工作。③

---

① Joshua Craze, Joshua Craze, "Dividing lines: Grazing and conflict along the Sudan - South Sudan border", *Small Arms Survey*, July 2013, p. 34.

② "The Safe Demilitarized Border Zone," 16 May 2014, available at: http://www.smallarmssurveysudan.org/facts-figures/borderdisputed-areas/sdbz.html

③ "The Safe Demilitarized Border Zone," 16 May 2014, available at: http://www.smallarmssurveysudan.org/facts-figures/borderdisputed-areas/sdbz.html

(二) 石油合作不稳定问题

石油是南北苏丹两国的主要收入来源和重要战略工具，无论是分离前还是分离后，石油问题始终是双方冲突、谈判和协议执行中的博弈焦点，甚至引发过激烈军事冲突。

南苏丹独立以来，其石油生产经常中断，并一度停产长达15个月之久，也使两国的经济发展因此蒙受巨大损失。由于南苏丹在2012年1月底停止所有石油生产，两国石油产量由南苏丹独立前的每日约50万桶急剧降至每日11.5万桶；哈季利季油田因战争中断生产，更使2012年4月两国计划外中断的石油产量高达每日37万桶；2013年4月，南苏丹恢复石油生产，但因6—7月份苏丹威胁禁止南苏丹使用输油管道，再次导致南苏丹石油产量大幅减少；2013年12月，南苏丹爆发内战，团结州的油田被迫关闭，而上尼罗州的石油产量也因武装冲突大幅下降。2014年上半年，两国日均生产石油26万桶，苏丹的日产量基本稳定在11万桶，而南苏丹的日产量则为15万桶每天。[①] 总体来看，导致两国石油合作不稳定的原因主要有三：

第一，石油收益谈判涉及两国民族情感。苏丹虽然接受了南苏丹独立，但广大民众对于国家领土分裂、石油收入减少、非洲面积最大国家地位的丧失心存不满，苏丹政府不得不极力重塑民族自豪感，并弥补南方分离造成的经济损失。对南苏丹人而言，对双方的历史恩怨仍难以释怀，国家独立促使其民族主义情绪上升，这导致南苏丹政府不得不强力维护其新获得的国家主权。因此，双方甚至因国民情感因素均做出了不符合自身利益的选择，2012年初南苏丹政府宣布停止石油生产便是典型事例。

[①] US Energy Information Administration, *Country Analysis Brief: Sudan and South Sudan*, September 3, 2014, p. 7.

第二，石油是两国战略博弈的重要工具。苏丹不时威胁关闭输油管道，而南苏丹则不时与邻国讨论修建新的输油管道。即使这些措施只能导致两败俱伤，但苏丹和南苏丹均将石油及输油管道视为讨价还价的战略工具。苏丹因控制着石油基础设施而间接控制了南苏丹的经济命脉。虽然关闭输油管道并不符合苏丹的经济利益，也将使其失去对南苏丹的影响力，但苏丹政府仍希望借此获得更多经济利益，并迫使南苏丹在其他问题上做出让步。对南苏丹来说，石油是其最重要的战略资源，讨论修建新的输油管道既是为了缓解在输油管道问题上受制于苏丹的压力，也是为了密切与东非各国的关系。南苏丹与东非国家的经济联系十分密切，而提议中的输油管道项目也是所谓拉穆港—南苏丹—埃塞俄比亚交通走廊计划的重要内容之一。[1] 除索马里外，政府间发展组织（IGAD）各成员国在修建这条来自南苏丹 B 油区（绝大部分位于琼莱州）的输油管道中均有经济利益。但是，南苏丹这种以斗争求合作的模式会导致南北苏丹在石油开发方面的合作极不稳定。

第三，双方的石油合作还受到两国内政的重要影响。苏丹与南苏丹的主要油田大多位于两国边界及附近地区，而这些地区又是双方国内反政府武装最活跃的地带。在苏丹，主要的油田在该国最大的反政府武装苏丹人民解放运动—北方局的活动范围内，输油管道也穿过敌视苏丹政府的努巴山区；在南苏丹，控制油田一直是反政府武装的主要目标，而产油区也是反政府武装势力最强

---

[1] 该项目是非洲计划实施的最大的基础设施项目，包括在肯尼亚北部修建一个深水港、修建地区铁路和公路网，以及一条从肯尼亚到南苏丹的输油管道。在该计划中，输油管道将从肯尼亚拉穆港修到内陆城市伊希洛（Isiolo），再从伊希洛出发，向西穿过图尔卡纳地区到达南苏丹的朱巴，向北穿过肯尼亚北部的马萨比特（Marsabit）和摩亚雷（Moyale），连接埃塞俄比亚的南奥莫区块（South Omo Block）和裂谷区块（Rift Valley Study Block）。"Lamu Ports and New Transport Corridor Development to Southern Sudan and Ethiopia（LAPSSET）", http://www.vision2030.go.ke

大的地区。由此可见,内政的不稳定无疑会给两国石油合作增添变数。

(三)"代理人战争"问题

南苏丹独立后,两国均因国内反政府武装问题而延续了第二次南北内战时期的"代理人战争"策略。① 尽管苏丹内战已证明,利用"代理人战争"来解决反政府武装问题,不仅无助于内部问题的解决,而且会导致冲突的地区化,但由于复杂的历史和现实因素的影响,短期内苏丹和南苏丹关系仍难以摆脱"代理人战争"的影响。

南苏丹独立不仅未能消除苏丹的反政府武装问题,反而在进一步加剧。在苏丹西部,由于苏丹和乍得关系的改善及卡扎菲政权的倒台,失去主要外援的达尔富尔反政府武装,尤其是军事实力最强的"正义与平等运动"转而向南扩展,近年来一直在苏丹与南苏丹边境地区活动,以致苏丹政府不断指责南苏丹为达尔富尔叛军提供庇护。② 在苏丹南部,苏丹政府不承认"苏丹人民解放军—北方局"在南科尔多凡州和青尼罗州的政治地位,并试图解除其武装,从2011年6月开始,双方在南科尔多凡州不断发生冲突并蔓延到青尼罗州,导致大量难民逃入南苏丹。苏丹政府指责南苏丹为"苏丹人民解放运动—北方局"提供支持,而南苏丹政府虽承认与"苏丹人民解放运动—北方局"有"历史联系",但否认独立后与其有任何

---

① 在第二次南北内战时期,因自身实力有限,交战双方均采用"代理人战争"策略,支持对方的反对派。苏丹政府早期曾支持南部地区反政府武装"阿尼亚尼亚第二运动",内战后期又支持南部反对"苏丹人民解放运动"的武装力量,并成立了南苏丹防卫军。而"苏丹人民解放运动"则在北部努巴山区、西部的达尔富尔、东部贝贾人聚居区等地区寻找盟友,并建立军事联盟。

② Claudio Gramizzi and Jér？me Tubiana, "Forgotten Darfur: Old Tactics and New Players", July 2012, pp. 55 – 69, http: // www. smallarmssurveysudan. org/fileadmin/docs/working-papers/HSBA-WP – 28 – Forgotten-Darfur. pdf.

联系。

同样，苏丹政府也试图通过支持和武装南苏丹的民兵组织来动摇南苏丹政府，并迫使其在谈判桌上做出让步。例如，南苏丹以乔治·亚瑟（George Athor）为首的一批反叛组织[①]，正是由于得到苏丹政府和厄立特里亚的军事支持，才得以吸引南方的其他持不同政见者。此外，曾接受南苏丹总统基尔大赦的琼莱州叛军首领大卫（David Yau Yau）在2012年4月以体检为名前往内罗毕，之后从内罗毕前往喀土穆，并在喀土穆宣布重新反叛。有证据表明，苏丹直接向大卫控制的南苏丹琼莱州皮博县空投武器。[②] 在团结州，苏丹军队向南苏丹民兵组织"南苏丹解放军"提供军事支持；在上尼罗州，苏丹军队为约翰逊·奥罗尼（Johnson Olonyi）的反叛部队提供武装，并至少在2012年该叛军发动的一次攻击中为其提供了军事支持。[③]

以上三大问题不仅主导了苏丹与南苏丹关系，而且因其相互关联进一步加剧了两国关系的不稳定性。苏丹与南苏丹互设执行协议的先决条件，反映出两国间的许多问题有着很强的内在关联度。例如，双方因谈判陷入僵局引发南苏丹石油停产和两国边界冲突，并最终导致南苏丹军队为"收回领土"而短暂占领哈季利季油田。双方的冲突表面看是由谈判失败所致，实质上却是两国均在谋求通过军事行动来争夺石油储量丰富的领土，谈判僵局只不过是采取军事行动的借口。

[①] 如竞选琼莱州州长失败的乔治·亚瑟建立了南苏丹民主运动（South Sudan Democratic Movement/Army）（SSDM/A）；皮博县的大卫因在2010年州立法议会选举中未能获得一个席位而发动叛乱。

[②] "The rise and fall of insurgent militias in South Sudan," *Small Arms Survey Brief*, No. 22, November 2013, pp. 3 – 4.

[③] Joshua Craze, "Dividing lines: Grazing and conflict along the Sudan – South Sudan border," *Small Arms Survey*, July 2013, p. 13.

三、苏丹和南苏丹关系的现状

2013年12月15日，南苏丹爆发危机，随之而来的内战不仅严重破坏了南苏丹本国的经济发展，而且因难民的越境外逃及外部力量的介入，严重影响了周边国家的稳定。苏丹更是深受南苏丹内战的影响，而两国间本就复杂的关系也因苏丹政府、苏丹南部反政府武装、南苏丹政府、"苏丹人民解放运动—反对派"四方的复杂互动变得更加难以捉摸。

南苏丹经济严重依赖石油收入，其他非石油经济在内战爆发前仍处起步阶段。2012年初开始的石油停产使南苏丹政府的财政收入急剧下降，政府不得不通过贷款等方式弥补缺口。虽然2013年4月石油生产得以恢复，但直至年底内战爆发前，财政稳定依然没有恢复。南苏丹的石油生产主要集中在团结州和上尼罗州，但是战争迫使数百名外国石油技术人员撤离，导致团结州日产量4.5万桶的油田被紧急关闭和上尼罗州部分油田的停产。此外，包括储油罐和输油管道在内的重要石油基础设备也遭到战争的严重破坏。[1] 如果石油生产低于最低可维持水平，已经老化的输油管道很可能要被再次关闭，这将对石油基础设施造成永久性破坏。尽管南苏丹政府和"苏丹人民解放运动—反对派"均不希望破坏石油基础设施，但石油工人的疏散，以及在油区发生的战斗都严重危及石油基础设施的安全。[2]

---

[1] US Energy Information Administration, *Country Analysis Brief: Sudan and South Sudan*, September 3, 2014, p. 11.

[2] International Crisis Group Report, "South Sudan: A Civil War by Any Other Name," Africa Report N°217, 10 April 2014, pp. 15 - 16.

南苏丹石油产量的大幅下降使苏丹失去大部分原油过境费用，其边境贸易也受到南苏丹内战的严重影响。更为重要的是，苏丹在南苏丹危机中扮演的角色成为两国关系的新焦点。苏丹在南苏丹危机中的作用之所以备受关注，至少有两大原因：

首先，苏丹如何保护其在南苏丹石油产业中的利益。根据两国达成的石油收益分配协议，南苏丹石油的大幅停产会对苏丹经济产生直接影响。由于保障南苏丹的稳定及石油的正常生产符合苏丹利益，苏丹总统巴希尔在南苏丹内战之初便公开支持南苏丹总统基尔一方。[1] 但是，反对派"苏丹人民解放运动—反对派"也极力争取苏丹的支持，并称如能控制油田，将与苏丹政府就石油收入分享进行谈判。由于"苏丹人民解放运动—反对派"对产油区团结州和上尼罗州的努尔人有巨大影响，且南北内战时期苏丹政府曾凭借与"苏丹人民解放运动—反对派"领袖马沙尔的结盟来保证南方石油的开采，因而苏丹政府也不得不考虑"苏丹人民解放运动—反对派"的因素。

其次，南苏丹内战很可能扩大成为制约两国关系的"代理人战争"。南苏丹冲突蔓延至团结州后，第4军区司令詹姆斯·科昂朱·沃尔（James Koang Chuol）将军发动叛乱，使产油区成为战场并一度被攻陷。据说，南苏丹政府在2014年1月重新夺回油田时，得到过达尔富尔反叛组织"正义与平等运动"的军事支持。[2] 4月初，为切断"正义与平等运动"从团结州首府本提乌（Bentiu）到南科尔多凡州帕里昂（Pariang）的供应线，苏丹武装部队出动飞机对团结州北部尼姆地区（Neem）实施了轰炸。随后，苏丹向边界地区部署

---

[1] "Bashir, Kiir Pledge to Accelerate Implementation of Cooperation Agreements", *Sudan Tribune*, 20 November 2013.

[2] International Crisis Group Report, "South Sudan: A Civil War by Any Other Name," Africa Report N°217, 10 April 2014, p. 24.

军队,并指责南苏丹政府卷入苏丹内部冲突。[1] 同样,南苏丹政府也指责苏丹政府支持"苏丹人民解放运动—反对派",并允许其在南科尔多凡州设立基地。随后,两国相互指责对方对本国反政府武装的支持违反了 2012 年 9 月 27 日达成的协议。

鉴于苏丹政府的立场对南苏丹战局的走向至关重要,南苏丹冲突双方都力图争取苏丹政府的支持。许多人担心苏丹政府可能表面上支持南苏丹政府,而暗地里又向"苏丹人民解放运动—反对派"提供支持。此外,南苏丹政府还担心苏丹政府乘南苏丹混乱之机出兵占领争议地区,尤其是阿卜耶伊地区。虽然苏丹政府迄今对南苏丹内战持中立态度,但是若南苏丹政府继续与"正义与平等运动"、"苏丹人民解放运动—北方局"等苏丹的反政府武装合作,苏丹政府很可能会支持南苏丹的反对派。2014 年 11 月,南苏丹总统基尔专程访问苏丹并与苏丹总统巴希尔会面,旨在为两国的紧张关系"降温"。鉴于两国的长期互不信任,如果处理不当,双方的内部紧张局势均有可能导致两国再次对抗,并危及此前达成的合作协议。

综上所述,在南苏丹独立后的 3 年多时间里,苏丹与南苏丹关系再现了分离前南北关系中多次出现的"恶化—冲突—谈判—缓和"的周期性循环。两国间存在的诸多悬而未决问题,加上各自的内部动荡,使两国关系的未来走向依然充满不确定性。短期来看,除非两国关系急剧恶化,两国在石油收益分配问题上的合作仍会延续。就南苏丹而言,通过石油生产获得财政收入对处于危机中的政府至关重要。此外,由于内战造成的经济损失和安全问题,南苏丹政府短期内难以通过修建输油管道来要挟苏丹政府。同样,面临 2015 年大选的苏丹也将集中精力进行国内政治对话。虽然不排除苏丹政府对南苏丹内战双方两面下注的可能,但选择与南苏丹政府合作以保

---

[1] "The Safe Demilitarized Border Zone", 16 May 2014, http://www.smallarmssurveysudan.org/facts-figures/borderdisputed-areas/sdbz.html

护油田安全更符合苏丹政府的利益。

阿卜耶伊争端被外界称为两个苏丹的"克什米尔问题",它是最有可能引发两国冲突的导火索之一,但两国迄今未能就该地区的最终地位问题达成一致。由于同南苏丹政府军作战的反叛部队与苏丹政府有历史联系,深陷危机的南苏丹政府必将设法避免激怒苏丹政府,因而短期内不会支持恩哥克—丁卡人的单方面政治诉求。在此背景下,关于阿卜耶伊未来地位的谈判不可能取得实质性进展。此外,两国政府均集中精力应付内部冲突,无暇顾及边界地区非军事化等影响两国关系的重要问题。

苏丹和南苏丹之间诸多问题的解决不可能一蹴而就,一条未完全确定的边境线、两条彼此倚重的输油管道、若干争议地区、各自的反政府武装等问题的存在,仍会不时引发两国关系的恶化甚至军事冲突。

专题报告二
域内外大国与中东热点问题

沙特及海合会与中东热点问题[①]

上海外国语大学中东研究所　余　泳

【内容提要】

2013年以来，引人关注的中东地区热点问题持续发展，首先是2011年中东变局以来的新生热点问题持续发酵；其次是地区传统热点问题起伏跌宕，更趋复杂；第三是新老问题累积孵化出极端组织"伊斯兰国"，严重威胁地区稳定。针对以上热点问题，以沙特为首的海合会在战略应对上多保持整体性和一致性，但在具体问题上也表现出各自为政或"选边站队"的分歧。海合会的政策调整对海湾和整个中东地区格局都将产生极大影响。

2013—2014年，中东地区的阿拉伯、土耳其、伊朗和以色列四大传统势力一直在进行重组，非阿拉伯国家的影响力不断提升，并急欲通过主导地区形势走向实现自身利益。在阿拉伯世界，国内局势动荡导致老牌政治大国埃及的影响力严重下降，沙特、阿联酋、卡塔尔等国不断加大对地区热点问题的投入力度，教派冲突已成为当前阿拉伯世界政治动荡的主要表现。在"伊斯兰国"的冲击下，叙利亚、伊拉克面临分裂危险，阿拉伯世界的碎片化趋势更趋明显。

---

① 本文为上海外国语大学2013年度规划基金项目（KX171317）的阶段性成果。

近两年来，引人关注的中东地区热点问题持续发展，首先是2011年中东变局以来的新生热点问题持续发酵；其次是地区传统热点问题起伏跌宕，更趋复杂；第三是新老问题累积孵化出极端组织"伊斯兰国"，严重威胁地区稳定。面对中东热点问题，一方面，以沙特为首的海合会及其成员国做出了整体应对，以致使海合会的风头一度大有盖过阿盟之势；另一方面，海合会国家政策分化倾向亦十分明显，这是阿拉伯世界的裂变效应在中东地区一体化程度最高的海合会内部的反映。为应对不断变化的地区形势，沙特领导的海合会及所有成员国内政外交都做出了一定的应对和调整，并势必深刻影响今后海湾及整个中东地区的战略格局。

一、沙特及海合会与叙利亚问题

2013年初，叙利亚反对派在多哈组建反对派领导机构——"叙利亚反对派和革命力量全国联盟"（简称"全国联盟"）。"全国联盟"是在美国推动下通过整合叙利亚反对派形成的更具代表性的组织，该机构在成立后迅速得到了海合会等组织和国家的承认，表明沙特和海合会依然没有放弃颠覆巴沙尔政权的目标。另有分析认为，有不少的沙特人直接加入了叙利亚反对派武装。2014年3月底，一名沙特官员承认有1200名沙特人加入了叙利亚反对派武装。[①]

2013年3月18日，72名叙利亚境外反对派代表在土耳其伊斯坦布尔举行会议，全国联盟的领袖之一加萨尼·希托当选"临时政府总理"，负责管理当时由反对派控制的区域。3月26日，刚宣布

---

① Ed Blanche, "Foreign Fighters in Syria," *Middle East*, June 2014, Issue 455, http://www.themiddleeastmagazine.com/wp-mideastmag-live/2014/06/foreign-fighters-in-syria.

辞职的"全国联盟"主席哈提卜和"临时政府总理"希托等8人应邀出席在多哈召开的第24届阿盟峰会，此举标志着海合会国家主导的阿盟对叙利亚危机干预力度的增强，一些阿拉伯国家更加公开地支持叙利亚反对派，甚至要求武装叙利亚反对派。

2013年8月，叙利亚"化武事件"引发国际社会的高度关注，美国和西方国家借机营造武装打击叙利亚的国际氛围。针对"化武事件"，沙特外交大臣费萨尔表示，国际社会应对叙利亚政府采取强烈而严厉的惩罚措施，沙特甚至表示愿意为美国即将采取的军事行动提供支持。2013年9月3日，美国参议院同意美国对叙利亚实施最长90天时限的打击，但禁止向叙利亚派出地面部队。但是形势很快发生了戏剧性的变化，9月14日，美俄就叙利亚化武问题达成框架协议，规定叙利亚在一周内提供全部化学武器的库存清单，允许国际社会在11月前进行核查，并将制定计划在2014年中之前全部销毁或转移化武。

海合会国家对美国叙利亚政策的逆转十分失望和不满。在2013年9月17日召开的海合会峰会上，海合会发表声明，要求国际社会严惩巴沙尔政权，事实上是在无奈地表达对美国叙利亚政策的抗议。此后，沙特又惊人地做出了放弃担任联合国非常任理事国的决议，继续表达对美国以及联合国叙利亚政策的不满。进入2014年以后，由于美国基本上放弃军事干预叙利亚，叙利亚危机陷入僵持状态，加之应对"伊斯兰国"的挑战成为美国和地区国家的战略重点，除继续支持叙利亚反对派外，沙特及海合会的叙利亚政策已无更多选择。

二、沙特及海合会与埃及问题

在2013—2014年，埃及形势的变化突出表现为埃及军方废黜穆尔西政权，强力打压穆斯林兄弟会，以及国防部长塞西当选总统，埃及重回强人统治的威权政治。面对埃及政局的重大变化，海湾阿拉伯国家的内部分歧暴露无遗。沙特和阿联酋、科威特等国家乐见穆尔西下台，支持塞西政权，卡塔尔则支持穆斯林兄弟会，反对军方废黜穆尔西政权及其对穆斯林兄弟会的镇压。

在埃及军方废黜穆尔西政权后，沙特阿拉伯国王阿卜杜拉致信埃及军方，称赞埃及军方在关键时刻拯救了国家。沙特阿拉伯和阿联酋很快表示将分别向埃及提供50亿美元和30亿美元的经济援助。此后，沙特国王阿卜杜拉对埃及军方的清场行动也表示支持。在沙特的带动下，阿联酋、科威特、巴林、阿曼都表示支持埃及临时政府。

埃及政府对穆斯林兄弟会的镇压也得到了沙特的支持和配合。2013年8月14日，埃及过渡政府开始对支持穆尔西的抗议示威活动实行全面清场；8月20日，埃及政府逮捕了穆斯林兄弟会最高领导人巴迪亚；9月23日，埃及开罗紧急事务法院判定穆斯林兄弟会为"非法组织"，禁止穆斯林兄弟会及其注册的非政府组织和所有分支机构在埃及的一切活动，并授权政府接管其全部财产；12月25日，埃及过渡政府正式宣布穆斯林兄弟会为恐怖组织。埃及临时政府的上述举措都得到了沙特的认可和配合。2014年3月，沙特政府宣布穆斯林兄弟会为恐怖组织，这无疑是对埃及临时政府的巨大支持。塞西当选总统后，沙特、阿联酋、科威特表示对埃及塞西政权予以坚定支持，三国企业将在埃及进行大规模投资，以助力塞西政权渡过危机。

沙特反对穆斯林兄弟会的原因在于力图避免穆斯林兄弟会力量成为中东地区的主导力量，并在意识形态和发展模式方面对海湾君主制国家构成挑战。但是，海湾小国卡塔尔则对埃及废黜穆尔西政权和穆斯林兄弟会表示强烈反对，卡塔尔与埃及新政权的关系也因此陷入紧张状态。2014年6月底，埃及法院判处3名卡塔尔半岛电视台记者 7 年徒刑，引起卡塔尔的强烈不满。

卡塔尔的异类政策无疑与近年来卡塔尔试图挑战沙特地区主导权的政治雄心有很大关系。卡塔尔和海合会其他国家围绕埃及政局的分歧，曾一度对海合会国家的内部团结产生严重的消极影响。2014 年 3 月，沙特、阿联酋和巴林以卡塔尔支持穆斯林兄弟会和干涉他国内政为由，召回各自驻卡塔尔大使。后经科威特和阿曼不懈调解，沙特、阿联酋和巴林才于 2014 年 11 月同卡塔尔实现和解，三国同意其大使重返多哈。

由于埃及问题引发的海合会内部分歧并没有达到不可调和的地步。2014 年 12 月 9 日，第 35 届海合会首脑会议在卡塔尔首都多哈举行，会议除做出组建统一的海湾国家海军部队的决定外，重申了对政治解决也门及叙利亚冲突的支持，并谴责了目前在利比亚发生的军事冲突。引人注目的是，《多哈声明》称海合会六国"完全支持埃及政府和人民为获得稳定及繁荣所作的努力，完全支持塞西的政治纲领"[①]。有分析认为，这一表态标志着海合会内部因埃及局势引发的分歧得到弥合。但是，也有分析指出，尽管从形式上看海合会内部分歧已宣告结束，但是一些深层矛盾恐难在短期内消除。

三、沙特及海合会与伊朗核问题

长期以来，伊朗核问题一直是中东和海湾地区安全局势走向的重大影响要素之一，并牵动着世界大国的神经。2013 年以来，随着新任总统鲁哈尼履政并与西方国家和地区有关国家缓和关系，伊朗核问题也开始出现了松动。首先是 2013 年 10 月，伊核问题 6 + 1 谈

[①] 《海合会决定组建统一海军》，http://xafb.ts.renyunwang.com/news/model.aspx? id = 9586

判通过《共同宣言》，11月伊朗与国际原子能机构（IAEA）就合作路线图达成协议。其次是从2013年11月—2014年4月，伊朗与六国在日内瓦举行了三轮谈判，其成果主要是达成了伊核问题谈判第一阶段协议，伊朗于2014年1月20日暂停了20%浓度的铀浓缩活动，并切断了纳坦兹铀浓缩工厂的原料供应。此后各方都试图达成谈判的最终协议，但最后期限一再延后，先是从2014年7月延至11月，再从11月延至2015年6月30日。

2013年以来，尽管伊核问题谈判未能有实质性的突破，但各方就推延谈判达成共识已属不易，确保了伊核问题不脱离对话谈判的外交轨道。此外，谈判已取得了重要的阶段性成果，释放出了积极的信号，如伊朗继续执行2013年11月达成的协议，停止5%浓度以上的铀浓缩活动，将现有约200公斤的20%高浓缩铀稀释并转化为核燃料，且不再增加离心机，西方国家将放松对伊朗的经济制裁，暂停限制伊朗石化产品出口及放松伊朗对汽车与黄金等贵金属的进口等。

随着鲁哈尼新政的施行和伊核问题的回暖，伊朗与海合会邻国的关系也在悄然缓和：2013年8月和2014年3月，阿曼苏丹卡布斯和伊朗总统鲁哈尼实现互访；2013年12月，伊朗外长访问了科威特、阿联酋、卡塔尔和阿曼；2014年6月，科威特埃米尔自1979年伊朗伊斯兰革命后首次到访伊朗。这些变化一定程度上缓和了叙利亚危机以来伊朗与海合会国家的紧张关系，也为伊核问题的缓和争取了有限但有利的地区环境。

但从长远来看，由于意识形态、教派和地缘政治等多重因素影响，尽管伊朗与海合会国家的竞争态势很显然不同于它与以色列和美国的敌对关系，但伊朗的核抱负肯定会引起海合会的担忧。据报道，2013年11月，沙特与以色列在维也纳商谈针对伊朗核项目的情报和破坏行动方面的合作事宜，双方将合作开发新型网络病毒武器对付伊朗。① 沙特等海湾国家与以色列合作剑指伊朗已早有先例,如 2010 年沙特曾表示愿意向以色列提供飞机过境通道以便轰炸伊朗。另外,随着亲西方的阿拉伯政权在近年动荡中被推翻或受到威胁,沙特等海合会国家是否会驯服地接受美国的领导已经成为现实问题,而这同样考验着沙特及海合会与伊朗的双边关系。

另外,美国和伊朗的和解迹象也对沙特及海合会造成了冲击。2013 年 9 月,鲁哈尼总统和奥巴马总统实现"历史性通话"深深刺激了沙特。10 月,沙特拒绝就任刚当选的安理会非常任理事国,沙特高官连续发表强烈言论,表达对美国的强烈不满。分析认为,沙特这一举动的根源在于伊美关系缓和触及了其核心利益,即美国缓和与伊朗关系不利于沙特与伊朗对中东控制权的争夺。②

2014 年 6 月,美伊在日内瓦进行了双边谈判,此前还曾举行过数次双边会晤,外界普遍猜测双方将谈及解除对伊朗制裁的相关问题。③ 沙特对伊核谈判达成初步协议也十分不满,从而开始积极加强与其他国家的军事技术合作,包括西欧国家、土耳其、巴基斯坦等。甚至有报道说,如果美国及其盟国不能制止伊朗继续进行铀浓缩活动,沙特将准备成为阿拉伯世界第一有核国家,并确定了具体的购买对象国。④ 针对伊核问题谈判的进展和沙特的反应,海合会其他成员态度各异,阿曼几次主持美伊秘密会谈,力促达成协议,科威特则试图居中调停,而卡塔尔和阿联酋则谨言慎行,

---

① 《以色列和沙特合作开发更危险的网络战病毒武器》,http://military.china.com/news2/569/20131210/18208034.html。

② 《沙特不满美国中东政策分析称沙特闹的是情绪》,http://www.chinanews.com/gj/2013/11-04/5460089_2.shtm。

③ 《美国与伊朗在日内瓦开启伊核问题双边谈判》,http://news.xinhuanet.com/world/2014-06/09/c_1111057293.htm。

④ 《俄媒:沙特或更积极买中国武器含枭龙与战略导弹》,http://www.chinanews.com/mil/2014/02-19/5853706.shtml。

避免表态。

四、沙特及海合会与"伊斯兰国"问题

2003年美英联军占领伊拉克后，经过一系列的博弈，马利基领导的什叶派开始掌控伊拉克政权，并与伊朗、叙利亚、黎巴嫩等什叶派等国家连成一片，被外界称之为"什叶派新月地带"。在沙特等海湾逊尼派国家看来，"什叶派新月地带"的崛起对逊尼派构成了极大威胁，沙特、卡塔尔等国便开始从武器装备和资金等方面支持伊拉克境内的逊尼派反抗武装，也有不少外国逊尼派教徒进入伊拉克参战，再加上前萨达姆政权中逊尼派军官的培训，使伊境内的逊尼派武装力量颇具战斗力，并不断分化组合，进而形成了一些既有军事能力又有政治主张的一些组织。"伊斯兰国"组织（IS）前身就是2003年战争后以"基地"组织伊拉克分支名义活跃在伊拉克境内的逊尼派极端组织。2006年，该组织和其他武装组织一道成立"伊拉克伊斯兰国"（ISI）；2011年，该组织借叙利亚危机爆发渗入叙利亚境内从事暴力武装行动，既与巴沙尔政府军作战，也与其他温和的反对派武装交恶，成为引人瞩目的倒巴沙尔政权的军事力量。

2013年4月，"伊拉克伊斯兰国"组织将伊叙两国境内的武装力量合并宣布建立"伊拉克与黎凡特伊斯兰国"（ISIS或ISIL）；2014年6月，它又乘伊拉克政府对安巴尔省费卢杰逊尼派部落民兵武装久攻不下和国内政治危机，回兵伊拉克北部库尔德地区，占领第二大城市摩苏尔，接连攻城略地，且杀戮什叶派被俘士兵、库尔德人和雅兹迪人等少数族群，并在势力大增后改名"伊斯兰国"（IS），宣布建立"哈里发"国家。据专家分析，它比制造"9·11"事件的"基地"组织更具威胁：拥有实际控制的区域、吸引逊尼派的"建国

蓝图"、掌握充裕的资金、进入打击目标国的通道(外籍志愿者)。[1]

纵观"伊斯兰国"的发展历程不难发现,它能够发展壮大则与逊尼派主导的海合会国家尤其是民间力量的支持密切关联。虽然沙特、卡塔尔、阿联酋等国一直强力支持伊叙境内的反什叶派武装,但2013年"伊斯兰国"组织成立后的极端暴虐行为,以及建立大"哈里发"国家的极端政治主张,都使沙特在多方面处于不利局面,迫使沙特进行被动应对:一是"伊斯兰国"扬言准备控制并接管沙特重要口岸阿尔阿尔,甚至威胁攻击圣地麦加,沙特为此在沙伊边境部署了3万兵力,以应对"伊斯兰国"向沙特渗透;二是沙特不得不随时提防在"伊斯兰国"中效力的本国"志愿者"回到本土制造事端,以及"伊斯兰国"建国主张对国内极端主义的影响。尽管2014年9月沙特逮捕了88名来自伊叙境内的恐怖分子嫌犯,但其东部省仍于11月发生了恐怖袭击事件并造成11人死亡。三是联合国安理会两次通过决议(8月15日的第2170号决议和9月24日的第2178号决议),力图从信息和资金方面切断"伊斯兰国"的供应来源,美国也组建起打击"伊斯兰国"的"国际联盟",沙特虽然在国家层面上加入联盟并支持安理会决议,但难以避免国内的非政府组织和个人继续在资金等方面扶持"伊斯兰国",并在国际上陷入不利境地。

五、从中东热点问题看沙特及海合会的战略调整

中东变局以来,尽管沙特和海合会的地区地位不断上升,但也

---

[1] John McLaughlin, "Why the Islamic State Is a Greater Threat Than Al-Qaida Before 9/11," http://www.ozy.com/c-notes/the-spy-who-told-me-serious-terrorist-threat-posed-by-the-islamic-state/33403.article? utm_ source = dd&utm_ medium = email&utm_ campaign = 08202014.

一直面临来自内部和外部的沉重压力,其内部的合作和纷争一直充满变数。近两年来,沙特及海合会面临的挑战更趋复杂,并迫使其在战略上进行主动调整和被动应对。2013年以来,面对中东地区格局变换和热点问题层出不穷的挑战,沙特及海合会在台前或幕后施展手段,游走腾挪,使其总体的战略应对取得了一定成效。

在对外关系方面,沙特及海合会坚持以我为主,加快了中东和海湾地区力量的重组。在处理与世界大国关系时,沙特及海合会对美国的独立性在不断增强,这可以从2013~2014年的若干事件中看出端倪,包括沙特拒任联合国安理会非常任理事国、多渠道购买军火等。具体来说,2013年美国同意俄罗斯"交化武换和平"方案缓和了叙利亚危机,使沙特及海合会颠覆巴沙尔政权的战略严重受挫;在伊核问题上,美国与伊朗改善关系,伊核谈判取得阶段性成果,都令沙特十分不满。在叙利亚危机和伊朗问题发生重大变化后,沙特及海合会深感在地区事务上的能力有限[1],也促使它们在与美国关系上进行反思和调整。

在处理与地区大国关系时,沙特一方面积极扶持埃及塞西政权,以期团结大多数阿拉伯国家并发挥自身的影响力,另一方面为压制什叶派国家伊朗,甚至不惜与阿拉伯民族的敌人以色列暗中合作,以摆脱伊核问题上的不利处境。对于"阿拉伯革命"后地区地位不断上升的土耳其,沙特和海合会除与之加强经贸合作外,政治合作主要表现在双方都致力于推翻叙利亚巴沙尔政权,并对叙利亚反对派予以不懈支持,但由于彼此政治制度和理念相差甚远,双方恐难以进行长久的合作。

在处理内部成员间关系方面,海合会仍在着力推进其一体化进

---

[1] Christian Koch, "The Middle East and North Africa: Change and Upheaval 2014," *GCSP Policy Paper 2014/3*, http://http//www.gcsp.ch/Resources-Publications/Publications/GCSP-Publications/Policy-Papers.

程。2014年11月，海合会首脑特别会议上达成的《利雅得补充协议》强调了海湾国家和人民的一体性，被认为是继续向海湾共同体努力发展的新开端，也有效地弥合了海合会6国间因卡塔尔的离群索居而造成的裂痕。2013年以来海合会一体化的具体表现包括：

（1）政治和安全层面。2013年海合会峰会取得两项重要进展，一是为促进成员国的安全与稳定，海合会将建立联合军事司令部，以统一协调成员国之间的军事力量；二是将建立一个总部设在阿联酋的"海湾战略与安全研究院"，以增进成员国之间的沟通和联系。[①] 而2014年的首脑峰会则决定成立统一的海湾国家海军部队，以应对各成员国所面临的安全挑战和海上威胁。

（2）经济和贸易层面。根据2013年5月海合会第95次财长经济金融合作会议发布的信息，作为海湾经济一体化最重要步骤之一的海湾共同市场，各成员国总体上已完成其88%的要求，而海湾关税联盟也已完成80%的进度。[②] 2014年3月，海合会第130届外长会议同意重启对外自贸区谈判，以发展海合会成员国经济。2014年12月，海合会首脑会议批准了海合会金融和经济合作委员会就最终达成海关同盟所采取的措施、海合会国家在种植和加工领域作为试点统一实施食品法律体系，以及继续促进海湾国家金融市场一体化等相关计划。

（3）社会方面。随着日益增长的发展需求，海合会成员国通过内部联动推进相关产业的合作已成为可能，特别是基础设施建设等方面等。2014年，海湾国家基础设施投资总额将达860亿美元，同比大幅增长77.8%。其中沙特基础设施投资总额约293.4亿美元，

---

① 参见刘水明、张梦旭、刘睿：《海湾阿拉伯国家合作委员会将建联合司令部》，《人民日报》，2013年12月13日。

② 《海合会官员：海湾共同市场已完成88%》，http://jedda.mofcom.gov.cn/article/jmxw/201305/20130500133819.shtml

位居地区首位。其他海湾国家卡特尔、阿联酋、阿曼和巴林基础设施投资总额分别约 262 亿美元、151.8 亿美元、74 亿美元和 34 亿美元。[①] 为节省新建发电站的成本，海合会国家于 2014 年 4 月成立电网并网局，电网主控制中心设在在沙特东部省达曼市。海合会还拟建设长达 2200 公里、耗资约 154 亿美元的铁路。根据计划，到 2018 年前该铁路将连接 6 个成员国，客运设计时速约 220 公里、货运设计时速约 80~120 公里。[②]

在海合会各国内部事务方面，作为领头羊沙特所做出的战略应对和政策调整很具有代表性。首先是沙特对美政策出现明显的调整意向。2013 年 10 月，沙特拒任联合国安理会非常任理事国席位，外界分析此举主要是针对美国而非联合国，其根本原因在于 2011 阿拉伯大变局以来美国不断抛弃盟友的政策，使得沙特对美国的不信任陡增。其次，沙特在内政的多个层面做出改变。2013 年 4 月，沙特颁布新规，允许本国妇女有条件地进行休闲娱乐活动，如骑行摩托车和自行车；5 月 5 日，沙特教育部发布命令，女子私立学校可以有条件地开设体育课，此举被视为一个巨大的进步；2014 年初，沙特英文报纸《沙特公报》首开先例，任命了女性总编辑素玛雅·贾巴尔蒂；5 月，位于沙特吉达的一所政府学校允许该校女生参加排球赛。这些举措对沙特来说都是象征意义极大的改革行为。但是，在王位继承等重大政治问题上，沙特仍然在固守既有的传统。2014 年 3 月 27 日，90 岁高龄的阿卜杜拉国王任命第二副首相穆克林为第二王位继承人，后者将在国王和王储职位空缺时掌管国家权力。这一任命反映了沙特的最高权力继承人的年龄仍将在高位运行，也体现

---

① 《2014 年海湾国家基础设施投资总额将达 860 亿美元》，http://sa.mofcom.gov.cn/article/jmxw/201408/20140800691331.shtml

② 《海合会拟建设贯穿海湾六国铁路》，http://sa.mofcom.gov.cn/article/jmxw/201402/20140200500296.shtml

了沙特的特殊情形,即"必须要防止年轻的王子们快速崛起而担任高级职务"[①]。

总之,2013年以来的中东局势一波三折,面对传统热点问题热度不减,新生热点问题层出不穷的复杂局势,沙特及海合会进行了或主动或被动的应对。在叙利亚问题上仍然一意孤行,不推翻巴沙尔政权不罢干休,但由于美国态度和政策改变,只得寄希望于继续支持各种反对派力量。在埃及问题上,旗帜鲜明地支持埃及塞西政权,既给予庞大的资金支持,也不吝啬各种政治支持,甚至不惜集体惩罚内部成员卡塔尔。而在伊朗及其核问题上,由于鲁哈尼新政引得美国和西方国家制裁态度的松动,沙特和海合会忌讳莫深,除一定程度地缓和与伊关系,更多的是加大防范力度,不惜与以色列接触合作,还放言要购买核武器以抗衡"有核"的伊朗。最令沙特和海合会成员国棘手的是在它们纵容下壮大的"伊斯兰国"组织,沙特等国不得不追随美国参与打击行动。以沙特为首的海合会深感在处理地区问题上的能力不足,一方面加强同地区大国的合作以应对伊朗,另一方面不断推进一体化进程和集体安全,寻求联合自保。

总之,中东变局初期海合会在阿拉伯世界一家独大的局面已经渐行渐远,这将迫使沙特及海合会进一步调整其内外战略,以应对瞬息万变的地区局势。

---

① Robert Mason, "Succession in Saudi Arabia and What It Means for the Future of Saudi Policy," http://www.e-ir.info/2014/04/29/succession-in-saudi-arabia-and-what-it-means-for-the-future-of-saudi-policy.

土耳其与中东热点问题

上海外国语大学中东研究所　邹志强
以色列海法大学政治学院　王晋

【内容提要】

2013年以来,土耳其的中东政策不断遭受挫折或失败,地区影响力大幅下降。在与叙利亚关系方面,"化武危机"的化解、巴沙尔政权从摇摇欲坠到日益巩固都使土耳其的叙利亚政策陷入尴尬,而叙利亚危机的外溢更使土耳其饱受边境冲突、难民流入、库尔德问题复杂化以及恐怖主义渗透的多重威胁。在与埃及关系方面,土耳其积极支持的穆尔西政府被军方罢黜,穆斯林兄弟会遭到严厉镇压,导致土耳其与埃及新政府矛盾不断,土耳其与沙特等海湾国家的关系也因此受到冲击。在巴以问题上,土以关系陷入困境,恢复外交关系仍然面临诸多挑战,土耳其对巴以和谈也无法施加重大影响。在伊拉克问题上,"伊斯兰国"(IS)肆虐导致伊拉克局势陷入混乱,并对土耳其的安全与经济利益产生重要影响。美国主导的打击"伊斯兰国"国际联盟也使土耳其面临诸多新挑战。另外,尽管土耳其与伊朗之间的经济合作上升,但双方在叙利亚、库尔德、伊拉克等问题上的矛盾使两国关系始终难以根本好转。

中东剧变发生以来,土耳其的中东外交十分积极,并以支持民众诉求、反对威权体制的姿态介入阿拉伯国家的事务,积极支持阿拉伯国家的政权更迭,其重要目标之一是推广"土耳其模式",重塑中东地区格局,增强土耳其的地区影响。但3年多来的事实表明,土耳其的中东政策不仅未取得预期效果,反而不断遭受挫折或重大失败,导致土耳其与多个中东国家关系陷入了敌对或更为紧张、冷淡的状态,致使土耳其的"零问题"外交和"战略深度"外交都遭遇严重挫折,特别是近一年来地区局势的一系列变化使土耳其愈加被动,其中东政策已陷入进退维谷的境地。

此外,土耳其国内局势也一度陷入严重动荡。2013年5月底,从伊斯坦布尔塔克西姆广场开始的一场环保运动,迅速演变成席卷土耳其主要城市的反政府抗议活动,对埃尔多安政府的执政地位造成很大冲击。而2013年年底爆出的政府腐败丑闻,更令执政12年之久的正义与发展党政府狼狈不堪,新版"土耳其模式"的光环也大为失色。尽管正义与发展党在2014年3月的地方选举中获胜,埃尔多安在8月成功当选首任直选总统,暂时稳住了正义与发展党独大的地位,但与之相伴的是国内外越来越多的对埃尔多安"独裁"的指责。

综合来看,内外两方面的因素都对土耳其重塑中东格局的雄心产生了严重掣肘,其大国作用发挥日益受限,素来在中东政治边缘游走的土耳其依然难以发挥主导作用。面对复杂多变的地区局势,土耳其政府不得不大幅调整与中东国家的关系。2014年8月28日,埃尔多安在总统就职典礼上表示,"土耳其外交的核心是和平、团结和繁荣。土耳其没有干涉任何一个国家领土和内政的想法,希望能够与周边邻国和中东国家共享繁荣,这也是我们外交政策的方向。"[1]但是,鉴于中东地区形势的复杂变化,以及土耳其在许多地区热点问题上陷入困境,土耳其很难在短期内作出突破性的政策调整,土耳其的中东外交仍然面临诸多严峻挑战。

---

[1] 《埃尔多安宣誓就任土总统,阐述"新土耳其"内政外交政策》,http://gb.cri.cn/42071/2014/08/29/6071s4671540.htm

一、土耳其的叙利亚政策陷入尴尬境地

近两年来,叙利亚危机逐步陷入僵持。从叙国内来看,一方面叙利亚政府成功地顶住了军事上的压力,仍然控制着首都大马士革、中部重镇哈马、港口城市拉塔基亚等广大国土,军队依旧保持较高的战斗意志,并收复了霍姆斯等一些地区;另一方面,叙利亚反对派内部分歧重重,西方国家竭力组织的反对派"全国联盟"力量分散,甚至美国也对反对派"内部纷争严重,不堪大用"深表失望。从国际方面来看,尽管美国和西方国家联合沙特、阿联酋和卡塔尔等海湾国家积极支持叙利亚反对派,但是由于美国极力避免军事干预,致使反对派根本无力推翻巴沙尔政权,而乌克兰危机的爆发和"伊斯兰国"日趋猖獗,更令美国和西方无暇顾及叙利亚危机。相反,俄罗斯和伊朗则对巴沙尔政府予以坚定支持,俄罗斯在一系列国际和地区会议上明确反对干涉叙利亚内政,而伊朗和黎巴嫩"真主党"武装则直接进入叙利亚作战,帮助巴沙尔政府渡过难关。

土耳其一直明确支持推翻巴沙尔政权,高调推动叙利亚政治过渡,扮演着"倒巴沙尔急先锋"的角色,土耳其也因此成为干涉叙利亚问题的重要外部力量。时任总理的埃尔多安和外长达武特奥卢等土耳其领导人多次强调,叙利亚必须实现政权更迭,以开启政治过渡进程;同时呼吁西方国家通过军事打击推翻巴沙尔政权,还一度主张在叙北部地区建立"禁飞区"或"缓冲区"。埃尔多安政府的叙利亚政策赢得了许多西方国家的好感和沙特等海湾阿拉伯国家的支持。土耳其在叙利亚问题上的强硬立场,主要源自土耳其试图树立中东地区"民主标杆"的雄心。[1]

---

[1] 黄培昭:《土耳其受困叙利亚难民潮》,载《人民日报》2013年4月8日。

2013年以来，土耳其在叙利亚问题上的强硬立场并无实质性变化。叙境外主要反对派"叙利亚反对派和革命力量全国联盟"的大本营依然设在土耳其境内。2013年4月，土耳其外长达武特奥卢强调，土耳其"不会放弃叙利亚的革命者"；同年10月，土耳其议会将一年前通过的授权土政府军事干预叙利亚的议案延期一年。进入2014年后，在"伊斯兰国"肆虐叙伊两国，美国组织国际联盟进行打击的背景下，土耳其依然将推翻巴沙尔政权作为既定目标，积极倡导将推翻巴沙尔政权纳入所谓打击"伊斯兰国"的"政治方案"。

但是，土耳其支持的叙利亚反对派四分五裂，巴沙尔政权日趋稳固并不断收复失地，"伊斯兰国"严重威胁土耳其安全，库尔德问题更趋复杂，都使土耳其的叙利亚政策遭遇严重挫折。对此，有学者评价指出，土耳其在叙利亚问题上的短视政策及其失败代表了土耳其"新奥斯曼主义"政策及其剧变以来中东政策调整的失败。[①]当前，叙利亚内战的僵持使土耳其面临着边境冲突、难民流入、库尔德问题复杂化以及恐怖主义渗透等多重安全威胁。

首先，叙利亚危机久拖不决和土叙关系恶化，严重影响土耳其东南部边境地区安全，增加了土耳其的国防成本。土耳其和叙利亚有长达910公里的边界，叙内战爆发以来，边境地区局势持续紧张。包括"胜利阵线"在内的叙反对派武装控制了部分靠近土耳其的边境地区，一度将战火蔓延至土叙边境。为防止叙利亚冲突蔓延至本国境内，土耳其不得不加强边境军事力量，两国擦枪走火事件时有发生。2012年6月，叙利亚在地中海上空击落了1架土耳其F-4战斗机；2013年9月，土耳其战机击落了1架进入其领空的叙利亚米-17武装直升机。2013年10月特别是进入2014年以后，土空军频繁出动战斗机拦截飞近土叙边界的叙战机，叙利亚防空雷达也多次锁定土战机，导致土叙关系日趋紧张。2014年3月，土耳其军方以

---

① 王国乡：《权力失衡的土耳其》，载《社会观察》2014年第2期。

"侵入领空"为由，在边境地区击落了一架叙利亚战机，而叙方称这架战机是在叙利亚北部地区上空执行任务时被击落的，土方的行为是"明目张胆的无耻的侵略"。此外，叙利亚政府军和叙利亚自由军在邻近土叙边界的卡萨布发生激战，造成大量人员伤亡，也使土叙边境地区局势一度十分紧张。但双方似乎都无意令局势进一步升级，也反映出土耳其的两难处境。

其次，叙利亚难民问题对土耳其构成了严重冲击。叙利亚危机爆发以来，大量叙利亚难民涌入土耳其境内，土耳其政府不得不花费大量资金与精力解决难民问题。为安置难民，土耳其已在边境地区设置了20多个难民营，提供基本人道主义援助，使土耳其政府日益"不堪重负"，并影响到土耳其国内稳定。截至2014年8月底，土耳其的叙利亚难民已经超过137万，其中约22万叙利亚难民被安置在土叙边境地区的24个难民营中，土耳其为此投入的资金超过40亿美元。随着难民人数的不断增加，土耳其政府已不堪重负，而国际社会提供的援助则远远不够，土耳其不得不多次呼吁国际社会提供更多援助。在此情况下，土耳其政府开始采取必要措施阻止越来越多的难民涌入，并希望"甩掉这个沉重的包袱"，以维护本国政治和社会稳定。2014年9月22日，土耳其政府被迫关闭边境通道，以阻止叙利亚境内库尔德人的涌入。

再次，在叙利亚和伊拉克局势影响下，土耳其的库尔德问题日趋复杂。在内战中发展壮大的叙利亚库尔德人，不断组建武装力量与地方机构，并与伊拉克、土耳其境内库尔德人建立联系。随着叙利亚内战的加剧，库尔德"民主联盟党"及其麾下的武装组织"人民护卫军"在叙利亚北部大举扩张，独立倾向不断增强。2013年12月，叙利亚库尔德领导人表示，计划在叙利亚北部成立3个"自治政府"；2014年1月20日，叙利亚库尔德人宣布在北部建立"自治政府"，并以与土耳其接壤的卡米什利市为"首都"，而且还选举了总统、组建了由20位部长组成的政府。更令土耳其担忧的是，"民主联盟党"同土耳其"库尔德工人党"关系密切,库尔德工人党已在叙利亚境内获得新的立足地。因此,库尔德势力的崛起,将是考验土耳其外交的难题。①

最后,极端组织肆虐叙利亚,使土耳其面临严重的恐怖主义威胁。一方面,土耳其国内不断遭到活跃于叙利亚的极端主义组织的袭击。例如,2013年5月,与"基地"组织关系密切的"胜利阵线"在土耳其的雷伊汉勒发动恐怖袭击,造成52人死亡和数百人受伤;另一方面,在叙利亚内战中壮大起来的伊斯兰极端组织"伊斯兰国"不断扩大势力范围,2014年以来更是在伊拉克西北部地区攻城略地、宣布"建国",并劫持了土耳其驻伊拉克摩苏尔领事馆的49名外交人员及数十名卡车司机。

当前,土耳其的叙利亚政策已深陷困境,并已经出现被迫调整的迹象。2014年1月14日,时任土耳其总统居尔发表讲话敦促政府调整对叙利亚政策,强调土耳其政府应该根据现实,调整对叙利亚的外交和安全政策。居尔指出,土耳其必须致力于在中东地区寻找一种"双赢"政策,采取"耐心、冷静、坚持"的政策,并在必要的时候,采取"沉默外交"政策。在2014年1月召开的叙利亚问题第二次日内瓦国际会议上,埃尔多安表示希望各方能够做出相关决定,帮助解决叙利亚冲突问题。埃尔多安的这一表态表明土耳其的叙利亚政策已有所软化。

此外,为防范极端组织的渗透,土耳其已加大了对通过其边境向叙利亚输送武器的管控,土耳其安全部队也开展了大规模反恐行动,逮捕了包括"基地"组织土耳其分支领导人在内的28名"基地"组织成员,并对有资助恐怖组织嫌疑的慈善组织机构进行了搜查。2014年6月3日,土耳其政府正式宣布将叙利亚反对派武装

---

① 王晋:《土耳其的叙利亚外交开始微调》,http://gb.cri.cn/42071/2014/06/09/2165s4569708.htm

"胜利阵线"列入恐怖组织名单并对其进行制裁，认定"胜利阵线"是隶属"基地"组织的恐怖组织。与此同时，土耳其还封锁了连接土叙边境与"伊斯兰国"控制地区的两个通道，不再允许外界通过此通道向"伊斯兰国"运送武器和物资。土耳其将"胜利阵线"定性为恐怖组织，以及收紧对叙利亚反对派武装的武器和后勤支持，表明土耳其的叙利亚政策开始逐渐趋向理智。但如何找到合适机会打破僵局，转变对叙政策，改善本国艰难处境仍是土耳其政府面临的重大外交难题。

二、土耳其的埃及政策遭遇严重挫折

长期以来，维护与埃及的良好关系是土耳其外交的重要方向。2011年穆巴拉克政权倒台后，埃及进入过渡时期，土耳其积极支持埃及社会转型，大力支持2012年通过选举上台的穆尔西政府及其背后的穆斯林兄弟会。2013年7月，埃及国内局势发生巨变，穆尔西政府被军方罢黜，穆斯林兄弟会遭到取缔。埃及军方主政得到沙特等海湾国家的大力支持，阿拉伯各国纷纷出台政策限制国内的伊斯兰主义势力，美国也在敷衍了事的批评后表示支持。至此，穆斯林兄弟会的影响力一落千丈，但土耳其却因公开支持穆尔西而与埃及新政府闹翻关系，而且还对土耳其与沙特等海湾国家的关系产生了严重的消极影响。

虽然穆尔西政权垮台已经成为铁的事实，但土耳其政府却始终不愿接受这一现实，依然多次发表支持前总统穆尔西、反对埃及军政府的言论。在穆尔西被罢黜后，土耳其政府立即表示穆尔西是埃及唯一合法总统，反对埃及临时政府对穆尔西和穆斯林兄弟会支持者的打压。2013年8月，埃及安全部队对穆尔西及穆斯林兄弟会支持者实施清场，土耳其对此予以严厉谴责，导致两国相互召回大使。

2013 年 11 月 21 日，埃尔多安在出访俄罗斯时称，他尊重埃及前总统穆尔西，赞赏其反对埃及司法系统的立场，对那些将穆尔西推上审判席的人毫无敬意。埃尔多安的言论引发埃及方面极大不满，埃及外交部随后以埃尔多安发表"挑衅"言论、"干涉埃及内政"为由宣布驱逐了于当年 9 月复任不久的土耳其驻埃及大使，并将两国外交关系降为代办级，同时表示不会向土耳其派驻大使。土耳其也宣称埃及驻土大使"不受欢迎"，两国外交关系再次受到冲击。

2014 年 4 月，埃及法院对穆斯林兄弟会的骨干成员进行审判，土耳其政府在多个场合对此表达强烈不满。埃尔多安公开表示支持埃及前总统穆尔西的立场不会改变。4 月 28 日，埃及法院判处 683 名穆斯林兄弟会成员及支持者死刑，包括伊斯坦布尔在内的土耳其国多个城市爆发游行示威，反对埃及法院的宣判。4 月 28 日，时任土耳其总统居尔在安卡拉表示，希望埃及撤销对穆斯林兄弟会成员及支持者的死刑判决。2014 年 5 月，埃及举行大选，军方领导人塞西赢得总统大选。土耳其副总理埃穆鲁·拉赫·伊斯莱尔公开讽刺埃及总统大选是一部"喜剧片"，埃及外交部于 6 月 3 日召见土耳其驻埃及临时代办表示强烈抗议。尽管言语咄咄逼人，但是土耳其的"口舌之利"除了引来埃及政府的回击与两国关系下降之外毫无意义。

土耳其之所以坚决支持穆尔西政府，其重要原因在于埃尔多安领导的正义与发展党的前身是穆斯林兄弟会国际机构的土耳其分支，二者可谓有"同根同源"的密切关系。因此，在穆尔西执政期间，土耳其为埃及提供了约 20 亿美元的经济支持。穆尔西就任总统后，土埃双边关系发展顺利，双方还合作调停了 2012 年的巴以冲突，并力求在促使叙利亚总统巴沙尔下台问题上发挥更大作用。此外，埃尔多安力挺穆尔西还从一个侧面表达了对军人干政的不满，因为土耳其正义与发展党的前身在土耳其历史上的军事政变中多次被取缔，支持埃及的军人干政显然不利于维护正义与发展党的国内合法性。

面对当前的土埃关系僵局,土耳其已开始尝试实现突破。如土耳其总统居尔在埃及新总统塞西获胜之后的第一时间向其发出贺电示好。此外,虽然土耳其与埃及的关系陷入紧张,但是土耳其投资者依然维持着在埃及的业务,没有大规模撤出埃及。

三、土耳其与以色列关系恶化,无力协调巴以问题

近几年来,土耳其经常强烈谴责以色列扩建"犹太定居点"、实施"定点清除"等行为,导致土耳其与以色列的关系不断恶化,而2010年的"加沙救援船"事件①则使双方的关系陷入谷底。土耳其政府在巴以问题上支持巴勒斯坦的姿态,提升了土耳其在阿拉伯世界的影响力,但土以关系的对抗和僵持严重限制了土耳其在巴以问题上发挥更大作用。

2013年以来,土耳其与以色列的关系虽有所缓和,但已很难回到过去的友好关系。2013年3月,以色列总理内塔尼亚胡在美国的劝说下就"加沙救援船"事件向土耳其道歉,土耳其总理埃尔多安表示接受;2014年2月,土耳其外长达武特奥卢表示,土耳其与以色列将尽快恢复关系正常化;2014年4月,土以双方就赔偿事宜达成一致,以色列还对土耳其矿难提供了援助,成为两国关系趋向正常化的标志。虽然两国关系得以缓和,但土以关系难以在短期内冰释前嫌。

在同巴勒斯坦关系方面,土耳其积极支持巴勒斯坦内部和解。2014年4月23日,巴勒斯坦两大政治派别哈马斯与法塔赫在加沙达

---

① 2010年5月31日,以色列军方拦截一支驶向巴勒斯坦加沙救援船队,强行登船后立即开火,造成至少19人死亡;土耳其随后召回驻以大使,土耳其和以色列的关系陷入严重危机。

成一份旨在结束巴勒斯坦内部分裂的和解协议，双方同意组建联合政府，并举行全国大选。土耳其外交部于24日发表声明，对巴勒斯坦内部达成和解协议表示欢迎，并宣布支持建立一个独立、自由和拥有主权的巴勒斯坦国。

但是，巴勒斯坦"法塔赫"与"哈马斯"两大派别达成和解协议并组建联合政府引起了以色列的极大不安，以色列政府随即宣布暂停巴以和谈，称以色列绝不会与一个哈马斯参与其中的巴勒斯坦政府进行和谈。2014年7月，以色列借3名犹太青年被害事件对加沙地带发动"护刃行动"，对加沙展开大规模空袭与有限的地面军事行动，以色列和哈马斯的对抗急剧升级。

以色列的一系列军事行动引起了土耳其的强烈不满，土耳其领导人多次对以军针对加沙的袭击行动表示不满和指责。土耳其总理埃尔多安就以色列大举进攻加沙表示强烈谴责，多次称袭击行动是对巴勒斯坦人的"种族灭绝"。在2014年8月的总统竞选期间，埃尔多安不断对以色列进行谴责，指责以色列故意杀害巴勒斯坦妇女。外长达武特奥卢表示，以色列方面最终将会在这次行动中失败，土耳其将坚定地支持巴勒斯坦人民的斗争。土耳其外交部也发表声明，对以色列发动的袭击行动表示强烈谴责，土耳其民众还在以色列驻土耳其大使馆外举行抗议示威活动。

加沙冲突发生后，土耳其对以色列的强烈谴责和抗议再次使初步缓和的土以关系陷入困境。以色列外交部号召在土耳其的工作人员和家属选择撤回以色列，发出该国公民在"非必要情况下"不要前往土耳其的警告，并宣称土以双边关系正在下降。

在此背景下，尽管土耳其政府表示会帮助解决巴以冲突，并力争为调停巴以冲突做出努力，但土耳其在巴以问题上所能发挥的作用十分有限。一方面，以色列并不希望土耳其政府插手，而另一方面土耳其自身影响力有限，无法对巴勒斯坦相关当事方施加更大的影响。2014年7月中旬，土耳其曾经联合卡塔尔向巴以双方以及其他国家提出调停建议，但未得到各方积极回应。土耳其受自身实力所限无法影响巴勒斯坦内部各派，加上同地区国家埃及、沙特和以色列等国的关系不睦，导致土耳其自身在巴以问题上难以发挥实质性的作用。

四、土耳其在伊拉克危机中面临多重挑战

2014年，"伊斯兰国"的猖獗活动使伊拉克再度陷入严重危机，作为伊拉克的邻国，伊拉克乱局使土耳其在安全问题和库尔德问题上均面临严峻挑战。

土耳其与伊拉克库尔德地区政府的经贸、能源联系紧密。随着形势的发展变化，土耳其对伊拉克库尔德地区的独立要求表现出默许甚至是赞同的倾向。2014年1月，伊拉克库尔德地区政府发表的声明指出，从库尔德地区到土耳其杰伊汉港输油管道输送的第一批原油成功出口，并预测年出口量可望达到1000万桶至1200万桶。尽管伊拉克政府对库尔德政府与土耳其达成的石油出口协议表示反对，并威胁将对任何参与"走私伊拉克石油"的石油公司启动法律程序，但是库尔德地区的石油仍继续通过土耳其港口出口。对于极为依赖能源进口和积极创建欧亚能源枢纽的土耳其来说，来自伊拉克库尔德地区的石油进口是其整体能源战略的重要组成部分，土耳其可以从中获得能源与战略上的多重利益。但是土耳其和伊拉克库尔德地区政府之间的能源贸易也存在极大隐患，随时可能面临中断风险，而"伊斯兰国"的猖獗活动更使土耳其在伊拉克的利益受到严重威胁。

第一，库尔德人同伊拉克中央政府就石油收入分成一直存在分歧，土耳其支持伊拉克库尔德地区能源独立，无疑会遭致伊拉克政府的强烈反对。对于土耳其在未经伊拉克政府允许的情况下，擅自

宣布将库尔德地区石油出口至国际市场，伊拉克政府已向国际机构提交仲裁申请，此举使原本紧张的伊土关系雪上加霜。伊拉克石油部发表声明称，土耳其及其相关企业建设的输油管道违反了两国2010年签订的协议，并警告从该企业购买伊拉克石油均属非法。

第二，伊拉克国内局势动荡不安，各派势力争斗不断，安全局势的恶化使得土耳其与伊拉克库尔德地区的石油贸易受到严重威胁。伊拉克北方油田通往土耳其地中海港口杰伊汉的输油管道已成为反政府极端武装袭击的目标。2014年1月2日，伊拉克北部一条重要石油运输管道就曾遭到炮击，输往土耳其的原油被迫中断。2014年8月初，"伊斯兰国"进攻伊拉克北部库尔德自治地区，并一度控制了通往土耳其的输油管道。

第三，"伊斯兰国"对土耳其在伊拉克的利益构成严重安全威胁。2014年6月10日，"伊斯兰国"武装攻占伊拉克第二大城市摩苏尔后，在当地绑架了数十名土耳其卡车司机和土耳其驻摩苏尔总领馆的49名外交人员、家属和保镖。土耳其随后撤离了在伊拉克的使领馆人员，并呼吁公民尽快离开伊拉克。直至9月20日，"伊斯兰国"武装才释放了包括驻伊拉克摩苏尔总领事在内的49名土耳其人质，人质危机也因此告一段落。

第四，美国组建打击"伊斯兰国"的国际联盟，使土耳其陷入进退两难的困境。2014年9月，土耳其参加了打击"伊斯兰国"国际联盟的会议，但由于在人质安危、边境安全、分离主义势力等方面多有顾忌，土耳其并未签署联合公报，没有正式加入打击"伊斯兰国"国际联盟。虽然美国多次劝说，但土耳其依然态度模糊，不愿卷入"作战行动"。9月底10月初，在几经踌躇之后，土耳其的态度终于出现转变，总统埃尔多安呼吁国际社会在对"伊斯兰国"目标实施空中打击的同时，应该发动地面攻势；土耳其政府向议会提交提案，要求议会授权对"伊斯兰国"在叙利亚和伊拉克境内的目标实施军事打击，土耳其议会随后通过了授权动武的决议。

第五，伊拉克乱局使土耳其的库尔德政策更加艰难。土耳其对库尔德人独立建国持坚决反对态度，几十年来一直在与库尔德分裂主义势力作斗争。从这一政策出发，土耳其显然应坚决反对伊拉克北部的库尔德人独立。但是，面对伊拉克库尔德人独立建国倾向的不断增强，土耳其于2014年7月表示愿意接受在目前的伊拉克北部地区成立一个独立的库尔德国家，这一表态显然与土耳其长期以来的库尔德政策相悖。土耳其此举显然与其在伊拉克库尔德问题和"伊斯兰国"问题上面临的困境有关，土耳其希望伊拉克库尔德人能够建立抵御"伊斯兰国"的缓冲地带，避免"伊斯兰国"的势力向土耳其的库尔德地区蔓延。但这对于土耳其来说潜藏着巨大的政治与安全风险，伊拉克的库尔德地区一旦独立，势必对土耳其库尔德人产生示范效应。

五、对土耳其中东外交政策的若干评估

土耳其当前的中东外交政策，很大程度上源自正义与发展党对土耳其的"重新定位"。土耳其认为，当今世界处于旧国际体系向新国际体系转变过程之中，因此土耳其要从伊斯兰传统和奥斯曼帝国多元种族、宗教和文化共处的历史经验中汲取灵感，积极参与国际和地区事务，维护和扩大土耳其的利益。在"重新定位"的指导下，正义与发展党政府的对外政策有以下几个方面的特征：

第一，重塑土耳其的国际地位。冷战时期，东西方两大集团的对抗主宰国际和地区事务，土耳其是西方联盟的"侧翼国家"，其外交和安全政策从属于西方国家和北约的战略。冷战结束后，特别是进入21世纪以来，全球战略环境已经改变，西方国家相对衰落，包括土耳其在内的发展中大国迅速崛起，土耳其的主体意识逐渐加强。土耳其战略家认为，土耳其地处三大洲交界处，是非洲—亚欧大陆的中

心，土耳其也是多种文化的交汇点，拥有多重身份。因此，土耳其是一个具有多重影响力的新兴大国，应改变过去从属欧洲和北约的"侧翼"与"外围"地位，使土耳其成为亚欧大陆的"核心国家"。

第二，积极介入地区事务。土耳其认为，地区局势的连年动荡危及其周边环境的稳定，影响其经济的发展。因此，土耳其提出在周边地区追求"所有国家的安全"。这一安全不仅包括温和的逊尼派国家，也包括伊朗、叙利亚等什叶派国家。为此，土耳其利用其在中东地区的广泛关系网和影响力，积极介入地区事务，诸如积极推动巴勒斯坦内部和解，努力调解叙利亚和以色列冲突，鼓励逊尼派参与伊拉克政治。此外，土耳其还积极对巴尔干、高加索、阿富汗等问题施加影响。

第三，努力促成邻国间的经济合作。一方面，随着与中东地区国家经济往来迅速增长，土耳其的经济利益不断扩大。例如，土耳其的建筑业在中东、中亚、高加索有较强的竞争力，其对外业务大多集中于上述地区。其中，土耳其建筑公司在阿斯塔纳、多哈、开罗、巴图米等城市承包了一系列大型建筑工程。另一方面，能源利益已成为土耳其睦邻政策的重要动力。土耳其紧邻盛产油气的中东、中亚和俄罗斯，全世界探明储量的原油和天然气的 3/4 储藏在土耳其的邻国，构建地区能源枢纽已成为土耳其经济发展战略的重要组成部分，土耳其计划 2020 年之前争取实现至少 6% 的全球能源经其领土输送的目标。但是，土耳其外交政策的"重新定位"却给土耳其带来了诸多难题。

首先，土耳其过于自信的"核心"意识束缚了对外政策灵活性。土耳其对于地区事务的介入过度自信，而迅速发展的局势往往导致土耳其的政策无法进行有效的调整。在叙利亚危机中，土耳其是最早一批承认叙利亚反对派的国家之一，也是反对巴沙尔政府参加"叙利亚之友"国际会议的有力倡导者。不过随着叙利亚战场形势的变化和叙利亚危机陷入僵持，土耳其很快陷入窘境。然而，土耳其政府却由于外交理念的限制,无法迅速作出调整,依旧希望实现叙利亚政权更迭,导致其外交政策无法适应客观形势的变化。

其次,土耳其介入地区事务的实力有限,无法在关键时刻施加有效的影响力。在2014年7月的"护刃行动"中,以色列打击巴勒斯坦哈马斯控制下的加沙地区,作为哈马斯的重要支持者,土耳其曾经长期向哈马斯提供经济和外交支持,甚至不惜与以色列断交。但是当土耳其和卡塔尔一道向哈马斯提出停火倡议时,却被哈马斯所拒绝。究其原因,就在于土耳其对于哈马斯的影响力有限,哈马斯在政治、经济和社会等诸多方面更需要埃及和其他阿拉伯国家的帮助。土耳其往往希望占据"道义制高点",但是却缺少推行外交蓝图的实际能力,最终导致在相关问题上陷入尴尬境地。

第三,土耳其的不同国家利益之间相互掣肘,使土耳其在相关问题上的选择十分困难,导致其政策选择极易陷入顾此失彼的困境。例如,在伊拉克库尔德人问题上,土耳其一方面希望同巴尔扎尼领导下的伊拉克库尔德人自治政府开展经济合作,赚取石油产业的红利;另一方面,土耳其又担心未来可能出现的"库尔德国家"会刺激土耳其国内库尔德人的民族主义情绪。

2014年土耳其外交政策最大的特点是,原有的政治和道义红利逐渐减少,中东变局以来有利于土耳其的地区环境逐渐消失。土耳其虽仍然秉持"民主""温和伊斯兰"等外交理念,但地区形势的复杂变化和自身实力局限,都使土耳其过于宏大的外交目标难以实现。

以色列与中东热点问题

上海外国语大学东方语学院以色列研究中心　杨阳

【内容提要】

2013年以来，中东新老热点问题出现了一些新变化，对于以色列来说，既出现了一些积极因素，又酝酿着新的挑战和威胁。埃及政局的变化向着有利于以色列的方向发展；叙利亚内战的长期化及其结局对以色列的影响尚难预料；伊核谈判阶段性协议令以色列不满，以色列试图影响谈判结局，阻止伊朗拥核进程；库尔德人独立倾向增强，并得到以色列支持，以色列试图将库尔德人塑造成新的合作伙伴。

2013年以来，中东地区的新老热点问题出现了一些新变化：埃及政局持续动荡，穆尔西政权垮台，穆斯林兄弟会被宣布为非法，塞西就任埃及新总统，但埃及国内局势仍不稳定，伊斯兰极端势力仍不时对埃及军警和设施发动袭击；叙利亚内战久拖不决，巴沙尔政权已度过最艰难时期，但也无力彻底剿灭反对派武装，叙利亚危机将在一定时期内继续保持僵持状态；鲁哈尼当选伊朗总统后，美伊关系出现改善迹象，伊核问题谈判取得进展，但能否达成最终协议尚需时日；"伊拉克和叙利亚伊斯兰国"（ISIS）在伊拉克迅速扩张，迫使美国及其盟友对其进行军事打击，"伊斯兰国"的兴起和伊拉克动荡还导致库尔德人独立倾向不断增强；美国调解下的巴以和谈再次中断，巴以冲突加剧，加沙爆发了过去5年中的第3场大规模军事冲突。对于以色列来说，中东热点问题的新变化既有利于以色列的积极因素，同时也使以色列面临诸多新威胁和新挑战。

一、以色列与埃及政局变动

埃及是阿拉伯世界最早与以色列实现和平的国家，埃以和平协议是保证以色列和平和安全的基石。穆巴拉克政权倒台后，在代表穆斯林兄弟会的穆尔西政府执政期间，埃以关系较为冷淡，但双方在安全等方面的协调得以维持。2013年，埃及政局再次发生突变，穆尔西在埃及的"二次革命"中黯然下台，穆斯林兄弟会被宣布为非法。2014年5月，塞西当选为埃及新总统并于6月8日就职。

穆巴拉克的下台使埃以关系遭受了冲击，而埃及政局的最新变化则是以色列乐见的结果。在穆尔西执政时期，出于现实考虑，尽管埃及并未对以色列采取激进政策，也未对埃以和平协议提出挑战，埃及与伊朗改善关系的势头也未能延续，埃以关系并未出现实质性的恶化，但穆斯林兄弟会长久以来的反以立场及其对哈马斯的支持仍令以色列感到不安，担心穆尔西会在政权稳固后对以色列发难。穆尔西被废黜和穆斯林兄弟会遭镇压对以色列来说无疑是一利好消息。穆斯林兄弟会的失势意味着伊斯兰激进势力在阿拉伯转型国家的上升势头受到了一定程度的遏制，作为中东和阿拉伯世界大国，埃及扭转了伊斯兰势力上升的趋势，这对其他阿拉伯转型国家将具有一定的示范效应。此外，穆斯林兄弟会的倒台对强烈反对以色列的巴勒斯坦哈马斯组织也是一个重大打击，失去了穆尔西政府的支持，哈马斯在阿拉伯世界的处境更为孤立，因为埃及新政权对哈马斯并无好感。

埃及军方发动"二次革命"推翻民选总统穆尔西，并不意味着以色列的同情者在埃及掌权，但至少那些因意识形态原因而采取反以立场的伊斯兰力量不再得势，毕竟使以色列面临的来自埃及的压力有所减轻，因为埃及军方承认埃以两国在安全领域存在较多共同利益，埃以合作和协调符合埃及利益。因此，以色列对埃及军方在西奈半岛对伊斯兰激进武装的清剿行动给予了支持和配合，对埃及军队在西奈半岛的军事部署超出埃以和平协议的规定也未提出异议。① 埃及军方废黜穆尔西政权，对穆尔西和穆斯林兄弟会支持者的示威活动进行清场导致大量人员伤亡，都招致了美国等西方国家的批评，而以色列则开展了一系列密集的外交行动为埃及军方说情，推动美国和欧洲国家理解和支持埃及军政权，避免埃及新政权与美国关系的中断。2013年10月，美国宣布暂停部分对埃及的援助，以色列当即表态希望这一举动不要影响到埃以和平协议。

在埃及总统选举中，塞西以压倒性优势当选埃及新总统，这显然对以色列有利，因为塞西将埃以和平协议视为埃及的战略资产，并明确表示将尊重这一协议。作为埃及前军事情报局长和国防部长，塞西深知与以色列保持军事协调的重要性，他表示希望与以色列讨论修订和平协议中的军事附录条款，允许埃及加强对西奈半岛的军事控制以打击恐怖主义和暴力活动，加强对加沙的边境管控，阻止对加沙地带的武器走私活动。② 2014年10月29日，埃及开始在西奈半岛拉法市距加沙边界500米范围内撤离居民，以建立军事缓冲区。埃及安全部队为此将在与加沙接壤地区驻军，并修建一条长达13公里的运河，以阻止走私者挖掘从加沙到拉法的地道。③ 显然，这一符合以色列利益的行动应是埃及与以色列协调的结果。因此，以色列

---

① Ephram Kam, "The Upheaval in Egypt", in Shlomo Brom and Anat Kurz, *Strategic Survey for Israel 2013 – 2014*, Tel Aviv, Institute for National Security Studies, 2014, p73.

② Ephram Kam, "The Election of Abd al-Fatah el-Sisi as President of Egypt", in *INSS Insight*, No. 557, June 3, 2014, p3.

③ 《埃及撤出与加沙接壤边境居民以建立军事缓冲区》，http://world.people.com.cn/n/2014/1030/c157278 - 25934791.html。

是埃及政权更迭的主要受益者之一。

以色列对埃及在调停巴以冲突中的作用也较为看重。在2014年夏季的"护刃行动"中,以色列对加沙地带发动长达7周之久的大规模军事行动。期间,国际社会和阿拉伯世界各方都做了很多努力试图调解冲突,实现停火。如卡塔尔和土耳其都曾试图主导解决加沙危机,但以色列不满卡塔尔对哈马斯的支持,对其调解努力并不买账。但是,以色列愿意接受埃及在解决加沙冲突中发挥主导作用,同意在埃及的协调下与哈马斯展开间接谈判,并达成临时停火协议和无限期停火协议。

总体而言,埃及的政治进程正朝着有利于以色列的方向发展,以色列与埃及的防务与安全合作将有助于维护其南部边界的安全,并有效阻止加沙地带的武器走私活动。以色列与埃及的经济合作也将继续深入发展。过去,以色列依赖于来自埃及的进口天然气,大约40%的天然气来自于埃及。穆巴拉克倒台后,埃及于2012年4月宣布废除供气合同,西奈半岛的天然气管道也屡屡被炸,都使以色列的能源安全面临威胁。但在穆尔西政权垮台后,埃及与以色列的能源合作迅速恢复并得到加强。随着沿海气田的开发,以色列于2014年10月宣布塔马尔海上气田准备与埃及公司签署合同,向埃及出口天然气,合同价值估计超过40亿美元,这些天然气将通过先前埃及向以色列和约旦输送天然气的地中海天然气管道输送到埃及。[①]天然气输送方向的倒转意味着两国在能源合作方面的地位向着有利于以色列的方向转化,以色列对此颇为满意。

尽管在大选中赢得了压倒性的胜利,但塞西政权依然面临诸多严峻挑战,团结国内各派政治力量,实现政治稳定,恢复因动乱而陷于困境的埃及经济仍是塞西政权的首要任务。身陷囹圄的前总统

---

① 《以色列欲出口天然气至埃及,供气合同价值超过40亿美元》,http://world.people.com.cn/n/2014/1022/c157278-25881758.html

穆尔西和被宣布为非法组织的穆斯林兄弟会仍有不容小觑的支持力量,并可能采取暴力行动。对穆巴拉克的审判拖延多时后被宣判无罪,引起推翻穆巴拉克政权的青年组织的强烈不满,并爆发了新的暴力冲突。他们将塞西视为新的独裁者,谴责埃及经过了两次"革命"又回到了原点。如果埃及国内发生大规模暴力冲突,民众的怒火可能再次被引向以色列,这令以色列深感担忧。

埃及国内尤其是西奈半岛的安全局势依然不稳,伊斯兰激进武装不断在西奈半岛发动袭击,造成大量人员伤亡,其袭击对象主要是埃及的军警,也包括平民和旅游者。例如,2014年2月16日,一辆准备从埃及进入以色列境内的旅游大巴被炸,造成3名韩国游客和大巴司机死亡。[①] 因此,激进武装越境进入以色列境内进行袭击的可能仍然存在,以色列的南部边界尚无法高枕无忧。另外,屡屡被炸的天然气管道也为未来天然气出口协议的执行蒙上了阴影。

二、以色列与叙利亚危机

叙利亚陷入动荡和内战之初,以色列与多数西方国家一样,都认为巴沙尔政权很快就会垮台,但因化武危机而一触即发的西方国家军事干预在最后一刻被俄罗斯化解,巴沙尔政权挺过了最困难的时期,各派力量的角逐陷入僵持,导致叙利亚危机长期化。

对以色列来说,由于尚未与叙利亚实现和平,以叙两国仍处于敌对状态。一方面,叙利亚内战拖得越久,其国力越发衰弱,对以色列发动常规战争的能力和可能性就越小。另一方面,叙利亚中央政府对大片国土的控制力减弱,冲突已蔓延至以色列控制的戈兰高

---

① 《3名韩国游客和1名司机在埃及西奈半岛被炸死》,http://world.people.com.cn/n/2014/0217/c157278-24373850.html

地边界，又对以色列的安全构成一定的威胁。2014年8月和9月，武装分子袭击了联合国维和部队在戈兰高地的哨所，并扣押联合国维和人员，以色列担心这些反以的伊斯兰激进武装会对以色列发动袭击或胁迫以色列介入叙利亚内战。

2014年以来，日趋猖獗的"伊斯兰国"（IS）武装主要活跃在伊拉克和叙利亚东北部地区，远离以叙边界，尽管1名被"伊斯兰国"武装斩首的美国记者同时拥有以色列国籍（为避免对其安全不利，媒体在其死后才公布其拥有以色列国籍），但目前"伊斯兰国"对以色列尚未构成直接威胁。以色列起初对"伊斯兰国"采取了置身事外和袖手旁观的态度，刻意避免卷入叙利亚政府和"伊斯兰国"之间的冲突。美国开始对"伊斯兰国"武装展开空袭后，以色列旋即表示将为应对"伊斯兰国"的威胁做好准备，分析认为，以色列此举旨在证明自己是美国为主导的反"伊斯兰国"联盟的成员。[①]据报道，为帮助美军精确打击"伊斯兰国"武装，以色列向美国提供了详细情报。以色列的多颗侦查卫星密切关注该武装的行动，同时，以色列情报人员也加大了在伊拉克的活动，搜集"伊斯兰国"武装的情报并提供给美国。[②]

以色列目前最为担心的依然是叙利亚的大规模杀伤性武器有可能落入黎巴嫩真主党以及其他反以伊斯兰激进组织手中。叙利亚的化学武器一度是以色列的心头之患，2013年叙利亚化武协议达成后，以色列一直密切监视着叙利亚销毁化学武器的进程，担心叙利亚转移化学武器储备。

自2012年11月以色列对叙利亚首次炮击以来，双方已多次发

[①] 《美媒称以色列总理参与打击ISIS另有政治目的》，http://world.huanqiu.com/exclusive/2014-09/5140082.html

[②] 《以色列向美国提供关于ISIS情报》，http://world.people.com.cn/n/2014/0909/c1002-25628054.html

生武装冲突，既有以色列因叙利亚炮弹落入以色列控制区内而采取的报复性打击，也有以色列对叙利亚采取的先发制人行动，空袭叙利亚境内多处军事设施等目标。在2013年，以色列多次空袭叙利亚军事研究中心、导弹基地等军事设施。此外，只要叙利亚的炮弹落入以色列控制区，以色列都会进行报复性还击。2013年12月2日，叙利亚的一枚炮弹落入以色列控制的戈兰高地，以色列随即进行了武力还击。2014年3月18日，一辆以军吉普车在戈兰高地边境附近遭路边炸弹袭击，4名以军士兵受伤，以色列战机立即对叙利亚政府军的训练营、炮兵基地和军事哨所等设施展进行了报复性打击，造成1名叙利亚军士兵死亡，7人受伤，叙利亚指责以色列违反了1974年联合国叙以停火协议。同年6月22日，叙利亚炮火越界击中一辆以色列运水车，导致1名15岁少年身亡，2人受伤，以色列军方立即对叙利亚境内9处目标实施了空袭。8月31日，以色列军方击落了一架从叙利亚飞入戈兰高地以色列控制区的无人机，以色列还在戈兰高地部署了装甲部队。为避免引起叙方的强烈反弹，以色列官方对于先发制人的越境空袭行动均保持沉默，对于报复性袭击则予以承认。以叙之间的这种尚在可控范围之内的低烈度冲突仍将持续，但爆发大规模军事冲突的可能性不大。

以色列认为，目前叙利亚内战的僵持局面可能将延续数年，冲突将愈益呈现出长期化、教派化的趋势。以色列学者认为，叙利亚内战目前存在4种可能的前景：第一，"索马里化"，内战长期延续，使叙利亚变成一个混乱的"失败国家"。第二，叙利亚分裂为数个国家：从大马士革延伸到沿地中海地区的阿拉维派国家，占据叙利亚北部、南部和东部的逊尼派国家，位于叙利亚东北部的库尔德人国家。第三，叙利亚现政权在延续数年的消耗战中赢得胜利，反政府武装的内讧加大了这种可能性。第四，反政府力量在持续数年的消耗战中取胜。[1]

以上这几种可能性对以色列的影响并非完全是负面的。在第一种情况下，如叙利亚出现"索马里化"的局面，叙利亚作为国家对抗以色列的实力将遭到严重削弱，但伊斯兰激进组织对以色列的威胁将会上升。在第二种情况下，叙利亚分裂有利于以色列，这些小国难以对以色列构成威胁，以色列甚至可能与其中一些小国发展良好的关系，如库尔德人国家。在第三种情况下，现政权经过长期交战而取胜，叙利亚恢复中央集权政府，对以色列来说这也是一个尚可接受的结果，因为伊斯兰激进武装对以色列的威胁将会降低，遭到削弱的叙利亚政权也将在较长时期内无力对以色列形成威胁。但从地区层面上，则对以色列有不利影响，巴沙尔政权的胜利有利于巩固伊朗领导的什叶派"抵抗轴心"。在最后一种情况下，反政府武装取胜，将产生逊尼派控制下的较弱小的叙利亚，对以色列也构不成军事和政治上的威胁，该政权将摆脱伊朗主导的什叶派抵抗轴心，但该政权有可能会允许反以的激进组织从其领土对以色列发动袭击。

以色列对叙利亚局势的发展大致采取了一种避免卷入的政策，因为尽管以色列拥有干预的军事实力，但却无力控制干预的后果。叙利亚内战的任何结果对以色列都有某种程度的不利影响，不干预，包括保持言辞上的克制，是以色列最好的应对方式。以色列对叙利亚危机可能导致的威胁都做了准备，包括加强在戈兰高地的防线，对叙利亚境内的军事目标发动有限的空袭等。同时，叙利亚内战的前景也为以色列创造了一些机会，至少在未来数年内，由于叙利亚军事实力减弱，以色列与叙利亚发生大规模全面战争的可能性甚小。

---

[1] Shlomo Brom, Benedetta Berti and Mark A. Heller, "Syria: The Civil War with No Winner", in Shlomo Brom and Anat Kurz, *Strategic Survey for Israel 2013 – 2014*, Tel Aviv, Institute for National Security Studies, 2014, pp50 – 53.

以色列也可利用当前形势与叙利亚新出现的一些力量建立联系或对话，如以色列正积极与对自己并无敌意的库尔德人建立联系。此外，叙利亚局势的发展也为以色列发展与土耳其、海湾阿拉伯国家的合作创造了条件，以色列也可通过协助约旦应对叙利亚内战带来的严重后果，加强与约旦的战略关系。

三、以色列与伊朗核问题

在 2012 年，以色列曾多次高调威胁对伊朗核设施动武，国际媒体也多次猜测以色列军事打击伊朗核设施已进入倒计时阶段。进入 2013 年后，以色列在伊朗核问题上的调门曾稍有放低，但以色列和伊朗之间的口水战仍不断爆发。以色列总理内塔尼亚胡在 2013 年 1 月大选获胜后立即表示，以色列新政府的首要任务就是阻止伊朗获得核武器。2013 年 3 月 12 日，以色列时任总统佩雷斯表示，伊朗是对世界和平的最大威胁。同年 3 月 20 日，美国总统奥巴马对以色列进行了担任总统后的首次访问，表示以色列有自行决定攻打伊朗的权利。伊朗最高领袖哈梅内伊表示，伊朗将以武力还击以色列的军事进攻，并摧毁以色列重镇特拉维夫和海法。

2013 年 4 月，由于伊核谈判陷入僵局，以色列再次发出即将在几周内对伊朗动武的威胁。以色列与伊朗还你来我往地宣布抓获对方间谍。2013 年 6 月，鲁哈尼当选为伊朗总统，同年 8 月就任后频频对美国发出示好的信号，并在 9 月出席联合国大会期间与奥巴马通电话，实现了两国总统自断交以来的首次直接对话。在此背景下，伊核谈判得以恢复并于 11 月 24 日达成了第一阶段协议，伊朗暂时冻结其部分核计划以换取西方国家部分放松经济制裁。

以色列对美伊关系的缓和、伊核谈判阶段性协议的达成极为不安，认为该协议是一个"糟糕的协议"和"历史性错误"，根本无法阻止伊朗发展核武进程,并指责鲁哈尼是"披着羊皮的狼"。伊核协议的达成受到了世界大多数国家的欢迎,这使得以色列的反对立场更显孤立,也增大了其对伊核问题采取军事行动的难度,美以关系的裂痕也因此不断加深。2014年3月2日,内塔尼亚胡访美期间,美国敦促以色列停止暗杀伊朗核科学家的行动,以等待核谈判的最终结果。3月18日,就在伊核谈判在维也纳进行之际,以色列再次对此表示不满,总理内塔尼亚胡和国防部长亚阿隆下令指出,军队在2014年应继续准备对伊朗核设施进行可能的空袭。此外,亚阿隆还指责美国对伊朗的"宽纵"态度,暗示以色列将单方面对伊朗采取军事行动;美方对此表示"震惊",称这是对美以战略联盟的公开破坏。[①] 2014年9月29日,内塔尼亚胡在联合国大会发言时称,跨过核门槛的伊朗对世界形成的严重威胁将远远超过"伊斯兰国"。以色列还担心伊朗以在打击"伊斯兰国"武装的行动中以提供合作为筹码,迫使西方国家在核谈判中作出让步。

2014年6月和11月,伊核会谈未能在截止日期达成协议而两度延期,以色列认为,伊朗不断以微小进展诱使西方国家,以使谈判不致破裂,并在谈判陷入长期化的同时继续推进核项目,造成既成事实,使西方国家最终不得不接受一个有核的伊朗。

以色列除了在各种场合对伊朗进行攻击和威胁外,两国间的"暗战"也在不断继续上演。2014年3月5日,在距离以色列1500公里外的苏丹和厄立特里亚之间的公海上,以色列海军特种部队截获一艘来自伊朗的货轮,以军方声称,船上装有40枚导弹,181枚迫击炮弹和40万颗子弹。以色列认为,这些武器先从叙利亚运到伊朗,然后装船经由伊拉克运往苏丹,最终将由陆路运入加沙。伊朗

---

① 《以色列防长暗示对伊朗动武,批美演讲令白宫震惊》,http://world.people.com.cn/n/2014/0320/c157278-24683299.html

则坚决否认，称以色列的判断是"虚假的谎言"。① 同年 4 月 9 日，以色列国防部宣布发射新型间谍卫星奥菲克 - 10（Ofek10），旨在加强对伊朗和其他敌对组织的监视。2014 年 6 月 1 日，英国《星期日泰晤士报》披露，为阻止伊朗把导弹运交给叙利亚政府和黎巴嫩真主党，以及加强在海湾水域的军事存在，以色列在伊朗附近海域部署了 3 艘德国制造的"海豚"级潜艇，潜艇都装备有核巡航导弹。以色列潜艇一位高级指挥官对《星期日泰晤士报》强调，"在伊朗附近海域部署潜艇是为了威慑和搜集情报，为此，潜艇上会有以色列情报机构'摩萨德'的工作人员"。②

2014 年夏，在加沙冲突期间，伊朗强烈谴责以色列的侵略暴行，最高精神领袖哈梅内伊指出，以色列境内的阿拉伯人和犹太人应通过全民公决终结以色列"杀人政权"。以色列一名高级军官透露，在以色列对加沙发动"护刃行动"期间，伊朗对包括安全和金融网络在内的以色列多个目标发起了大规模的网络攻击，尽管这些攻击被以色列迅速阻止，但伊朗在最近几年对发展网络攻击能力投入巨大，在未来可能对以色列的网络和国家安全构成严重挑战。③ 2014 年 8 月 24 日，伊朗伊斯兰革命卫队宣布，其导弹部队击落了一架正试图进入伊朗纳坦兹铀浓缩基地的以色列无人侦察机。

内塔尼亚胡一直把伊朗核威胁视为对以色列国家生存的最大威胁，其执政以来对伊朗核计划采取的主要战略包括：通过秘密行动延缓伊朗核计划；通过密集的外交活动宣扬伊朗核威胁，说服美国等西方国家加大对伊朗制裁；为军事解决做好实际准备并对伊朗进

---

① 《媒体：遭以色列拦截"伊朗军火船"上载 40 枚导弹》，http://world.people.com.cn/n/2014/0311/c157278 - 24601532.html

② 《英媒：以色列在伊朗附近海域部署了 3 艘潜艇》，http://world.people.com.cn/n/2014/0603/c1002 - 25098743.html

③ Gabi Siboni and Sami Kronenfeld, "The Iranian Cyber Offensive during Operation Protective Edge", in *INSS Insight* No. 598, August 26, 2014, p. 1.

行威慑。因此，以色列准备付出高昂的经济、外交和安全代价来阻止伊朗拥核。以色列认为，这些战略取得了一定成效，国际社会加大了对伊朗的制裁力度并迫使伊朗重返谈判桌，但仍未达到以色列预想的目标，2013年11月的伊核问题阶段性协议距离以色列的要求仍相去甚远。[1]

以色列与美国在伊核问题上存在明显分歧，美国认为要求伊朗停止一切核活动是不现实的，伊朗可在国际社会的严格监督下保留部分有限的核活动；以色列则主张销毁伊朗所有核设施。对于伊朗核威胁的严重程度，以色列与美国也有不同的认识，以色列认为伊朗成为核门槛国家就已对以色列构成了重大威胁；美国则认为伊朗真正拥有核武器才能对美国构成实质性威胁。在以色列看来，美国对伊朗施加的压力尚不足以令其停止核进程。

从未来的发展态势看，以色列还将继续与伊朗展开各种或明或暗的博弈，阻止或延缓伊朗核进程。此外，置身于伊核谈判之外的以色列还将加强对美国等西方大国的外交活动，以促其达成一项满足以色列安全需求的最终协议，但同时以色列又要为核谈判无法达成协议做好准备。

四、以色列与库尔德问题

2014年，"伊斯兰国"武装在伊拉克和叙利亚迅速崛起，伊拉克陷入严重政治危机，导致伊拉克库尔德人的独立倾向不断增强。2014年6月，伊拉克库尔德自治政府总理内奇尔万·巴尔扎尼表示，库尔德自治区将在几个月内进行独立公投。以色列总理内塔尼亚胡

---

[1] Shmuel Even, "The Israeli Strategy against Iranian Nuclear Project", in *Strategic Assessment*, Volume 16, No. 4, January 2014, pp. 9 – 15.

对库尔德人的独立意愿表示支持,以色列媒体和学者也纷纷为此造势,称"该是以色列帮助库尔德人的时候了"。[①] 西方媒体披露,2014年6月,一艘装满了库尔德地区出产石油的油轮,在地中海上航行两周后,最终停靠在以色列的阿什凯隆港口,并卸下了原油。[②] 这一事件无疑是以色列与伊拉克库尔德人联系加强的反映。

在历史上,生活在库尔德人聚居区的犹太人就与当地的库尔德部落保持着良好的关系,库尔德自治区总理巴尔扎尼家族就曾与库尔德地区的犹太人有过特殊的关系。以色列建国后,为打破以色列在中东地区的孤立,与非阿拉伯少数民族建立联系是以色列周边政策的重要组成部分。为此,以色列与土耳其和伊斯兰革命前的伊朗都建立了密切的关系,以色列与库尔德人的联系也早已开始。

以色列建国后,从库尔德聚居区移居以色列的犹太人,成为以色列与库尔德人建立关系的重要纽带。20世纪60—70年代,以色列为了将更多伊拉克犹太人从伊拉克北部偷运出境,曾帮助训练库尔德武装,并为其提供轻武器、弹药、反坦克和防空武器,这些活动多是通过伊朗进行的。当时的库尔德领导人穆斯塔法·巴尔扎尼(现库尔德自治政府总统之父,政府总理的祖父)曾数次密访以色列,会见了包括总理在内的以色列官员。

1991年海湾战争期间,很多犹太组织发起了一场运动,游说各国政府帮助伊拉克的库尔德人,以色列时任总理沙米尔在会见美国国务卿贝克时,曾呼吁美国为库尔德人提供保护。萨达姆政权被推翻后,伊北部库尔德人自治不断增强,以色列的一些安全和通讯公司在伊拉克北部很活跃,协助训练库尔德武装力量,并提供先进通

---

① 《以色列称到该帮助库尔德的时候了》,http://war.163.com/14/0630/08/9VVM5OF300014OMD.html

② 《库尔德人向以色列出售石油,意味离独立更进一步》,http://www.forbeschina.com/review/201406/0033875.shtml。

讯设备。① 2005年，库尔德自治区政府总统马苏德·巴尔扎尼表示，既然很多阿拉伯国家已经与犹太国家建立了联系，库尔德人也可与以色列建立关系。

以色列和土耳其关系的发展曾对以色列发展与库尔德人的关系构成障碍，但随着以土关系的恶化，以及土耳其转而对伊拉克库尔德自治区谋求独立表示支持，这一障碍目前已不存在。有分析指出，从以色列的外交政策来看，以色列应该欢迎库尔德人扩大自治乃至实现独立，并通过发展与库尔德人的关系抵御伊朗的威胁。如果库尔德人独立，以色列将会迅速承认，但部分反对者担心这一承认可能会加强国际社会对巴勒斯坦国的承认。②

基于以色列支持伊拉克北部库尔德人的历史，加之现在以色列有15万来自库尔德人地区的犹太移民群体，以色列拥有发展与库尔德人关系的良好基础，但也存在一些复杂的不利因素。例如，在是否接受以色列帮助的问题上，库尔德领导层中存在分歧，很多反对者认为这会增强所在国政府对库尔德人的敌意。另外，尽管以色列帮助过伊拉克的库尔德人，但在以色列和土耳其结盟时期，以色列也曾帮助土耳其打击库尔德工人党，据称还在土耳其抓获库工党领袖奥贾兰的过程中发挥了作用。这无疑会使库尔德人对以色列心存怀疑态度。③

以色列与伊拉克库尔德人发展合作也符合其遏制伊朗的目标，

---

① Jacques Neriah, "Kurdistan: The Next Flashpoint Between Turkey, Iraq, and the Syrian Revolt", http://jcpa.org/article/the-future-of-kurdistan-between-turkey-the-iraq-war-and-the-syrian-revolt/

② Gallia Lindenstrauss and Oded Eran, "The Kurdish Awakening and the Implications for Israel", in *Strategic Assessment*, Volume 17, No. 1, April 2014, pp87 – 90.

③ Ofra Bengio, "Surprising Ties between Israel and the Kurds", in *Middle East Quarterly*, Summer 2014, Volume XXI, Number 3, http://www.meforum.org/meq/pdfs/3838.pdf.

它可利用库尔德地区发挥情报搜集以及可能的军事行动基地的作用。对以色列来说，发展与叙利亚库尔德人的情报和战术合作也符合其利益，特别是在叙利亚境内"圣战"组织活动不断加强的情况下，其重要性更是不言而喻。当然，伊朗也在努力争夺和拉拢伊拉克和叙利亚的库尔德人，库尔德问题也因此成为以色列与伊朗战略博弈的一部分。

中东热点问题与美国的战略应对

上海外国语大学中东研究所　孙德刚　李潮铭

【内容提要】

2013—2014 年，中东恐怖主义强势反弹，阿拉伯国家转型进程步履维艰，伊朗核问题久拖不决，巴以冲突白热化，都表明中东热点问题的走向背离了奥巴马政府预期的发展轨道，也改变了"阿拉伯革命"发生后中东地区地缘政治斗争的态势。在2011—2012 年，美、欧、俄等域外大国和土耳其、沙特、埃及、伊朗等中东地区大国围绕"阿拉伯革命"激烈博弈，支持"激进式革命"与支持"渐进式改良"两大阵营之间的矛盾成为中东地区的主要矛盾。2014 年以来，"伊斯兰国"迅速扩张，使上述各大力量之间的矛盾暂时得到缓解，恐怖主义与反恐怖主义的矛盾尽管不会取代地缘政治矛盾成为中东地区的主要矛盾，但是应对"伊斯兰国"和其他恐怖组织的挑战，至少在短期内促进了域外大国和中东地区大国的合作。

2013—2014 年，中东地区传统热点问题如巴以问题、伊朗核问题等热度不减，新的地区热点问题如叙利亚内战、埃及政治转型、利比亚民兵武装冲突、也门教派冲突和"伊斯兰国"的崛起等不断升温，相较 2012 年，美国白宫、国务院和国防部投入了更多的军事、政治、外交和经济资源，以应对中东热点问题构成的新挑战。

2013 年 9 月，奥巴马在联合国大会上发表讲话时指出，美国在中东拥有四大核心利益，即保护盟友和伙伴的安全、确保能源安全、打击恐怖主义和防止大规模杀伤性武器扩散，中东地区仍然是仅次于欧洲和亚太的美国第三大战略利益区。[①] 由于美国占全球 GDP 的比重下降、国防军费开支进一步减少，奥巴马政府的全球战略呈收缩性态势。在 2013—2014 年，美国关注的重心仍在国内，对乌克兰危机、叙利亚内战、以色列与哈马斯冲突以及"伊斯兰国"崛起等热点问题的反应，发生了从被动应对到主动塑造的转变。奥巴马政府的中东政策可以概括为"总体超脱、适度介入、组建联盟、多管齐下"。

一、奥巴马中东政策的主要特征

在 2013—2014 年，全球热点问题集中在欧洲、亚太和中东地区，其中欧洲的乌克兰危机、亚太地区的领土争端和中东地区的新老热点问题，成为奥巴马政府全球战略和对外政策的重要考量。从国际力量对比态势来看，新兴大国国际影响力持续上升，削弱了以美国为首的西方霸权的全球影响力。从中东地区来看，中东剧变的发生，伊朗核问题的久拖不决，"伊斯兰国"猖獗扩张，埃及、利比亚和也门等阿拉伯转型国家持续动荡，打乱了奥巴马政府在中东实行战略收缩、将全球战略重心向亚太转移的战略谋划。在此背景下，美国中东政策主要呈现出以下四个特点。

（一）总体超脱

小布什政府时期，美国以大中东地区为全球战略重心，相继发

---

① 唐志超：《美中东战略收缩及其地缘政治影响》，载《现代国际关系》2013 年第 11 期，第 3 页。

动了阿富汗战争和伊拉克战争,全球反恐成为美国对外战略的主要任务,先发制人成为实现美国安全战略的重要手段。奥巴马政府同小布什政府全球战略的共同之处在于二者都把维护美国的世界领导权作为其战略目标。2014年5月,奥巴马在美国西点军校毕业典礼上发表演说指出:"我们的底线是,美国必须继续领导世界。如果美国不领导世界,其他国家无法领导世界;问题不是美国是否要领导世界,而是如何领导世界"。[1] 但是,奥巴马政府与小布什政府在全球战略重心的选择上存在明显的差异,小布什的全球战略重心在中东伊斯兰地区,而奥巴马的全球战略重心则向亚太地区转移。

2013—2014年,奥巴马政府在中东继续奉行总体超脱政策的同时,积极在欧洲和亚太拓展影响力。2014年12月12日,美国国会参议院通过2015财年国防预算案,批准预算5850亿美元(其中640亿美元用于海外战事),比上一年减少480亿美元。国防预算还同意拨款帮助伊拉克部队和库尔德武装打击"伊斯兰国"。[2] 在欧洲地区,乌克兰危机的爆发促使美国领导下的西方国家对俄进行经济制裁,美军在北约框架下组建了快速反应部队的先遣队,以加强对中东欧盟国如波兰的协防能力。2014年9月,美国总统奥巴马将俄罗斯、非洲埃博拉病毒和"伊斯兰国"并列称为新时期美国面临的三大安全威胁。在西太平洋地区,美国利用中国与日本、菲律宾和越南等国家的海上领土和海洋权益争端,积极介入亚太地区事务,对华采取了合作加防范的双重政策。

但是,相对于过去,奥巴马政府对欧洲、中东和亚太的热点问题均保持了明显的克制,其原因除与美国实力下降密切相关外,还与美国政治思潮的变化有很大关系。民意测验显示,美国国内近年

---

[1] "Full Transcript of President Obama's Commencement Address at West Point," *The Washington Post*, May 28, 2014.

[2] 《美国会通过国防预算案》,载《文汇报》2014年12月14日,第5版。

来孤立主义思潮上升,影响了其外交政策走向。当前,美国占北约中军费开支的比重已从冷战时期的50%增加至75%左右,但是美国国内要求削减军费开支、将注意力转向国内的呼声日益强烈。①

就美国在中东地区的军事存在而言,奥巴马政府继续维持了在土耳其、吉布提和海合会成员国的军事部署,部署的军队大约5万人,但美国仍在叙利亚、伊朗、"伊斯兰国"等重大战略问题上保持了克制,其重要原因在于美国极力避免因军事介入而再次陷入类似阿富汗和伊拉克的战争泥潭。只要不对美国国家安全构成直接威胁,奥巴马政府都尽力避免直接卷入中东冲突之中。例如,尽管奥巴马在2014年9月联大会议中将"伊斯兰国"视为"死亡网络",称"伊斯兰国"是美国面临的重大国际威胁②,但奥巴马政府始终避免派出地面部队清剿"伊斯兰国"武装分子。此外,拒绝武力推翻巴沙尔政权,对埃及局势变化保持超脱,对利比亚愈演愈烈的冲突置之不理,在中东反恐行动中主要依靠无人机而不是大规模作战部队等等,都是奥巴马政府"超脱政策"的具体表现。③

奥巴马"超脱政策"的实质就是避免使美国再次陷入中东冲突的漩涡,从而消耗美国的硬实力和软实力。④ 例如在阿富汗问题上,美国和阿富汗政府于2014年10月达成协议,宣布未来美军将在阿富汗保留9000多人的军事力量,但这些美军主要承担军事训练、军事顾问、维护美国公民安全、部署反恐特种兵等任务,而剩余美军

---

① Gideon Rachman, "Division and Crisis Risk Sapping the West's Power," *Financial Times*, September 1, 2014.

② Susan Crabtree, "Obama's Three Middle East Foreign Policies," *Washington Examiner*, September 26, 2014.

③ Peter Bakersept, "Paths to War, Then and Now, Haunt Obama," *New York Times*, September 13, 2014.

④ "Actually, Obama Does Have a Strategy in the Middle East," *The Atlantic*, August 29, 2014.

已实现从阿富汗撤军,也体现了奥巴马政府"总体超脱"的中东政策。此外,受"页岩气革命"的影响,美国近年来对中东能源的依赖度下降,也在一定程度上降低了奥巴马政府介入中东事务的热情。

(二)适度介入

首先,在外交上,奥巴马于2014年3月亲自访问沙特,修复与盟国的关系;国务卿克里在一年多的时间里十余次赴中东,遍访了伊拉克、沙特、卡塔尔、阿联酋、以色列、巴勒斯坦、埃及等国家,为伊朗核问题、巴以问题、埃及政治转型等热点问题展开广泛斡旋。[1] 奥巴马政府还加强了对中东的公共外交。例如,2014年9月,奥巴马在白宫会见了中东基督教马龙派、亚美尼亚东正教、叙利亚东正教、希腊天主教和叙利亚天主教等宗教领袖,重申"推动宗教信仰自由和人权保护"一直是美国对外政策的优先考量;并对经受战乱的中东基督徒的命运深表忧虑。[2]

其次,在军事上,奥巴马总统于2014年9月宣布对伊拉克和叙利亚境内的"伊斯兰国"等恐怖组织发动空袭,通过F-22和无人机等发动了数百次打击行动,暂时遏止了伊拉克和叙利亚恐怖组织的进攻势头。但总的来看,奥巴马政府对中东地区事务保持了适度军事介入,极力避免在中东重陷大规模的战争,避免向中东地区派出地面部队,也避免卷入利比亚的民兵武装冲突等。

(三)组建联盟

奥巴马入主白宫以来,提出了"巧实力"战略。在中东外交实

---

[1] Colin H. Kahl and Marc Lynch, "U. S. Strategy after the Arab Uprisings: Toward Progressive Engagement," *The Washington Quarterly*, Spring 2013, pp. 39 – 60.

[2] "Aram I Shares Concerns of Middle East Christians with Obama," *The American Weekly*, September 12, 2014.

践上,奥巴马政府避免小布什时期美国冲锋在前的做法,更加强调多边主义和联合行动,鼓励英国、法国、土耳其、沙特、卡塔尔、巴林、阿联酋等加入美国领导下的志愿者同盟。

首先,在打击"伊斯兰国"问题上,美国与部分阿拉伯国家签署了"吉达公报",积极发挥沙特、约旦、卡塔尔、阿联酋和巴林等国在反恐中的"先锋作用",约旦、阿联酋和巴林空军还不同程度地参与了空袭"伊斯兰国"的军事行动,同时在军事上联合英法对"伊斯兰国"展开军事清剿。[1] 2003年伊拉克战争结束以来,美国在中东的首要任务是打压以伊朗和叙利亚为代表的什叶派反美力量,但10年后,美国逐步意识到对美国安全利益构成现实威胁的主要是逊尼派极端势力,尤其是在伊拉克的"伊斯兰国"和叙利亚的"胜利阵线"。在打击逊尼派极端势力如"伊斯兰国"等目标上,美国与伊朗和叙利亚政府存在共同利益。2014年8月,奥巴马政府宣布对"伊斯兰国"发动空袭,部分出于配合2014年美国中期选举的重要考虑。民意测验显示,目前美国民众中大约64%的人支持对"伊斯兰国"发动空袭,但只有9%的人支持向伊拉克派出地面部队。这就决定了奥巴马政府虽然宣布与"伊斯兰国"处于"交战状态",但是仍然将军事行动局限在空袭范围内。2014年9月,奥巴马总统指出,沙特、卡塔尔、巴林、阿联酋等阿拉伯国家和土耳其等参与打击"伊斯兰国"极端分子,表明美国在中东并不孤单。[2]

其次,在叙利亚巴沙尔政权问题上,奥巴马政府鼓励法国、土耳其、沙特和"温和"的叙利亚反对派等力量形成统一战线,而美国在背后设置议程。为支持叙利亚反对派,美国积极联合土耳其、沙特、卡塔尔、阿联酋和欧洲盟国,促使这些国家向"温和"反对

---

[1] Spencer Ackerman, "Middle East Countries Sign up to Obama's Coalition against Isis," *The Guardian*, September 11, 2014.

[2] "Obama Vows More Strikes on ISIL in Syria," *Al-Jazeera*, September 24, 2014.

派提供武器装备和后勤援助，并向叙利亚难民提供紧急人道主义援助。2014年，美国在沙特设立可训练1万人的军事培训基地，用于培训叙利亚"温和"反对派，美国则为该培训项目向国会申请了5亿美元的经费。[①]

最后，在帮助埃及塞西政府巩固国内稳定问题上，美国鼓励沙特、科威特和阿联酋等海湾富国为埃及提供援助。冷战时期，以色列与埃及达成《戴维营协议》后，埃及曾经和以色列一道，成为获得美援最多的两个国家。冷战结束后，美国每年向埃及提供13亿美元的援助。2013年以来，转型阿拉伯国家如埃及、利比亚和叙利亚等均面临严峻的形势，但美国政府拒绝承担过多的义务，而是鼓励盟国提供经济援助。在2013—2014财年第一季度，埃及经济增速仅为1%，通货膨胀率达12%，失业率为13%，青年人失业率超过20%，贫困率持续上升至26.3%。由于美国政府对埃及援助一度中断，塞西政府不得不依靠沙特、阿联酋、科威特等国提供的120亿美元援助来解燃眉之急。[②]

（四）多管齐下

在小布什时期，以反恐为主线，以军事行动为优先手段，以政权更迭为目标，以民主改造为方向构成了美国中东政策的显著特点。奥巴马执政以来，尤其是在2013—2014年，美国的中东政策更加注重外交、军事、情报、经济、文化、法律、教育等手段的综合运用。奥巴马多次强调，美国需要借助多种手段，巧妙地实现美国的战略利益，以达到成本最小化和收益最大化。如在伊拉克，美国一方面

---

① Carol E. Lee and Julian E. Barnes, "Obama Pushes U. S. Deeper Into Middle East to Fight Islamic State," *The Wall Street Journal*, September 11, 2014.

② 李伟建：《当前中东安全局势及对中国中东外交的影响》，载《国际展望》2014年第3期，第30页。

在军事上发动对"伊斯兰国"的空袭，另一方面于 2014 年 9 月向伊拉克派出 475 人的军事顾问，以帮助伊拉克政府军提高军事战斗力，从而使美军在伊拉克的顾问总人数增加至 1600 人。[1] 2014 年 11 月，美国再次向伊拉克增派 1500 名军事训练人员。目前美国派驻伊拉克的军人包括 600 名军事顾问，主要常驻巴格达和库尔德自治区首府艾尔比勒，另有 800 名特种部队成员，负责守卫美国驻伊使馆和巴格达机场。[2]

在经济上，为增强对巴以问题的影响力，美国国务卿克里于 2014 年 10 月出席在开罗举行的加沙重建国际大会，并承诺向加沙追加 2.12 亿美元的人道主义援助，其中 7500 万美元用于加沙重建，剩余部分交给阿巴斯政府支配，用于东耶路撒冷与约旦河西岸的建设项目。美国还鼓励欧盟、卡塔尔和土耳其分别提供了 5.7 亿美元（4.5 亿欧元）、10 亿美元和 2 亿美元的经济援助。[3]

二、美国应对中东热点问题的主要措施

奥巴马政府的中东政策缺乏较明晰的战略，其被动应对大于主动塑造，并根据不同热点问题的不同特点采取了具体的应对措施。

（一）推动伊朗核问题谈判

伊朗核问题与巴以问题成为奥巴马政府应对中东危机的两大重

---

[1] "With Islamic State Speech, Obama Deepens US Involvement in Middle East," *Christian Science Monitor*, September 11, 2014.

[2] 周戎:《结束伊战目标渐行渐远》，载《文汇报》2014 年 11 月 9 日。

[3] Michael R. Gordonoct, "Conference Pledges ＄5.4 Billion to Rebuild Gaza Strip," *New York Times*, October 12, 2014, A.4.

心。[①] "9·11" 事件以来，美国政府始终高度重视伊朗，因为伊朗对阿富汗问题、伊拉克问题、反恐问题、防止大规模杀伤性武器扩散、以色列安全、中东和平进程以及海湾能源安全等问题均有重要影响，而核问题则是美国伊朗政策的核心所在。尽管奥巴马总统多次声明，决不允许伊朗拥有核武器，也决不允许伊朗运用核武器威胁美国海湾盟友和以色列的安全。因此，美国政府始终强调不排除对伊朗动武的可能性，但在目前阶段，由于受到诸多国内外因素的掣肘，美国仍主要通过谈判与对话手段推动伊核问题的解决。

鲁哈尼当选伊朗总统以来，长期对抗的美伊关系明显趋缓，进而为重启伊核谈判创造了条件。2013 年 11 月 24 日，伊核谈判六方美、英、法、俄、中、德与伊朗达成协议，伊朗承诺冻结其核计划，西方大国则承诺分步骤减少对伊朗的制裁，期间伊朗每个月可以获得 7 亿美元被冻结的资金。2014 年 7 月，谈判各方一致同意将上述协议延长至 2014 年 11 月；2014 年 11 月，伊核谈判各方一致同意将协议延长至 2015 年 7 月。美国国务卿克里强调，在双边和多边谈判框架下，会谈取得了实质性进步，达成了许多共识，但是距离达成全面最终协议还有不少障碍。尽管会谈各方尚未形成最终共识，但是奥巴马政府通过和谈解决伊朗核问题的决心依然十分坚定。

（二）斡旋巴以和平进程

奥巴马担任总统后，第一个国际电话便打给了巴勒斯坦总统阿巴斯，接下来分别是时任以色列前总理奥尔默特、时任埃及总统穆巴拉克和约旦国王阿卜杜拉，足见奥巴马政府对促进巴以和平

[①] Michael Crowley, "Middle East Matters Most to Obama – Not Putin," *The Times*, March 28, 2014.

的决心。① 克里担任国务卿后，奥巴马政府加大了对中东和平进程的介入力度，希望能够打破僵局，管控巴以冲突。2014 年巴勒斯坦两派法塔赫与哈马斯达成和解之后，以色列总理内塔尼亚胡原则上同意建立非军事化的巴勒斯坦国，奥巴马政府认为推动中东和平进程的时机已经成熟。在一年的时间里，国务卿克里访问中东十余次，希望能够在巴以问题上找到突破口。

为促成巴以双方取得谈判进展、彰显美国公正立场，美国采取了对巴以双方以压促变的做法，希望以此促成巴以领导人达成一致。然而，奥巴马的中东斡旋外交尚未取得实质性进展，不仅巴以和谈再度陷入停滞，以色列与哈马斯还于 2014 年再次爆发严重的武装冲突，以色列发动的"护刃行动"导致 1700 多名巴勒斯坦人、70 多名以色列人死亡，这在很大程度上标志着美国斡旋巴以和平进程的又一次失败。2014 年 10 月 1 日，奥巴马总统会见以色列总理内塔尼亚胡，再次指出巴以对峙、双方儿童惨遭屠杀的局面必须改变，呼吁双方尽快重回谈判。但这一倡议并未得到巴以双方的积极响应。②

（三）对"伊斯兰国"进行有限军事打击

2014 年 6 月，奥巴马总统在美国西点军校发表演说时指出，"在可预见的将来，美国国内和海外面临的最直接威胁是恐怖主义"，③ 而"伊斯兰国"无疑是当前美国面临的最严峻的恐怖主义威胁。自 2014 年 9 月奥巴马发表电视讲话，宣布对"伊斯兰国"进行空中打击以来，美国对"伊斯兰国"的空袭已经从伊拉克扩大到叙

---

① Gregorio Bettiza and Phillips, Christopher, "Obama's Middle East Policy: Time to Decide," *IDEAS Reports*, 2010," p. 13.

② "Obama and Netanyahu Barely Conceal Tension in Discussions over the Middle East," *The Telegraph*, October 1, 2014.

③ "Obama is Surrendering the Middle East to Terrorists," http://www.forbes.com/sites/dougschoen/2014/06/04/obama-is-surrendering-the-middle-east-to-terrorists/.

利亚东北部库尔德人聚居区，打击对象也从"伊斯兰国"扩大至叙利亚的"胜利阵线"。为使空袭取得效果，奥巴马政府于2014年10月向伊拉克派出新一批官兵，使美军在伊拉克的训练人员达到近2000人，以帮助伊拉克政府协调军事行动、加强军事训练。①

从军事层面来看，打击"伊斯兰国"是奥巴马政府一次很好的练兵机会，特别是美国在空袭行动中频繁使用造价昂贵的第五代战机F-22，使美国可以全面检验F-22战机的实战性能。从政治层面来看，打击"伊斯兰国"有利于维护美国对中东事务的主导地位。奥巴马政府一直给人以优柔寡断、缺乏战略意志的印象，特别是在中东剧变发生后，美国寻求从伊拉克和阿富汗撤军，使其对盟友安全承诺的可信度大打折扣，引起盟国的不满。奥巴马政府对"伊斯兰国"的空袭，得到了海合会成员国和伊拉克的支持，彰显了奥巴马政府维护中东领导权的决心。奥巴马政府还向伊拉克政府交付F-16战斗机和"地狱火"空地导弹等，以增强伊拉克政府的军事力量。② 2014年11月，打击"伊斯兰国"的30多个志愿者联盟成员国共200多名军官聚集美国中央司令部总部——佛罗里达塔帕（Tampa）空军基地，商讨如何协调行动，进一步打击"伊斯兰国"。③

美国的空袭行动对遏制"伊斯兰国"在伊拉克和叙利亚的攻势收到了一定的效果。由于担心遭到空袭，"伊斯兰国"的武装分子已主动撤离摩苏尔、提克里特等城市及若干检查站，将巴格达国际机场和叙利亚库尔德人地区作为进攻的重点目标。极端武装除在叙利亚东北部科巴尼地区发动进攻外，许多极端武装已从进攻转向防御，

---

① Carol E. Lee and Julian E. Barnes, "Obama Pushes U. S. Deeper into Middle East to Fight Islamic State," *The Wall Street Journal*, September 11, 2014.

② Kenneth Katzman, etc., "The 'Islamic State' Crisis and U. S. Policy," *Congressional Research Service*, 7-5700, October 22, 2014, p. 9.

③ "US Coalition Officers Plan Fight against IS," *The Peninsula*, 13 November 2014.

以图保存实力。

美国的空袭难以从根本上消灭"伊斯兰国"武装分子,其原因主要有四:首先,美国和盟国的空袭行动缺乏与伊拉克政府军及叙利亚库尔德武装的有机配合;其次,"伊斯兰国"武装分子化整为零,向平民居住区渗透,使定点清除的难度增大,美军空袭势必会造成重大平民伤亡;再次,"伊斯兰国"的兴起有深层次的政治原因,与伊拉克逊尼派、什叶派和库尔德人三大群体分裂的权力结构,以及叙利亚内战的长期化存在重要关联,美国难以通过以空袭为主的简单军事手段解决伊拉克和叙利亚的政治问题;最后,受军费削减的影响,奥巴马政府不会向伊拉克派出地面部队,清剿"伊斯兰国"不会改变美国在中东的战略收缩,这将使美国难以在短期内打垮"伊斯兰国"。美国发动伊拉克战争付出了耗资数千亿美元、4000多名美军阵亡的高昂代价,这一惨痛教训使美国对再次在中东发动大规模战争心存忌惮。因此,奥巴马政府很难作出重新派出地面部队进入伊拉克的决策,也难以将"伊斯兰国"斩草除根。

(四)强化与中东支点国家的战略关系

在中东变局导致地区力量对比发生重大变化的背景下,土耳其、以色列、沙特、埃及是美国高度重视的战略支点国家。

首先,美国十分重视埃及的战略地位。2013年7月,埃及军方罢黜穆尔西政府,美国一方面乐见埃及军方罢黜与美国分歧上升的穆尔西政府,另一方面呼吁塞西建立"包容和可持续的民主"。在穆尔西被罢黜的当天,奥巴马政府提出恢复对埃及的军事和经济援助,在2014财年美国向埃及提供总价值为15.5亿美元的援助,包括13亿美元的军事援助和2.5亿美元的经济援助。[①]

[①] 高祖贵:《大变局下美国中东政策的调整》,载《当代世界》2014年第3期,第19页。

其次，美国十分重视沙特、以色列和土耳其的战略地位。美国与伊朗关系改善引起了地区盟国特别是沙特和以色列的不满，土耳其与美国的关系也趋于冷淡。为安抚地区盟国，奥巴马于2014年访问沙特，强调将增加对沙特的军火出口，扩大美国提供的军事训练的范围，重申美国对沙特的安全协防责任。塞西当选埃及总统后，奥巴马鼓励沙特和阿联酋加大对埃及的援助力度，发挥地区秩序维护者的作用。此后，美国国务卿克里也相继访问伊拉克和沙特等国。[①] 2014年10月，"伊斯兰国"极端分子进攻叙利亚与土耳其边境地区的科巴尼后，美国与土耳其军方保持了密切沟通和配合，就联合打击"伊斯兰国"进行了密切磋商。

（五）以务实态度对待阿拉伯国家转型

面对埃及、利比亚、也门等转型阿拉伯国家陷入严重动荡、伊拉克"伊斯兰国"猖獗扩张，美国对所谓"阿拉伯革命"的热情在逐步丧失，确保稳定已成为奥巴马政府对转型阿拉伯国家政策的首要目标，特别是在塞西废黜穆尔西政权之后，奥巴马政府积极支持埃及新政府维持国内稳定。在叙利亚问题上，奥巴马尽管重申巴沙尔政权已经丧失执政合法性，必须为叙利亚的人道主义危机负责，但是多次明确表示不会对叙利亚动武。在巴沙尔总统于2014年再次当选总统后，美国政府迄今未采取进一步措施，反而默许巴沙尔政府在叙利亚的统治，并在打击"伊斯兰国"和"胜利阵线"问题上与巴沙尔政府保持了默契。同样，在巴以问题上，克里一年内赴中东十几次，积极劝和促谈，但对巴勒斯坦走所谓"民主化"道路、保护人权和价值观等却只字不提。

[①] Carol E. Lee and Julian E. Barnes, "Obama Pushes U. S. Deeper Into Middle East to Fight Islamic State," *The Wall Street Journal*, September 11, 2014.

三、美国应对中东热点问题的效果评估

在 2013—2014 年,总体超脱和有限介入相结合构成了奥巴马政府中东政策的典型特征,其目标是以最廉价的方式维持美国在中东的领导权。奥巴马政府在推动伊朗核问题方面表现出极大耐心和创造力;在打击"伊斯兰国"问题上,美国积极组建志愿者同盟,并与伊朗、叙利亚巴沙尔政府和黎巴嫩真主党保持某种默契,都是奥巴马政府以"维稳"为主的中东战略的具体体现。但是,奥巴马应对中东热点问题的政策与措施仍面临诸多挑战。

(一)美国中东政策饱受国内诟病

2011 年年底,奥巴马兑现竞选时期的承诺,关闭了美军在伊拉克的所有军事基地,撤出了所有作战力量,并相信伊拉克政府能够实现安全自主和政局稳定。[1] 美国从伊拉克撤军,无疑为奥巴马政府卸下了不堪重负的包袱,但是此举也给"基地"组织伊拉克分支,即后来的"伊斯兰国"的崛起提供了可乘之机。特别是 2014 年"伊斯兰国"多次播放斩首美国人质的画面,在美国国内产生了严重的负面影响,导致共和党及美国新闻媒体强烈批评奥巴马政府的伊拉克政策。美国前国防部长帕内塔在其回忆录《值得奋战:领导战争与和平的回忆录》中也认为,奥巴马在伊拉克撤出所有军事力量是一种"幼稚病",它所导致的权力真空,使伊拉克成为教派冲突与恐怖主义活动的天堂。

此外,美国新闻媒体和共和党人士还指责奥巴马政府未能有效

---

[1] Victor Davis Hanson, "How Obama Lost the Middle East," *National Review*, July 3, 2014.

整合叙利亚温和反对派，使反对派一直缺乏凝聚力和战斗力，导致推翻巴沙尔政权这一目标已经遥不可及。《纽约时报》的分析认为，如果2013年奥巴马对叙利亚巴沙尔政权采取强硬措施，以伊朗为首的什叶派现在将处于被动局面，并在核问题上向美国妥协。[①] 还有批评者认为，奥巴马政府一心希望从伊拉克和阿富汗撤军，却未能考虑到中东和平的关键因素——巴以问题，导致中东局势失控。[②] 他们指出，奥巴马的叙利亚政策对日益严重的人道主义危机负有不可推卸的责任，叙利亚冲突已经造成19万名平民死亡，900万人流离失所，其中250万人逃往黎巴嫩、伊拉克、约旦、土耳其等，而奥巴马政府在叙利亚人道主义危机面前束手无策，未采取任何积极有效的措施。[③]

（二）美国与中东盟友的关系陷入困境

奥巴马政府试图既维持与传统盟友的安全合作，又改善与对手的关系，导致在外交实践中往往陷入左右为难的困局。例如，美国改善与伊朗的关系、美国对叙利亚巴沙尔政府未采取实质性军事打击措施，引起以色列、沙特和土耳其等美国盟国的不满，它们纷纷认为美国的伊朗政策和叙利亚政策疏远了盟友，助长了反以主义和极端主义势力的上升，也威胁到了美国盟友的国家安全。[④] 沙特王储

[①] "The Agony of Obama's Middle East Policy," *The National Interest*, August 16, 2014.

[②] Fawaz A. Gerges, *Obama and the Middle East: The End of America's Moment?* London: Macmillan, 2012。

[③] David Rohde & Warren Strobel, "Here's How Barack Obama's Middle East Policy Became A Huge Mess," *Reuters*, October 9, 2014; Joseph Loconte, "Barack Obama's Toothless and Feckless Foreign Policy," *New York Observer*, August 13, 2014.

[④] "The failure of US Middle East policy," http://www.dw.dw/the-failure-of-us-middle-east-policy/A-17771459.

阿尔瓦利德·本·塔拉勒·阿苏德（Prince Alwaleed Bin Talal）在讲话中公开对美国的伊核政策表示怀疑，强调沙特的首要安全挑战不是来自以色列，而是来自于伊朗。① 由于美国对中东事务关注度下降，近两年来约旦政府在安全上加大了对沙特的依赖，以防止关键时刻遭到美国的抛弃。

以色列内塔尼亚胡政府对美国改善与伊朗关系，以及伊朗核问题谈判签署阶段性协议多有不满，内塔尼亚胡本人多次予以公开指责。2014年10月，以色列新任国防部长摩西·亚隆（Moshe Yaalon）在会见时任美国国防部长哈格尔时指出，以色列政府正在密切关注伊朗核问题谈判的进展，对于大国同伊朗是否达成协议以及达成怎样的协议深表关注。② 此外，奥巴马的巴以政策也引起了以色列的不满。尽管奥巴马政府努力推动巴以和平进程，但是以色列政府对奥巴马公开支持"两国方案"，批评以色列不断推进犹太定居点等做法都存在强烈不满。

（三）依靠空袭难以根除"伊斯兰国"

2014年9月，奥巴马在联大39分钟的讲话中，几乎一半时间都在论述国际社会联合打击"伊斯兰国"的问题，③ 从中也足见美国对打击"伊斯兰国"的重视。美国错误的伊拉克政策和叙利亚政策是"伊斯兰国"兴起的重要原因之一，而打击直至根除"伊斯兰国"反过来又成为美国中东战略面临的严峻挑战。2014年8月以来，美国联合北约成员国以及中东地区国家，以空袭为主要手段对

---

① Abe Greenwald, "He's Made It Worse: Obama's Middle East," *Commentary*, May 1, 2014.
② "Israeli Minister Airs Iran Nuclear Concerns at Pentagon," *Khaleej Times*, October 22, 2014.
③ Jeffrey Laurenti, "Obama's Tenuous Middle East Coalition360°," *The Huffington Post*, October 2, 2014.

"伊斯兰国"进行打击和围剿。但是,美国很难在短期内打垮"伊斯兰国",美国国务卿克里对此也供认不讳,他认为打垮"伊斯兰国"很可能需要一两年甚至是十年时间。①

美国领导下的志愿者同盟发动的空袭虽然对遏制"伊斯兰国"的攻势收到了一定的效果,但在短期内很难实现奥巴马所谓将"伊斯兰国""最终粉碎"②的目标。首先,美军缺少地面力量的配合,恐怖极端组织很容易在遭到空袭后死灰复燃;其次,各方打击"伊斯兰国"的动机不同,分歧明显,一旦空袭不能取得实质性进展,或者空袭造成严重人道主义灾难,奥巴马政府打击"伊斯兰国"的决心将经受严峻考验。例如,土耳其议会于2014年10月3日通过决议,允许美军、欧洲盟国以及沙特、约旦等国军队利用其领空和因吉利克军事基地,但是当"伊斯兰国"武装分子进入叙利亚东北部库尔德人居住区——科巴尼,并逼近土耳其边境时,土耳其国防部长却声称不会立即采取行动。土耳其之所以态度暧昧,其重要原因在于希望借助"伊斯兰国"与库尔德人的激战,消耗长期盘踞在伊拉克北部和叙利亚东北部地区的土耳其库尔德工人党。

总之,奥巴马政府对中东热点问题的应对相对被动,其外交手段多于军事手段,政治谈判多于战略对冲,多边主义重于单边主义,既体现出美国对中东主导能力与意愿下降的无奈,又是奥巴马政府中东战略缺乏顶层设计的结果。

---

① William Greider, "Obama's Long War in the Middle East," *The Nation*, September 10, 2014.

② Francis Fukuyama and Karl Eikenberry, "Friendless Obama Needs Middle Eastern Allies of Convenience," *Financial Times*, September 23, 2014.

中东热点问题与俄罗斯的战略应对

上海外国语大学俄罗斯研究中心　那传林
上海外国语大学中东研究所　孙德刚

【内容提要】

　　在2013—2014年，俄罗斯为缓解在乌克兰危机问题上西方对其施加的压力，努力在中东热点问题上寻找突破口。在叙利亚，俄罗斯继续支持巴沙尔政权恢复国内秩序；在伊朗核问题上，俄罗斯寻求与西方大国和中国建立合作关系；在发展经贸合作问题上，俄罗斯寻求与埃及、沙特、土耳其等支点国家建立战略关系。俄罗斯应对中东热点问题，体现出普京政府实用主义的外交政策，以保护俄罗斯在中东的现实利益为首要追求。

　　在2013—2014年，中东地区格局发生深刻变化，诸多热点问题面临变化的节点，不稳定因素在不断增长。埃及再次发生政权更迭、叙利亚危机长期化、巴以和谈再次失败并重陷冲突、伊核谈判艰难推进都是中东地区形势变化的重要表现。更为严重的是，伊拉克安全局势全面恶化，"伊斯兰国"横扫伊拉克西北部和叙利亚东北部，严重威胁地区安全和全球安全。面对新的中东局势，俄罗斯采取了一系列措施来调整和应对中东地缘政治的新变化，积极捍卫俄罗斯在中东地区的利益。

一、俄罗斯中东政策的简要回顾

俄罗斯外交在遵循现实利益优先、均衡外交为重的原则下，始终处于动态的调整变化中。自1991年苏联解体以来，作为东西方的结合部，俄罗斯的外交政策从最初的"大西洋主义"到"欧亚主义"的变化表明，俄罗斯外交再次向东西方平衡的"双头鹰"回归。正如普京所言，"俄罗斯外交政策的特点在于其平衡性，这是由俄罗斯作为一个欧亚大国的地缘政治地位所决定的，这种地位以双边和多边关系为基础"。[①]

俄罗斯的中东政策作为其"东方政策"的重要一环，从属于"双头鹰"外交政策。在俄罗斯人看来，"东方"可划分为9个地区单元，即：（1）北非马格里布地区，包括阿尔及利亚、突尼斯、摩洛哥、利比亚和毛里塔尼亚；（2）近东地区，包括埃及、叙利亚、伊拉克、以色列、巴勒斯坦自治区、约旦和黎巴嫩；（3）海湾地区，包括阿联酋、沙特、卡塔尔、科威特、巴林和阿曼；（4）中东地区，包括伊朗、阿富汗和土耳其；（5）印度、巴基斯坦、孟加拉国等南亚地区，（6）中亚五国，即哈萨克斯坦、吉尔吉斯斯坦、塔吉克斯坦、乌兹别克斯坦和土库曼斯坦；（7）南高加索三国，包括格鲁吉亚、阿塞拜疆、亚美尼亚；8）东北亚，包括中、朝、韩、日、蒙；（9）东南亚，即东盟国家[②]。由此可见，中国学者理解的"中东"要比俄罗斯学者理解的范围要大。实际上中国学者讨论的俄罗斯的

[①] "Концепция внешней политики российской федерации", http://www.scrf.gov.ru/documents/25.html.

[②] С. Г. Лузянин. Восточная политика владимира путина/С. Г. Лузянин – М., 2007. – C. 5

中东政策是俄罗斯近东地区、海湾地区和中东地区三个地区政策的集合体。

自苏联解体、冷战结束后，俄罗斯中东政策一直处于调整中。20世纪90年代，俄罗斯的中东政策与其一边倒的"大西洋主义"外交政策相关联，叶利钦在中东地区没有明确的政策，只强调俄罗斯应当"有效利用阿拉伯国家的巨大潜力帮助俄罗斯解决复兴过程中的经济问题"[1]。因此，这一时期俄罗斯与中东地区的传统联系急剧下降，俄罗斯前外交部长伊万诺夫曾非常遗憾地表示，俄罗斯在90年代初与阿拉伯国家的联系急剧减少，在该地区的政治和经贸利益几乎丧失殆尽。[2] 虽然苏联是1991年中东和平进程马德里和会的参与者，但随后俄罗斯联邦在中东和平进程中实际上处于边缘状态。

虽然叶利钦执政后期开始调整包括中东政策在内的外交政策，并在国际舞台上提出了"多极世界"的理念，对抗冷战结束后的美国单极世界，但直到普京成为俄罗斯新总统后才明确了"重返中东"的外交政策，俄罗斯中东外交也相应地发生变化。

中东地区对于俄罗斯具有非常重要的地缘政治价值。2000年，普京在回答法国《费加罗报》记者提问时，阐明了俄罗斯外交新原则及中东政策。他指出："俄罗斯曾和美国一起启动（中东）和平进程，我们认为加强莫斯科的作用只能带来好处。我们毗邻中东，中东局势关系到我们大家的利益，所以我们不可能袖手旁观。"[3] 普京就任总统后，积极在中东地区扩大俄罗斯的影响，包括加强俄罗斯与伊朗和叙利亚的关系，发展与沙特、以色列和埃及等亲美国家

---

[1] Sergei Filatov, "Politics in a Subtle Business but One Would Like Clarity," Pravda, Vol. XLIV, No. 46, 1992, p. 18.

[2] 〔俄〕伊·伊万诺夫著、陈凤翔等译：《俄罗斯新外交》，北京：当代世界出版社2002年版，第116页。

[3] "В сегодняшнем номере Le Figaro опубликовано большое интервью президента Путина"，http：//txt. newsru. com/arch/russia/26oct2000/figaro. html

的关系。梅德韦杰夫任总统期间，俄罗斯继续加强中东外交。2009年6月，梅德韦杰夫访问埃及，双方签署了战略伙伴条约。

中东变局发生后，俄罗斯外长拉夫罗夫表示，外部势力不应干预中东革命或输出某种特定形式的民主，这样做只会适得其反。2012年普京再次当选为总统，并于2012年6月25日前往中东，对以色列、巴勒斯坦和约旦进行为期两天的访问。这是普京第三任期内第一次出访中东地区。此次中东之行的主要议题是叙利亚和伊朗局势及巴以冲突，展示了俄罗斯重返中东舞台的积极姿态。

虽然俄罗斯的中东政策一直处于调整中，但其核心始终是国家利益和地区稳定，因为巴以和平、伊朗和叙利亚局势的发展，都直接影响俄罗斯高加索地区的稳定。中东稳定与否也直接影响作为俄罗斯经济支柱的石油和天然气价格。随着中东格局正在发生深刻而复杂变化，俄罗斯正在谋划重新恢复在该地区的影响力。

2013年2月12日，普京批准了2013年《俄罗斯联邦对外政策构想》。俄罗斯认为当前国际关系正处于"过渡期"，其本质是形成一个"多中心"的世界体系。俄罗斯近期中东政策的要点是：第一，在尊重主权和领土完整、不干涉内政的基础上推动中东地区实现和平。俄罗斯将利用联合国安理会常任理事国和巴以问题四方会谈机制的成员的身份，进一步推动各方实现"中东和平路线图"，俄罗斯还支持在中东建立无大规模杀伤性武器区。第二，俄罗斯将继续与伊朗对话，推动伊朗核问题的最终解决。第三，加强与伊斯兰国家的互动，利用俄罗斯伊斯兰合作组织观察员国的身份与阿盟和海合会进行对话。[①]

2013年《俄罗斯联邦对外政策构想》颁布后不久，中东局势又

[①] "Концепция внешней политики Российской Федерации", http://www.mid.ru/bdomp/ns-osndoc.nsf/e2f289bea62097f9c325787a0034c255/c32577ca0017434944257b160051bf7f.

发生了重大变化。围绕这些变化，俄罗斯积极调整中东政策，使俄罗斯成为中东事务的积极参与者，在叙利亚化学武器问题、伊朗核问题上发挥了不可替代的作用，并且通过政治、经济、外交等具体措施确保俄罗斯在中东地区国家利益的实现。

二、俄罗斯应对中东热点问题的主要政策

中东地区至今仍没有有效的多边安全机制，地区安全主要依赖于域外大国的安排，特别是美国的安排。虽然俄罗斯在中东的影响不能和美国同日而语，但在"重返中东"战略推出后，俄罗斯一直在叙利亚问题和伊核问题上拥有重要发言权。近两年来，俄罗斯积极围绕中东局势的变化进行新的布局和调整，以巩固和加强俄罗斯在中东地区的存在。

（一）"化武换和平"：改变叙利亚危机的发展走向

在叙利亚问题上，俄罗斯一直支持巴沙尔政权，这与欧美支持叙利亚反对派的态度截然对立。俄罗斯政府坚决反对针对叙利亚的任何国际制裁，称制裁会妨碍叙利亚问题的政治解决。俄罗斯之所以全力支持巴沙尔政权，原因在于俄罗斯在叙利亚有重大政治、经济和军事利益。[1] 如果俄罗斯失去叙利亚这个中东地区唯一盟友，俄罗斯就会在整个中东失去立足点。叙利亚的塔尔图斯港是俄罗斯在地中海和中东地区的唯一海外军事基地，事关俄罗斯的军事战略。叙利亚还是俄罗斯重要贸易伙伴，俄罗斯目前对叙利亚投资总额达200亿美元；双方近年来签订的军售总额达40亿美元。

---

[1] 孙德刚：《苏（俄）在叙利亚军事基地部署的动因分析》，载《俄罗斯研究》2013年第5期，第87页。

俄罗斯倡议的"化武换和平"计划改变了叙利亚危机一触即发的紧张局势，使叙利亚暂时避免了政权更迭。俄罗斯提出的"化武换和平"的建议一经提出，便得到有关各方的积极回应，不仅使叙利亚化武危机峰回路转，而且使整个叙利亚危机的解决重回外交谈判轨道。2013年9月14日，美俄两国出台一份框架协议，对核查和销毁叙利亚化学武器提出了具体时间表。此后，经过联合国安理会的多轮磋商，最终达成了销毁叙利亚化学武器的方案。俄罗斯外长拉夫罗夫表示，"我们希望大马士革积极与国际专家密切配合，但我们有充分根据怀疑叙利亚反对派中的极端主义者可能会破坏其进程"[1]。

"化武换和平"计划的实施使俄罗斯在中东的影响力达到了苏联解体以来的新高度。2013年11月后，俄罗斯积极协助联合国开展销毁叙利亚化学武器的具体工作。根据联合国禁止化学武器组织提供的销毁化武时间表，叙利亚主要化武应在2014年3月31日前销毁，在6月30日前完成所有化武的销毁工作。从俄罗斯方面看，俄方提出的方案可谓"一石三鸟"：一是在关键时刻，普京出手制止美国对叙利亚动武，保住了俄罗斯在中东的唯一战略立足点叙利亚；二是叙化武危机出现重大转折，彰显了俄罗斯的外交影响和国际地位；三是叙利亚彻底销毁化武，也消除了叙利亚化武失控流入俄罗斯高加索地区的隐忧。2013年12月12日，普京在国家杜马发表国情咨文指出："俄罗斯解决叙利亚危机不仅为了维护全球稳定，同时也不允许自身利益和安全受到任何威胁"[2]。

2014年1月17日，俄罗斯外长拉夫罗夫与到访莫斯科的叙利亚外长穆阿利姆举行会谈，双方重点围绕叙利亚问题国际会议的准备

---

[1] "Мы сделаем этот процесс демократическим", http://www.gazeta.ru/politics/2013/10/07_a_5695105.shtml.

[2] "Послание Президента Федеральному Собранию", http://www.kremlin.ru/news/19825.

情况进行了探讨。在叙利亚化武问题和平解决之后,被普遍寄予厚望的叙利亚问题第二次日内瓦会议于1月22日在瑞士城市蒙特勒开幕,会议由联合国秘书长潘基文主持,包括叙利亚政府和反对派在内的多方代表出席会议。但由于各方分歧巨大,尽管联合国—阿盟叙利亚危机联合特别代表卜拉希米进行了种种努力和尝试,但会议依然未能成功调解叙利亚危机。俄罗斯外长拉夫罗夫2月11日在莫斯科表示,俄方支持叙利亚人民自主决定自己的命运。5月22日,联合国安理会就法国等国提交的将叙利亚局势提交国际刑事法院的安理会决议草案进行表决。由于中俄行使否决权,决议草案未获通过。

目前,叙利亚危机趋于长期化,保住巴沙尔政权仍是俄罗斯叙利亚政策的首要目标。但是,基于俄罗斯外交的实用主义特点,如果叙利亚能够成立一个能被各方接受的新政权,同时确保俄罗斯在叙利亚的利益(包括军事基地),俄罗斯也会进行相应的政策调整。否则,俄罗斯还会通过"拖延"战术继续支持巴沙尔政权。

2014年9月23日,针对美国空袭叙利亚境内的"伊斯兰国"目标,俄罗斯总统新闻局发表消息指出,俄罗斯总统普京与联合国秘书长潘基文通电话时表示,空袭叙利亚境内的"伊斯兰国"目标需要获得叙利亚政府同意,国际社会应与叙利亚政府协同打击"伊斯兰国"。他还特别强调指出,不应在未经叙利亚政府同意的情况下空袭叙利亚境内的"伊斯兰国"目标。[①]

(二)未雨绸缪:经营新的战略支点埃及

在继续支持叙利亚巴沙尔政权的同时,俄罗斯还试图将埃及塑造成俄罗斯在中东的新的战略支点。2013年8月,埃及过渡政府持续打压穆尔西支持者,美国国务院宣布将暂停向埃及提供军事援助,

---

① "Телефонный разговор с Генеральным секретарём ООН Пан Ги Муном", http://www.kremlin.ru/news/46661.

包括 2.6 亿美元现金援助和 3 亿美元贷款。埃及过渡政府对此表示不满，并寻求扩大与俄罗斯的军事合作。① 2013 年 11 月 13—14 日，俄罗斯外长拉夫罗夫和防长绍伊古访问埃及，两国外长及防长举行了"2+2"会谈，表示双方将加强在经贸、投资和能源等领域的合作，同时不断推进在军事与技术方面的合作。俄罗斯安排的两国防长和外长进行"2+2"会晤，实属俄罗斯对埃及外交的突破性举措，因为俄罗斯与中国和印度也没有举行过"2+2"会晤。

2014 年 2 月 12—13 日，埃及时任国防部长塞西和外长法赫米访问俄罗斯，并同俄罗斯防长和外长举行"2+2"会晤，双方草签了价值 30 亿美元的军购合同。普京在会见塞西时表示，"整个中东地区的稳定局势在很大程度上取决于埃及的稳定"，② 同时祝愿塞西取得总统竞选成功。双方还就两国关系的总体发展、加强军事技术合作、国际地区形势和反恐等一系列问题进行了讨论。俄罗斯防长绍伊古表示，俄罗斯和埃及对伙伴关系很满意，并将继续增进合作。拉夫罗夫与法赫米在会谈中就深化两国经贸、投资、能源、旅游等领域合作交换了意见。此外，双方还讨论了叙利亚局势、巴以和谈、西奈半岛局势以及消除中东地区大规模杀伤性武器等共同关心的问题。

埃及新政权转向俄罗斯的目的在于寻找国际支持，而俄罗斯在埃及也有重要战略利益，这是双方关系迅速发展的重要原因。比如，埃及政府表示可以考虑俄罗斯地中海舰队在埃及建立类似于海军补给基地的物资技术后备保障点，这对俄罗斯十分重要，因为一旦俄罗斯在叙利亚的唯一海军基地——塔尔图斯被关闭后，在埃及建立的补给基地将在某种程度上发挥替代作用。

---

① 高祖贵：《大变局下美国中东政策的调整》，载《当代世界》2014 年第 3 期，第 19 页。

② "Встреча с главами Минобороны и МИД Египта", http://www.kremlin.ru/news/20222

2014年8月12日，俄罗斯总统普京与来访的埃及新总统塞西一起到克里米亚参观俄罗斯黑海舰队的巡洋舰"莫斯科"号。同日两国就扩大军事技术合作和经济合作达成协议。普京当天在俄罗斯南方城市索契与到访的埃及总统塞西举行会谈，会谈结束后，普京对媒体表示，俄罗斯目前正在向埃及提供武器，双方已就扩大这种合作达成一致。此外，埃及代表团还签署了购买俄罗斯武器的协议。据《俄罗斯报》9月18日的消息，埃及准备购买的俄罗斯各式武器总额达35亿美元。[①] 该合同涉及防空系统、武装直升机、米格-29战斗机和反坦克系统。俄罗斯联邦军事技术合作局8月初宣布，俄方将向埃及提供原先为叙利亚生产的S-300导弹。[②] 俄罗斯"阿尔马兹—安泰"公司将执行埃及的订单，向其提供作为S-300导弹出口系列之一的S-300VM（"安泰2500"）防空导弹系统，进而使埃及成为继委内瑞拉之后第二个获得该系统的国家。[③]

除军事合作外，俄罗斯和埃及还加强了农业、旅游、贸易等领域的合作。为缓解西方制裁造成的压力，俄罗斯从埃及进口的蔬菜和水果等农产品已有大幅增加，双方还商定简化埃及农产品进入俄市场的程序；而埃及是俄罗斯小麦的最大销售市场，占俄罗斯每年小麦出口的25%—30%。两国还希望扩大旅游合作规模，并正在研究建立自贸区的可行性。2013年俄罗斯与埃及的贸易额约为30亿美元，2014年上半年同比增加一倍。[④] 此外，两国在能源、汽车制造

[①] "Каир предпочел Москву", http://www.rg.ru/2014/09/18/egipet-site.html

[②] "С 300, предназначавшийся Сирии, будет доработан и поставлен Египту", http://www.arms-expo.ru/news/cooperation/s_300_prednaznachavshiysya_sirii_budet_dorabotan_i_postavlen_egiptu/

[③] "Россия поставила Египту систему ПВО 'С-300 BM'", http://newsland.com/news/detail/id/1457934/

[④] "Укрепление дружбы России с Египитом", http://intertraditionale.kabb.ru/viewtopic.php?f=97&t=9856

和运输业的经济合作也存在巨大潜力。

（三）多领域拓展：进一步巩固与伊朗的关系

2013年12月19日，俄罗斯总统普京在年度大型记者招待会上表示，俄罗斯将同伊朗发展全方位的关系，这是俄罗斯的原则性选择。普京指出，伊朗是俄罗斯的邻国，也是俄罗斯在该地区优先发展的伙伴之一，俄方愿意同伊朗在各个方面发展关系。普京同时表示，他已经收到伊朗总统的邀请，尽管访问日期未定，但他将会对伊朗进行正式访问。针对美国对伊朗的制裁，普京指出："美国的这些制裁不会给（伊核）问题的最终解决带来任何帮助。我希望，这些声明、措施不会影响我们在解决伊核问题道路上继续前行"[1]。普京还重申了俄方关于伊朗核问题的立场，即伊朗享有发展高科技及和平利用核能的权利，国际社会无权对伊朗做出歧视性限制。2014年8月29日，俄罗斯外长拉夫罗夫与来访的伊朗外长扎里夫讨论了伊朗核谈判进程和双边关系问题。双方表示莫斯科和德黑兰的关系久经考验，两国领导人最近的接触加强了双方的合作。拉夫罗夫再次强调，解决伊朗核问题"要秉持公正的原则，保证各方的利益"[2]。

近两年来，俄罗斯和伊朗关系的发展主要体现在以下几个领域。

第一，能源领域。2013年1月，俄罗斯与伊朗就开始探讨石油采购合同，但遭到美国的反对，美国认为此举涉嫌违反制裁伊朗的协议（该协议于2012年生效，主要涉及限制伊朗的石油出口）。但俄罗斯财政部长安东·西鲁阿诺夫认为，"石油换商品"的交易是合

---

[1] "Пресс-конференция Владимира Путина"，http：//www.rg.ru/2013/12/19/putin-site.html

[2] "Москва надеется развивать торговлю с Тегераном"，http：//www.rg.ru/2014/08/29/lavrov-site.html

法的。俄罗斯认为,"现在伊朗的经济形势很复杂,对其制裁等于扼杀经济"①。俄罗斯东方学研究所高级研究员弗拉基米尔·萨任教授指出,在欧美制裁实施前,伊朗出产石油420万桶/天,石油出口量为250万桶/天,而制裁实施后石油出口量已下降到100万桶/天。萨任认为,美国与欧盟无法在法律上禁止俄罗斯采购伊朗石油,因为俄罗斯只承认联合国安理会的制裁。② 目前,俄罗斯已开始采购伊朗石油,预期的合同价值为200亿美元。根据合同,伊朗每天向俄方交付50万桶原油(约6.85万吨),俄方无需用货币支付,可用俄罗斯生产的商品和装备交换,尤其是冶金、机械制造、能源设备行业的产品。根据2014年石油价格,俄罗斯可以从伊朗得到2500万吨原油。③

第二,核电领域。2013年9月23日,俄罗斯为伊朗建造的第一座核电站——布什尔核电站交付伊朗。布什尔核电站不仅是伊朗,而且是整个中东地区的第一座核电站。它位于伊朗南部港口城市布什尔附近,设计装机容量为1000兆瓦。该核电站在上世纪70年代由德国开始承建,后在美国的干预下停工。1995年,俄罗斯接手该项目,但在政治、经济等因素的影响下,交付期一拖再拖。2014年9月14日,伊朗能源部部长契特契安表示,俄罗斯方面将在1个月内向伊朗提交8座电站的建议书,其中4座电站将位于南部阿巴斯港附近,2座在东部城市塔巴斯,2座在西北部城市萨汉。④

---

① "Иран вольет нефти в Россию", http://www.gazeta.ru/business/2014/04/17/5995889.shtml

② "Иран вольет нефти в Россию", http://www.gazeta.ru/business·2014/04/17/5995889.shtml

③ "Иран вольет нефти в Россию", http://www.oilexp.ru/politika/gosudarstvo/i-ran-volet-neft-v-rossiyu–2/82411/

④ "Россия готова построить в Иране восемь электростанций", http://www.newsru.com/world/14sep2014/irannrg.html

第三，食品领域。俄罗斯计划每年向伊朗供应价值高达 5 亿美元的谷物，作为交换，伊朗将对俄罗斯供应石油。自 2014 年初以来，伊朗和俄罗斯一直讨论"石油换食品"方案，以应对西方对两国实施的经济制裁。俄罗斯打算每年向伊朗供应 100 到 200 万吨谷物，作为交换，伊朗将向俄罗斯供应石油。基于目前俄罗斯小麦价格，这笔易货交易价值高达 5 亿美元。预计伊朗每年的谷物进口需求量在 500 万到 700 万吨。尽管"石油换食品"存在着较大的政治风险，但由于双方都互有需求，因此这种合作符合双方的利益。据估计，2014 年度伊朗小麦进口量可能高达 600 万吨，而俄罗斯是全球最大的小麦出口国之一，2014—2015 年度俄罗斯小麦出口可能达到 2200 万吨。①

（四）峰回路转：俄罗斯和沙特走向接近

长期以来，俄罗斯和沙特一直存在比较尖锐的矛盾，尤其是在伊朗问题和叙利亚问题上存在巨大的分歧，但俄罗斯和沙特的关系在 2014 年峰回路转，双方关系出现明显改善的迹象。

在叙利亚内战中，沙特积极支持叙利亚反对派，强烈不满俄罗斯积极支持巴沙尔·阿萨德政权。在过去的几年中，沙特已花费巨资支持反对派推翻巴沙尔政权，但一直未能实现其目标。沙特认为其叙利亚政策失败的原因之一就在于俄罗斯的中东政策。② 沙特对俄罗斯和伊朗之间的密切关系也极度不满。但是，叙利亚内战的长期化，鲁哈尼上台后伊朗与美国关系缓和，加之美国从伊拉克撤军后"伊斯兰国"极端主义势力活动猖獗，导致中东地区局势突变，促使沙特必须正视俄罗斯在中东地区影响日益加强的现实。而俄罗斯确

---

① "Распродажа по дешевке", http://www.rg.ru/2014/05/06/zerno.html

② Ed Husain, "The EU Offers a Model for Unifying the Middle East," *Financial Times*, June 19, 2014.

信，沙特和俄罗斯北高加索地区的极端势力之间已经建立了牢固的联系，所以俄罗斯无法忽视沙特的重要影响，俄罗斯在打击极端势力和恐怖势力方面需要沙特的配合。

由于互有所需，俄罗斯和沙特的关系在 2014 年有明显的改善。2014 年 6 月 3 日，沙特外交大臣费萨尔王储在索契同俄罗斯总统普京举行了会晤；6 月 21 日，俄罗斯外长拉夫罗夫访问了沙特，并和沙特高层进行了一系列的接触，都表明沙特与俄罗斯的关系正在升温。在利雅得会见记者时，俄罗斯外长拉夫罗夫强调，"我们举行了广泛会谈，双方在经济、贸易以及投资领域的合作存在巨大潜力"。[1]

（五）出其不意：俄罗斯扩大与伊拉克的合作

2014 年 6 月以来，"伊斯兰国"武装占领伊拉克北部和西部大片领土，对中东地区安全构成严峻威胁。2014 年 6 月 28 日，俄罗斯外交部副部长里亚布科夫在叙利亚首都大马士革与叙利亚总统阿萨德会谈后表示，"伊拉克形势非常危险，国家基础受到威胁，俄方不会对一些组织企图在这一地区散播恐怖主义坐视不理"。[2] 同日，伊拉克政府向俄罗斯购买的首批 5 架战机运抵首都巴格达，俄罗斯军事顾问还将为伊拉克空军提供指导，为伊拉克安全部队打击极端武装提供支持。除苏 – 25 外，伊拉克还购买了 10 架苏 – 27 和苏 – 30。[3] 目前，俄罗斯最大的武器出口对象是印度、委内瑞拉、越南和

---

[1] "Выступление и ответ на вопрос СМИ Министра иностранных дел России С. В. Лаврова по итогам визита в Саудовскую Аравию, Джидда, 21 июня 2014года", http：//www. mid. ru/brp_ 4. nsf/0/313E8B7B2BF1AB5D44257CFE0051457F

[2] "Рябков：Россия не смирится с попытками затерррозировать целые страны", http：//vz. ru/news/2014/6/28/693201. html

[3] "Контракты на поставку российской артиллерии в Ирак подтверждены", http：//vpk. name/news/114619_ kontraktyi_ na_ postavku_ rossiiskoi_ artillerii_ v_ irak_ podtverzhdenyi. html

阿尔及利亚，而对伊拉克武器出口将使伊拉克再次成为俄罗斯制武器的消费大国。除军火交易外，俄罗斯在伊拉克石油开采上也成绩不菲，俄罗斯卢克石油公司已获得了伊拉克多项重大石油招标项目。

2014年9月15日，"伊拉克和平与安全"国际会议在巴黎召开，俄罗斯代表在会上表示支持伊拉克政府打击"伊斯兰国"组织。9月25日，在第69届联大会议期间，俄罗斯外长拉夫罗夫与伊拉克总理阿巴迪会晤。俄外长表示，俄罗斯将协助伊拉克政府打击"伊斯兰国"组织的武装。拉夫罗夫强调，俄罗斯对伊拉克独立、主权和领土完整的支持不会改变。[1]

（六）注重实际利益：俄罗斯与土耳其加强商业合作

2014年5月30日，在土耳其方面的倡议下，普京与土耳其总理埃尔多安通电话，深入讨论了乌克兰局势、叙利亚局势等国际热点问题和双边关系的发展前景，强调俄罗斯和土耳其合作具有战略性质。

俄罗斯与土耳其关系改善是双方互有所需的产物。从俄罗斯方面看，乌克兰危机的爆发，特别是2014年3月克里米亚入俄，导致西方国家对俄罗斯的制裁不断加重，俄罗斯与西方国家的矛盾不断加深。土耳其是黑海地区的重要国家，改善与土耳其的关系有利于俄罗斯摆脱外交孤立。从土耳其方面看，土耳其加入欧盟的计划遭遇严重挫折，促使土耳其开始推行"向东看"战略。在此背景下，俄罗斯和土耳其的关系开始升温。特别是在欧美制裁俄罗斯后，俄土两国的商业合作不断扩大。

2013年土耳其和俄罗斯双边贸易规模达327亿美元。俄罗斯是土耳其第二大贸易伙伴国，仅次于欧盟；土耳其是俄罗斯粮食的第

---

[1] "Лавров: Россия готова помочь Ираку в борьбе с ИГ", http://www.vestikavkaza.ru/news/Lavrov-Rossiya-gotova-pomoch-Iraku-v-borbe-s-IG.html

五大进口国，2013 年进口额达 16.8 亿美元。① 俄土高级合作理事会第四次会议于 2013 年 11 月 22 日在圣彼得堡举行。在欧盟因乌克兰危机对俄罗斯进行报复性制裁之际，土耳其的数十家企业准备进入俄罗斯市场。土耳其和俄罗斯之间的贸易还准备使用本币进行结算。虽然土耳其坚决反对克里米亚入俄，但土耳其并没有完全倒向欧美，这主要由于土耳其试图在俄罗斯和西方国家之间保持相对平衡，以及两国之间经贸合作潜力巨大。

俄土两国的政治关系也开始升温。2014 年 12 月 2 日，俄罗斯总统普京对土耳其进行国事访问，此次普京访土，意在打破欧盟对俄罗斯的制裁。在访问期间，双方签署了八项合作协议，并在安卡拉举行了俄罗斯联邦与土耳其共和国高级合作理事会第五次会议。

三、俄罗斯中东政策的特点

（一）确保经济利益是俄罗斯中东政策重要目标之一

在普京上任后，经济利益成为俄罗斯"重返中东"重要考虑，并高度重视军火贸易和能源合作。中东地区是世界石油和天然气的主要供应地，俄罗斯能源经济的主要支柱也是石油和天然气。中东地区动荡将会直接影响世界能源市场的走向，进而对俄罗斯经济产生影响，所以维护中东地区的和平是俄罗斯中东外交政策的立足点。目前，俄罗斯正在寻求与中东产油国的全面合作。俄罗斯试图与沙特合作以控制全球的石油价格，与卡塔尔合作以控制全球的天然气价格。除石油和天然气外，俄罗斯在中东的军火贸易也是其重要利

---

① Россия и Турция обсудили перспективы двусторонней торговли—Турция и Россия http：//vostexpress.org/rossiya-i-turtsiya-obsudili-perspektivyi-dvustoronney-torgovli-turtsiya-i-rossiya/

益所在,包括叙利亚、沙特、埃及等都是俄罗斯军火的大买家。

(二) 有选择地参与中东事务

由于苏联解体后俄罗斯国家实力和国际地位严重下降,俄罗斯始终坚持有选择地参与和自身利益直接相关的中东地区事务,其目的在于通过利用中东国家之间的制衡,妥善处理各种矛盾,发挥俄罗斯在中东地区的作用。应该说,这是俄罗斯在目前既避免过多卷入、又能保证自身利益的有效方式。例如,在叙利亚内战和叙利亚化武事件,以及伊朗核问题上,俄罗斯都积极介入,其重要原因就在于俄罗斯在叙利亚和伊朗拥有重要战略利益。此外,俄罗斯还未雨绸缪,针对俄罗斯可能会丧失在叙利亚的军事基地,积极拓展与埃及的关系,其政策出发点仍然出于其地缘战略利益和经济利益,俄罗斯也深知一旦与埃及这一阿拉伯大国建立战略关系,将极大地拓展俄罗斯在阿拉伯世界的影响。

(三) 重视伊斯兰因素

俄罗斯总人口大约10%是穆斯林,并且俄罗斯是伊斯兰合作组织的观察员国。冷战结束后,伊斯兰极端主义迅速发展,俄罗斯南部也生活着不少穆斯林,俄罗斯南部相邻的国家基本上又都是伊斯兰国家,车臣极端分子在国外伊斯兰极端主义组织的支持下,妄图将车臣从俄罗斯分裂出去,不断制造恐怖活动,对俄罗斯国家安全造成严重损害。因此,出于国家安全的考虑,俄罗斯外交政策中的伊斯兰因素不断加强,俄罗斯发展与伊朗、土耳其、埃及、哈马斯和真主党的关系,都与伊斯兰因素的影响有关。

中东热点问题与欧盟的战略应对

上海外国语大学中东研究所 孙德刚 张玉友

【内容提要】

在 2013—2014 年，欧盟成员国对内应对经济疲软问题，对外应对乌克兰危机的挑战，对中东热点问题的关注度明显下降。欧盟在巴以问题上坚持"两国方案"，在反恐问题上强调"保护的责任"，在发展同中东国家的经贸关系上以海合会为重点。除此之外，欧盟在伊朗核问题上与美国步调一致，在叙利亚问题上继续孤立巴沙尔政权，同时以"人道主义援助"为旗帜，向叙利亚和伊拉克难民提供援助，彰显欧盟对人道主义事业的关注。欧盟大国应对中东热点问题的战略与政策既具有一致性，又具有差异性。

21 世纪初以来，欧盟的中东政策主要依托于两大支柱：地中海战略与海湾战略。第一大支柱依托欧洲—地中海伙伴关系（Euro‐Mediterranean Partnership）及欧洲睦邻政策（European Neighborhood Policy），以东地中海和南地中海的西亚、北非国家为重点，包括阿尔及利亚、埃及、摩洛哥、毛里塔尼亚、以色列、约旦、土耳其、黎巴嫩等。在 2014—2016 年，欧洲委员会计划将斥资 1600 万欧元，帮助地中海南部国家改善投资环境，就是欧盟地中海联盟战略的重要体现。[1] 第二大

---

[1] "European Neighborhood Policy: Crucial for SME Development in the Southern Mediterranean Countries," November 10, 2014, http://eeas.europa.eu/top_stories/2014/111114_european-neighbourhood-policies-sme_en.htm.

支柱是欧盟的海湾战略。该战略以海湾阿拉伯国家为外交重点，依托欧盟与海合会自贸区协定。在欧盟框架内，其中东政策主要由以下机构具体执行，即欧洲委员会（the European Council）、综合事务委员会（the General Affairs Council）、欧洲理事会（the European Commission）和欧洲议会（European Parliament）。[1]

欧盟现有28个成员国，长期以来，为在国际事务中发出"同一种声音"，欧盟强调各成员国奉行"共同外交与安全政策"（Common Foreign and Security Policy）和"欧洲安全与防务政策"（European Security and Defence Policy），以图不断凝聚共识，形成合力。但是在具体的中东热点问题上，欧洲大国特别是英、法、德等大国的政策仍存在着一定的差异。

一、欧盟中东政策的主要特征

全球金融危机爆发以来，尤其是2014年乌克兰危机爆发以来，欧盟成员国更加关注区域内的经济、社会和安全问题，对欧盟以外地区的安全事务，尤其是对中东热点问题的关注度相对较低。除英、法、德等欧盟地区大国外，其他欧盟成员国参与中东热点问题的积极性不高，加之乌克兰危机持续升级，使绝大多数欧盟成员国无暇顾及中东地区热点问题。

相对于中、俄、印度和巴西等新兴大国相比，欧盟的中东政策更加凸显自由、民主、人权等所谓"普世价值"。例如，在看待叙利亚危机问题和"伊斯兰国"等问题上，欧盟都特别强调人权保护和避免人道主义危机的重要性，从而使欧盟成员国在政策选择上具有

---

[1] Tal Dror, "'Always the bridesmaid?' The EU role in the Middle East Peace Process, *The Atkin Paper Series*", June 2014, p. 9.

较强的协调性与一致性。换言之，欧盟更加强调中东政策的道义因素而不是权力因素。

由于欧盟成员国在中东的现实利益不同，历史上与中东的亲疏关系也不一样，因而在具体政策选择上也存在差异。例如，德国更加关注以色列和土耳其；法国更加关注地中海东岸和南岸前法国殖民地如北非马格里布地区和叙利亚、黎巴嫩；英国更加关注伊拉克和海合会成员国，即近代英国在中东的殖民地。在打击"伊斯兰国"问题上，英国和荷兰强调将军事行动局限在伊拉克，反对在叙利亚开展军事行动。在2014年9月联大会议上，法国总统奥朗德和英国首相卡梅伦均强调叙利亚总统巴沙尔已经丧失了执政合法性，但是德国和意大利却不支持这一看法，后者虽谴责"伊斯兰国"的残忍性，强调国际社会必须采取一致行动，但却对叙利亚巴沙尔政权只字不提。[1]

在2013—2014年，欧盟的中东政策主要体现在巴以问题、反恐问题与经贸问题三大领域。

（一）在巴以问题上坚持"两国方案"

在巴以问题上，欧盟主张以1967年第三次中东战争前的巴以边界为基础，建立"独立、民主和充满活力"的两个国家，即巴勒斯坦国和以色列国。为执行"两国方案"，欧盟反对巴以任何一方单方面改变现状，呼吁美国、沙特、约旦和以色列等国为推动巴以和平做出积极贡献。[2]

相对于美国长期推行以施压推动巴以和谈的政策不同，欧盟主

---

[1] Jeffrey Laurenti, "Obama's Tenuous Middle East Coalition360°," *The Huffington Post*, October 2, 2014.

[2] Council of the European Union, "Press Release, 3346th Council Meeting, Foreign Affairs," Brussels, November 17 and 18, 2014," p. 10.

张采取柔性措施，如提供经济援助来引导巴以和谈朝着有实质性突破的方向发展。21世纪初，欧盟成员国提供的经济援助占约旦河西岸与加沙地带获得国际援助的50%以上。从1994年—2014年，欧盟成员国向巴勒斯坦累计提供了20亿欧元的援助，包括5.81亿欧元的人道主义援助。[1] 2014年10月，在挪威政府的积极推动下，加沙重建大会在开罗召开，欧盟大国在会议上承诺将提供4.5亿欧元（5.68亿美元）的重建资金，远远超过美国的援助额（2.12亿美元）。[2]

除经济援助外，欧盟还对以色列施加了一定压力。2013年7月，欧洲委员会通过一项新决议，拒绝为以色列在被占巴勒斯坦土地上修建定居点提供资金和贷款，表明欧洲不支持以色列继续在约旦河西岸修建定居点的做法。英、法、德三国在发表的《联合公报》中指出，以色列采取加沙"去军事化"政策旨在维护自身安全，对此欧洲表示理解，同时加沙需要加快重建步伐；应建立国际机制，确保国际商品进入加沙，同时确保钢材和水泥等战略性物资不会落入哈马斯和其他极端组织手中。同时，英、法、德联合呼吁以色列给予加沙民众更多进出加沙的行动自由，给予加沙民众至少3英里范围的渔业权，并通过国际社会建立机制、确保加沙的海上正常贸易往来。[3]

在欧盟28个成员国中，保加利亚、捷克、匈牙利、罗马尼亚、波兰、塞浦路斯和马耳他7个成员国已承认巴勒斯坦国，而欧盟最为核心的"老欧洲"国家一直未正式承认巴勒斯坦的国家地位。

---

[1] European Commission, "Europe and the Middle East," http://testpolitics.pbworks.com/w/page/24737344/Relations%20Between%20Europe%20and%20Middle%20East.

[2] Hamza Hendawi, "Norway Foreign Minister: $5.4B Pledged for Gaza," *The Associated Press*, October 12, 2014.

[3] Tal Dror, "'Always the bridesmaid?' The EU Role in the Middle East Peace Process", *The Atkin Paper Series*, June 2014, p. 2.

2014年10月30日，瑞典外交部发表声明，正式承认巴勒斯坦的国家地位，此后英国、西班牙和法国国民议会相继跟进，支持承认巴勒斯坦国，并对各自国家政府施压。①

2014年10月，欧盟负责安全与外交事务的高级代表阿什顿（Catherine Ashton）在卢森堡召开的欧盟外交会议上再次指出，欧盟坚决支持通过"两国方案"解决巴以问题，建立"独立、民主和充满活力"的巴勒斯坦国，并与以色列国和平共处；以色列封锁加沙是不能被接受的，在政治上也无助于巴以问题的解决。因此，以色列必须立即和无条件为国际社会向加沙地区提供人道主义援助、商品和人员流动提供便利，并开通道路。②

2014年11月，西耶路撒冷一处犹太教堂遭恐怖袭击，造成5名犹太人和2名巴勒斯坦袭击者的死亡。欧盟迅速发表声明，谴责这一针对平民的恐怖袭击行为，认为巴以之间暴力冲突的持久化原因在于双方缺乏政治互信、"两国方案"迟迟未能取得进展。③ 由于历史、文化纽带和国家政策不同，欧盟成员国同巴以双方的关系亲疏不同，欧洲大国在巴以问题上的政策取向也不一样。例如，法国更加倾向于支持巴勒斯坦人事业，而德国更倾向于支持以色列，英国则在二者之间保持一种平衡。

（二）在中东反恐问题上强调"保护的责任"

在中东反恐问题上，欧洲大国积极协调立场，同时与美国开展

---

① 钮松：《欧洲"连锁"承认巴勒斯坦国的背后》，载《新民晚报》2014年12月11日。

② "The EU and the Middle East Peace Process," October 10, 2014, http://eeas.europa.eu/mepp/index_en.htm.

③ "Statement by HRVP Federica Mogherini on this Morning's Attack in the Har Nof Synagogue," Brussels, November 18, 2014, http://eeas.europa.eu/statements-eeas/2014/141118_01_en.htm.

联合行动。目前欧洲大国对美军的空袭行动虽总体上持支持态度，但因利益诉求不同，反应也有所不同。2014年8月，欧盟各国外长举行紧急会议，商讨如何对付"伊斯兰国"的威胁，会议全体代表还宣布欢迎美国对"伊斯兰国"发动空袭。欧盟还与北约协调反恐立场。在欧洲大国的积极支持下，北约重申支持和参与美军空袭"伊斯兰国"的行动，并于2014年10月7日宣布协防北约在中东唯一的盟友——土耳其，以阻止"伊斯兰国"的威胁产生溢出效应。英国、法国、荷兰、捷克、意大利、比利时等国议会随后也纷纷通过决议，授权政府对"伊斯兰国"采取清剿行动。

（三）在经贸合作领域以海合会为重点

在发展与中东国家经贸关系方面，欧盟以海合会为主要合作对象。近年来，域外大国和地区组织如美国、俄罗斯、中国、印度、巴西、日本、韩国、东盟等纷纷与海合会建立了全方位合作关系，尤其是在经贸领域，域外大国和大国集团都在积极推动与海合会之间的自贸区谈判步伐。截至2013年，海合会是欧盟第五大贸易伙伴，欧盟则是海合会第一大贸易伙伴，双边贸易额达1520亿欧元，约占海合会全球贸易额的13%。[①] 2013年6月，欧盟与海合会部长级会议在巴林首都麦纳麦举行，欧盟外交与安全政策的高级代表阿什顿与巴林外长谢赫·哈立德（Shaikh Khalid Bin Ahmed Bin Mohamed Al Khalifa）共同主持会议，双方重申将以自贸区为纽带，加强在经贸和能源等领域的合作，进一步提升双方的全方位战略合作伙伴关系。

---

① European Union, "EU Relations with the Gulf Cooperation Council (GCC)," 2014, http://eeas.europa.eu/gulf_cooperation/index_en.htm.

二、英国应对中东热点问题的政策措施

在 2013—2014 年,尽管英国面临的首要任务是苏格兰独立公投问题,但英国对中东热点问题的关注度仍然较高,美英特殊关系、欧盟和北约成为英国参与中东事务的三大平台,构成了英国应对中东热点问题的"三环"机制。在外交理念上,英国首相卡梅伦提出奉行自由的保守主义(Liberal Conservatism)政策,即一方面英国政府追求自由、民主和人权等所谓"普世价值",另一方面英国外交政策与善变的美国和法国外交政策不同,具有更加谨慎、耐心和因循传统的保守主义趋向。英国应对中东热点问题的外交政策有以下几方面的特征。

首先,在伊朗核问题上,英国实现了从强硬外交到更加富有弹性的务实外交的转变。2009 年,英法联合在安理会提出草案,要求国际社会加大对伊朗政府的制裁力度,包括禁止对伊朗的石油产业进行投资,从而实现打击伊朗经济命脉的目的,迫使伊朗回到放弃核计划的轨道上来。[1] 但近两年来英国与伊朗关系出现了缓和的迹象。例如,2013 年 10 月 8 日,英国宣布与伊朗恢复代办级外交关系,谋求借伊核形势缓和大势重返伊朗。[2] 在缓和与伊朗关系的同时,英国也在为重建在海湾地区的影响而努力。2014 年底,英国和巴林政府达成共识,英国将在巴林建立军事基地,以扩大在海湾地区的影响力,今后英国在海湾问题特别是在伊朗核问题上将继续积

---

[1] Ruairi Patterson, "EU Sanctions on Iran: The European Political Context," *Middle East Policy*, Spring 2013, pp. 135 – 146.

[2] 田文林:《转型中的中东地缘政治格局》,载《阿拉伯世界研究》2014 年第 2 期,第 29 页。

极参与。

其次,在巴以问题上,英国采取了向巴以双方施压的政策。民意测验显示,2/3 的英国民众和 57% 左右的保守人士认为,以色列在 2014 年加沙战争中犯了战争罪。① 英国政府尽管对以色列滥用武力提出了批评,呼吁巴以立即停火,但是也谴责哈马斯对危机的爆发负有不可推卸的责任,这一政策取向与美国的巴以政策具有内在的一致性。2014 年 8 月,有穆斯林身份的英国外交与国务大臣萨义达·瓦尔西(Sayeeda Warsi)宣布辞职,她在写给英国首相卡梅伦的信中指出,英国在加沙问题上的立场和政策与英国长期奉行的价值观格格不入,也与英国坚守的国际正义和法治精神相违背,表明英国内部在巴以问题上也存在明显分歧。②

再次,在打击中东恐怖主义问题上,英国采取了既追随美国,又保持适度的超脱政策。一方面,卡梅伦针对"伊斯兰国"的威胁曾发表讲话指出,英国政府将积极应对外部威胁,将使用采取军事手段在内的一切手段积极应对;同时卡梅伦政府又强调要保持耐心,不能仓促行事。③ 卡梅伦政府模糊的政策取向遭到了国内反对党、宗教人士和媒体的强烈批评。2014 年 8 月,英国坎特伯雷大主教致信英国首相,批评卡梅伦政府的中东政策缺乏连贯性和战略性,同时受到了英国主流媒体的左右。他认为,与法国和德国清晰而连贯的中东政策相比,卡梅伦政府的中东政策缺乏前瞻性,在日益猖獗的伊斯兰激进主义势力面前束手无策;在"伊斯兰国"对伊拉克基督

---

① "Warsi's Resignation Exposes Tory Divisions, Middle East Policy Failure," August 11, 2014, http://www.caabu.org/news/news/warsi-s-resignation-exposes-tory-divisions-middle-east-policy-failure-caabus-director-chri.

② Thomas Penny, "Warsi Quits Over 'Morally Indefensible' U. K. Gaza Policy," Business Week, August 5, 2014.

③ "The Observer View on David Cameron's Middle East Policy: Time for Leadership, Not Idle Threats," the Guardian, August 23, 2014.

徒发动袭击时，英国政府也保持沉默，忽视了对当地民众人权的关注。① 英国国内反战力量还认为，2003 年英国和美国一道推翻了萨达姆政权，才导致了如今"伊斯兰国"和其他恐怖组织的崛起；英国政府向沙特提供军火，而沙特却向"伊斯兰国"提供了大量援助，助长了中东恐怖主义势力。②

最后，英国拓展了与海合会成员国、土耳其和以色列的经贸关系。英国近年来加大了在中东的经营力度，将沙特、阿联酋、以色列视为"经济外交"的重点。2014 年 3 月，英国首相卡梅伦首次访问以色列，与以色列总理内塔尼亚胡和其他政要就伊朗核问题、反恐问题等达成一系列广泛共识，增强了英国在巴以问题上的话语权，也推动了双边经贸关系的发展。③

三、法国应对中东热点问题的政策措施

在法国，无论是左翼还是右翼政党都认为，法国必须依靠欧盟和北约的力量参与中东热点问题的解决，但是法国无疑是欧盟成员国中最活跃和积极主动的一员。叙利亚危机爆发后，奥朗德政府在巴黎承办了"叙利亚之友大会"；2014 年"伊斯兰国"兴起后，法国在巴黎又承办了打击"伊斯兰国"的国际会议。④ 当然，奥朗德

---

① "Church Launches Bitter Attack on PM's 'Incoherent' Middle East Policy," *the Guardian*, August 16, 2014.

② "UK Foreign Policy In Middle East 'Contradictory', Says Anti-War Coalition," September 26, 2014, http://sputniknews.com/world/20140926/193316825.html

③ "Business as Usual in the Kingdom of 'Dave,'" March 14, 2014, http://middleeaststateofmind.com/tag/david-cameron-british-foreign-policy-israel/.

④ 伊莎贝尔·拉塞尔：《法国外交有能力应对不断增多的各种危机吗？》，载《费加罗报》(*Le Figaro*) 2014 年 9 月 2 日。

政府的中东政策也遭到了国内其他派别的反对。法国"人民运动联盟"三位前总理曾经于 2014 年撰文抨击法国的中东政策毫无影响力,也难以被国际社会接受。他们认为,在处理国际热点问题上,法国尽管冲锋在前,却难以独自解决问题,影响力有限。概括起来,法国应对中东热点问题的政策有以下几个方面的特点。

首先,在伊朗核问题上,奥朗德政府不断加强与美、英、德等西方大国之间的政策协调,积极推动和参与伊核谈判。2014 年 9 月,在联大会议期间,奥朗德与伊朗总统鲁哈尼举行双边会谈,并敦促伊核问题各方拿出诚意,尽快达成协议,促使伊朗核问题的最终和平解决。

其次,在巴以问题上,法国尽管长期站在阿拉伯国家一边,但却支持以色列对哈马斯的军事打击行动。2014 年 7 月,以色列与哈马斯冲突爆发后,法国总统奥朗德致电以色列总理内塔尼亚胡,强调以色列有权利采取任何措施保护以色列平民安全,预防哈马斯对以色列平民发动的火箭弹袭击。同时,奥朗德呼吁以色列政府保持克制,避免巴以冲突升级。[1] 法国是欧洲阿拉伯人最多的国家,也是欧洲犹太人最多的国家。巴以冲突升级直接波及法国,影响了法国的国内政治。法国出现了支持巴勒斯坦的游行示威,巴黎的一处犹太人教堂还遭到穆斯林的袭击,造成六名警察和两名犹太教徒受伤。在此背景下,奥朗德强调法国反对巴以矛盾波及到法国国内,也谴责法国穆斯林和犹太人之间爆发的冲突。为缓解巴以之间的矛盾,奥朗德还与巴勒斯坦总统阿巴斯、时任土耳其总理埃尔多安以及突尼斯总统蒙塞夫·马祖吉(Moncef Marzouki)举行双边磋商,共同探讨解决巴以冲突的方案。[2]

---

[1] Ibraheem Abu Mustafa, "Hollande Backs Israel against Hamas Rocket Attacks," Reuters, July 10, 2014, http://www.english.rfi.fr/france/20140710-hollande-backs-israel-against-hamas-rocket-attacks.

[2] "Hollande Urges Middle East Diplomacy after Pro-Palestinian Protest in Paris," *The Guardian*, July 14, 2014.

再次,积极参与打击"伊斯兰国"的国际联盟。奥朗德总统认为,"伊斯兰国"的兴起构成了"9·11"事件以来最严峻的威胁。因此,在事先征得伊拉克政府允许的条件下,法国积极向伊拉克库尔德人提供军火,帮助库尔德人收复失地,打击"伊斯兰国"。[①] 2014年9月,法国还利用部署在阿联酋军事基地的1000多名法国士兵及6架阵风战机,成功摧毁了"伊斯兰国"在伊拉克的一处后勤补给站。当月,奥朗德总统访问伊拉克首都巴格达和库尔德人聚居区,重申法国将坚决打击"伊斯兰国",强调法国向伊拉克库尔德人提供的武器装备对打击该恐怖组织具有重要意义。[②]

最后,积极发展与海合会国家的战略合作关系。2013年7月,法国与阿联酋签订了10亿欧元的军售合同;[③] 8月,法国获沙特逾10亿欧元的战舰升级项目订单。2013年12月,法国总统奥朗德访问沙特,并与沙特国王阿卜杜拉举行会谈,双方围绕伊朗核问题、军事交流、叙利亚危机等问题进行了磋商。2014年9月,沙特副首相兼国防部长萨勒曼·本·阿卜杜勒阿齐兹(Salman bin Abdulaziz)访问法国,双方就打击"伊斯兰国"、拒绝承认叙利亚巴沙尔政府等问题形成了共识。沙特政府同意向黎巴嫩政府提供数十亿美元的援助,用于专门购置法国的军火,以提高黎巴嫩政府抵御"伊斯兰国"攻击的能力;法国和沙特还共同表示拒绝承认巴沙尔政权的合法性。[④]

---

① "France Pushes Middle East to Fight ISIS Fighters," August 20, 2014, http://www.thelocal.fr/20140820/hollande-calls-for-international-meeting-islamists.

② Richard Carter, "Hollande Calls Crisis Meeting after 'Cowardly' Beheading," September 25, 2014, http://www Khaleej Times-26 October, 2014. yourmiddleeast.com/news/hollande-calls-crisis-meeting-after-cowardly-beheading_ 26846.

③ *Khaleej Times*, October 26, 2014.

④ "Crown Prince and Hollande to Discuss Middle East Security," http://www.arabnews.com/news/622226.

四、德国应对中东热点问题的政策措施

在历史上,中东主要是英法的殖民地,除在土耳其外,德国在中东地区的政治影响力较弱。冷战结束以来,与英法积极介入中东热点问题不同,德国在中东一直奉行总体超脱、经贸为先的战略,在政治和安全上奉行"不介入"政策,在经贸上加强与中东国家的合作与交流,这主要是因为德国的国际战略重心主要在中东欧地区,而不是中东。近两年来,德国与中东国家的关系较之过去有明显的增强。例如,2014年9月,卡塔尔首相塔米姆访问德国柏林,并与德国总理默克尔举行会谈,双方就加强经济、贸易和能源领域的合作达成广泛共识。[1] 在2013—2014年,默克尔政府主要在军事、反恐等领域对中东事务施加影响,同时重点发展了与以色列的双边关系。

首先,默克尔政府加大了对中东国家的军售。根据斯德哥尔摩和平研究所的统计数据,在2009—2013年,德国是世界第三大军火出口商,占世界军火出口份额的7%。2013年,德国向欧盟和北约以外国家出口了价值36亿欧元的军火,其主要买家是阿尔及利亚、卡塔尔、沙特、以色列、阿联酋、约旦、科威特和阿曼等中东国家。[2]

其次,在中东反恐问题上,德国积极与美国保持协调。随着"伊斯兰国"的兴起和中东恐怖主义势力日趋猖獗,默克尔政府积极参与打击"伊斯兰国"的行动。2014年9月1日,默克尔总理宣布

---

[1] "Emir Tells Merkel Qatar Does not Fund ISIL," September 17, 2014. http://www.aljazeera.com/news/middleeast/2014/09/emir-tells-merkel-qatar-does-not-fund-isil-201491717515759557.html.

[2] "Merkel under Fire for Arms Exports to Mideast," October 3, 2014, https://www.middleeastmonitor.com/news/middle-east/14509-merkel-under-fire-for-arms-exports-to-mideast.

向伊拉克库尔德人提供价值9200万美元的军火,以帮助伊拉克库尔德人抵御"伊斯兰国"的进攻。默克尔总理发表讲话指出:"保护那些受难的民众,阻止'伊斯兰国'的前进既是我们的人道主义责任,又符合我们的安全利益。"德国提供的武器装备包括8000杆步枪,40架机关枪,8000把手枪,30组反坦克火箭发射器以及500枚火箭弹等,足以武装4000人的军队。[1] 德国国防部长冯—德莱恩（Ursula von DerLeyen）在议会的讲话中指出,如果形势发展需要,德国将亲自参加在伊拉克的军事行动。此外,德国还向伊拉克派出了13名军官,包括6名伞兵,以帮助伊拉克政府军和库尔德武装抵抗"伊斯兰国"的进攻。[2] 2014年10月,美国国务卿克里到访德国,与德国总理默克尔和外长施泰因迈尔（Frank-Walter Steinmeier）举行会谈,感谢德国在打击中东恐怖主义等问题上给予美国的协助。

最后,德国积极发展与以色列的双边关系。近年来,尽管德国反对以色列在约旦河西岸继续修建犹太人定居点,但德国非常重视发展与以色列的关系。根据两国政府达成的协议,自2008年以来,每年德国和以色列都会举行两国政府内阁成员的联席会议。2014年2月,德国总理默克尔访问以色列,出席德以两国第五次内阁成员会议,高度赞赏了两国之间的关系。但默克尔同时也指出,唯有"两国方案",即在以色列建立犹太人国家和在巴勒斯坦建立阿拉伯人国家,才能解决巴以之间的矛盾与冲突。[3]

---

[1] Bryan R Gibson, "German Arms to Kurds Reflects Major Shift in Middle East Policy," *The Middle East Eye*, September 4, 2014. http://www.middleeasteye.net/columns/german-arms-kurds-reflects-major-shift-middle-east-policy - 2059430729.

[2] *Süddeutsche Zeitung*, October 22, 2014.

[3] "German Chancellor Angela Merkel Visits Israel with Cabinet," *The Independent*, February 24, 2014.

专题报告三
中东热点问题与中国中东外交

中东热点问题与中国中东外交：
总体评估与对策建议

中华人民共和国外交部　姚匡乙

【内容提要】

　　2013年以来，中东形势继续发生深刻复杂变化，中东热点问题呈现新的发展态势。针对中东热点问题，中国在政策层面坚持原则，强化顶层设计，超越传统，大胆创新；在行动层面突出重点，灵活多样，积极斡旋，劝和促谈，努力推动中东热点问题朝着公正合理方向发展。积极"劝谈促和"，坚持不干涉内政原则，反对新干涉主义，坚持正确的"义利观"，构成了中国中东政策的主要内容，并积极付诸实践，推动中东热点问题的政治解决。为进一步推动中国的中东外交，中国应着重做到以下几点：第一，要坚持我国基本国情和发展中国家的定位；第二，要把加强参与中东事务能力建设作为一项长期任务；第三，要处理好中美在中东事务上既合作又斗争的关系；第四，要增强中国在中东热点问题上的话语权，不断加强自身硬实力和软实力的建设。

一、中东热点问题的发展态势

2013年以来，中东形势继续发生深刻复杂变化。
第一，转型国家遭遇重大困境，埃及政局突变，正值伊斯兰势力严重受挫，穆兄会的穆尔西总统职位被废黜，军人塞西上台，埃及回归强人统治的威权主义，进入新一轮动荡期。利比亚宗教势力和世俗力量围绕权力分配大打出手，国家几乎陷于内战，经济民生困顿与政治、安全局势动荡形成恶性循环，凸显不顾国情照搬西方民主给国家带来的灾难性后果。

第二，地区力量失衡，教派矛盾冲突加剧，成为中东变局中的突出现象，并构成有关国家政局持续动荡，地区大国重构地区政治格局的重要因素。伊朗、土耳其、沙特等地区大国竞相扩大影响，展开地缘政治博弈。

第三，美国调整中东政策，突出维稳防乱，避免掣肘其"亚太再平衡"战略。美国在中东地区总体收缩的同时，加强对重点国家的资源投入，力图管控好伊朗、叙利亚、伊拉克、巴以等热点问题；俄罗斯视中东为重振大国地位的重要跳板，加强与美国周旋，要求分享中东"治权"。在此背景下，美国对中东主导权的控制面临挑战和干扰，影响力下降。

上述因素相互叠加发酵，使中东热点问题的发展出现新的态势。

（一）以巴争端一波三折，和谈再次受挫，冲突严重升级

奥巴马连任后，把推动巴以和谈作为其任期内中东外交的重点。2013年3月，奥巴马访问以色列，一方面，对以色列竭力安抚，表示美国对以色列的坚定支持，同时敦促以色列就袭击土耳其人道主义援助船事件向土耳其道歉，促使美国在中东的两大盟国重修旧好，改善以色列自中东剧变以来的孤立局面；另一方面，美国又诱压以色列尽早启动与巴勒斯坦的直接谈判。此后，美国国务卿克里十余次造访中东，频繁穿梭斡旋，游说巴以领导人尽快重启和谈，力压巴以双方做出让步。巴方不再坚持复谈先决条件，以方则同意限制扩建定居点，并分批释放在押巴囚犯。

2013年7月底，在美国居中斡旋下，巴以代表开启了中断三年

的首次直接对话，美国力争双方在未来九个月内达成最终地位协议。尽管巴以争端涉及边界划分、犹太人定居点、耶路撒冷地位以及难民回归等一系列复杂问题，短期不可能解决，但美国重启和谈的努力仍然受到国际社会和地区国家的欢迎。

进入2014年后，巴以问题形势突变。当年4月巴勒斯坦两大派别法塔赫和哈马斯达成和解协议，并于6月组成联合政府，结束长达7年的分裂局面。以色列对此强烈反对，宣布中止巴以谈判。同年7月，以色列以3名犹太青年遇害为由，实施"护刃行动"，对加沙发动大规模的军事行动，造成数以千计的巴勒斯坦人伤亡。这是近年内历时最长、冲突烈度最大、伤亡人数最多的冲突。

经过埃及多次调解，巴以双方于2014年8月26日艰难达成长期停火协议。此次冲突边打边谈，持续了50多天，其根本原因是以色列和哈马斯之间的仇视和互不信任根深蒂固，同时也与内塔尼亚胡对奥巴马政府信任下降，美无力真正解决巴以争端密切相关。巴以冲突再起也反映了埃及、沙特与土耳其、卡塔尔的背后角力，折射出经历大动荡后阿拉伯世界内部关系的重大调整和地区大国关系的分化组合。这些矛盾相互叠加，使巴以争端更加复杂，更难于解决。

（二）叙利亚危机峰回路转，但僵持局面未能改观

在2011—2012年，由于美国以及沙特、土耳其等国的深度介入，叙利亚危机由初期的国内政治动乱迅速演变为外部势力代理人之争的战乱。推翻巴沙尔政权，重创叙伊（朗）战略同盟，削弱伊朗在本区的影响，是美国的基本考量，这也符合沙特等国的战略取向。但叙利亚危机的发展超出美国的预料，巴沙尔政权生存能力顽强，而反对派内部分歧严重，难以整合成有效力量，随着叙利亚危机的持续，其溢出效应迅速扩大，人道主义灾难日趋严重，威胁约旦、黎巴嫩、土耳其等邻国的安全，特别是恐怖主义和极端势力的迅速崛起，成为本地安全的重大隐患。在此背景下，美国开始在"倒巴"和"反恐"之间

寻找平衡，一方面借巴沙尔力量，打击恐怖主义势力；另一方面大力扶植叙反对派与巴沙尔政权缠斗，并积极整合世俗政治势力和反对派武装力量，逐步形成统一力量，继而推出亲美政权。

2013年8月，叙利亚发生化武事件，多方指责叙政府军对民众使用化武，突破美国一贯坚持的"道义红线"，奥巴马扬言将对叙实行有限度的军事打击，叙危机严重升级。但此后形势急转直下，叙局势的复杂性和敏感性迫使奥巴马三思而后行。奥巴马先以谋求国会批准进行拖延观望，继而抓住俄罗斯销毁叙化武的倡议，暂时搁置军事打击计划。安理会一致通过旨在销毁叙利亚化学武器的计划，将叙利亚从一触即发的战争边缘拉回到和平轨道，为推进叙利亚问题的政治解决提供了新的机遇。

进入2014年，叙局势发生了有利于巴沙尔政权的变化：一是化武销毁顺利完成，打消了美国等西方国家利用化武再做文章的可能；二是叙政府军陆续攻占中部重镇霍姆斯和边境城市马卢拉，进一步切断了反对派在黎巴嫩的供给线；三是巴沙尔以88.7%支持率连任第三任总统，进一步增强了其政权的合法性。四是叙伊北部极端恐怖组织势力迅速发展，一定程度上证明了巴沙尔所言"反恐战争"的合理性。但美国以及沙特、土耳其等地区大国更迭巴沙尔政权的决心没有根本改变，美国已决定以打击"伊斯兰国"为名，武装叙利亚"温和"反对派，叙战场形势还有可能发生重大变化。此外，叙利亚政府和反对派于2014年初举行的日内瓦谈判无果而终，双方意见南辕北辙，分歧严重，寻求建立包容性政府的政治解决方案难以乐观。因此，叙利亚问题的僵持局面还将持续。

（三）伊核问题谈判取得进展，但全面解决伊核问题依然困难重重

伊朗开启的鲁哈尼新政和美国调整伊朗政策是导致美伊关系缓

和、伊核问题谈判取得进展的主要原因。2013年6月，伊朗温和保守派人物鲁哈尼击败强硬保守派对手，当选伊朗新总统。鲁哈尼迅速调整伊朗内外政策，对内重点改善民生，稳步推行政治变革；对外重点缓和与美国的关系，打破核问题僵局，寻求解除国际社会对伊制裁。奥巴马希望利用鲁哈尼新政与伊朗在核问题上达成妥协，限制伊朗进一步进行核研发的能力，避免美国卷入一场新的大规模战争，同时也可留下自己的宝贵外交遗产。

2013年11月24日，伊核问题六国与伊朗经过三轮艰苦谈判，达成阶段性协议，伊朗承诺在未来6个月时间内暂停部分铀浓缩活动，以换取减轻部分制裁，协议为最终全面解决伊核问题和伊美关系进一步改善赢得了时间。2014年7月，由于六国与伊朗在保留离心机数量等核心问题上分歧明显，决定将谈判延长至11月24日；2014年11月底，伊核谈判未能达成协议，再次决定将谈判延长至2015年7月。伊核谈判两次延期，充分反映了伊核问题政治解决的难度，但谈判保持延续使伊核问题仍存在政治解决的可能。伊美双方都不想放弃谈判解决问题的机会，尤其奥巴马赢得谈判的意愿更为强烈，谈判有可能取得进展。但双方矛盾盘根错节，谈判越深入，内外掣肘越多，进展越艰难，谈判的前景仍难以预料。

（四）"伊斯兰国"异军突起，美国中东政策面临巨大考验

"伊斯兰国"组织脱胎于伊拉克战争后的"基地"组织伊拉克分支，发展壮大于叙利亚内战，是美国推行强权政治，地区力量严重失衡，教派冲突日趋严重的产物，是以宗教为外衣，集教派、极端和恐怖于一身的怪胎。自2014年6月以来，该组织在伊拉克北部攻城略地，滥杀无辜，建章立国，引起国际社会极大震惊。时任美国国防部长哈格尔等人惊呼，"伊斯兰国"比近年来的任何激进组织

都更加装备精良、训练有素、经费充足，对美国构成全新的巨大威胁。①

经过两个月的迟疑，美国总统奥巴马于 2014 年 9 月 10 日宣布对"伊斯兰国"实施空袭，对其在叙利亚境内目标采取行动，向伊拉克政府军提供更多支持，继续提供人道主义援助四项战略，以求削弱并最终摧毁伊斯兰国。② 与此同时，克里国务卿访问中东各国，协调组成打击"伊斯兰国"的阿拉伯 10 国联盟。

奥巴马出重拳打击"伊斯兰国"，目的是保住美国的反恐成果，使伊拉克在美军撤军后能保持相对稳定，使其成为奥巴马的重大外交遗产；国内则着眼于 2014 年 11 月中期选举，回应共和党人对其外交政策的批评。当前，美国的战略重心在亚太地区，无意在中东投入更多力量，由于美国拒绝叙利亚、伊朗协同反恐，而仓促拼凑的反恐联盟各国想法各异，尤其是阿拉伯国家对美疑虑很深，难以形成合力。"伊斯兰国"极端势力可能被削弱，但难以彻底摧毁，美国主导的新反恐斗争将长期化，同时由于美国和其他外来势力的介入，伊拉克和叙利亚局势更趋复杂，中东乱局有可能出现新的变数。

二、中国中东热点外交政策的调整及其动力

随着中国经济持续快速发展，综合国力和国际影响力不断提高，以及中国海外利益大幅度延伸和扩展，中国正逐步改变长期以来对中东热点问题"总体超脱、有所作为"的政策取向，朝着积极进取，加强谋划，参与治理，拓展影响的方向转变，发挥着越来越重要的

---

① 《哈格尔："伊黎"（"伊拉克和黎凡特伊斯兰国"的简称——引者注）成美国面临最危险的敌人》，《参考消息》2014 年 8 月 23 日。
② 《奥巴马亮出打击"伊斯兰国"底牌》，《光明日报》2014 年 9 月 12 日。

建设性作用。

针对中东热点问题，中国在政策层面坚持原则，强化顶层设计，超越传统，大胆创新；在行动层面突出重点，灵活多样，积极斡旋，劝和促谈，努力推动中东热点问题朝着公正合理方向发展。比如，在巴以问题上，中国突破传统思维定式，主动邀请巴以双方领导人同期访华，并由中国最高领导人习近平主席提出"四点主张"，彰显了公平正义和大国形象，扩大了发言权和影响力。在叙利亚问题上，中国着眼大局，坚持原则，在关键场合发出"中国声音"，推动化武危机"软着陆"。在伊朗核问题上，中国积极推动和参与六国与伊朗的对话谈判，妥善应对美国对伊制裁涉及的中国利益问题，促成美国再次延长对中国油气贸易豁免。在南北苏丹问题上，中国建设性介入，为管控矛盾，推动双方关系转圜发挥了关键作用，有效地维护了中国的利益和形象。

第一，中国积极进取，推动中东热点问题解决的理论基础是以习近平同志为总书记的新一届中央领导集体对当前国内国际两个大局的科学把握，以及对中国自身角色的正确定位。

习近平主席指出，党的十八大明确提出了"两个一百年"的奋斗目标和实现中华民族伟大复兴的"中国梦"的奋斗目标。实现我们的奋斗目标，必须有和平的国际环境。习近平主席还指出，我们要坚持从我国实际出发，坚定不移走自己的路，同时我们要树立世界眼光，更好地把国内发展与对外开放统一起来，把中国的发展与世界的发展联系起来，把中国人民的利益同各国人民的共同利益结合起来，不断扩大同各国的互利合作，以更加积极的姿态参与国际事务，共同应对全球性挑战，努力为全球发展作出贡献。[①] 这些重要论断科学揭示了中国与世界的关系，为中国参与国际事务和处理热

---

① 《习近平：更好统筹国内国际两个大局，夯实和平发展的基础》，载《人民日报》2013年1月30日。

点问题指明了方向。作为正在崛起中的发展中大国,中国时刻意识到自己肩负的国际义务和责任,愿意在力所能及的范围内,为解决世界上的各种问题和挑战提供更多的公共产品,发挥中国独特的积极作用。

第二,中国积极进取,推动热点问题的解决,是基于中东形势的发展演变和中东国家的普遍诉求作出的正确选择。

中东是当前影响国际格局重构和国际秩序重建的关键地区。中东剧变引发的政治、经济、社会的震荡,迄今仍在持续,原有的热点没有缓解,新的热点不断涌现,错综复杂的民族宗教矛盾,加之大国推行霸权主义和强权政治,使该地区热点问题跌宕起伏,持续紧张;传统安全与非传统安全相互交错,不仅使该地区长期动荡不安,也严重影响全球的和平稳定和发展。经过4年的动荡,广大中东国家和人民比任何时候都渴望早日结束动乱,过上和平安宁的生活。中国是安理会常任理事国,也是世界大国中唯一同所有中东地区国家保持良好关系的国家。因此,要求中国在推动热点问题解决方面发挥更大的建设性作用,已成为地区国家的普遍而又强烈的诉求,也是中国必须承担的国际义务。

第三,中国积极进取,推动热点问题的解决,是维护中国在中东日益增长的国家利益的必然要求。

中国在中东有重大的政治、经济和安全利益。中东是中国"大周边"的重要组成部分,是中国的重要战略依托,阿拉伯—伊斯兰世界是国际政治格局中重要而又特殊的板块,在国际事务中,中国离不开这些国家的支持和配合;中东是中国最大的海外能源供应地、重要商品和劳务输出地和工程承包市场;中东是打击"三股势力",维护中国西部边陲稳定的前沿阵地。习近平主席提出构建"一带一路",是中国在新形势下推行全面深化改革,扩大向西开放的重大战略举措,而中东地处"一带一路"的交汇处,是"一带一路"建设的关键节点。在中阿合作论坛第六届部长级会议开幕式讲话中,习近平主席提出共建"一带一路",打造中阿利益共同体和命运共同体,再次深刻揭示了中国与中东地区国家休戚与共、守望相助的紧密关系。因此,积极参与中东热点问题的解决,促进中东的持久和平与稳定,将是促进中国与地区国家双边关系可持续发展和合作共赢的重要途径。

三、中国对中东热点问题的外交政策和实践

(一)中国对中东热点问题的基本政策

中国对中东热点问题的外交政策从属于中国的总体外交政策,即高举和平、发展、合作的旗帜,奉行独立自主的和平外交政策。根据这一政策,中国在处理中东热点问题上的基本政策包括以下四个方面。

第一,积极"劝谈促和"。这是中国处理中东热点问题的核心理念。中国主张坚持对话和谈判,和平解决争端,通过耐心谈判,缩小分歧,找到各方关切的最大公约数,实现争端的和平解决。这种方式花费时间可能长些,但付出代价最小,后遗症最少,最能从根本上解决问题,也最有利于争端双方广大人民的长远利益。

第二,坚持不干涉内政原则。这是中国外交政策的最重要原则,也是当代国际关系的基本准则。中国始终恪守这一原则,妥善处理中东热点问题,发展与中东地区国家的关系,赢得了该地区国家和人民的尊敬和赞扬。在当前地区形势正经历大变动、大调整之际,中国更应坚持这一原则,旗帜鲜明地反对外来干涉,尊重各国的独立、主权和领土完整,尊重各国人民自主选择发展道路,这样才能保持主动,创造和扩大做好各派力量工作的空间,进一步发展与各国的务实合作。

第三,旗帜鲜明地反对西方国家以人道主义干预为借口推行新

干涉主义。这是防止地区热点问题恶化和外溢的重要防洪堤。地区国家民众要求变革和维护自身利益的诉求应当得到尊重，但中国反对以暴力相威胁，甚至引进外部军事力量，强行改变国家政权。这决不是尊重和维护民众诉求的正当方式，相反，它有可能使整个国家滑向内战，使经济建设成果毁于一旦，人民生命财产遭受更大损失，也殃及地区和平与稳定。

第四，坚持正确的"义利观"。这是中国应对中东热点问题独有的道德力量和软实力。中国在优秀的传统文化中吸取精华，倡导在国际关系中践行正确"义利观"。习近平主席指出，"'国不以利为利，以义为利也。'在国际合作中，我们要注重利，更要注重义。中华民族历来主张'君子义以为质'，强调'不义而富且贵，于我如浮云'"。[1] 在国际合作中，只有义利兼顾，才能义利兼得；只有义利平衡，才能义利共赢。2014年8月，习近平主席在访问蒙古国时进一步阐述了正确"义利观"，针对亚洲的特殊的洲情，中国"倡导相互尊重、协商一致、照顾各方舒适度的亚洲方式，秉持联合自强、守望相助的亚洲意识，更多用以和为贵、与人为善的东方智慧来解决问题、化解矛盾、促进和谐"。[2] 中东是亚洲的一部分，安全环境复杂多变，热点敏感问题十分集中。中国在中东不仅努力践行正确的"义利观"，普遍发展与各国的友好合作关系，同时主张中东有关国家也能用"和为贵"的东方智慧，化解彼此分歧，构建中东和平与稳定。

（二）中国推动中东热点问题解决的外交实践

近两年来，中国积极参与中东热点问题的调解，发挥了越来越

---

[1] 《习近平主席在韩国首尔大学的演讲》，http://news.xinhuanet.com/politics/2014-07/04/c_1111468087.htm

[2] 《习近平主席在蒙古国国家大呼拉尔的演讲》，http://news.xinhuanet.com/world/2014-08/22/c_1112195359.htm

重要的建设性作用。

1. 巴以问题

在巴以问题上,中国不断加大参与力度,利用各种机会做各方工作,积极"劝谈促和"。中国坚定支持巴勒斯坦人民恢复合法权益的正义事业,同时主张包括以色列在内的中东各国人民都应该享有平等的生存和发展权利,通过政治途径化解争端,是符合各方根本利益的战略选择。

2013年5月,习近平主席在会见来访的巴勒斯坦总统阿巴斯时,提出了中方关于解决巴勒斯坦问题的"四点主张":第一,应该坚持巴勒斯坦独立建国、巴以两国和平共处这一正确方向,支持建立以1967年边界为基础、以东耶路撒冷为首都、拥有完全主权的独立巴勒斯坦国;第二,应该将谈判作为实现巴以和平的唯一途径,当务之急是在停建定居点、解除对加沙封锁、妥善解决在押巴勒斯坦人问题等方面采取切实措施,为重启和谈创造必要条件;第三,应该坚持"土地换和平"等原则不动摇;第四,国际社会应该为推进和平进程提供保障。[①] 几乎在同时,以色列总理内塔尼亚胡应邀访华,中方强调以方应在停建停定居点、改善加沙人道主义问题方面释放善意。巴以双方领导人同时访华,是中方的有意安排,目的是传达中国新一届政府十分重视巴以争端,加强同巴以双方的沟通,努力推动争端和平解决的明确信号。随即中国中东特使再次赴该地区访问。

2013年7月,在美国的斡旋下,在包括中国在内的国际社会推动下,中断三年的巴以和谈再次启动。中方随即表示欢迎,表示中方支持双方努力克服障碍,相向而行,持续推进和谈并早日取得实质性进展。

---

① 《习近平提出中方关于解决巴勒斯坦问题的四点主张》,http://news.xinhuanet.com/2013-05/06/c_115653791.htm

2014年7月，以色列以三名犹太青年遇害为由，对加沙地区开展名为"护刃行动"的大规模军事行动，引起国际社会极大关注。此轮巴以冲突爆发后，中国多渠道、多方式地开展劝和促谈，中国中东特使多次赴中东斡旋，王毅外长赴埃及和阿盟总部访问，提出了中方解决以巴冲突五点倡议，包括立即实现全面停火、寻找实现共同安全的方案、尽快恢复和谈、联合国安理会发挥应有作用、缓解巴勒斯坦特别是加沙地区的人道主义局势。王毅外长强调中国是以巴和平的坚定支持者和真心斡旋方，中国将与国际社会一道，为结束以巴冲突作出自己的贡献。[①] 中方的五点和平倡议受到国际社会的高度赞赏。中国积极有效的斡旋调解，展示了中国新一届领导集体的大国担当。

2. 叙利亚问题

中国高度重视叙利亚问题，强调政治解决是处理叙利亚问题的唯一正确途径，并为此作出不懈努力。从叙利亚危机爆发开始，中国就不赞成对叙实施武力干预或强行推动所谓"政权更迭"，先后三次在联合国安理会否决了西方企图强行更迭叙利亚政权的决议案。为支持联合国叙利亚问题特使的调解努力，使叙问题回到联合国的框架下，中国于2012年3月提出了解决叙利亚问题的六点建议，包括叙利亚有关各方立即全面无条件停止一切暴力行为，立即开启不附带先决条件、不预设结果的包容性政治对话，支持联合国发挥主导作用，协调人道主义援助努力，不赞成对叙利亚实施武力干预或强行推动所谓"政权更迭"等。[②] 中国的建议旨在使叙利亚局势尽快稳定下来，使人民免受战乱甚至内战的威胁；中国在叙利亚问题

[①] 《中方提出解决以巴冲突的五点和平倡议》，http://news.xinhuanet.com/2014-08/04/c_1111914678.htm

[②] 《中方政治解决叙利亚问题的六点主张》，http://news.163.com/12/0304/10/7ROD24CG00014AED.html

上没有任何私利，不存在袒护谁、反对谁的问题，显示了中方在叙利亚问题上的公正、务实和负责任的态度。

在包括中国在内的国际社会共同努力下，叙利亚问题国际会议于2012年6月在日内瓦召开。时任中国外交部长杨洁篪与会，为推动会议取得成果，妥善解叙利亚问题提出了"四点主张"：一是始终坚持政治解决的正确方向；二是坚定支持联合国和阿盟特使的斡旋努力；三是切实尊重叙利亚人民的自主选择；四是对政治解决叙利亚问题既要有紧迫感，同时也要保持耐心。[①] 在此次会议上，与会各方就设立叙利亚"过渡管理机构"、政治过渡由叙利亚人主导达成一致。日内瓦会议成功召开标志政治解决叙利亚问题已成为国际社会的共识。

2013年8月，叙利亚发生"化武风波"，美国借此大做文章，甚至扬言对叙利亚实施军事打击，战争乌云一时笼罩中东上空。中国与俄罗斯等国坚决反对动武，中国国家主席习近平在出席20国集团峰会期间会见奥巴马时，强调政治解决是唯一正确道路，动武无法根本上解决问题，希望美国三思而后行。[②] 王毅外长也同有关外长会见和通话，敦促政治解决危机。此后，美国抓住俄罗斯销毁叙利亚化武的倡议搁置了军事打击计划。同年9月27日，安理会通过旨在销毁叙利亚化学武器的2118号决议。中国派出"盐城舰"与俄罗斯、挪威、丹麦等国家密切配合，执行叙化武海运护航任务。这是中国首次派军舰执行此类任务，是中国响应联合国和禁止化学武器组织呼吁，为顺利销毁叙化武，推动政治解决叙问题采取的重要举措。

---

① 《杨洁篪外长出席叙利亚问题"行动小组"外长会议》，http：//news. xinhuanet. com/world/2012－06/30/c_ 112326763. htm

② 《习近平主席谈叙利亚问题：政治解是唯一正确道路》，http：//news. xinhuanet. com/world/2013－09/06/c_ 117266477. htm

进入 2014 年，叙政府军已在战场上占据一定优势，叙利亚问题出现一定缓和迹象，为有关各方弥合分歧创造了新契机。在此背景下，叙利亚问题第二次日内瓦会议于 2014 年 1 月 22 日在瑞士蒙特勒召开。为使会议取得成果，王毅外长提出了政治解决叙利亚问题的"五个坚持"，一是坚持通过政治手段解决；二是坚持由叙利亚人民自主决定国家的未来；三是坚持推进包容性政治过渡进程；四是坚持实现全国和解和团结；五是坚持开展人道救援。[①] 王毅外长还分别与叙政府和反对派代表进行了接触和沟通。由于双方在巴沙尔去留问题上分歧巨大，此次会议未能取得成果，但中国积极、真诚、务实的态度和不谋私利的立场受到国际社会的肯定和赞赏。

中国高度重视叙危机引发的人道主义危机，多次通过多边、双边渠道向约旦、黎巴嫩、土耳其等叙利亚邻国提供人道主义援助，并积极参与叙利亚人道主义国际捐助大会和人道主义高级别小组活动。2014 年 2 月，中国与安理会其他成员国共同努力促使安理会通过 2139 号决议，以切实改善叙利亚的人道主义危机。中国还主动邀请叙利亚"全国联盟"等境内外反对派派团访华，表明中方一直积极、平衡地做叙有关各方工作，为推动叙问题政治解决不懈努力。

3. 伊拉克问题

在伊拉克问题上，面对伊拉克各派冲突不断，国家统一面临严重危险的状况，中国坚定支持伊拉克主权独立和领土完整，主张通过政治进程，以和平、民主的方式解决各派分歧，实现伊拉克的安全与稳定。2014 年 2 月，王毅外长访问伊拉克，这是中国外长时隔 23 年后首次访问伊拉克。在这次被称为"支持与合作之旅"的访问中，王毅表示中国将坚定支持伊拉克维护国家独立和领土完整；坚定支持伊拉克加快政治重建和民族和解进程；坚定支持伊拉克政府

[①] 《王毅出席叙利亚问题第二次日内瓦会议》，http://news.xinhuanet.com/world/2014 - 01/22/c_ 119087742. htm

反对一切形式的恐怖主义,并表示中国将在能源、基础设施和民生三大领域向伊拉克提供更多帮助。①

2014年6月,极端主义势力"伊斯兰国"迅速崛起,对地区安全构成严重威胁。同年8月,美国开始对该组织发动空袭,中国从反恐大局和维护地区和平稳定出发,对美国的行动表示一定程度的理解和支持,同时强调打击恐怖主义需要标本兼治,充分发挥联合国及安理会的作用。在中国与安理会其他成员国共同努力下,安理会于2014年8月16日通过了关于打击"伊斯兰国"的第2170号决议,中方呼吁国际社会应认真执行上述决议。同日,习近平主席在会见联合国秘书长潘基文时全面阐述了中国的立场,强调伊拉克要走出乱局,一是要搞好团结,二是外部不要增加动乱因素。中方将继续支持伊拉克政府尽快把局势稳定下来,希望伊拉克各派以国家利益为重,稳定国内政治,推进和解进程,顺利组建具有广泛代表性的政府。国际社会应向伊拉克提供协助,但要尊重伊拉克的主权、独立和领土完整。②

4. 伊朗核问题

在伊朗核问题上,中国坚持维护国际核不扩散体系,反对伊朗拥有核武器,承认伊朗拥有和平利用核能的权利,主张通过政治谈判解决争端,反对美国单边制裁,维护中伊关系正常发展。

伊朗鲁哈尼总统上台后,政治解决伊核问题的环境明显改善。从2013年10月15日开始,伊朗与六国重新启动了谈判。自谈判开启以来,中方一直发挥着积极作用。谈判启动之初,中国就提出了全面解决伊核问题的五点主张:坚持走六国与伊朗对话的道路;寻

---

① 《王毅与伊拉克外长兹巴里举行会谈》,http://news.xinhuanet.com/world/2014-02/24/c_119460773.htm

② 《习近平主席会见联合国秘书长潘基文》,http://news.xinhuanet.com/politics/2014-08/16/c_1112103237.htm

求全面公平、合理的长期解决方案；秉持分步、对等原则，营造有利的对话谈判气氛；寻求标本兼治、综合治理等①。这些主张旨在弥合各方分歧，推动各方能在规定的时间内达成全面协议。这是中国首次就伊核问题全面提出自己的主张。

中国领导人还亲自做有关方面工作，2013年11月，在伊核问题日内瓦第三轮谈判前夕，习近平主席同伊朗总统鲁哈尼通电话，强调中方主张各方本着对等的原则，通过对话谈判和平解决问题，希望伊方把握机遇，保持对话势头，同各方寻求最大公约数，争取最好结果。②在会议期间，王毅外长与美国、俄罗斯、伊朗等国外长广泛接触，努力缩小各方分歧，推动谈判取得实质性进展。会议经过艰苦谈判，最终达成了第一阶段协议"共同行动计划"，标志着通过外交手段解决伊核问题迈出重要的第一步。

2014年7月，伊朗与六国就全面解决伊核问题在维也纳进行谈判。由于分歧过大，各方最终同意将谈判延至11月举行；2014年11月的伊核谈判依然未能签署协议，谈判再次推延至2015年7月。推迟谈判，留出更多时间供各方进一步磋商，有利于坚持通过谈判政治解决伊核问题的大方向，有利于尽早就伊核问题达成全面协议。中国还就美国对伊朗实施制裁损害我国利益进行了必要斗争，迫使美国两次延长对我国石油贸易豁免。

5. 南北苏丹问题

在南北苏丹问题上，中国一直秉持公正、平衡、务实的立场。2011年7月南苏丹脱离苏丹宣布独立以来，双方就边界划分、石油资源分配一直争吵不休。由于中国在两国有重大的石油利益，出于

---

① 《外交部副部长李保东提出中国关于全面解决伊核问题的五点主张》，http://world.people.com.cn/n/2014/0219/c1002-24407910.html

② 《习近平主席同伊朗总统鲁哈尼通电话》，http://news.xinhuanet.com/2013-11/19/c_125729081.htm

维护自身利益和地区安全考虑，中国从一开始就采取了积极主动的外交行动。2011年8月，时任外交部长杨洁篪访问南北苏丹，强调苏丹与南苏丹互为邻国，两国的和平与发展息息相关，和则两利，斗则俱伤；中国将在双边和多边场合积极斡旋，为妥善解决两国悬而未决问题作出贡献。

2012年4月，南北苏丹为争夺哈季利季油田爆发大规模武装冲突。中国利用与两国关系都十分友好的优势，开展了新一轮外交斡旋。中国非洲事务特使在两国频繁穿梭，劝和促谈；中国全力支持非洲联盟提出的平息冲突的"路线图"，还同美国进行了广泛的协调。在非洲联盟和中国等国的积极斡旋下，两国最终于2012年9月在埃塞俄比亚首都亚的斯亚贝巴达成和解协议。中国在这次调解活动中无疑发挥了关键作用。

四、中国应对中东热点问题外交政策的评估和建议

从近年来中国应对中东热点问题的外交实践看，中国已初步形成具有自身特色的热点外交思路和机制，日益受到国际社会的肯定和赞扬。热点外交已成为有中国特色的大国外交的重要组成部分。

中国已初步形成具有自身特色的外交思路和机制，其内容主要包括：首先，有明确的目标，即主张通过对话政治解决争端，实现中东的和平与稳定；其次，有稳定的方针、政策支撑，即坚持奉行劝和促谈方针，奉行不干涉内政的原则，反对霸权主义和强权政治，倡导正确的义利观等；再次，有较为清晰的工作思路，即积极进取、加强谋划、参与治理、拓展影响。因此，中国对中东热点问题，不再是被动反应式的应对，而是强调顶层设计，提出方案，积极参与热点问题的治理，扩大中国的影响，提升中国的形象；中国建立了必要的工作机制，即中东问题特使机制、中国与中东各国的双边磋

商机制，中美战略与经济对话机制下的中东事务磋商机制，以及保护中国公民权益的领事保护中心。

（一）加强顶层设计和全局谋划，是近年来中国热点外交的重要环节

中国积极倡导综合治理的理念。鉴于中东热点问题的联动性强，中国主张既要重视伊拉克、叙利亚等新的热点问题，又不能忽视巴以争端等原有的地区热点问题。当前尤其要关注伊拉克问题和叙利亚危机的联动效应，实施综合治理；在坚持通过对话和谈判和平解决争端中，既要尊重历史，又要兼顾现实，彼此照顾对方的关切，寻求最大公约数，使争端得到公平合理解决；在倡导多边主义方面，既要重视联合国安理会在维护世界和平方面的作用，又要尊重阿拉伯联盟和非洲联盟等地区性组织的意见，以期最大限度地充分发挥它们各自的作用；在处理与美国等西方国家的关系中，既要坚决反对霸权主义和强权政治，又要注意同他们进行沟通和协调，以凝聚共识，为和平解决争端营造良好的外部环境；在推动经济援助方面，既要着眼当前，增加人道主义援助，缓解当地民众生活困境，又要立足长远，开展经济合作，切实改善民生，增强广大民众对和谈的信心，同时更要支持地区国家有序转型，探索符合自身特点的发展道路，为从根本上实现长治久安创造条件。

（二）为解决热点问题提供更多公共产品，是近年来中国热点外交的一个亮点

针对中东热点问题，中国已不再满足一般的原则性表态，而更加注重抓住时机，主动发声，扩大影响。中国正在把自己提出的解决方案作为积极参与中东热点问题重要途径。中国通过国家主席、外交部长先后就巴以争端、伊朗核问题、伊拉克和叙利亚问题提出

了自己的方案，这些方案反映了中国在当前复杂多变的地区和国际大背景下解决中东热点问题的新思考，具有很强的适应性、针对性和可操作性，受到国际社会的欢迎。

（三）充分发挥中国中东问题特使作用，特使外交已成为中国热点外交不可或缺的重要组成部分

中国中东问题特使的工作已不再局限于巴以争端，已扩大到叙利亚、伊拉克、伊朗核问题等。中国中东问题特使反应迅速，出访频繁，接触广泛，收效明显，已初步形成具有自己特点的特使工作机制。

此外，中国积极参与联合国维和行动，把派遣维和人员作为缓解热点地区紧张局势的重要手段。中国已成为联合国安理会常任理事国派出维和人员最多的国家，并且贡献了联合国维和经费的3%，目前中国在黎巴嫩、苏丹分别有335和435名工兵和运输、医务人员辛勤工作。2014年9月，中国首次向联合国南苏丹维和部队派出了700名战斗人员。

中国的中东热点外交取得了很大成效，但也面临一些值得注意的问题。

首先，要坚持我国的基本国情和发展中国家的定位。中国要做到既不妄自菲薄，也不妄自尊大，始终坚持既积极又稳妥的方针。中东热点问题极为复杂，不少问题十分敏感，要力避成为各方矛盾的焦点，防止陷入冲突对抗的漩涡。

其次，在中东热点问题上发挥中国的大国作用，是一个渐进的过程，加强参与中东事务能力建设是一项长期任务。就目前而言，中国只能承担与自身相适应的国际责任，重点是发挥建设性作用，努力参与中东事务治理，维护自身利益，彰显公平正义的大国形象。当前地区国家对中国期待增大，要善做工作，降低他们不切实际的

期待。

第三，美国仍然掌控中东事务主导权，中国无意也不可能挑战美国的主导权。中东是中国与美国互动的重要平台，要坚持两手对两手的策略，一方面要通过中美战略和经济对话、战略安全对话、中东事务磋商等渠道进行沟通和协调，为中美建设新型大国关系注入新能量；另一方面，要与其他观点相似国家共同反对美国的霸权主义和强权政治，共同捍卫国际规则和秩序。当前美国借重中国参与合作的一面明显增强，既要善加利用，又要拿捏分寸，趋利避害，保持工作的主导权。

第四，中国要增加在中东热点问题上的话语权，必须加强自身硬实力和软实力的建设。在硬实力方面，应采取切实措施加强与中东各国的务实合作。阿拉伯国家经过4年的动荡，渴望稳定、发展与变革，"向东看"势头发展迅速，中国要利用有利时机，落实好习近平主席提出的中阿共建"一带一路"的倡议，用经济手段撬动中国与中东国家关系向高水平发展，增强中国在中东的影响力。在软实力方面，要强化公共外交能力，加强外交斡旋能力，提升智库能力和"二轨"的外交能力，阐述中国立场，扩大中国影响，开辟解决热点问题新途径。要进一步完善特使工作机制，提高特使的层级，设立特使专门工作室，加强特使与有关国家领导人的接触，以及和美国、西方大国和俄罗斯中东特使的横向联系。

巴勒斯坦问题与中国中东外交

中华人民共和国外交部　吴思科

【内容提要】

近两年来,中东地区热点问题进一步复杂化。巴勒斯坦问题是中东问题的核心,呈现出与其他地区热点问题相互联动、震荡频发的特点,各方的博弈更加激烈,并牵动中东地区乃至全球地缘战略格局的深刻调整。巴勒斯坦内部和解一波三折,虽取得一定进展,但依旧困难重重;巴以和谈虽然于2013年下半年艰难重启,但却无果而终。以色列于2014年对加沙发动的"护刃行动"使巴以冲突严重升级,引起国际社会的广泛关注。面对错综复杂的巴勒斯坦问题,中国坚持以2013年5月习近平主席提出的"四点主张"为指导,在推动巴以问题政治解决方面发挥了重要的建设性作用,更好地履行了大国责任。中国主张从根本上解决巴勒斯坦问题,实现巴勒斯坦独立建国,尊重以色列的安全关切,中方的巴以政策具有公正、均衡、务实的显著特点,得到了国际社会更加广泛的认同和赞赏。

巴勒斯坦问题是关乎中东全局的核心问题,它是全球持续时间长、解决难度大、未来前景迷离的地区热点问题,它涉及地缘、民族、宗教等复杂因素,深受地区格局和大国关系的制约。因此,巴勒斯坦问题深刻影响着中东地区的和平与安全,以及其他地区热点问题的发展。自1948年第一次中东战争爆发,阿以冲突已持续了60余年。1978年埃及和以色列签署《戴维营协议》,埃以之间实现和平。此后，埃及退出阿以冲突的主战场，中东问题的主线由阿以冲突转变为巴以冲突。

冷战结束后，中东和平进程全面启动，并签署了《奥斯陆协议》，巴以和平进程取得重大进展。但由于双方在边界问题、犹太定居点问题、难民问题、耶路撒冷地位问题上存在巨大分歧，巴勒斯坦问题始终未能得到最终解决。2000年以来，巴以关系陷入了打打谈谈的困境，巴以和平进程始终未能取得突破性进展。

巴勒斯坦问题虽然在其各个发展阶段有着不同的表现形式和侧重点，但其实质始终是维护和恢复巴勒斯坦阿拉伯人的合法民族权益。巴勒斯坦人民争取恢复合法民族权利的斗争已经持续60多个春秋，谱写了为民族独立和尊严而不屈不挠斗争的光辉画卷，赢得了世界各国爱好和平人民的钦佩。今天，在国际和中东地区形势发生深刻变化的情况下，巴勒斯坦人民的正义事业也面临新的形势和新的任务。

近几年来，中东地区局势深刻变化，在大动荡、大变革中，各种新旧矛盾相互交织，政治与社会变革艰难前行，传统安全和非传统安全问题交互影响，旧热点未解，新热点又生，尤其是"伊斯兰国"的兴起导致中东成为恐怖主义重要策源地，严重威胁地区与全球安全。当前，中东地区各种政治力量的角逐更加深入，人们对变革的艰巨性和复杂性有了更深的认识，该地区正经历一个较长时间的艰难曲折的转型期。

在2013—2014年，中东地区热点问题和矛盾进一步复杂化和尖锐化，巴勒斯坦问题仍然是地区问题的焦点，呈现出与地区其他热点问题相互联动、震荡频发的特点，各方的博弈更加激烈。在此背景下，巴勒斯坦问题的走向牵动着中东地区乃至全球地缘战略格局的深刻调整。

在喧嚣不安的巴以冲突中，中国在推动巴以问题政治解决方面发挥了重要建设性作用，更好地履行了大国责任，展示了大国形象。

中国在巴以问题上的一贯立场使其积累了丰富的道义资源和历史经验。当前，国际形势以及中东局势的深刻变化也有利于中国在中东和平进程中发挥更大的建设性作用。

一、巴民族和解艰难前行

在 2014 年，巴勒斯坦在实现民族和解方面取得了重要进展，但其过程也是一波三折、异常复杂。巴勒斯坦长期对立的两大政治派别——巴勒斯坦民族解放运动（法塔赫）与哈马斯经多轮磋商，于 6 月 2 日达成一致，成立民族和解政府。新政府由巴勒斯坦总统阿巴斯领导，政府由 18 人组成，其中 4 人来自加沙地区；双方商定在联合政府成立后 6 个月内举行全国大选，届时总统选举、巴勒斯坦立法委员会选举及巴勒斯坦全国委员会选举将同时进行。

法塔赫与哈马斯在对立多年后捐弃前嫌，是双方审时度势的明智选择。由于哈马斯长期盘踞加沙地带，导致一直坚持通过谈判实现同以色列和解的法塔赫常被谈判对手质疑其代表性。在长达 9 个月的巴以和谈无果后，法塔赫的处境更为困难。在此情况下，法塔赫寻求与哈马斯和解，无疑可赢得民众支持，提振自身影响力。更为重要的是，在和谈无望的巨大压力下，实现民族和解有助于使阿巴斯成为全体巴勒斯坦人的合法代表。从哈马斯方面看，埃及政局变化重创了哈马斯，穆斯林兄弟会在埃及的失势使加沙的对外通道几乎全部被切断，其人员和物资运送严重受阻，使加沙成为"地球上最大的监狱"。在此背景下，与法塔赫握手言和无疑成为哈马斯最现实的选择。与此同时，叙利亚、埃及等国的动荡局势对巴勒斯坦造成的冲击，也在一定程度上促使法塔赫与哈马斯抱团取暖。因此，组建民族和解政府是双方的共同需要，但哈马斯方面更为急切。

法塔赫和哈马斯相互妥协组建的和解政府具有以下几个主要特

点是：第一，技术官僚政府。阁员均为地区议员、企业家以及来自学术、宗教、文艺等各界的独立人士，而非法塔赫和哈马斯成员。第二，过渡性质明显，中心任务是筹备6个月后举行的大选。第三，政府权力受到多种矛盾制约。和解政府是法塔赫与哈马斯反复讨价还价后妥协的产物，双方间的分歧仍然很深。尽管和解政府的成立向着结束巴勒斯坦两大派别长达7年的分治割据迈出重要一步，但双方对关键部门权力的竞争十分激烈。此外，双方在解决巴勒斯坦问题的政策主张上仍存在根本分歧。哈马斯在和解政府成立后仍表示将坚持不承认以色列、不放弃暴力、不遵守巴以已达成的协议的"三不"政策，而阿巴斯作为和解政府领导人则宣布将遵守此前与以色列签署的所有协议。巴勒斯坦两大派别和解受到巴勒斯坦特别是加沙地带民众的普遍支持，他们希望实现团结，期盼在巴勒斯坦领土上实现两大组织联合执政，增强巴勒斯坦共同争取合法民族权利的力量。

在2014年，巴勒斯坦内部实现和解和长达50天的加沙军事冲突，使世人对哈马斯更加关注，哈马斯的军事力量虽然受挫，但影响力却有所上升。相关专家对哈马斯的组织与特点进行了研究，有国外学者认为，哈马斯有社会福利、政治和军事三个相互关联的分支。[1] 哈马斯海外领导层比国内领导层更具决策支配权，海外领导层分为马尔祖克领导的加沙派和马沙尔为首的科威特派。另有学者认为，哈马斯的日常决策由政治局做出，原则性政策则由国家舒拉委员会决定。[2] 他还认为，舒拉委员会实行选举制，尽管哈马斯的决策进程具有缓慢、不灵活与保守的特点，但它成功地建立了集体领导文化。还有学者认为，哈马斯的许多组织内部及组织间的活动建立

---

[1] Matthew Levitt, *Hamas: Politics, Charity, and Terrorism in the Service of Jihad*, Yale University Press, 2006, p. 9.

[2] Jeroen Gunning, "Peace with Hamas? The Transforming Potential of Political Participation," *International Affairs*, No. 2, 2004.

在等级制度与人际关系基础之上。①

更毋容置疑的是,巴勒斯坦的内部和解是推进和平进程、真正解决巴问题不可或缺的一步。对于巴民族和解政府的成立,国际社会普遍表示欢迎。美国也因巴民族和解政府内没有与哈马斯有联系的人而愿与之合作。美方的积极表态,缘于其对巴以和平进程的警醒,即美国对以色列的偏袒已成为其在中东的战略负担,既无益于巴以和解,也损害自身在中东地区的战略利益。

2013年,在美国撮合下重启的巴以和谈终无所获,也促使美国更理性地看待自身影响力,使其认识到有必要为继续在巴以间扮演斡旋人角色留下余地。不出所料,美国对巴民族和解政府的容忍态度令以色列大为光火,以色列认为美国的行为无异于"欺骗与背叛",声称"与被美国称为恐怖组织的哈马斯合作是完全无法想象的。"与此同时,当前以色列内部反对和谈、否定"两国方案"的声音不断高涨。以方坚持认为哈马斯是恐怖组织,其目标是摧毁以色列,因此拒绝与哈马斯参加的巴勒斯坦政府打交道,这也是导致以方对加沙发动"护刃行动"的重要原因,这无疑使今后巴以恢复和平谈判更加艰难。但从长远看,巴民族和解政府的成立,或将对巴以和谈进程起到一定的促进作用,因为以色列此前拒绝和谈的一个重要原因是指责巴方没有一个合法政府。

通过谈判解决与以色列的争端是巴勒斯坦的战略选择。阿巴斯在民族和解政府建立之前就重申了坚持和谈的立场,并明确表示巴方遵守不使用暴力、承认以色列、接受各方此前达成协议的"三点原则"。巴民族和解政府的成立只是法塔赫与哈马斯为实现和解迈出的第一步,双方的政治主张和利益诉求还有较大差距,内部和解之路注定不会一帆风顺。但是,实现组建民族和解政府,增强巴勒斯

---

① Jeroen Gunning, *Hamas in Politics: Democracy, Religion, Violence*, Columbia University Press, 2007, p. 112, p. 105.

坦能力建设是实现巴以和平的希望所在。外界应对巴民族和解政府采取宽容和欢迎态度，支持他们在和解之路上前行，唯此才会有巴以间真正的和谈。

二、"以暴制暴"，冲突无赢家

巴以双方的武力冲突从未间断，近6年来就爆发了三次加沙战争。这三场战争间隔越来越短，暴力越发升级，以致"打"成了主题，"和"成了"间歇"；巴以局势在"打"与"和"之间踯躅，血流无数。2014年7月8日，以色列对加沙地带发起代号为"护刃行动"的大规模军事行动，主宰加沙地带的巴勒斯坦抵抗力量哈马斯则向以色列发射数千枚火箭弹。在此次冲突中，2100多名巴勒斯坦人和69名以色列人失去生命，加沙上万套房屋被毁，30万民众流离失所，加沙的经济损失估计高达50亿美元。本轮冲突持续时间之长、人员伤亡之惨重、国际影响之巨大，实为近年来罕见，再次引发国际社会高度关注。

对于这次冲突的起因，巴以都指责对方是肇事者。一般分析认为，导火线是3名犹太青年在西岸的犹太人定居点失踪并遇害事件，而更深层次的原因则是以方对哈马斯与法塔赫达成和解的惩罚和报复。以色列意图明显，就是要在第一时间摧毁哈马斯的火箭弹发射据点并清除其成员，使哈马斯领教与以色列对抗要付出惨痛代价。而哈马斯也试图借机打破对加沙地带的封锁，提振在巴民众中的影响力，获得各方更多的同情和支持，为自身获取更大的发展空间。人们也注意到，法塔赫并不希望冲突持续下去，因为动荡的局势将动摇联合政府的影响力和控制力，进而损害其执政基础。因此，总统阿巴斯先后与联合国等国际组织驻巴勒斯坦的代表见面，并与阿拉伯国家联盟秘书长阿拉比、埃及总统塞西、美国国务卿克里联系，希望通过外交努力促使以色列尽早停止军事行动。

在加沙冲突期间，联合国安理会和人权理事会多次召开专题会议，国际社会各方也进行了密集的调解活动。联合国安理会多次呼吁加沙立即实施无条件人道停火，"强烈支持"任何寻求"立即和无条件的人道停火"的努力，并呼吁冲突各方接受并完全落实停火协议。最终，在埃及等方面的斡旋下，巴以双方于8月26日分别宣布接受埃及倡议，达成无限期停火协议，结束了此轮长达50天的军事冲突。

各方分析认为，巴以停火协议得以达成，主要是巴以双方都基本实现了预期目标，同时也面临国际社会的巨大压力。以色列方面称，"护刃行动"基本摧毁了哈马斯在加沙的地道等军事设施，极大地削弱了哈马斯发射火箭弹的能力。停火协议也部分满足了哈马斯对解除加沙封锁的关切，国际社会对加沙人道主义灾难给予了极大关注。人们也特别注意到，巴勒斯坦内部也频繁互动，达成了一定妥协。力主停火的巴勒斯坦总统阿巴斯两度赴卡塔尔，会晤卡塔尔领导人，与哈马斯领导人马沙勒协调巴勒斯坦内部立场。由于卡塔尔与哈马斯的特殊关系，卡塔尔在幕后对哈马斯施加影响，也是这次达成停火协议的重要因素。

巴以停火协议使巴以紧张局势得以缓和，但协议回避了一些关键和敏感的问题，如以方坚持的解除哈马斯武装，哈马斯方面提出的彻底解除加沙封锁等。巴以双方和地区各种势力围绕这些问题的较量和角逐还会继续，人们担心巴以局势仍很脆弱。

三、和谈重启，步履维艰

第三次加沙军事冲突使各方更清楚地认识到，只要巴勒斯坦问题不得到公正合理的解决，双方冲突的根源就会继续存在。因此，各方对解决巴勒斯坦问题的紧迫性也有了更深的认识。

美国奥巴马政府第二任期也试图在推动巴以问题解决方面有所建树，国务卿克里自上任以来十余次赴中东穿梭斡旋，拟定了9个月完成巴以和谈的计划，并倡导支持约旦河西岸经济发展，以期巴以双方达成和平协议。巴方则认为，跻身国际社会，得到合法身份，比从美国得到一些有条件的资助重要得多。在巴以问题上，美国已经多次使用了否决权，致使巴勒斯坦人被剥夺了一切形式的自卫权。巴以冲突的根本原因是以色列占巴勒斯坦领土，以色列的安全只能通过结束占领，使巴勒斯坦地区、巴人民获得自由，享有自己的土地、资源和生活来实现。因此，巴勒斯坦建国不能一再拖延，国际社会需要为结束以色列占领状态和实现两国解决方案设定时间表，并按照"阿拉伯和平倡议"规定的具体时间表来落实这些目标。然而，实现这一目标的努力也必须与巴勒斯坦实现民族和解以及尽快再次恢复巴以和谈联系在一起。但以色列方面恃强，坚持扩建定居点，通过法律对以色列的犹太国属性进行确认等，都令巴勒斯坦方面难以接受。加之巴方内部分歧严重和对美国过于偏袒以色列不满，导致为期9个月的巴以和谈无果而终。

解决巴以问题的唯一方式是对话和谈判，这已是国际社会的共识。在谋求加沙实现长期停火的同时，巴以双方已开始谋划巴问题的未来走向。巴勒斯坦方面当前的努力方向主要包括以下三个方面：

首先，借助解决加沙人道危机和重建工作，推动巴内部和解与团结，争取形成合力，共同对外。2014年9月下旬，巴以在开罗就最终停火进行谈判的同时，法塔赫与哈马斯之间也在开罗进行谈判，讨论安全、选举和加沙地区的治理问题。法塔赫和哈马斯双方都释放了进一步和解的善意，强调"巴勒斯坦人与巴勒斯坦人的对话最需要的是善意、互信、国家责任"。双方已达成部分谅解，同意由民族和解政府接管加沙。2014年10月9日，巴勒斯坦民族和解政府的所有成员都到达加沙地区，举行该政府成立以来的首次周例会。哈姆迪拉总理表示，此次会议标志着巴内部团结工作进入了一个新时代。

其次，争取阿盟和主要阿拉伯国家的支持，减少巴内部和解的干扰，同时争取对加沙重建的支持。阿巴斯总统在加沙冲突爆发后多次访问埃及、沙特和卡塔尔等国，这些国家对巴内部和解与加沙重建反应积极，并承诺予以支持。巴勒斯坦总理哈姆迪拉呼吁国际社会提供38亿美元紧急援助，用于加沙重建，并称沙特已承诺捐助5亿美元。

第三，争取国际社会特别是联合国的支持，以期在恢复巴以和谈、实现巴勒斯坦建国方面对以色列形成压力。2014年9月26日，阿巴斯总统亲赴纽约，在联合国大会一般性辩论中发表演讲，大声疾呼"现在是结束占领、立即给予巴勒斯坦人自由并让巴勒斯坦国独立的时候了"。他呼吁国际社会加大对巴勒斯坦的支持，同时批评以色列"不失时机地寻找机会破坏和平"。阿巴斯说，无论直接谈判或通过美国斡旋时，以色列所表达的真实立场是：拒绝结束自1967年以来的占领，继续进行围困，拒绝巴勒斯坦国，拒绝为巴勒斯坦难民处境寻找一个公正的解决办法。[①] 阿巴斯还表示，在加沙冲突之后，巴勒斯坦和阿拉伯国家应一道推动联合国安理会通过一项有关巴以冲突和推进和平努力的新的决议草案，他希望安理会通过决议制定一个解决巴问题的时间表，谈判不能无休止地拖延下去。巴勒斯坦的努力得到伊斯兰合作组织的鼎力支持，该组织秘书长伊亚德表示支持巴方要求安理会制定以色列撤出被占领土的时间表，支持巴方加入国际刑事法院。阿巴斯总统也表示，如果巴方推动安理会确定以色列结束占领巴领土的努力失败，巴方将寻求加入国际刑事法院。巴勒斯坦还借助阿盟的影响力，在国际社会得到了更多同情和支持。例如，又有一些拉美国家宣布承认巴勒斯坦国地位。在欧

[①] 《巴勒斯坦领导人阿巴斯在联大抨击以色列破坏和平》，http：//www.un.org/chinese/News/story.asp? NewsID = 22637

洲方面，欧盟成员国瑞典宣布承认巴勒斯坦国地位，这在欧盟成员国中开了一个先例，使巴勒斯坦方面大受鼓舞。阿巴斯总统表示相信将有更多国家像瑞典一样承认巴勒斯坦国。

但是，以色列对巴勒斯坦的政策取向十分不满，并做出了强烈反应。以色列总理内塔尼亚胡在联大发言中批评阿巴斯"不希望和平"，其演讲是"挑唆性和充满谎言的"[①]。以色列外长利伯曼甚至指责阿巴斯的行为是"政治恐怖主义"，一些右翼人士还以在被占领土地上建立更多定居点、吞并更多约旦河西岸土地相威胁。针对瑞典宣布承认巴勒斯坦国地位，以色列外交部紧急召回了驻瑞典大使以表示抗议。利伯曼外长对瑞方的决定表示遗憾，同时强调巴方的任何行动都不会替代以巴直接和谈这一解决方式。美国方面也对阿巴斯的联大演讲提出尖锐批评。美国国务院发言人称，阿巴斯在联大的发言具有挑战性，其效果"适得其反"，美方反对其发言中的部分内容。

目前，尽管恢复巴以和谈面临重重障碍，但巴以双方都未放弃把和谈作为战略选择。为避免加沙军事冲突的重演，联合国安理会以及国际社会对解决巴勒斯坦问题的急迫性有了更深的认识，已深知热点问题如长期得不到解决，会促进该地区恐怖极端势力的增长。因此，国际社会在促和方面需要形成合力，联合国的作用更应为各方所重视。美国国务院发言人在 2014 年 9 月 30 日也表示，巴以双方应做出艰难的选择，以推动和平进程。

四、中国作用彰显正义力量

中国作为安理会常任理事国和中东各方的友好国家，在推动巴

---

① 《以色列总理内塔尼亚胡联大"火力全开"》，http://www.fj.xinhuanet.com/news/2014-10/01/c_1112699318.htm

勒斯坦等中东热点问题的解决方面发挥着越来越积极的作用。

2014年7月，加沙战事爆发伊始，中国就派出中东问题特使赴巴以双方斡旋，晓之以理，动之以情，力劝双方停火，用谈判解决争端，表示谴责一切滥用武力的行为，强调军事对抗没有赢家，只会与双方期盼的和平与安全背道而驰。中国特使还在卡塔尔首都多哈与加沙冲突直接当事方——哈马斯的政治局主席马沙勒举行会晤，劝说当事方应以人的生命为重，接受停火。中方还对改善加沙人道主义状况给予极大关切，与国家社会一道为缓解加沙人道主义危机做出了不懈努力。中国特使在访问埃及等巴以周边国家时，明确支持埃及等国提出的停火倡议和做出的努力，力促地区各国在推动停火和复谈方面摈弃分歧，形成合力。

2014年8月初，王毅外长在访问埃及期间提出了中方的"五点和平倡议"，其内容包括：第一，巴以双方应从维护人民安危和地区和平出发，立即实现全面停火，包括空袭、地面军事行动、发射火箭弹等都应停下来。任何滥用武力、造成平民伤亡的行为都不可接受，任何以暴制暴的作法都必须摈弃。第二，中方支持埃及等国家提出的停火倡议。巴以都应放弃以武力手段寻求单方面诉求，通过负责任谈判，寻找实现共同安全的方案，并为此建立必要保障机制。在此进程中，以色列应解除对加沙地区封锁，释放在押巴勒斯坦人。同时，以色列的合理安全关切也应予以重视。第三，巴以冲突的根源在于巴勒斯坦问题长期得不到公正、合理的解决。中方一贯支持巴勒斯坦人民独立建国的正当要求和合法权利。巴以有关各方应把和谈作为不可动摇的战略选择，相互释放善意，尽快恢复和谈。和谈要相向而行，不能背道而驰，尤其要避免和谈破裂导致紧张升级，对抗加剧。第四，巴以冲突事关国际和平与安全，联合国安理会应为解决巴以冲突承担必要责任，尽快就此形成共识，发挥应有作用。国际社会要相互配合，形成推动巴以和平的合力。第五，高度重视并有效缓解巴勒斯坦特别是加沙地区的人道主义局势。国际社会应及时提供必要的帮助和支持。中方将向加沙人民提供150万美元紧急人道主义现汇援助,中国红十字会也向加沙人民提供了人道援助。①"五点和平倡议"更加系统和完善地表达了中方的立场和主张,得到各方的高度关注和积极评价,在促成以巴停火方面发挥了建设性作用。

中国方面一直认为,巴勒斯坦问题在中东是有全局性影响的核心问题,这个问题一天不解决,巴以爆发军事冲突的根源就无法消除,地区就存在动荡不安的土壤。从履行维护世界和平与稳定的大国责任出发,中国一直遵循2013年5月国家主席习近平提出的解决巴勒斯坦问题的"四点主张",积极推动中东和平进程。中国的主张体现了公正、均衡、务实的精神,且具有可操作性。它包括支持建立以1967年边界为基础、以东耶路撒冷为首都、拥有完全主权的巴勒斯坦国;强调当务之急是就停建定居点、解除对加沙封锁、妥善解决在押巴勒斯坦人问题等方面采取切实措施,同时,以色列的安全关切也必须得到切实尊重,从而为重启和谈创造必要条件;应该坚持"土地换和平"、"阿拉伯和平倡议"等原则不动摇;国际社会应该为推进和平进程提供保障等。②

为落实习近平主席提出的"四点主张",中国外长在2013年底访问了巴以和中东地区国家,中国中东问题特使也多次出访中东国家,着重在巴以间进行斡旋,为恢复和谈、实现和平解决作出了不懈努力。2014年6月,在中阿合作论坛第六次部长级会议期间,中国国家主席习近平重申了中国的上述立场和主张,宣布向巴勒斯坦提供6000万元人民币无偿援助,并制定对巴勒斯坦人员培训的"千

---

① 《中方提出解决以巴冲突五点和平倡议》,http://news.xinhuanet.com/2014-08/04/c_1111914678.htm

② 《习近平提出中方关于解决巴勒斯坦问题的四点主张》,http://news.xinhuanet.com/2013-05/06/c_115653791.htm

人计划"，增加对巴勒斯坦政府奖学金名额。2014 年加沙冲突以来，中国政府和中国红十字会分别向加沙人民提供了 150 万美元和 10 万美元紧急人道主义援助。中方还一直向联合国近东巴勒斯坦难民救济和工程处捐款，以缓解包括加沙在内的巴勒斯坦人道状况。

中国与巴以双方都保持着友好关系，为二者所信任，更能致力于寻找双方都易于接受的公正持久的解决方案。作为在世界舞台上有影响力的大国和联合国安理会常任理事国，中国在处理国际和地区事务方面正展现出更加积极有为的姿态，体现了中国的大国担当。

在 2014 年 9 月下旬第 69 届联合国大会一般性辩论上，中国外交部长王毅发言时指出，巴勒斯坦人民期盼独立建国的民族夙愿和正当要求不能再无限期拖延下去。巴勒斯坦问题是人类良知的伤口。中国呼吁以色列和巴勒斯坦实现持久停火，再次敦促以色列解除对加沙地区的封锁，停止修建定居点。同时重申，以色列的合理安全关切也应得到尊重。中方希望巴以双方坚持和谈这一战略选择，尽早恢复并推进和谈。中国在多种国际场合强调，加沙虽然实现停火，但局势依然脆弱，人道主义状况令人担忧。彻底改变这种状况亟需巴以双方和共同努力，摆脱反复重建和被摧毁的循环怪圈。当务之急的加沙重建更是需要尽快开启严肃认真的停火谈判，以创建和平环境。中方强调，持续推进巴勒斯坦内部和解是当前一项重要工作，要支持增强巴勒斯坦国政府重建加沙以及有效治理巴勒斯坦的能力。中方还主张，国家社会应加大投入，密切合作，全面落实联合国有关决议，使援助巴勒斯坦的人道主义物资尽快、顺畅地送达巴勒斯坦人民手中，为缓解他们的苦难、实现巴以持久停火、推进政治和谈提供有力支持。中国是巴以和谈的坚定支持者，中国一贯重视联合国在推动巴勒斯坦问题解决方面发挥重要作用。正如王毅外长在联大发言中指出，推动中东和平靠一个或几个国家不行，要群策群力，并且发挥安理会应有的作用。中方支持安理会采取行动，响应巴勒斯坦和阿拉伯国家联盟的要求。① 中国的倡议旨在凝聚国际社会推动巴以和谈的促和势头，为推动巴以双方相向而行创造合适的气氛。

不可否认的是，巴勒斯坦和以色列在一系列关键问题上仍然存在重大分歧，继续推动和谈，实现"两国方案"目标，仍面临诸多困难和挑战，双方的立场差距仍很大。巴方的核心关切是在自己的土地上建立一个独立国家，而以方集中关注其长远安全。和谈要取得实质性进展，道路艰难曲折。但"不积跬步，无以至千里。"巴以双方应对加沙冲突的惨重人员和财产损失痛定思痛，更坚定地把通过谈判政治解决彼此纷争作为战略选择。国际社会也应以更大的力度支持鼓励巴以双方相向而行，通过谈判实现以"两国方案"为基础的和平。

巴勒斯坦独立建国是巴勒斯坦人民的合法权利，巴方已经从自治阶段迈向了建国阶段，这是中东和平进程发展的必然，也是落实"两国方案"的前提。巴勒斯坦民族权力机构近年来为筹备建国、加强能力建设的努力得到了广泛的国际支持。解决巴以问题应坚持循序渐进。在当前复杂而脆弱的中东局势下，推动巴以相向而行，是意义非凡的重要举措，将对稳定地区局势起到重要作用，脆弱的地区局势不能再承受巴以再次爆发冲突。从以色列的安全角度考虑，以方也有着稳定同巴勒斯坦关系的现实需求。以色列周边国家普遍陷入动荡，严重影响了以色列安全环境。如周边不宁，再与巴勒斯坦交恶，将严重影响以色列自身安全。从巴勒斯坦方面考虑，巴勒斯坦面临的局势更显严峻，选择通过谈判实现和平解决的道路是唯一现实的出路。

在当前形势下，联合国的作用更显重要。联合国"巴勒斯坦人

---

① 《中华人民共和国外交部长王毅在第 69 届联合国大会一般性辩论上的发言》http://politics.people.com.cn/n/2014/0928/c1001-25751031.html

民行使不可剥夺权利委员会"在世界各地举办各种活动,增进了国际社会对解决巴勒斯坦问题的关注和支持。中国坚定支持巴勒斯坦加入联合国等国际组织,支持联合国为最终实现巴以和平发挥更大作用。联合国以及有关各方应进一步加大投入,加强协作,完善有关促和机制,以形成合力,推动巴以双方建立互信、克服障碍,并为和谈取得切实进展发挥推动、保障和监督作用。面对中东地区恐怖主义猖獗的形势,联合国及有关各方更应增强促和的紧迫感,推动热点问题的政治解决才是治标又治本的根本出路。

中国对中东地区的外交工作是中国整体外交的重要组成部分,也是中国总体外交政策的体现。展望未来,中国将在巴以问题和中东地区其他热点问题上继续坚持劝和促谈,以一种开放的外交风格和更加积极和富有建设性的立场,与各方一道积极推动巴勒斯坦问题的谈判解决,为促进世界和平与发展作出更大贡献。

伊朗核问题与中国中东外交

中华人民共和国外交部　华黎明

【内容提要】

从20世纪90年代开始，伊朗核问题成为中美关系中的争议问题之一。2003年以来，面对不断升温的伊朗核问题，中国的利益关切主要有三：第一，伊朗不拥有核武；第二，中国在伊朗的利益不受损；第三，世界和平不因伊核问题而遭破坏。2006年以来，中国参与了所有关于伊朗核问题的谈判，并在此过程中围绕以上利益关切进行了艰难的平衡。在2013—2014年，伊核问题六国与伊朗的谈判取得重要阶段性成果，中国是重要参与方，发挥了重要的建设性作用。未来十年中东地区的战略态势主要表现为中东乱局掣肘美国战略东移、世界能源格局发生深刻变化、中东地区国家转型漫长而艰难、地区各方势力展开复杂博弈。未来中国的中东战略具有三个特点：第一，中国在中东问题上将进一步发声和加大投入；第二，中国对中东外交投入的增加将是一个渐进摸索的过程；第三，中国与美国为首的西方国家在中东将是既斗争又合作，避免正面对抗的关系。

十多年来，伊朗核问题吸引了全世界的目光。这是冷战结束后超级大国美国与伊斯兰大国伊朗之间的漫长对峙。由于伊朗核问题关系到国际核不扩散体系的维持，联合国和世界主要大国都被卷入了美国和伊朗之间的博弈。伊朗核问题考验着各大国之间的关系，也成为中美关系中的重要议题。2013年，伊朗核问题谈判获得重大突破，伊核问题六国与伊朗的谈判取得重要阶段性成果。2014年伊朗核问题已经走上实质性谈判的轨道，尽管谈判未能于原定的11月24日达成全面协议，但谈判继续推迟至2015年上半年这一结果表明，伊核问题将继续沿着谈判的轨道发展。伊核问题作为美国与伊朗关系的晴雨表，对中东地缘政治有重要影响。中国的中东外交也将面临新的机遇和挑战。

一、伊核问题的缘起与中美在伊核问题上的首次碰撞

伊朗对核技术的研究和开发始于20世纪50年代，是继美苏之后最早着手核技术研发的国家之一。在美国等西方国家的支持下，至20世纪70年代，伊朗已拥有一个核反应堆、6个核研究中心和5个铀处理设施。1971年，伊朗签署《不扩散核武器条约》（NPT），并加强了与欧洲在核开发领域的合作。1974年，在原联邦德国的帮助下，伊朗在波斯湾港口城市布什尔开始动工兴建核电站。这一切都发生于冷战年代，当时掌握伊朗政权的是亲美的巴列维王朝。

1979年伊斯兰革命爆发后，伊朗伊斯兰政权曾一度中断了所有核计划，西德帮助建设的布什尔核电站也处于停建状态。两伊战争和海湾战争结束后，伊朗恢复了核技术的研发。由于美国与伊朗严重敌对，封杀伊朗的核计划随即成为美国外交的重点，从而影响美俄与美中关系。1991年伊朗开始与俄罗斯商谈恢复修建布什尔核电站问题；1995年初，伊俄签署俄罗斯为伊朗建造4座商用轻水核反应堆的合同，引起美国的警觉。美国克林顿政府反复对俄叶利钦政府施压，试图阻止俄伊核合作未果。

1991年10月，美中情局根据其获得的情报断言，伊朗试图发展核武器，并"得到中国的帮助"。从此，所谓"中国与伊朗核合作"成为中美关系经常聚焦的重大问题。1991年底，美国负责亚太事务

的助理国务卿理查德·所罗门在美国参议院秘密听证会上称，中国虽然未向伊朗出口核武器，但却向伊朗提供核技术和情报。他称"这是不能接受的"，美国已向中方表示关切。美国执意坚持中国应该停止一切与伊朗的核合作，甚至包括符合《不扩散核武器条约》（NPT）的合法合作。美方强调，美国有"强有力和令人信服的证据"证明伊朗在发展核武器，NPT不应成为掩盖这种企图的借口。1991年11月，美国国务卿贝克访华。这是1989年中美关系冻结后美国对华外交的破冰之旅。贝克在此行中要求中方停止向伊朗出口美方所称的"M9"和"M11"导弹，要求中方加入《导弹技术控制体系》（MTCR），停止与伊朗的核合作。中美双方围绕此问题激烈交锋，谈判无果而终。

1992年9月，美国老布什政府决定向台湾出售150架F16战斗机。8天后，伊朗总统拉夫桑贾尼访华。中国与伊朗签订核技术合作协定，中方同意与伊朗合作在伊朗修建核电站。伊朗核电站问题遂成为中美关系中最有争议的问题之一。

1993年克林顿入主白宫后，美国继续加强在伊朗核电站问题上向中方施压的力度。1993年11月，克林顿总统与江泽民主席在亚太经济合作组织（APEC）西雅图峰会期间实现首次会晤，并谈及中伊核合作，克林顿要求中国停止帮助伊朗建核电站。1994年10月，美国国务卿克里斯托弗在与中国外长钱其琛的会谈中，再次要求中方停止与伊朗的核合作，中方则向美方提出了美国售台武器问题。美方认为，这是中方第一次将中伊核合作与售台湾武器挂钩，迫使美国在售台湾武器问题上让步。

1995年3月，美国国务卿克里斯托弗与中国外长钱其琛在联合国会晤，美方再次提出伊朗核电站问题，但无果而终。1995年9月，在江泽民主席对美国进行国事访问的前夕，克里斯托弗和钱其琛再次会晤，会谈后钱其琛外长举行记者招待会宣布，中方将单方面暂停与伊朗合作修建核电站。此后一年中，中方又先后中止了与伊朗合作建铀转换工厂，并停止向伊朗出售 C801 和 C802 舰对舰导弹。

二、2003 年后的中国伊核外交

伊朗"核问题"成为全世界关注的热点问题始于 2003 年。2002 年 8 月，据流亡国外的伊朗反政府组织"伊朗全国抵抗委员会"披露，伊朗政府分别在伊朗中部的纳坦兹和阿拉克秘密修建了铀浓缩设施和重水反应堆。同年年底，美国公布了其侦察卫星拍摄的上述两处核设施的照片，称伊朗有可能利用这两处设施制造核武器。自此之后，中美在此问题上的博弈变得十分复杂。中美都主张维护国际防扩散体系。但是在涉及对伊朗进行制裁和动武等问题上，中美的意见又常常相左。

在伊朗核问题上，中国的关切主要有三：第一，伊朗不拥有核武；第二，中国在伊朗的利益不受损；第三，世界和平不因伊核问题而遭破坏。但美国总是以怀疑的眼光解读中伊关系，同时在伊朗核问题上对中国抱有不切实际的期待，并以此"检验"中国是否是"负责任的国家"。这不可避免地对中美关系带来负面影响，成为抑制中美关系的消极因素之一。

进入 21 世纪后，中美关系进入一个新的阶段，互为"利益攸关方"，而由于中国经济的迅速增长，伊朗同时成为中国能源的重要供应者，确保能源供应成为影响中国应对伊朗核问题的一个重要因素。自 2003 年起，美国对伊朗外交压力逐步升级。从防止核扩散的立场出发，也考虑到中美关系的大局，中国并未在伊朗核问题上为美国外交行动设置障碍。

2003 年 9 月，美国以伊朗违反了《不扩散核武器条约》为由，要求将伊朗核问题提交联合国安理会讨论，对伊朗实施制裁。2003 年 9 月 12 日，在美国的强烈要求和游说下，国际原子能机构

(IAEA)理事会通过决议，要求伊朗在10月底前公开核计划，接受突击检查，中国对决议案投了赞成票。

2005年8月10日，伊朗重启伊斯法罕铀转换设施；2006年1月10日，伊朗宣布恢复浓缩铀的研制。美国对此反应十分强烈。2006年1月16日，在美国的倡议下，联合国安理会五个常任理事国和德国代表在伦敦召开会议讨论伊朗核问题，会议呼吁伊朗停止重启的浓缩铀研究。关于伊朗核问题的安理会五个常任理事国加德国（P5+1）的"六国机制"从此启动。启动"P5+1"机制是美国对付伊朗的重大举措，其目的主要有二：一是迫使所有大国卷入，避免美国与伊朗单打独斗；二是便于动用联合国安理会对伊朗进行制裁乃至动武。此后的中国伊核外交也主要在"P5+1"的框架内进行。

2006年7月，美国再次启动"P5+1"机制，推动六国将伊朗核问题提交联合国安理会。同年7月31日，联合国安理会通过决议，限伊朗在一个月内停止铀浓缩活动，中国对决议案再次投了赞成票。伊朗拒绝该决议后，美国开始谋求对伊朗进行制裁。进入讨论制裁阶段后，中美在伊朗核问题上的分歧开始超出外交理念的范畴，而是直接涉及中国在伊朗重大的经济和能源利益。

进入21世纪，中国经济高速发展，对能源需求猛增。2000—2002年，中国进口伊朗石油分别为700万吨、1085万吨和1110.7万吨，在中国进口石油总值中分别占10%、18%和15.16%。2001年伊朗曾超过阿曼成为中国石油进口的第一大来源国。中国对伊朗的出口和投资也迅速增长。2010年，中伊贸易额达300亿美元，中国跃居为伊朗第一大贸易伙伴。[1]

自2006年—2010年，在美国的强烈推动下，联合国安理会先后通过4个制裁伊朗的决议。由于中国的坚持，所有决议案都剔除了直接损害中国在伊朗重大经济利益的条款和内容。但是，中美围绕

---

[1] 华黎明：《中国与伊朗关系回眸》，载《北京周报》2011年7月7日。

中伊能源合作的矛盾越来越深。美方认为,中国受经济利益驱动和出于对伊朗的同情,充当伊朗油田的唯一玩家。由于国际压力和不良的经营环境,世界上大多数国家的石油公司已撤出伊朗,而中国公司成为对伊朗实施国际制裁是否产生实效的关键,也成为能否阻止伊朗拥有核能力的关键。安理会通过的1929号决议意在向伊朗施加政治压力,伊朗经济并未因此伤筋动骨,故被美国形容为"没有牙齿的制裁"。

2004年底,中石化和伊朗签署了有关伊朗亚达瓦兰油田油气开发项目的谅解备忘录。中国将投资1000亿美元,用于购买伊朗的石油和天然气以及亚达瓦兰油田51%的股权,中石化在25年里可以购买15万桶/日的原油以及总共2.5亿吨液化天然气。亚达瓦兰油田的储量估计为30亿桶,每天可以生产30万桶。2006年7月,伊朗国家成品油销售公司与中石化签署了扩建阿拉克炼油厂工程的合同,以使该炼油厂提高25万桶/日成品油的加工能力。①

2006年12月初,伊朗国家天然气出口公司宣布,伊朗方面已经同意每年向中石油供应约300万吨的液化天然气。该供气计划从2011年开始,持续时间为25年。向中石油供应的天然气将由南帕尔斯天然气田生产,该天然气田由伊朗国家石油公司、法国道达尔石油公司以及马来西亚国家石油公司合营。另有消息说,中石油还将在2009年获得伊朗南阿扎德甘大油田70%的权益,预计日产原油26万桶。②

同样是在2006年,中海油总公司和伊朗签署了一项开发伊朗北帕尔斯(North Pars)天然气田并建造生产液化天然气相关装置的谅

---

① 《中石化伊朗合作项目将有重大突破》,http://www.cpnn.com.cn/2012-03-07/201203061200277669.html

② 《中石油获准开发伊朗最大陆上油田》,http://money.163.com/09/0804/01/5FRA9OFS002524SO.html

解备忘录。该项目共投资 160 亿美元，其中 50 亿美元投资到天然气上游开发，110 亿美元用于建造生产液化天然气的相关装置，建设需用时 8 年。中海油将取得所产液化天然气 50% 的份额。①

美国对中国三大石油公司的上述活动强烈不满，美方发出威胁称，如果中国拒绝停止对伊朗油气上游的投资和向伊朗出售汽油，奥巴马政府将不得不制裁中国公司。实际上，美国的强烈干预已经制约和影响了中国三大石油公司在伊朗的活动。

2010 年底，正当美国酝酿和策划对伊朗第五次制裁之际，西亚北非阿拉伯国家陷入严重动荡，导致美国无暇东顾，为伊朗核计划、导弹计划的发展赢得了时间。与此同时，利比亚战争导致国际油价上涨，又部分抵消了制裁使伊朗蒙受的经济损失。在中东变局中，穆巴拉克等亲美阿拉伯国家领导人下台改变了中东地区的政治生态，以色列面临被孤立和再次与阿拉伯国家对抗的危险，美国在中东的影响力严重下降。而伊朗不仅依然能够独善其身，而且因阿拉伯国家遭到严重削弱、美国从伊拉克撤军再次获得了作为中东地区大国崛起的历史机遇。这不能不让美、以焦虑万分。于是，美国刚从利比亚脱身就策划给伊朗当头棒喝。

2011 年底，美国总统奥巴马签署的国防预算法案规定，对涉嫌与伊朗中央银行有交易的金融机构实施制裁，受制裁的金融机构将在美国金融市场被冻结。② 这无异于给全世界与伊朗的正常贸易下了一道禁令，从中也足见美国要切断伊朗经济命脉的决心。在美国的强大压力下，欧盟、加拿大、澳大利亚、日本、韩国和土耳其被迫跟进。欧盟外长会议做出决议，禁止其成员国从伊朗进口和转运原

---

① 《中海油签 160 亿美元协议开发伊朗北帕尔斯天然气》，http://www.cs.com.cn/gg/03/200612/t20061222_1029978.htm

② 《奥巴马签署国防预算法案，包括制裁伊朗新措施》，http://www.chinanews.com/gj/2012/01-01/3576535.shtml

油和成品油，以及为伊朗的石油贸易提供融资和保险服务，欧盟成员国还将冻结了伊朗中央银行在欧盟的资产。与此同时，美国财政部宣布制裁伊朗国有的商业银行，日本、韩国、土耳其宣布减少从伊朗进口原油。

2012年7月31日，美国总统奥巴马宣布对伊朗石油行业实施新一轮制裁，规定凡购买或者获取伊朗石化产品者将受到美国制裁。同时，美国还将对寻求逃避制裁者，以及向伊朗国家石油公司、纳夫蒂朗国际贸易公司和伊朗中央银行提供物质支持，或者帮助伊朗政府购买或获取美国纸币或贵金属的个人和实体实施制裁。① 伊朗经济因此遭受严重打击。

但是，基于美国在中东实施战略收缩的需要，美国并未放弃通过谈判解决伊朗核问题。因此，美国在制裁伊朗的同时，又开启了与伊朗谈判的窗口。2012年4月，在首尔核峰会期间，美国总统奥巴马会见土耳其总理埃尔多安，要求他向伊朗领袖哈梅内伊传递信息，如伊朗承诺不发展核武，美国将接受伊朗的民用核计划。在获得了这一信息后，伊朗方面立即表示愿意恢复与"P5+1"的核谈判。4月14日，联合国五大常任理事国美、英、法、俄、中和德国在土耳其伊斯坦布尔与伊朗重启核谈判，之后又先后在巴格达、莫斯科和阿拉木图举行了四次谈判。由于美伊双方立场僵硬，谈判均无果而终。

在伊朗核谈判的7方中，中国与美伊双方都保持着友好关系，也是伊朗最信任的国家之一。虽然中国不是解决伊核问题的关键，但是，在美伊关系高度紧张的气氛下，谈判能僵而不破，保持美伊双方不离开谈判桌，四次谈判能在平和与建设性的气氛中进行，中国作为不可取代的角色，发挥了十分关键的作用。

---

① 《美国宣布对伊朗石油行业实施新一轮制裁》，http://news.xinhuanet.com/2012-08/01/c_112586333.htm

三、2013—2014年伊朗核问题的破局

在2013年，美国的中东政策和伊朗的对美外交都走到了十字路口。

近年来，美国主导中东事务的能力和意愿均在下降。叙利亚"化武换和平"事件是一个标志，表明美国已无力在中东使用武力来实现自己的意志。在伊核问题上，尽管奥巴马至今仍坚持"一切选择仍放在桌面上"，但事实上，美国很清楚它只有两种选择：制裁和谈判。日趋严峻的形势在拷问美国的中东政策：美国能否走出传统中东政策的阴影，并与伊朗这样的独立地区大国和解？美国能否为了自己的全球战略利益让渡部分中东霸权？面临世界和中东的大变局，美国必须回答这些问题。

伊朗革命三十多年来，美伊关系长期处于相互敌对和对抗的状态。美国至今仍视伊朗为无视国际秩序的无赖国家，压制人权的专制国家；而伊朗视美国为"最大的撒旦"，坚信美国威胁它的主权和生存，美国的终极目标是改变伊朗现政权。但是，"阿拉伯之春"以来中东战略格局的变化使美伊双方发现，它们之间的利益交汇点有可能超越现有的矛盾，并使双方的关系从对抗走向和解。

伊拉克战争后，伊朗苦心经营从阿富汗到黎巴嫩的势力范围，其关键是维护和控制叙利亚巴沙尔政权。但是，叙内战爆发后，巴沙尔政权实际上已失去了对叙利亚的绝对控制，而中东地区逊尼派势力逐渐坐大已对伊朗构成严峻威胁。伊朗的势力范围在伊拉克也发生了断裂，伊拉克逊尼派对抗什叶派当局，"伊斯兰国"的异军突起，都已成为挑战伊朗安全的心腹之患。十余年来，伊朗的核能力获得了迅速发展，但是，由此导致的经济制裁带来的严重后果已接近其承受能力的极限，伊朗国家收入锐减，国库空虚，民生艰难，

都迫使哈梅内伊改变主意,并允许新任总统鲁哈尼对内进行改革,对外重新设计外交政策。在此背景下,通过重启谈判摆脱制裁,便成为伊朗外交调整的必然选择。

美国的战略也在改变。阿富汗、伊拉克战争后,美国既担心伊朗的崛起,更惧怕逊尼派极端势力的威胁迅速上升。美国之所以对军事打击叙利亚踌躇不决,其重要原因就在于美国担心叙利亚逊尼派极端武装借机坐大,美国宁愿让叙利亚各派相互斗争,相互抵消,而不愿看到任何一派掌权。美国与沙特的矛盾也由此而生。美国不能容忍沙特在国内镇压"基地"组织,却在叙利亚和伊拉克支持伊斯兰极端组织。随着美国能源自给能力的增强,美国对沙特的能源依赖下降,而沙特在中东自相矛盾的政策不再符合美国利益。在这里,美伊找到了共同点,美国希望通过打开对伊朗关系制衡沙特。

"阿拉伯之春"也是美国重新考虑对伊朗政策的重要因素。伊朗革命三十多年来,美国一直寄望伊朗"人民起义"推翻现政权。"阿拉伯之春"发生后,美国又一心期待中东会出现一批"自由派政权",但这种情况并未出现。埃及的广场运动以军人干政和重归强人政治告终,叙利亚危机演变成一场内战,巴林的街头抗议被沙特镇压,利比亚则濒临内战边缘。很明显,美国期待的"人民起义"短期内在伊朗不会发生,即使发生,其后果也未必对美国有利。

在伊朗问题上,美国的政策选项已十分有限。推翻伊朗现政权不可行,大规模军事入侵不可持续,与以色列共同打击伊朗,美、以并无把握能全部摧毁伊核设施,因此制裁成为美国唯一可行的政策手段。在当前中东局势大变的情况下,美国不能只依靠沙特和以色列,在中东必须有更多选择,因为沙特与美国利益并不完全一致,而以色列并没有单独军事解决伊朗问题的能力。这些现实都迫使美国重塑对伊朗的政策。

在美国和伊朗互有需要的背景下,美国和伊朗于2013年打破长达34年的僵持和对抗,实现了两国元首的通话和外长面对面谈判,并直接导致了伊核谈判的突破性进展。2013年11月24日，伊朗与伊核问题六方在日内瓦达成了"共同行动计划"。伊朗在协议中承诺：不再生产浓度5%以上的浓缩铀，废弃已生产的浓度20%的浓缩铀并接受国际原子能机构的核查。① 这实际上既阻断了伊朗生产核武器的道路，又使伊朗和平利用核能的权利获得间接的承认。美方同意部分地、有条件地解除对伊朗的制裁。

2014年7月2日，为了达成最终协议，第六轮伊核谈判在维也纳举行，谈判耗时18天，终因双方分歧太大而未能在大限到来之前达成最终协议，各方决定将谈判延长至11月24日。双方分歧的焦点集中在四个方面：第一，美方坚持伊朗必须将阿拉克重水反应堆改建为轻水反应堆，以彻底废止伊朗加工提炼钚的能力；而伊朗坚持在保留重水反应堆的前提下降低核材料的浓度。第二，美方坚持伊朗必须废弃秘密建造的福尔多浓缩铀加工厂，伊朗拒不同意。第三，伊朗目前拥有1.9万台IR－1型加工浓缩铀的离心分离机，其中大约1万台处于正常工作的状态。美国要求伊朗削减至4000台，并不得研发新型的IR－2离心机，但遭到伊朗拒绝。第四，伊朗要求最终协议签订后，对伊朗的经济制裁必须一劳永逸地结束，而美国则坚持视伊朗的态度在10年内逐步取消制裁。②

2014年11月18—24日，伊朗核问题谈判在维也纳进行，伊核问题六国（美国、英国、法国、俄罗斯、中国和德国）和伊朗虽未能达成协议，但决定将谈判再次延期至2015年6月30日。在伊核问题面临何去何从的重大选择面前，六国和伊朗一致决定继续推动并加快伊核问题谈判进程，最终找到全面解决方案，这无疑是理智

---

① 《伊朗与六国达协议：停止浓度5%以上铀浓缩》，http：//news.163.com/13/1125/03/9EGCP6MB00014Q4P.html
② 《伊朗核谈判开启"加时赛"，核心问题分歧依旧》http：//zqb.cyol.com/html/2014－07/22/nw.D110000zgqnb_20140722_2－04.htm

和务实的选择。

在此轮谈判中,双方在限制伊朗铀浓缩规模和能力以及解除对伊制裁时间表等核心问题上没有取得突破,这是导致此次谈判流产的直接原因。但是,"技术层面的分歧对双方来说并非制约谈判进展的关键所在。真正阻碍双方在这一层面取得突破的根本原因在于,伊核问题主要的矛盾双方——以美国为首的西方国家与伊朗之间数十年来政治上的互相敌视对抗在彼此之间打下不信任的烙印,导致各自国内的保守势力和强硬派对对方核谈判的目的和意图的猜忌和疑虑。受这些力量的阻碍,双方各自的谈判代表都无法作出进一步的妥协。"①

在2013—2014年,美伊关系虽有所缓和,但是,双方的信任赤字仍然很高。美国怀疑伊朗核计划的和平目的,企图通过谈判将伊朗核研发能力压缩到最低限度。伊朗担心谈判中失去太多筹码,不仅换不回制裁的松绑,反而自废武功重蹈卡扎菲的覆辙。鲁哈尼当选伊朗总统后,美伊从对抗走向对话,但两国间的结构性矛盾依然如故,所以伊核谈判注定要经历漫长而艰难的博弈。美伊在短期内达成妥协的可能十分渺茫,但双方又都承受不起谈判破裂、重返对抗之路的代价。

伊朗从鲁哈尼当选总统之日起就开始筹划对美关系与核谈判,在日内瓦谈判中做出重大让步换回了制裁的部分解禁。若此时谈判破裂,不仅前功尽弃,刚恢复元气的伊朗经济将再遭打击,国内的稳定也难保证。美国奥巴马政府投入也很大,为了缓解与伊朗关系不惜得罪国会、以色列和沙特,若谈判破裂,不仅奥巴马会丢尽脸面,而且将迫使美国面临在中东的又一场战争,这也是美国公众所不能接受的。

---

① 《伊朗核谈判延期:理智和务实的选择》,http://news.xinhuanet.com/world/2014-11/25/c_1113398010.htm

四、中东地区的战略态势与中国的中东外交

回顾伊朗核问题十余年来的历史演变，需认清以下三个关键问题。

第一，伊核问题的核心是美伊敌对。《不扩散核武器条约》签署以后，以色列、印度和巴基斯坦先后拥有核武器，但是美国只将矛头指向尚未拥有核武器的伊朗，并在防止核扩散的名义下将国际社会拖进一场针对伊朗的斗争。十余年来，伊核问题的紧张与缓和总是与美伊关系的起伏相伴。

第二，伊朗问题是中东地缘政治的关键。中东地区在经历了阿富汗、伊拉克两场战争和2011年以来的大动荡后，伊朗的地缘政治地位迅速上升，成为解决伊拉克、叙利亚问题的关键一方，也成为解决阿富汗和巴以问题的重要一方，因而迫使美国通过解决伊朗问题寻求在中东脱困的出路。

第三，在中东的大变局中中国难以独善其身。随着中国国力的迅速增长，中国在中东的利益也越来越大。伴随美国主导中东局势的能力日衰，其处理伊朗核问题从一开始就拉住欧洲盟国，同时迫使俄罗斯和中国选边站。中国在联合国安理会对美国提出的制裁伊朗的四个提案都投了赞成票，中国的利益也因美国对伊朗的制裁遭受重大损失。

冷战结束和第一次海湾战争后，中东曾经保持了十年的相对稳定。巴以和平进程获得突破性的进展，两伊都被大大削弱。美国在中东拥有以色列、沙特和埃及等一批忠实盟国为其看家护院，美对中东事务的主导权达到巅峰。

21世纪初，美国发动的阿富汗战争和伊拉克战争消蚀了美国的国力，而且使美国在中东地区的声誉降至新低，至今还未能完全走

出战争的泥潭。2011年中东国家的大变局导致一批阿拉伯政治强人下台，伊斯兰政治力量兴起。新世纪头10年发生的这两件大事彻底改变了这一地区的地缘政治结构：巴以冲突被边缘化；伊朗和土耳其乘势崛起；埃及在阿拉伯世界的领导权被沙特取而代之；以色列被孤立。在此背景下，美国被迫在民主价值观和战略利益之间不断寻找新的平衡点，并做出艰难的选择。

（一）未来十年中东地区的战略态势

第一，中东乱局掣肘美国战略东移。中东是战后美国投入战略资源最多的地区。半个世纪高强度、大规模的投入维持了美国在中东地区的主导地位。21世纪初，世界经济和政治重心向亚太地区转移，加上两场战争和金融危机导致的美国国力衰微，迫使美国调整它的全球战略：一是战略东移；二是限制和减少对中东地区的投入。2008年奥巴马第一次入主白宫时就制定了"从伊拉克和阿富汗脱身，缓解巴以矛盾和聚焦伊朗"的中东政策。美国试图在中东以"灵巧外交""下放"和"外包"权力取代传统的高投入、高风险、高回报的政策。但是，面对中东地区纷繁复杂、瞬息万变的形势，美国若想在减少投入的情况下维持主导地位，将越来越是一项"不可能完成的任务"。美国控制力的减弱，意味着未来以色列、伊朗、沙特、土耳其等地区大国的争夺将更加激烈，地区形势的不稳定性和不确定性也将更加凸显。

第二，世界能源格局发生深刻变化。美国的"页岩气革命"使其日益成为世界主要的能源供应方。在美国人为实现"能源独立"沾沾自喜的同时，中东地区的石油贸易格局却将愈发扭曲：中东产油国的油气主要输往东亚国家，进口的商品也越来越多地来自东亚国家，而美国在向地区国家提供军事和安全保障方面越来越力不从心和三心二意。在这种情况下，石油还必须用美元来定价。这种权利和义务严重不对称的扭曲格局，定将挑战石油美元的霸权地位。

作为世界最重要能源供应地的中东地区,一旦世界能源格局发生大的变化,其对地区形势的影响是不言而喻的。

第三,地区国家转型漫长而艰难。中东变局"破旧"势如破竹,"立新"却迷茫混沌。地区国家将长期处于艰难曲折的转型过程之中。中东政治生态迅速"绿化"(伊斯兰化)是当前中东政治格局的主要特征之一。但从十年的时间跨度来看,各国新的政权能否立足,根本上取决于能否找到维持国家发展的物质基础,进而决定未来该地区意识形态的走向和地区国家力量对比的消长。而目前中东地区各国经济核心竞争力十分低下。整个中东地区有4亿人口,但除去石油以外的出口额仅仅相当于瑞士。对后强人时期的中东国家来说,发展本国经济是国家由乱到治的根本途径,而这一过程将十分漫长而艰难。如果不能找到维持国家的物质基础,那么国家转型将是一个反复折腾、不断纠结碰撞的过程。

第四,地区各方势力的博弈。中东地区错综复杂的民族、宗教和地缘矛盾,决定了该地区的力量对比将始终处于动态的制衡之中。一方面,处于优势的国家,如沙特、土耳其急于取得地区的主导权;另一方面,其他力量,如伊朗、伊拉克又会自动地联合起来发挥制衡作用。历史证明,中东地区的这种"地缘性格"往往会压倒任何暂居上风的意识形态,现在来势正猛的伊斯兰政治势力也概莫能外。因此,中东地区的这种"地缘性格"将长期影响中东地区的形势。

(二) 前瞻中国的中东战略

从20世纪50年代到改革开放,中国曾经有过明确的中东战略,那就是支持阿拉伯国家反帝、反殖斗争,与中东被压迫民族组成广泛的反美(后来加上反苏)统一战线。在1955年万隆会议之后的数十年时间里,中国与中东国家的关系一直处于这一框架内。

1978年后,中国外交进行了许多重大的改革。1982年十二大首次提出在对外关系中不以意识形态划线,实际上是以民族利益为出发点。1985年提出了争取有利于经济建设的和平国际环境这一重大战略目标，改变了以往准备打仗的战略目标。这一时期，中国的中东战略因为失去了反美的总目标而陷入迷茫，主要的外交实践是继续支持阿拉伯国家的反侵略斗争，同时从事出售军品、输出劳务等经济活动，但对这一地区的争端保持总体超脱。

冷战结束后，中国外交又发生了一次重大改变。1990年，中国将长期的反霸战略改成"不当头"的"韬光养晦"战略。"不当头"与不挑战美国主导地位事实上是同一政策，与之相应的是以美国为重中之重的国际战略。这项外交政策原则的调整主要是出于适应冷战后美国"一超独大"的单极格局。这一时期，中国仍然没有找到中东在自己外交中的战略地位。20世纪90年代初，中国借助中东国家打破外交孤立（如向沙特出售导弹、中沙建交以及国家领导人出访埃及、阿联酋和伊朗），中东也一度是中国与美国周旋的筹码（如海湾战争）。1993年，中国成为石油净进口国后，中国与中东的关系又聚焦于能源合作，但是在政治上，中国继续对中东地区的各种争端和矛盾保持适度的距离。从某种程度上说，中东在中国整体外交战略中仍是被边缘化的地区。

2010年中国经济规模首次超越日本成为世界第二大经济体；2011年中国超过美国成为世界第一大贸易国，中国面临的国际环境再次发生重大改变。随着中国力量的快速增长，中国面临的国际挑战也越来越多。中东对于中国的战略意义将不仅仅是能源合作，中国对中东的大规模投资以及对中东国家工业化进程的参与，中国与中东国家在保障能源运输通道（苏伊士运河、亚丁湾、波斯湾和印度洋）安全和反恐等领域的安全合作，都将使中国与中东的相互依存关系前所未有地增强。

因此，在新世纪，中国必须确定自己在中东战略利益和目标，这就是争取在中东较大的影响力和话语权，真正成为对中东和平与稳定负责任的大国，从而确保中国的能源安全，西部边疆的安宁，减轻我国在东海和南海的战略压力。为此，中国应对中东在外交中的地位进行重新定位，不吝惜投入外交资源，争取有所作为。负责任的世界大国是要有所担当的，不担当就没有话语权。在中东，中国若想继续超脱，就有可能输掉全局。

1. 中国在中东的问题上将进一步发声和加大投入

在世界各大国中，中国在中东是后来者、被动的参与者，有时甚至是旁观者。但是，随着中国国力的上升和与其他大国互动的加深，中东作为世界上地缘战略资源和自然资源最富集的地区，其价值和重要性必然会越来越多地引起中国决策者的重视。首先，中东是世界上热点问题最集中、各种外交矛盾斗争最激烈的地区，是宣示中国外交基本原则，树立中国尊重主权、反对干涉、维护和平、不畏强暴的国际形象，提升外交软实力的绝佳舞台。其次，中东是中国保证能源安全的必争之所，也是中国拓展经济发展空间的机遇之地。第三，中国国力的上升和大国博弈的加剧，使中国可以也必须加大对中东的投入。美国既想从中东脱身又不能舍弃中东，也必将牵制和延缓美国的战略东移的步伐。第四，中东地区国家对中国将更加倚重。未来十年，全球力量对比"东升西降"的大势将更加明显，中东国家普遍看重中国的发展潜力，把中国视为开拓国际空间，平衡传统大国影响，促进经济发展的重要依托。在中东地区原有力量格局被打破的背景下，它们的东向战略在未来十年将更多地从意愿转化为行动。

2. 中国对中东投入的增加将是一个渐进摸索的过程

首先，这个过程有赖于中国自身认识、能力、手段的不断提高。从认识上讲，中国的中东外交要克服传统的"超脱外交"的惯性。如同大国要走向海洋一样，中东是大国外交的必修课，中国要走向世界必须经营中东。从能力上讲，中国自身国力仍处于"将强未强"的"战略爬坡"阶段，利益的不断延伸与实力之间的矛盾仍继续存在，中国要在中东拥有一份话语权不可能一蹴而就。从手段上讲，中国的中东外交要解决缺少安全、金融安排和可靠支点国家的短板。其次，这个过程也需要外部因素的推动。比如，我国在叙利亚问题上的明确态度（三次否决权的行使）就与此前利比亚局势的发展和美国战略东移的大背景密切相关。

3. 中国与美国为首的西方国家在中东将是既斗争又合作，避免正面对抗的关系

首先，中国不是冷战时期的苏联，中美之间不应也不能是"零和博弈"，在中东亦如此。美国力不从心，它在中东式微是不可抗拒的趋势。但是中国经营中东平台不应以挤压美国传统势力为目标。其次，中美在诸多中东问题上的外交理念分歧大于利害关系的冲突，可通过加强磋商协调进行管控。中国在中东涉足尚浅，仍有相当大的发展空间，远未触及美国在中东的主导权。第三，中国在中东没有不可放的核心利益，中美在中东尚有妥协空间。

总之，未来十年的中东仍将是持续动荡和群雄争霸的局面，中国应该也可以在中东有所作为。

中国对阿富汗重建的外交参与

上海外国语大学中东研究所　刘中民　范鹏

【内容提要】

中国对阿富汗重建的参与大致经历了三个阶段：第一个阶段为2001~2010年，由于阿富汗问题十分复杂，中国对阿富汗重建的参与相对低调，主要通过参与多边外交、提供经济援助等方式参与阿富汗重建；第二阶段为2011—2013年，伴随2011年驻阿富汗美军和北约领导下的国际安全援助部队开始从阿富汗撤军，中国对阿富汗重建的外交参与进入更加积极的阶段；第三阶段为2013年以来，伴随美国从阿富汗撤军接近尾声，伴随阿富汗形势的变化和周边外交在中国外交中地位的不断提高，新一代领导集体的阿富汗政策更加清晰，中国参与阿富汗重建的主动性和力度明显加大。美国和北约从阿富汗的撤军，对阿富汗重建进程和地区安全形势产生了重要影响。在此背景下，如何应对阿富汗可能出现的动荡和混乱，如何妥善处理与涉及阿富汗问题各方的关系，如何帮助阿富汗实现真正的"阿人治阿"和"阿人所有"，都是中国阿富汗外交面临的重大课题。

阿富汗自古以来就是中国的友好邻邦，也是最早承认新中国并与中国建立外交关系（1955年）的国家之一。2001年阿富汗战争后，中国积极参与和促进阿富汗和平重建，尤其在阿富汗经济和社会重建方面发挥了积极作用。2014年5月19日，习近平主席在会见阿富汗总统卡尔扎伊时郑重表示，"中方坚定不移奉行对阿富汗友好政策，无论国际和地区形势如何变化，中国都是阿富汗可以信赖的朋友。我们愿同阿方保持高层交往，推进各层次各领域交流合作，为阿富汗和平重建提供力所能及的帮助，同阿方一道推进丝绸之路经济带建设"①。中国在阿富汗重建过程中发挥的重要作用得到了卡尔扎伊政府的积极肯定。2014年6月10日，即将卸任总统的卡尔扎伊真诚地指出，"中国是阿富汗可靠的伙伴，并为阿富汗发展提供支持和援助"②。

中国对阿富汗重建的参与大致经历了三个阶段：第一个阶段为2001~2010年。由于阿富汗问题十分复杂，加之美国和西方国家在阿富汗问题上的主导作用，中国对阿富汗问题一直持明确、一贯而又相对低调的政策立场，③ 并主要通过参与多边外交、提供经济援助等方式参与阿富汗重建。第二阶段为2011—2013年。伴随2011年驻阿富汗美军和北约领导下的国际安全援助部队开始从阿富汗撤军，中国对阿富汗重建的外交参与进入更加积极的阶段。第三阶段为2013年以来，伴随美国从阿富汗撤军接近尾声，中国对阿富汗重建的外交参与明显向纵深方向发展。2014年10月31日，阿富汗问题伊斯坦布尔进程第四次外长会在北京召开，会议取得了包括通过《北京宣言》在内的诸多成果。会议期间，中国外长王毅在会见阿富汗外长奥斯马尼时明确表示：中国对阿富汗的政策目标，是希望看到一个团结和谐、稳定发展、睦邻友好的新阿富汗；中方在阿富汗问题上一直是负责任的支持者、贡献者、建设者，将继续用实实在在的行动，支持阿富汗和平重建，支持阿富汗和解进程，支持阿富

---

① 《习近平会见阿富汗总统卡尔扎伊》http：//www.fmprc.gov.cn/mfa_chn/gjhdq_603914/gj_603916/yz_603918/1206_603920/xgxw_603926/t1157414.shtml

② 《阿富汗总统：如重新选择，阿富汗将走中国道路》http：//www.chinanews.com/gj/2014/06-10/6262555.shtml

③ 赵华胜：《中国与阿富汗——中国的利益、立场与观点》，《俄罗斯研究》2012年第5期，第3页。

汗加强能力建设，支持阿富汗更深融入地区合作。[①]

伴随美国即将完成从阿富汗撤军，阿富汗将进入政治、安全和经济重建的重要转型时期，中国也因此面临着诸多重要机遇和严峻挑战，阿富汗在中国周边外交中的地位和作用将更加重要。基于此，本文在对中国参与阿富汗重建的政策主张与实践进行回顾与总结的基础上，结合美国撤军后阿富汗形势的新变化，分析中国在阿富汗问题上面临的挑战。

一、中国对阿富汗重建低调参与的阶段（2001—2010 年）

2001 年阿富汗战争期间，中国和国际社会其他成员一起对阿富汗战后新政府的建立给予了必要的支持。2001 年 12 月，塔利班政权垮台后，中国出席了关于阿富汗战后重建的波恩会议，随后向阿富汗派出工作小组，参加了阿富汗临时政府成立仪式，向临时政府主席卡尔扎伊面交了中国政府的贺信。2002 年 2 月，中国驻阿富汗使馆复馆，"标志着中国正采取实质性的步骤，参与到阿富汗和平重建的工作中来"。[②] 在此后的近十年间，中国对阿富汗重建的外交参与主要体现为：

1. 中国一贯支持阿富汗成立新政府并在国际社会支持下开展重建工作。

中国始终坚持尊重阿富汗主权，强调阿富汗政治重建系阿富汗国内事务，他国不应干涉，应当由阿富汗政府和人民决定其政治力

[①] 《王毅：中方在阿富汗问题上一直是负责任的支持者、贡献者、建设者》，http://news.xinhuanet.com/2014-11/01/c_1113069762.htm

[②] 孙玉玺：《中国企业应该抓住阿富汗重建的商机》http://www.people.com.cn/GB/shizheng/3586/20020207/664613.html

量构成、社会模式和意识形态等。但在具体的政策执行方面，中国采取了相对低调的立场，主要以务实的态度参与阿富汗重建。

阿富汗战争爆发后，美欧同盟的军队大批开进阿富汗，成为阿富汗新政府的政治监督者和安全保护者。战争主体部分结束后，美欧主导了阿富汗重建进程。基于阿富汗问题的复杂性和美欧发挥主导作用的现实，中国一贯谨慎地避免军事介入阿富汗问题，拒绝参加驻阿富汗国际安全援助部队（ISAF），但也无意挑战美欧在该问题上的主导地位。对此，有西方学者评价指出，中国对阿富汗问题的参与采取了相对较低的姿态。[1] 但是，中国的低调姿态并不妨碍中国表达自身在阿富汗重建问题上的政策主张。2001 年 11 月 12 日，塔利班政权瓦解后，中国外长唐家璇在纽约联合国总部出席阿富汗问题"6+2"外长会议，明确阐明了中国对阿富汗重建的五点主张：第一，要确保阿富汗的主权、独立和领土完整；第二，要由阿富汗人民自主决定解决办法；第三，阿富汗未来政府要基础广泛，体现各民族利益，与各国尤其是邻国和睦相处；第四，要有利于维护该地区的和平与稳定；第五，联合国要发挥更积极的建设性作用。[2]

中国对阿富汗新政府及其重建的支持是一贯的，即使 2004 年发生中国在阿富汗工程人员遭遇恐怖袭击之际，胡锦涛主席在谴责这一暴力行径的同时，仍向来访的卡尔扎伊总统表示中国支持阿富汗政府和人民自主选择社会制度和发展模式。众所周知，2003 年美国将战略中心转移到伊拉克战争后，阿富汗安全形势日趋恶化。2005 年前后，塔利班、"基地"组织借机进行重组，死灰复燃。2007 年前后，塔利班组织的崛起使卡尔扎伊政权面临严峻考验。在此期间，

---

[1] Christian Le Mière, "Kabul's New Patron? The Growing Afghan-Chinese Relationship", Foreign Affairs, April 13, 2010, http://www.foreignaffairs.com/articles/66194/christian-lemiere/kabuls-new-patron

[2]《唐家璇外长出席阿富汗问题"6+2"外长会议》，http://news.xinhuanet.com/world/2001-11/13/content_113255.htm

中国政府一如既往地对阿富汗政府提供支持和援助，得到了阿富汗政府和人民的好评。

2. 中国为阿富汗战后重建提供了一系列不附加任何政治条件的经济支持和援助。

中国提供对外援助，坚持不附带任何政治条件，不干涉受援国内政，充分尊重受援国自主选择发展道路和模式的权利。相互尊重、平等相待、重信守诺、互利共赢是中国对外援助的基本原则。阿富汗新政府建立后，长期的战乱令国家经济近乎瘫痪，百废待兴，包括公路、学校、医院、住房、工厂等基础设施建设亟待恢复，而战争造成的难民问题和塔利班死灰复燃令阿富汗战后重建的难度进一步加大。但时至今日，很多西方国家对阿富汗的援助往往口惠而实不至或者大打折扣。据新加坡《联合早报》报道，阿富汗90%的开支须依靠国际援助，但西方国家花费在驻阿富汗联军的经费，远超过其提供发展援助的经费。例如，美国承诺在2002年至2008年之间提供100亿美元的援助仅支付了半数，但美军在阿富汗一天的花费就高达1亿美元；亚洲开发银行和印度也仅支付了三分之一的承诺援助额。[1]

尽管中国援助阿富汗的规模不算很大，但中国的对阿富汗援助做到了真诚守信，尽到了一个发展中大国的国际责任。从2001年—2014年10月阿富汗问题伊斯坦布尔进程第四次会议召开之前，中方在免除阿富汗到期债务的同时，向阿富汗提供了15.2亿元人民币的无偿援助，同时在物质援助、基础设施建设、人员培训等方面为阿富汗重建做出了重要贡献。[2] 有学者指出，基于中国的实力和中阿友谊的需要，适度加大对阿富汗援助比直接介入阿富汗安全事务更符

---

[1]《西方援助雷声大雨点小，阿富汗重建及稳定受冲击》http://news.ifeng.com/world/other/detail_ 2008_ 03/26/1118232_ 0. shtml

[2] 李克强：《携手促进阿富汗及地区的安全与繁荣——在阿富汗问题伊斯坦布尔进程第四次外长会开幕式上的讲话》，http://news.xinhuanet.com/2014 - 10/31/c_ 1113065585. htm

合阿富汗人民的利益，对中国来说也是一种具有战略性的投资。[①]

中国对阿富汗战后重建经济援助一览表（2001—2014年）

时间	项目	数额
2001年	阿富汗临时政府启动基金	100万美元
	紧急物质援助	3000万元人民币
2002年	无偿援助	0.75亿美元（5年内）
	优惠贷款	0.75亿美元（5年内）
	无偿援助	3000万美元
	物质援助	100万美元
2003年	无偿援助	1500万美元
2004年	无偿援助	1500万美元
	为阿富汗大选提供物质援助	100万美元
	免除阿富汗债务	960万英镑
2006年和2007年	无偿援助	1.6亿元人民币
2008年	无偿援助	5000万元人民币
2009年	无偿援助小麦	8000多吨
2010年	无偿援助	1.6亿元人民币
2011年	无偿援助	1.5亿元人民币
2012年	无偿援助	1.5亿元人民币
2013年	无偿援助	2亿元人民币
2014年	紧急人道主义援助	1000万元人民币

资料来源：中华人民共和国外交部网站相关信息。

3. 通过开展中阿双边合作，推动阿富汗战后重建。

在双方交往方面，中阿两国高层互访不断，两国首脑还多次在多边场合会晤。中阿两国于2002年12月、2004年3月、2006年6月相继签订了《睦邻友好宣言》《喀布尔睦邻友好禁毒宣言》和

[①] 朱永彪：《中国可适度加大对阿富汗援助有战略意义》，http://military.china.com/news/568/20140504/18480765.html

《中阿睦邻友好合作条约》。2010年3月，双方发表联合声明，同意巩固和发展睦邻互信、世代友好的中阿全面合作伙伴关系。其中《中阿睦邻友好合作条约》意义重大，为中阿双边关系的发展确立了政治原则并指明了发展方向。此外，双方签署的一系列贸易、经济技术合作协定和条约也为双方合作奠定了良好基础。

在经贸领域，从2002年—2013年，中国在阿富汗经济合作的合同总额8.58亿美元，完成总营业额约9.83亿美元，主要涉及通讯、公路建设等基础设施领域。① 另外，中阿双方还在互利共赢的基础上开展资源合作。2008年5月，中冶（中国冶金科工集团公司）—江铜（江西铜业集团公司）联合集团通过竞标与阿富汗工矿部签署了总投资达44亿美元、期限为30年的阿富汗艾娜克铜矿的租赁开发合同。② 对阿富汗而言，该项目能满足阿富汗政府大部分财政预算所需，对于阿富汗摆脱对外依赖意义重大。

总之，在2010年之前这一阶段，中国对阿富汗战后重建保持了积极但低调的姿态，在政治、经济和外交方面都对阿富汗重建提供了力所能及的支持和援助。中国低调参与阿富汗重建的原因主要包括两个方面，一方面，美国和西方国家主导了阿富汗重建，中国无意与美欧争锋；另一方面，阿富汗安全局势不稳定也限制了中国对阿富汗战后重建的参与。

二、中国对阿富汗重建加大参与的阶段（2010—2013年）

2009年奥巴马上台后，开始调整对阿富汗战略，力促美国在

---

① 《阿富汗伊斯兰共和国》，http：//baike.baidu.com/view/8197079.htm？fromtitle
② 《阿富汗总统卡尔扎伊欢迎中国企业参与阿资源开发》，http：//news.xinhuanet.com/newscenter/2008-05/26/content_8258871.htm

2011—2014年之间从阿富汗撤出其主要作战部队。2011年"北约盟军"开始撤兵后,阿富汗重建进入了新的历史时期。在2010年之前的8年中,阿富汗逐步从战争创伤中恢复并在机构建设、经济发展、对外交往方面取得了积极成果,但美国的战略调整和阿富汗内部环境的变化都使阿富汗重建面临严峻挑战。在政治上,2009年卡尔扎伊在争议声中再次当选阿富汗总统,2010年完成议会的新老更替,但关于选举争议一直不断,阿富汗政府的执政能力令人担忧。另外,塔利班力量卷土重来并拒绝和谈,使阿富汗政治和解进程受阻。在安全上,宗派冲突、恐怖主义及毒品犯罪问题严重威胁阿富汗的稳定。2010年以来,阿富汗的宗教极端主义和恐怖主义呈现上升趋势,武装冲突、毒品泛滥、武器走私等问题都威胁着阿富汗的长治久安。即使在2010年美国向阿富汗增兵的情况下,其安全局势仍然不断恶化。在外交上,阿富汗与美国和巴基斯坦的关系急剧恶化,卡尔扎伊政府与美国和西方国家龃龉不断,矛盾日益公开化,也对阿富汗重建产生了严重的消极影响。

由于久无战功,阿富汗逐渐成为美国摆脱不掉的包袱。在此背景下,奥巴马政府于2009年提出"阿巴新战略",寻求摆脱阿富汗困境和"体面撤军"。[①] 2011年5月1日,本·拉登在巴基斯坦被美军击毙,美国"反恐"战争取得重大成果,奥巴马政府于6月22日提出从当年7月开始从阿富汗撤军。2012年5月,北约发布《芝加哥峰会阿富汗宣言》,宣布2014年底从阿富汗撤出全部作战部队,向阿富汗政府移交防务。

美国开始撤军后,阿富汗战后重建的变数陡增,这种不确定性使中国深感忧虑,加大对阿富汗重建进程的参与势在必行。需要指出的是,中国无意取代美国填补阿富汗的"权力真空",中国对阿富汗的睦邻友好外交政策也不会改弦更张,然而阿富汗局势恶化对中

---

① 尚鸿:《美国调整阿巴新战略》,载《和平与发展》2010年第1期,第14页。

国的潜在挑战和发展中阿睦邻友好关系的需要，都促使中国在阿富汗重建进程中发挥更加积极的作用。2012年6月，中阿两国发表了《关于建立战略合作伙伴关系的联合宣言》，从战略和长远角度规划了未来中阿双边关系的发展前景，将政治、经济、人文、安全以及国际和地区合作确立为中阿战略合作伙伴关系的主要领域，宣言强调中方支持阿富汗加强各领域建设，全面恢复国家机构职责，致力于经济发展和国家重建以及发展同世界各国特别是地区国家的友好合作关系；中国还呼吁国际社会加强对阿富汗战后重建的援助并切实履行承诺，推动阿富汗实现可持续发展，从根源上解决阿富汗局势的动荡问题。

1. 加强双方安全合作，推进有关阿富汗问题的地区和国际安全合作。

首先，中阿之间的双边安全合作不断加强。2012年6月，卡尔扎伊访华并出席上海合作组织峰会，胡锦涛主席在接见卡尔扎伊时明确表示双方要加强安全合作，共同打击"三股势力"和贩毒等跨国犯罪。[1] 2012年9月22日，中国与阿富汗签署了有关安全和经济合作的协议，其中包括中方帮助阿富汗训练警察等内容。此举引起了西方国家的不安和猜测，有西方国家媒体称，在北约即将从阿富汗撤军之际，中国加强与阿富汗的安全合作旨在增强自身对阿富汗的影响。[2]

其次，推进有关阿富汗问题的地区和国际安全合作。2010年，中国出席了阿富汗问题土耳其峰会及两次阿富汗问题国际会议；2011年，中国参加了两次阿富汗问题国际会议及伊斯坦布尔会议。在这些会议上，中国同各方就如何实现阿富汗的持久和平和安全、

---

[1] 《胡锦涛同阿富汗总统卡尔扎伊举行会谈》，http://www.fmprc.gov.cn/mfa_chn/gjhdq_603914/gj_603916/yz_603918/1206_603920/xgxw_603926/t939528.shtml

[2] "Top China official visits Afghanistan, signs security deal," http://www.reuters.com/article/2012/09/23/us-afghanistan-china-idUSBRE88M02C20120923

经济发展及国际合作等问题进行了广泛的探讨。上合组织是中国与阿富汗开展安全合作的一个重要平台,加强上合组织成员国就阿富汗反恐、禁毒、打击跨国犯罪等领域的合作,已成为上合组织的重要议题,上合组织于 2012 年决定正式接纳阿富汗为观察员国。中国、阿富汗、巴基斯坦三国还于 2012 年建立了三方对话机制,并在北京和巴基斯坦的伊斯兰堡进行了两轮对话,初步就各方在安全领域的合作的可行性进行了沟通。2012 年 2 月,中国、阿富汗、巴基斯坦三方对话会议在北京召开,商议如何促进阿富汗政治和解,这被外界看做是中国"第一次公开地、直接地"参与稳定阿富汗政治局面的努力。在 2013 年举行的第五届中美战略与经济对话中,阿富汗问题成为中美战略合作的重要领域,双方"决定在 2014 年美国自阿富汗撤军前加强协调,以支持中美在实现阿富汗政治稳定和经济复苏方面的共同利益"[1]。甚至有美国学者表示,美国希望中国"可以帮助说服巴基斯坦转变与塔利班的关系,并在反恐问题上与阿富汗进行合作"[2]。可以预见,中美在阿富汗开展合作,将成为未来中美新型大国关系建设的具体领域。

2. 在互利共赢的基础上加大与阿富汗的经济合作,推动阿富汗的经济发展。

首先,中国对阿富汗经济援助的规模显著增加。在 2010—2013 年,中国每年都向阿富汗提供 1.5 亿元(2010 年为 1.6 亿元人民币)的无偿援助,援助力度相比之前大大增加。[3] 其次,2010 年后,

---

[1] 《第五轮中美战略与经济对话框架下战略对话具体成果清单》,http://news.xinhuanet.com/world/2013-07/13/c_116519095_2.htm

[2] Elizabeth Wishnick, "The Constraints of Partnership: China's Approach to Afghanistan," September 2012, http://www.gwu.edu/~ieresgwu/assets/docs/ponars/pepm_219_Wishnick_Sept2012.pdf.

[3] 曲星主编:《国际安全新态势与中国外交新应对》,北京:世界知识出版社 2013 年版,第 369 页。

中阿双方在经贸、投资、工程承包等经济领域的合作更为广泛。在2010—2011年，中阿双边贸易额达3.73亿美元；截至2010年4月底，中国累计对阿富汗投资1.23亿美元，主要涉及矿产、通讯、公路建设等领域。中阿双方于2010年签署的协议规定，自当年7月1日起，中方对阿富汗60%的对华出口产品实施零关税待遇。此外，中方还同意为阿富汗开设农业、卫生、教育、经贸、通讯和禁毒等6个人员培训班。① 2011年9月，中石油获得阿富汗北部阿姆河沿岸三处油田的开采项目，双方于同年12月签署了价值约7亿美元的开采协议，② 该项目是阿富汗重建以来的第一个大型油田开发项目，对增加阿富汗就业机会和税收有重要意义。2012年中阿战略合作伙伴关系确立后，双方在经贸、工程承包、资源和能源开发、农业和基础设施等方面不断加强务实合作，中阿双方都鼓励中国企业到阿富汗投资，中阿经济关系更加密切。

3. 帮助阿富汗政府增强治理能力，推动阿富汗早日实现和平和稳定。

长期以来，中国一直鼓励阿富汗政府采取有效措施，加快发展经济，改善民生；支持推进阿富汗警察和安全部队建设，提升自主维护国家安全的能力；支持阿富汗政府推进"和平与再融合计划"，希望阿富汗政府注意听取阿富汗民众及各政治派别意见，不断扩大和解的政治基础。为增强阿富汗政府的治理能力，中国政府为阿富汗培训了一百多名政府官员和技术专家。③ 根据双方有关安全和经济的协议，2012年中方开始协助阿富汗训练警察。2012年5月，参加

---

① 《中阿经贸关系及中国对阿援助》，http://af.china-embassy.org/chn/zagx/ztgk/t852248.htm

② 王凤：《阿富汗和平重建，中国做了什么》，http://www.niubb.net/article/1676041-1/1/

③ 《中国驻阿富汗大使：中国将继续为阿富汗和平重建事业贡献力量》，http://gb.cri.cn/27824/2012/01/20/5311s3529816.htm

中美联合培训阿富汗外交官项目的 15 名阿富汗青年外交官参加了该项目中方部分为期两周的训练。① 另据报道，中国分别于 2009 年、2010 年和 2014 年为阿富汗举办扫雷技术培训并向阿富汗捐献一批扫雷设备。②

三、中国对阿富汗重建深化参与的阶段（2013 年以来）

2013 年以来，伴随阿富汗形势的变化和周边外交在中国外交中地位的不断提高，新一代领导集体的阿富汗政策更加清晰，中国参与阿富汗重建的主动性和力度明显加大。中国的阿富汗政策基本可以概括为三个方面：

第一，睦邻友好、互利合作是中国阿富汗外交的基本立场。中国坚定奉行对阿富汗友好政策，谨守不干涉阿富汗内政的立场，也反对他国干涉尤其是使用武力干涉阿富汗内政；中国对阿富汗的支持和援助不附加任何政治条件，不谋求任何私利。

第二，促进阿富汗政治、经济和安全的平稳过渡是中国阿富汗外交的基本出发点。中国"希望看到一个团结、稳定、发展、友善的阿富汗"，③ 支持"阿人主导、阿人所有"的和解进程，愿为此继续发挥建设性作用。为此，中国不断呼吁有关方面应该切实履行对阿富汗和平重建的承诺，在有关问题上尊重和照顾本地区国家合理关切，从而为阿富汗平稳过渡创造有利的外部条件。

---

① 《中美联合培训阿富汗外交官中方培训班举行开班仪式》，http://www.foods1.com/content/1658776/

② 《中国为阿富汗举办国际人道主义扫雷技术交流与培训》，http://news.xinhuanet.com/world/2014-04/28/c_1110452628.htm

③ 《外交部长王毅抵达喀布尔开始对阿富汗进行访问》，http://www.gov.cn/gzdt/2014-02/22/content_2619024.htm

第三，维护地区和平和稳定是中国参与阿富汗重建的主要目标之一。中方支持阿方维护国家独立、主权和领土完整，尊重阿富汗人民根据本国国情选择的发展道路，支持阿富汗实现平稳过渡，改善和发展同本地区国家关系；继续积极推进中国、阿富汗、巴基斯坦三方对话等机制，支持阿富汗改善和发展同本地区国家的关系。

2014年10月31日，阿富汗问题伊斯坦布尔进程第四次外长会在北京举行，李克强总理在开幕式讲话中进一步从四个方面明确了中国参与阿富汗重建的政策主张。第一，中方坚定奉行对阿富汗友好政策，致力于同阿方深化各领域互利合作，推动中阿战略合作伙伴关系向前发展。第二，中方坚定支持阿富汗推进和平与和解进程，愿继续为此发挥建设性作用。第三，中方坚定支持阿富汗和平重建，不是在口头上、而是在行动中帮助阿富汗加强自主发展能力建设。第四，中方坚定支持阿富汗融入地区合作，促进本地区经贸合作和互联互通。[①]

近两年来，中国参与阿富汗重建的广度和深度都有明显的拓展和深化。

第一，积极组建和参与有关阿富汗问题的双边或多边协调机制建设，加强国际磋商。

2013年1月21日和4月2日，中国与巴基斯坦在北京进行了两次有关地区形势和阿富汗问题的磋商，重申支持"阿人主导、阿人所有"的政治和解进程，致力于与本地区国家和国际社会一道，帮助阿富汗早日实现和平、稳定、进步和繁荣。2013年2月20日，中俄印三国举行了阿富汗问题会晤，就当时及2014年外国撤军后的阿富汗及地区形势交换了看法。2013年11月，第12届中俄印外长会

---

① 李克强：《携手促进阿富汗及地区的安全与繁荣——在阿富汗问题伊斯坦布尔进程第四次外长会开幕式上的讲话》，http: //news. xinhuanet. com/2014 - 10/31/c_1113065585. htm

议在新德里召开，阿富汗问题成为会议讨论的重要议题，三国一致同意就阿富汗问题交换信息和协调立场。三国还分别在亚欧会议、金砖国家峰会、G20峰会和上合组织会议等场合就阿富汗问题进行磋商。2013年4月4日，中俄巴（巴基斯坦）阿富汗问题三方对话在北京举行，三方同意共同致力于维护阿富汗和本地区的和平、稳定与安全，支持"阿人所有，阿人主导"的和解进程及支持上海合作组织在阿富汗问题上发挥更大作用，探讨在伊斯坦布尔进程框架内加强反恐、禁毒等领域合作。2013年4月18日，中印在北京就阿富汗问题进行了磋商。2013年11月20日，中俄巴第二轮阿富汗问题三方对话在伊斯兰堡举行，三方同意于2014年上半年在莫斯科举行第三次对话。2013年12月9日至10日，第三轮中国—阿富汗—巴基斯坦三方对话在喀布尔举行。

2014年2月24日，外交部亚洲司司长罗照辉在德黑兰与伊朗外交部西亚司总司长纳比扎德赫举行中伊第二轮阿富汗问题磋商。2014年3月6日，中俄共同主持的阿富汗问题"6+1"对话在日内瓦举行。2014年3月8日，王毅外长宣布中国将首次举办阿富汗问题伊斯坦布尔进程第四次外长会议，10月31日，阿富汗问题伊斯坦布尔进程第四次外长会在北京举行，14个地区成员国、16个域外支持国、12个国际和地区组织和4个主席国客人的外长或高级代表出席，会议发表了《伊斯坦布尔进程高官会关于阿富汗当前局势的联合新闻声明》，呼吁阿富汗有关各方按照现有宪法机制和法律框架如期完成选举进程，从阿富汗团结与稳定的大局出发，通过政治对话解决分歧，顺利完成权力交接。李克强总理在开幕式讲话中更加明确地提出了中国在阿富汗问题上的五点政策主张，即坚持"阿人治阿"、推进政治和解、加快经济重建、探索发展道路、加强外部支持。[1]

---

[1] 《阿富汗问题伊斯坦布尔进程第四次外长会在京举行》，http://roll.eastday.com/c2/2014/1101/4237205618.html

第二，中阿双方在政治、安全等领域的互信与合作得到大幅提升。

2013年9月，卡尔扎伊访问中国，双方发表《关于深化战略合作伙伴关系的联合声明》，并签署了《中阿引渡条约》和《中阿经济技术合作协定》等合作文件。习近平主席在会见卡尔扎伊时指出，中阿应加强双方在政治、经济、安全、人文和国际协调五大领域的交流和合作。他强调中方支持阿方维护国家独立、主权、领土完整，尊重阿富汗人民根据本国国情选择的发展道路，支持阿富汗实现平稳过渡，改善和发展同本地区国家关系；希望阿富汗总统选举顺利举行，"阿人主导、阿人所有"的和解进程早日取得实质性进展；有关方面应该切实履行对阿富汗和平重建的承诺，在有关问题上尊重和照顾本地区国家合理关切。卡尔扎伊对中国的理解和支持表示感谢并欢迎中国在阿富汗战后重建过程中发挥建设性作用。中阿双方在安全领域的合作交流也不断出现新亮点，2013年11月24日至26日，中国外交部涉外安全事务司司长邱国洪率团访问阿富汗，与阿富汗外交部第三政治司司长巴辛共同主持双边反恐交流磋商。

2014年2月，中国外长王毅"旋风式"访问阿富汗和伊拉克，这是中国外长4年来首次访问阿富汗。王毅在访问阿富汗时表示，阿富汗的和平与稳定，事关中国西部的安全，更事关整个地区的安宁和发展。2014年7月21日，主管阿富汗事务达14年之久的资深外交官孙玉玺出任首任中国阿富汗事务特使。孙玉玺特使就阿富汗问题展开积极工作，与阿富汗及巴基斯坦、联合国及美国等相关国家和机构主管阿富汗事务代表就阿富汗问题进行了积极磋商。2014年9月22日，阿富汗前财长加尼当选阿新任总统，中国表示祝贺并希望阿富汗尽快组建民族团结政府。随后加尼总统于10月对中国进行了国事访问，双方就深化中阿战略合作伙伴关系达成了重要共识，中国领导人公布了对阿富汗新的一揽子援助和培训计划。

第三，增加对阿富汗经济援助，深化中阿经济合作。

近几年来,中国政府对阿富汗给予了大量援助,且多集中于医疗、教育、水利工程等民生项目,比如帕尔万水利工程、喀布尔共和国医院、国家科技中心、喀布尔大学教学楼等建设项目。根据中国外交部公开的数据,2013年中国向阿富汗提供了1.5亿元人民币的无偿援助。2014年1月21日,中国援建的阿富汗共和国医院正式开业;4月15日,中国援建的国家科技中心在喀布尔大学向阿方举行了移交仪式;5月2日,阿富汗发生严重山体滑坡,中国向阿富汗提供了1000万元人民币的紧急人道主义援助;6月20日,中国援建的阿富汗总统府多功能中心技术合作项目正式启动。2014年10月31日,李克强总理在阿富汗问题伊斯坦布尔进程第四次会议上的讲话中表示:2014年中国将向阿富汗提供5亿元人民币无偿援助并于3年内再向阿富汗提供15亿元人民币无偿援助,今后5年为阿富汗培训3000名各类人才并提供500个奖学金名额。中方愿继续为阿富汗提供安全方面的培训和援助。[①]

四、美国和北约撤军对阿富汗问题的影响以及中国面临的挑战

(一) 美国和北约撤军对阿富汗问题的影响

阿富汗是连接欧亚大陆的"心脏地带",是大国东进西出、南下北上的必经之地。美国和北约从2013年开始加速从阿富汗撤军,2014年年底前北约将撤出大部分战斗人员。美军的撤出,必将对阿富汗重建进程和地区安全形势产生重要影响。

---

① 李克强:《携手促进阿富汗及地区的安全与繁荣——在阿富汗问题伊斯坦布尔进程第四次外长会开幕式上的讲话》,http://news.xinhuanet.com/2014-10/31/c_1113065585.htm

1. 对阿富汗战后重建进程的影响

从政治方面看，在外国驻军撤出后，阿富汗政治重建将主要取决于阿富汗各方势力关系的调整。自2001年"波恩进程"启动阿富汗政治重建以来，阿富汗已经举办了三次总统选举。2014年，国际安全援助部队向阿富汗国家安全部队进行权力移交，阿富汗举行第三次总统选举等重大事件，标志着阿富汗进入了政治、经济、安全重建的关键历史时期。尽管此次总统选举的高投票率体现了阿富汗人民渴望和平、民主和稳定的政治意愿，但历时6个月的总统选举危机表明，阿富汗政治重建进程仍充满了不确定性，前财政部长阿什拉夫·加尼担任新总统后能否整合各方力量，能否真正实现民族和解，能否确保美国和北约撤军后的安全和稳定，都是阿富汗新政权面临的严峻挑战。

从经济方面看，阿富汗经济重建虽有起色，但仍面临严峻考验。自2009年以来，阿富汗经济复苏有了较大的起色。据世界银行发布报告，阿富汗2009—2010财年宏观经济运行良好，国内生产总值增速创2003年以来新高，同比增长22.5%。2010—2011财年（2010年3月21日至2011年3月20日）阿富汗政府税收收入800亿阿尼（约合17.6亿美元），较上一财年640亿阿尼（约合14亿美元）增长25%。① 2013年阿富汗出口额较上一年增长了33%，其中与巴基斯坦的边贸活动成为拉动出口增长的主要力量。② 不过，由于阿富汗连年战乱、恐怖袭击不断，其经济发展依然十分脆弱，并高度依赖国际援助和外国投资。2014年持续数月的总统选举危机期间，阿富汗安全形势恶化，导致不少外国公司已停止或减少在阿富汗的商业

---

① 《阿富汗2010/11财年税收大幅增加达17.6亿美元》http://af.mofcom.gov.cn/aarticle/jmxw/201103/20110307474456.html
② 《阿富汗经济过渡见成效，前景总体乐观》http://finance.chinanews.com/cj/2014/06-06/6250788.shtml

活动，多家实力雄厚的外资企业撤离，使阿富汗经济雪上加霜。因此，今后阿富汗的经济重建仍然受制于其安全状况和政治走向。

从安全方面看，美国和北约撤军后阿富汗安全局势存在严重恶化的可能性。2013年以来，阿富汗境内恐怖袭击造成的伤亡人数又攀新高，其中四分之三死于由塔利班反政府组织的袭击，死亡妇女和儿童的人数也在增加。联合国于2014年2月8日发布的报告显示，2013年的暴力冲突造成阿富汗平民2959人死亡，5656人受伤，这一数字较2012年的伤亡人数增加了约14%，其中死亡人数增加了7%，受伤人数增加了17%。据联合国2014年7月9日的报告，由于叛乱分子增加了与政府军的地面作战，2014年上半年阿富汗平民的伤亡人数激增了24%，达到2009年以来的最高水平。① 当前阿富汗安全局势严重恶化的原因主要包括以下几个方面。

首先，国际安全援助部队撤出后，阿富汗国家安全部队和警察力量无法有力保障安全秩序的维护。自2001年以来，美军已经训练了35万名阿富汗本地的安保人员，但其作战能力一直遭到质疑，建设经费的不足也导致其工作热情不足。此外，频繁发生的"绿袭蓝"事件（即阿富汗军警或穿着阿富汗军警服装者袭击北约部队事件）也使北约担忧其士兵安全，使北约部队在阿富汗执行安全任务的能力大打折扣。

其次，北约和美国军队实际上是"撤而不出"，使"阿人治阿"徒具其表。针对撤军后的安全安排，北约主张以"安全部队协助（Security Force Assistant，简称SFA）"取代"国际安全部队协助（International Security Force Assistant，简称ISFA）"，核心是组建人数在10—20人的顾问团队，协助阿富汗营一级作战单位进行日常训练、作战等工作；而美国则要求在2014年之后仍保持1—1.5万名

---

① 《联合国报告称2013年阿富汗平民伤亡数达8615名》，http://www.chinanews.com/gj/2014/02－08/5813879.shtml。

美军长期驻守阿富汗且享有"治外法权"。美国顽固坚持这一要求，否则就在阿富汗采取"零驻军"，阿富汗也将失去每年40亿美元的国际安全援助。

此外，阿富汗与巴基斯坦在应对塔利班问题上缺少配合、[①] 美国与阿富汗和巴基斯坦等国在塔利班问题上的分歧也是导致阿富汗安全局势复杂化的重要原因。

2. 对地区安全形势的影响

首先，中亚地缘战略格局可能受到冲击。塔吉克斯坦与阿富汗有长达1200公里的边界线，阿富汗境内的塔吉克族人与塔吉克斯坦联系密切，两国边境常因贩毒等问题产生冲突，而国际部队撤出后极端组织的反扑很可能引发两国边境地区的冲突和动乱。乌兹别克斯坦在阿富汗战争中最早成为美国的盟友，并允许美国使用其空军基地，后来则充当了国际部队后勤基地和中转站的角色，对国际部队的顺利撤退意义重大。乌兹别克斯坦境内的"乌伊运"等恐怖组织早就因此多次发动报复行动，在国际部队撤出过程中以及撤出后，乌兹别克斯坦很有可能成为阿富汗激进组织和乌兹别克斯坦境内激进组织袭击的共同目标。2013年5月9日，乌兹别克斯坦总统伊斯兰·卡里莫夫在世界反法西斯战争胜利68周年纪念日上的讲话中指出，国际部队从阿富汗撤出后，"必将使敌对力量之间的斗争升级、恐怖活动上升，武器和毒品走私增加，宗教和民族对立加剧，以及内战重开"[②]。因此，他呼吁阿富汗各派敌对势力之间通过政治对话解决冲突才是阿富汗问题唯一的出路。阿富汗与土库曼斯坦有744公里的边界线，恐怖主义、毒品和跨国犯罪同样是困扰土阿关系的

[①] 钱雪梅：《巴基斯坦塔利班现象解析》，载《阿拉伯世界研究》2011年第2期。

[②] 《乌兹别克总统：阿富汗危机的唯一出路在于政治解决》，http://comment.cfisnet.com/2013/0715/1296285.html.

三个突出问题。

其次,可能引发南亚和西亚地区国家的新一轮竞争。由于撤军后阿富汗暂时出现权力真空,阿富汗各派的争夺将具有浓厚的"代理人"色彩,印度、巴基斯坦、伊朗、中亚诸国都可能加紧扶植在阿富汗的代理人争夺地盘,扩充自身实力和影响,这势必会引起该地区新一轮的动荡。例如,近两年来,印度和巴基斯坦在边境尤其在克什米尔地区的敌对态势在国际部队从阿富汗开始撤军后出现恶化,印巴争相介入国际安全部队撤军后的阿富汗事务,必将对地区安全产生重要影响。[1]

最后,中国西部的安全威胁加大。近年来,在美国发动阿富汗战争和中国在新疆加大反恐力度的背景下,逃往阿富汗和巴基斯坦的"东突"恐怖分子与"基地"组织恐怖网络的联系日益密切,恐怖分子利用参加国际恐怖组织活动获得的资金、设备和积累的经验,再回到中国西部地区宣扬恐怖主义和实施恐怖主义袭击的势头日趋猖獗。一旦阿富汗陷入严重动荡,将为"东突"组织等内外恐怖势力的联动提供机会,并使中国西部边疆的安全威胁扩大。

(二)当前中国在阿富汗面临的挑战

第一,如何应对阿富汗可能出现的动荡和混乱。尽管阿富汗在安全、经济和政治重建方面取得了一些成绩,2014年发生的阿富汗选举危机也终于结束,但阿富汗的政治和安全形势依然十分脆弱。阿富汗政府执政能力不足,警察和军队能力薄弱,民族、宗教、部落矛盾尖锐,塔利班等极端势力和反政府势力强大,地区大国和域外大国的复杂博弈,都严重掣肘阿富汗的政治、经济与安全重建,并有可能导致阿富汗再度陷入大规模的冲突与动荡。当前,美国和

---

[1] 高华:《北约撤军阿富汗的安全形势分析》,载《亚非纵横》2013年第6期,第9页。

北约撤军后的客观态势要求中国从阿富汗稳定和自身利益出发扩大对阿富汗事务的参与,但又要避免过度卷入阿富汗内部事务,更要避免历史上英国、苏联、美国等大国深陷阿富汗的覆辙。因此,"参与阿富汗事务的方式选择、程度拿捏以及妥善平衡各方关系,对中国来说绝不是一件轻松的事情"。[1]

第二,如何妥善处理同涉阿富汗各方的关系。阿富汗问题是一个国际性难题,中国介入阿富汗问题难免遭到西方国家传统势力的抵制。尽管中国无意取代美国成为阿富汗重建的主导力量,但美国对中国参与阿富汗事务的戒备和防范心理依然十分严重。美国的心理矛盾在于既要使中国为阿富汗重建提供巨大的支持尤其是经济方面的支持,又担心中国对阿富汗事务的影响力不断增强。此外,俄罗斯、印度、巴基斯坦、伊朗以及中亚国家的阿富汗政策,都有自身的利益考量,其阿富汗政策与中国的阿富汗政策既存在利益交汇点,也存在一定的分歧和矛盾,中国与这些国家既要通力合作,又要妥善处理分歧和矛盾。因此,如何促使各方力量形成有利于解决阿富汗问题的合力,无疑是中国外交面临的另一重大挑战。

第三,如何帮助阿富汗实现真正的"阿人治阿"和"阿人所有"。阿富汗各派势力的复杂矛盾,美国和西方国家的主导地位和地区大国的渗透,都使阿富汗包容性重建的实现面临重重困难,如何帮助阿富汗各方达成永久的妥协,一直是国际社会面临的考验。在阿富汗政治重建过程中,中国历来保持非常谨慎的姿态,同时在政策主张上不断强调反对干涉阿富汗内政。当前,阿富汗政府的政治、经济和安全治理能力薄弱,如何在不违背、不干涉内政的原则下,帮助阿富汗政府增强治国理政能力;如何通过引导有关阿富汗事务的国际合作,推动阿富汗的包容性重建,都是中国面临的重大外交课题。

---

[1] 刘中民、范鹏:《阿富汗重建,中国扮演什么角色》,载《世界知识》2013 年第 12 期,第 52 页。

附 录

包澄章　整理

附录1　2013年中东地区大事记

1月

1月2日，伊朗海军结束了在其南部海域进行的为期6天、代号为"守卫91"的军事演习，公布了"风暴Ⅱ"的新一代国产武装直升机。

1月3日，伊朗首都巴格达以南发生汽车炸弹袭击事件，造成至少20人死亡、40人受伤。

1月5日，苏丹总统巴希尔和南苏丹总统基尔结束在埃塞俄比亚首都亚的斯亚贝巴的会谈，双方同意在阿布耶伊设置"非军事区"，尽快重启石油贸易。

1月6日，埃及总统穆尔西改组内阁，更换财政部、内政部及另外8个部的部长。

1月6日，阿尔及利亚击毙7名"基地"组织北非分支的成员，其中包括"基地"组织北非分支的财务主管艾扎（Izza Rezki）。

1月6日，叙利亚总统阿萨德公开发表电视讲话，提出新的和平倡议，包括召开民族和解大会与制定新宪法，叙利亚反对派拒绝新倡议，伊朗表示支持，美国、英国、欧盟、土耳其等不支持倡议。

1月6日，巴勒斯坦民族权力机构主席阿巴斯签署"主席令"，正式将"巴勒斯坦民族权力机构"改名为"巴勒斯坦国"。

1月8日，埃及总统穆尔西和总理甘迪勒在开罗与卡塔尔首相兼外交大臣谢赫·哈马德举行会谈。当天，卡塔尔政府决定向埃及追加25亿美元的援助。

1月9日，利比亚国民大会（议会）正式批准停止使用卡扎菲时代的国名"大阿拉伯利比亚人民社会主义民众国"，改用"利比亚国"作为现国名。

1月12，在苏丹达尔富尔州穆尔尼地区遭武装分子劫持的4名中国工人安全获释。

1月13日，以色列警方驱逐了100余名在东耶路撒冷和约旦河西岸之间争议地区抗议的巴勒斯坦民众。

1月13~14日，国际可再生能源机构第三次全体会议在阿拉伯联合酋长国首都阿布扎比举行，会议提出至2030年使可再生能源在全球能源总份额中所占比例翻番的路线图。

1月14日，阿联酋总统谢赫哈利法在阿布扎比与到访的阿根廷总统克里斯蒂娜举行会谈。

1月15日，埃及一军用列车在首都开罗郊外脱轨，导致19人死亡，107人受伤。

1月15日，伊朗最高领袖哈梅内伊签署教法决议，禁止伊朗开发核武器。

1月15日，叙利亚北部主要城市阿勒颇的阿勒颇大学发生剧烈爆炸，造成至少87人死亡；同日伊德利卜发生两起汽车炸弹爆炸事件，造成至少22名平民死亡。

1月16日，伊拉克首都巴格达、北部基尔库克等地发生一系列爆炸袭击事件，造成至少31人死亡，200多人受伤。

1月16日，埃及前总统穆巴拉克与检察机构达成庭外和解协议，同意为执政期间所收礼品付款300万美元。

1月16—17日，国际原子能机构代表团与伊朗在德黑兰进行了新一轮核查对话，对话未产生实质性成果。

1月17日，伊朗与国际原子能机构为期两天的谈判结束。

1月16—19日，16日，阿尔及利亚首都阿尔及尔以南地区一天然气田遭武装分子袭击，数百名阿尔及利亚及外国工人被劫持。17—19日，阿尔及利亚军方开展营救人质行动，特种部队共击毙29名武装人员，逮捕3人，解救685名阿尔及利亚人和107名外国人。此次事件共造成37名人质死亡，其中包括1名阿尔及利亚人，另外36名外国人质来自8个国家。

1月24日，以色列总理内塔尼亚胡领导的强硬派右翼利库德集团及其联盟伙伴以色列家园党在议会选举中以微弱优势获胜。

1月26日，埃及法院宣判2012年塞得港足球骚乱事件21名罪犯死刑，随后塞得港发生严重冲突事件，造成至少38人死亡，415人受伤。

1月30日，以色列战机轰炸叙利亚科研中心，造成2人死亡，另有5人受伤。

1月30日，伊朗通知国际原子能机构，计划在中部纳坦兹的铀浓缩工安装新一代离心机。

1月31日，英国首相卡梅伦访问利比亚，在利比亚首都的黎波里与利临时政府总理阿里·扎伊丹举行会谈。

2月

2月2日，伊朗公布了一款代号为"征服者313"的新型国产战斗机。

2月2日，以色列总统佩雷斯授权总理内塔尼亚胡组建内阁。

2月3日，伊拉克北部重镇基尔库克警察局发生自杀式爆炸袭击，造成至少33人丧生，超过70人受伤。

2月4日，以色列军方在约旦河西岸地区逮捕了25名巴勒斯坦伊斯兰抵抗运动组织（哈马斯）成员，其中包括3名巴勒斯坦议会议员。

2月5日，伊拉克首都巴格达北部发生自杀式炸弹袭击，造成22人死亡，至少44人受伤。

2月5日，埃及总统穆尔西在埃及开罗会见到访的伊朗总统内贾德，这是自1979年以来伊朗总统首次访问埃及。

2月6日，突尼斯反对党"统一民主爱国党"总书记肖克里·贝莱德在寓所遭枪杀身亡，数千名示威者在突尼斯内政部外抗议。当天，突尼斯总理哈马迪·杰巴利宣布将组建一个由技术专家组成的、没有任何政治倾向性的新政府。

2月6日，美国政府宣布强化制裁措施进一步遏制伊朗石油收入，同时对伊朗伊斯兰共和国广播局等实体和个人实施制裁。

2月6—7日，第12届伊斯兰合作组织首脑会议在埃及开罗举行。会议主题为"伊斯兰世界：新挑战与新机遇"，27国元首等30个成员国代表出席。

2月8日，伊拉克发生多起汽车炸弹袭击，共造成6人死亡，另有近百人受伤，遇袭地点均为什叶派穆斯林聚居区。

2月9日，叙利亚总统巴沙尔·阿萨德颁布两项法令，改组内阁，更换7名部长。

2月12日，伊朗首次公开承认将部分20%浓缩铀转化为核反应堆燃料。

2月13日，伊朗与国际原子能机构举行会谈。伊方称双方就核查"结构性方案"部分要点达成一致并同意继续进行对话。

14日，国际原子能机构副总干事纳克茨称，双方未能就核查"结构化方案"达成一致。

2月17日，埃及宣布承认科索沃独立。

2月18日，突尼斯总理杰巴利宣布内阁改组失败。

2月19日，杰巴利向总统马尔祖基递交辞呈。

2月21日，叙利亚首都大马士革市中心发生汽车炸弹爆炸，造成53人死亡，237人受伤。

2月21日，根据国际原子能机构提供的报告，伊朗已经开始在铀浓缩工厂安装新型IR2m离心机，但其浓缩铀存贮量并没有显著增加。伊朗称该型离心机仅被用于生产丰度为5%的浓缩铀。

2月23日，苏丹西部达尔富尔地区爆发部落冲突，导致53人死亡，83人受伤。

2月23日，伊朗原子能机构发表声明称，伊朗在北部和南部沿海地区发现新铀矿，并计划新建16座核电站。

2月23日，穆尔西颁布总统令，宣布人民议会选举将于4月22日开始，按地域分四个阶段进行。26日，埃及主要反对派联盟"全国拯救阵线"宣布拒绝参加选举。3月6日，埃及行政法院宣布该总统令无效。

2月23—25日，伊朗举行"伟大先知8"军事演习。

2月26日，伊朗与伊核问题六国及欧盟的新一轮核谈判在哈萨克斯坦阿拉木图举行。出席核谈判的包括伊朗首席核谈判代表贾利利，伊核问题5+1小组成员（美国、英国、法国、俄罗斯、中国和德国）代表，欧盟外交和安全政策高级代表阿什顿出席谈判。

2月26日，埃及南部古城卢克索发生一起热气球起火爆炸事故，造成19名人遇难，其中包括9名中国香港游客，另有2人受伤。

2月27日，伊拉克与科威特恢复民航，这是自1990年伊拉克入侵科威特以来，伊拉克第一次开通两国间民航航班。

2月28日，第五次"叙利亚之友"国际会议在意大利首都罗马举行，美、英、德、法及部分阿拉伯国家外长，部分叙利亚反对派组织的代表出席会议。

3月

3月1日，美国国务卿约翰·克里访问土耳其，会见总理雷杰普·塔伊普·埃尔多安等土耳其领导人。

3月2—3日，美国国务卿克里访问埃及，先后会见埃及外长阿姆鲁、埃及总统穆尔西、部分反对派领导人以及一些非政府组织的代表。

3月3日，叙利亚政府军在叙利亚西北部伊德利卜省与反对派武装展开激战，政府军称击毙了近100名"恐怖分子"。

3月4日，美国国务卿克里访问沙特，在利雅得与沙特外交大臣费萨尔举行会谈。

3月5日，美国国务卿克里访问卡塔尔，与卡塔尔首相兼外交大臣哈马德举行会谈。

3月8日，利比亚首都卫星电视台遭武装分子纵火焚烧，电视台台长朱马·乌斯塔等4人遭绑架。

3月9日，约旦国王阿卜杜拉二世发布皇家法令，首相接受恩苏尔看守政府辞职，同时任命恩苏尔为新一届政府首相并委托其组建新内阁。30日，新一届政府在王宫向国王宣誓就职。

3月11日，伊朗与巴基斯坦天然气管道项目巴方段开工，伊朗总统内贾德与巴基斯坦总统扎尔达里出席开工仪式。

3月14日，伊拉克首都巴格达市中心发生连环爆炸袭击，造成25人死亡，数10人受伤。

3月15日，以色列"利库德集团—以色列是我们的家园"政党联盟同新议会的两大党派——中间党派未来党和极右党派犹太人家园签署组阁协议，以色列新内阁正式组建。

3月18日，叙利亚反对派"全国联盟"在土耳其城市伊斯坦布尔召开会议，商讨选举总理和成立临时政府。

3月18日，埃及总统穆尔西访问巴基斯坦，在伊斯兰堡与巴基斯坦总统扎尔达里举行会谈。

3月18日，叙利亚主要反对派全国联盟选举加萨尼·希托为临时政府总理。

3月18日，索马里首都摩加迪沙发生汽车炸弹袭击事件，造成近30人死伤。

3月19日，伊拉克首都巴格达及附近地区发生一系列汽车炸弹和暴力袭击事件，造成60人死亡，200多人受伤。

3月20日，美国总统奥巴马访问以色列，在特拉维夫会见以色列总统佩雷斯和总理内塔尼亚胡。

3月19日，叙利亚政府军及反对派武装互相指责对方在阿勒颇省的交火中使用含有化学物质的火箭弹，造成10余人死亡，数10人受伤；20日，叙利亚政府与反对派都要求联合国介入调查毒气袭击事件；21日，联合国宣布调查叙冲突中使用化学武器事件。

3月21日，美国总统奥巴马访问约旦河西岸城市拉姆安拉，与巴勒斯坦民族权力机构主席阿巴斯举行会谈，强调美国支持在"两国方案"基础上，建立具有完整主权的独立巴勒斯坦国。

3月21日，叙利亚大马士革伊曼清真寺自杀式爆炸袭击，造成42人死亡，84人受伤。

3月22日，以色列总理内塔尼亚胡与土耳其总理埃尔多安通电话，双方同意两国关系恢复到正常状态，互派大使及土耳其取消对前以军将领的法律诉讼。

3月22日，黎巴嫩总理纳吉布·米卡提宣布辞去总理职务。

3月24日，"叙利亚反对派和革命力量全国联盟"（叙利亚全国联盟）主席穆瓦兹·哈提卜在开罗宣布辞职。

3月26—27日，第24届阿拉伯国家联盟（阿盟）峰会在卡塔尔首都多哈举行，峰会讨论了叙利亚危机、巴以和谈、阿盟内部建设等重点议题。

3月30—4月4日，中国中东问题特使吴思科访问沙特、卡塔尔、巴林，先后会见海合会政治事务副秘书长阿玛尔、沙特王储兼第一副首相和国防大臣萨勒曼、卡塔尔首相兼外交大臣哈马德、巴林国王哈马德等。

4 月

4月1日，苏丹总统奥马尔·哈桑·艾哈迈德·巴希尔呼吁苏丹各政治派别为维护国家利益进行民族对话，宣布将在全国范围内释放所有的政治犯。

4月4—5日，埃及总统穆罕默德·穆尔西对苏丹进行访问，同苏丹总统奥马尔·巴希尔举行会谈。

4月6日，黎巴嫩总统苏莱曼任命塔马姆·萨拉姆担任新总理。

4月6日，伊拉克中部城市巴古拜竞选集会遭自杀式爆炸袭击，造成至少20人死亡，54人受伤。

4月6日，苏丹政府与达尔富尔地区一个主要反政府武装组织"公正与平等运动"在卡塔尔首都多哈签署和平协议。

4月5—6日，伊朗核问题六国（美国、英国、法国、俄罗斯、中国和德国）与伊朗在哈萨克斯坦阿拉木图举行第二轮谈判。

4月9日，伊朗南部布什尔省发生6.1级地震，造成37人死亡，850人受伤。当天，伊朗启动中部亚兹德省两座铀矿和一家核工业原料加工厂。

4月11日，巴勒斯坦过渡政府总理萨拉姆·法耶兹向巴民族权力机构主席阿巴斯递交辞呈。

4月13日，埃及开罗刑事法庭对前总统穆巴拉克进行重审，该案主审法官穆斯塔法·阿卜杜拉当庭宣布，决定将该案移交给开罗上诉法院。15日，开罗刑事法庭作出裁决，穆巴拉克需继续拘押。

4月15日，伊拉克北部和南部一些城市发生连环汽车爆炸事件，造成至少55人死亡，大约300人受伤。

4月16日，伊朗与巴基斯坦交界地区发生7.8级地震，震源深度15.2公里，造成至少45人遇难。

4月20日，"叙利亚之友"主要成员国会议在土耳其伊斯坦布尔召开，美国、英国、法国、卡塔尔和土耳其等11个国家的外长与会。

4月23日，美国国防部长哈格尔访问以色列，与以色列总理内塔尼亚胡举行会谈。

4月24日，伊拉克发生多起暴力袭击事件，造成至少31人死亡，数10人受伤。

4月25日，伊拉克省级议会选举初步结果揭晓，总理马利基领导的竞选联盟在包括首都巴格达在内的8个省取得胜利。当天，伊拉克发生多起暴力冲突和袭击事件，造成至少49人遇难，多人受伤。

4月29日，苏丹西部北达尔富尔州一金矿坍塌，造成60多人死亡。

4月25—30日，中国中东问题特使吴思科访问巴勒斯坦和以色列，就中东和平进程最新情况与巴以双方交换意见，开展劝和促谈工作。

5月

5月5日，以色列战机对叙利亚发动导弹袭击，攻击了大马士革市郊区的叙利亚军事科研中心、阿萨德指挥的第4师驻地及104和105旅指挥部等。

5月7日，利比亚国防部长穆罕默德·巴加斯向临时政府总理扎依丹提交辞呈。

5月7日，埃及总理甘迪勒宣布改组内阁，共有9名部长易人，其中有2名新部长来自总统穆尔西率领的穆斯林兄弟会及其属下的自由与公正党。

5月5—7日，巴勒斯坦国总统马哈茂德·阿巴斯对中国进行国事访问。6日，中国国家主席习近平同阿巴斯举行会谈时，提出中方关于解决巴勒斯坦问题"四点主张"。当日，国务院总理李克强会见阿巴斯。

5月6~10日，以色列总理内塔尼亚胡对中国进行国事访问。8日，习近平主席和李克强总理与内塔尼亚胡举行会谈。

5月11日，埃及开罗刑事法院开始重审埃及前总统穆巴拉克等人涉嫌谋杀示威者和腐败案，主审法官最终宣布将该案延至6月8日开庭再审。

5月11日，土耳其南部哈塔伊省靠近叙利亚边境地区的雷伊汉勒市发生两起汽车炸弹爆炸事件，造成至少40人死亡，100多人受伤。

5月12日，土耳其外交部长艾哈迈德·达武特奥卢访问德国，同德国外长韦斯特维勒举行会谈。

5月14日，巴勒斯坦民族解放运动（法塔赫）与巴勒斯坦伊斯兰抵抗运动（哈马斯）在埃及首都开罗达成和解协议，同意在未来3个月内组建联合政府。

5月15日，第67届联合国大会以107票赞成、12票反对和59票弃权的结果通过关于叙利亚问题的决议。中国、俄罗斯等国投反对票。

5月15日，伊朗与国际原子能机构将在维也纳举行新一轮会谈。

5月16日，伊拉克首都巴格达发生9起汽车炸弹袭击事件，造成至少23人死亡，110人受伤。

5月17日，伊拉克巴格达北部发生两起炸弹爆炸，造成至少38人死亡，55人受伤。

5月22日，"叙利亚之友"外长级会议在约旦首都安曼举行。来自美国、英国、法国、德国、土耳其、意大利、埃及、约旦、沙特阿拉伯、阿联酋、卡塔尔11国的外长与会，"叙利亚反对派和革命力量全国联盟"副主席萨卜拉率代表团出席，叙利亚政府未收到邀请，但表态"支持对话解决叙危机"。

5月27日，伊拉克首都巴格达发生10多起炸弹袭击事件，造成至少70人死亡，100多人受伤。

5月27日，欧盟外长会议在比利时布鲁塞尔举行。会议决定解除对叙利亚的武器禁运，延长一年对叙利亚的经济制裁。6月1日后，欧盟各成员国可以自行决定是否向叙利亚反对派提供武器。同日，叙利亚"全国联盟"会议在土耳其召开。

6月

6月2日，黎巴嫩真主党与叙利亚反对派在黎巴嫩贝卡谷地发生激烈武装冲突，造成至少12名叙利亚反对派武装分子死亡。

6月2日，巴勒斯坦总统阿巴斯任命巴纳贾赫大学校长拉米·哈姆达拉为新总理，接替过渡政府总理萨拉姆·法耶兹组建新政府。

6月2日，埃及最高宪法法院作出两项裁决：一是裁定协商会议（议会上院）选举时依据的法律违宪，但在新的人民议会（议会下院）组建前将继续代行立法权；二是裁定负责制定新宪法的制宪委员会组建时，依据的法律和规定违宪，但是鉴于新宪法已经通过了全民公决，仍然具有法律效力。

5月31日—6月2日，土耳其爆发全国性示威抗议活动，要求土总理埃尔多安辞职，造成173人受伤，1730人被捕。

6月7日，伊拉克首都巴格达北部发生汽车炸弹爆炸，造成10名伊朗朝圣者死亡，45人受伤。

6月8日，利比亚班加西示威民众和民兵组织"利比亚之盾"发生武装冲突，造成至少31人死亡，100多人受伤。

6月10日，伊拉克发生一系列暴力袭击，造成至少60人死亡，191人受伤。

6月13日，美国宣布叙利亚政府军对反对派武装动用化学武器，越过了美国划定的"红线"，并决定向叙利亚反对派提供包括"军事支持"在内的更多援助。

6月14日，伊朗举行第11届总统选举投票，大选投票率超过70%。15日，伊朗内政部长纳贾尔宣布，前首席核谈判代表、温和保守派总统候选人哈桑·鲁哈尼当选伊朗第11届总统，得票率为50.71%。

6月15日，埃及总统穆尔西正式宣布终止与叙利亚的外交关系。

6月18日，伊拉克首都巴格达北部一清真寺遭到两次自杀式爆炸袭击，造成至少31人遇难，57人受伤。

6月20日，巴勒斯坦新总理拉米·哈姆达拉向巴勒斯坦总统阿巴斯提交了辞呈，距其宣誓就职仅两周。23日，阿巴斯正式接受哈姆达拉的辞呈。

6月22日，伊拉克首都巴格达北部一什叶派清真寺遭自杀式炸弹袭击，造成至少45人伤亡。

6月22日，由11个国家外长或外交大臣参加的"叙利亚之友"会议在卡塔尔首都多哈举行，会议同意向叙利亚境内反对派提供紧急援助，包括军援叙反对派武装。

6月25日，卡塔尔埃米尔哈马德宣布退位，将把王位传给第四个儿子谢赫塔米姆·阿勒萨尼。26日，塔米姆发布埃米尔令，任命新首相和新内阁成员，并接受前首相哈马德及其内阁成员的辞呈。

6月27日，伊拉克首都巴格达及周边地区发生连环爆炸袭击，造成36人死亡，数十人受伤。

6月28日，埃及总统穆尔西的支持者和反对者在埃及北部多座城市爆发冲突。

6月30日，穆尔西执政一周年纪念日，埃及爆发大规模游行示威，导致大量人员伤亡。

6月30日，伊朗外长萨利希访问卡塔尔，与卡塔尔新任埃米尔塔米姆在多哈举行会谈。

7月

7月1日，埃及反对派限穆尔西一天内下台，否则将面临全民不合作运动；军方限冲突双方48小时内解决危机。埃及内阁4名部长提交辞呈。

7月2日，埃及多地爆发抗议活动，造成至少23人死亡。

7月2日，伊拉克发生一系列暴力袭击事件，造成至少35人死亡，151人受伤。

7月3日，埃及军方宣布解除穆尔西总统职务，国防部长塞西宣布提前举行总统选举，由最高宪法法院院长曼苏尔出任临时总统。

7月4日，曼苏尔宣誓就职，成为埃及临时总统。

7月4日—6日"叙利亚反对派和革命力量全国联盟"在土耳其伊斯坦布尔举行会议，艾哈迈德·杰尔巴当选为该组织新领导人。

7月5日，埃及数万名穆尔西支持者与反对者、军方和警察发生冲突，造成至少30人死亡，上千人受伤。

7月8日，埃及军方与穆尔西支持者发生暴力冲突，造成51人死亡，435人受伤。当天，曼苏尔颁布过渡时期宪法声明，公布临时政府向民选政府过渡的时间表。

7月9日，曼苏尔任命反对派领导人巴拉迪为副总统、前副总理兼财长哈齐姆·贝卜拉维为过渡政府总理。

7月10日，埃及总检察长宣布逮捕穆斯林兄弟会最高领袖巴迪亚。

7月11日，沙特阿拉伯、阿联酋和科威特宣布将向埃及提供120亿美元的经济援助。

7月12日，伊拉克发生多起暴力袭击事件，造成至少39人死亡，26人受伤。

7月13日，埃及检察部门宣布，对前总统穆罕默德·穆尔西和多名穆斯林兄弟会成员启动刑事调查，罪名涉及里通外国、煽动暴力和破坏国家经济。

7月14日，伊拉克发生多起暴力袭击事件，造成至少40人死亡，137人受伤。

7月15日，美国副国务卿威廉·伯恩斯访问埃及。

7月16日，埃及过渡政府成员宣誓就职，伊斯兰党派成员拒绝入阁。

7月20日，埃及临时总统曼苏尔签署总统令，宣布将组建法律委员会修改于2012年底通过的新宪法。

7月20日，伊拉克首都巴格达发生系列爆炸事件，造成65人死亡，190人受伤。

7月21日，伊拉克武装分子突袭首都巴格达附近的两座监狱，引发激烈冲突，造成数十人死亡，至少500名囚犯越狱。

7月22日，叙利亚负责经济事务副总理加德里·贾米勒访问俄罗斯，在莫斯科与俄罗斯外长拉夫罗夫举行会晤。

7月23日，南苏丹总统萨尔瓦·基尔宣布解除副总统的职务，同时解散内阁。

7月24日，曼苏尔主持召开埃及全国和解对话第一次会议，穆斯林兄弟会等伊斯兰派别缺席。

7月25日，联合国秘书长潘基文称叙利亚冲突已经造成超过10万人死亡。

7月25日，突尼斯反对派领导人穆罕默德·布拉米在其住所遭遇暗杀身亡，引发突尼斯大规模游行和抗议。

7月26日，埃及一法院宣布正式拘留穆尔西15天，以便对其进行涉嫌间谍罪、越狱等多项指控的调查。27日，埃及警方与穆尔西支持者发生冲突，造成至少75人死亡。

7月27日，利比亚班加西市发生一起大规模越狱事件，约1200名囚犯越狱。

7月27日，埃及开罗和亚历山大等地爆发示威与冲突，造成近100人死亡，4500余人受伤。

7月29日，伊拉克首都巴格达发生12起汽车炸弹袭击事件，造成至少44人死亡，数百人受伤。

7月29日，欧盟外交和安全政策高级代表阿什顿赴埃及进行斡旋。30日，阿什顿与埃及前总统穆尔西举行会面，提出民族和解建议，遭穆尔西拒绝。

7月29日，伊拉克首都巴格达发生一系列汽车炸弹袭击，造成至少58人丧生，200多人受伤。

7月29日，突尼斯总理阿里·拉腊耶德宣布，突尼斯将于12月17日举行大选。

7月29日，巴以和谈时隔3年后在美国华盛顿重启。30日，巴勒斯坦谈判代表埃雷卡特与以色列谈判代表利夫尼会见美国总统奥巴马和副总统拜登，并与美国国务卿克里举行三方会谈。

8月

8月4日，伊朗总统哈桑·鲁哈尼宣誓就职，正式就任伊朗第11届总统。

8月4日，美国副国务卿伯恩斯抵达埃及斡旋，埃及过渡政府总理贝卜拉维以及第一副总理、国防部长塞西在开罗会见伯恩斯。5日，伯恩斯与在狱中的穆斯林兄弟会副领导人沙特尔举行会谈。7日，埃及总统府称，西方国家与阿拉伯国家外交官为结束埃及临时政府与伊斯兰团体僵局的努力宣告失败。

8月5日，土耳其的一家法院以政变罪判处土耳其前总参谋长伊尔凯尔·巴什布终身监禁，另有数十人被判处长期监禁。

8月6日，突尼斯约4万名反对派人士集会抗议，要求由执政党"伊斯兰复兴运动"党领导的政府辞职。

8月6日，伊拉克巴格达商业区遭到汽车炸弹袭击，造成至少51人死亡，100多人受伤。

8月10日，伊拉克发生17起汽车炸弹爆炸和枪击等暴力事件，造成91人死亡，超过300人受伤。11日，"基地"组织分支"伊拉克和沙姆伊斯兰国"宣称对伊拉克连环恐怖袭击负责。

8月10—11日，苏丹南达尔富尔州阿迪拉地区的马利亚部落和里宰加特部落发生武装冲突，造成至少100余人死亡，另有70多人受伤。

8月11日，以色列宣布将在约旦河西岸与耶路撒冷东部地区兴建1200套定居点公寓楼。

8月12日，苏丹连日暴雨导致洪涝灾害，造成数十人死亡，8万多栋房屋倒塌，15万人受灾。

8月13日，埃及临时政府任命25名省长，其中16人有军方背景。

8月14日，以色列和巴勒斯坦在耶路撒冷举行第二轮和谈，以色列司法部长兼首席谈判代表利夫尼、以色列总理特使莫勒霍、巴勒斯坦首席谈判代表埃雷卡特及法塔赫官员出席谈判。

8月14日，埃及军警对聚集在首都开罗等地的穆尔西支持者实施清场行动，引发埃及各地暴力冲突，清场行动和各地冲突造成至少638人死亡，近4000人受伤。当天，埃及总统府宣布全国进入为期一个月的紧急状态。当晚，埃及临时副总统巴拉迪向临时总统曼苏尔递交辞呈。

8月15日，黎巴嫩首都贝鲁特发生汽车炸弹袭击，造成22人死亡，超过250人受伤。

8月15日，伊拉克首都巴格达发生8起汽车炸弹袭击事件，造成34人死亡，超过100人受伤。

8月15日，伊朗新一届内阁产生，总统鲁哈尼提名的18名部长人选中15人通过议会的投票表决。

8月16日，埃及前总统穆尔西的支持者展开"愤怒的星期五"大游行引起警民冲突，造成82人死亡，其中包括10名警察。警方在冲突中逮捕了1004名穆斯林兄弟会的支持者。

8月17日，埃及过渡政府总理贝卜拉维正式提议依法解散穆斯林兄弟会。

8月18日，利比亚内政部长莫哈默德·夏基尔因与利临时总理阿里·扎伊丹意见不合，向临时政府提出辞呈。

8月18日，联合国化学武器调查小组抵达叙利亚首都大马士革，开始在叙利亚为期两周的调查工作，瑞士科学家塞尔斯特伦任调查小组组长。

8月19日，埃及警察在西奈半岛北部遭遇武装分子埋伏袭击，造成25人死亡。埃及当局宣布关闭通往巴勒斯坦地区加沙地带的拉法通道。

8月20日，穆斯林兄弟会最高领导人巴迪亚被埃及安全部队逮捕。当天，穆斯林兄弟会下属自由与正义党宣布，由巴迪亚的副手马哈茂德·伊扎特担任该组织临时领导人。

8月20日，伊拉克发生系列恐怖袭击事件，造成35人，超过120人受伤。

8月21日，埃及法庭下令，释放前总统穆巴拉克。

8月21日，约旦国王阿卜杜拉批准首相恩苏尔改组内阁，新内阁人数由原来的18人增至26人。

8月22日，伊拉克发生多起袭击事件，造成至少37人死亡，64人受伤。

8月22日，叙利亚总统巴沙尔·阿萨德颁布法令，对内阁进行重要调整，任命6名新部长。

8月23日，黎巴嫩北部城市的黎波里发生两起汽车炸弹爆炸事件，造成至少47人死亡，500多人受伤。

8月25日，约旦国王阿卜杜拉、首相恩苏尔和外交大臣朱达在约旦首都安曼分别会见到访的埃及外长法赫米。

8月25日，伊拉克发生多起爆炸和枪击等袭击事件，造成至少48人死亡，上百人受伤。

8月28日，伊拉克首都巴格达发生系列爆炸事件，造成至少71人死亡，201人受伤。

8月21—31日，叙利亚化武危机爆发。21日，叙利亚反对派指控叙利亚政府军使用化学武器攻击大马士革郊区,造成1300人死亡,叙利亚政府军否认指控。24日,叙利亚反对派要求西方国家干预。25日,叙利亚政府同意联合国调查化武传闻。26日,联合国小组开始对叙化武事件展开调查。26日,美国取消俄美有关叙利亚问题会谈。27日,奥巴马考虑对叙利亚实施有限军事打击。28日,叙利亚请求联合国小组调查新化武传闻。29日,联合国推迟叙化武调查。30日,美国政府公布报告,称叙利亚政府军在过去一年中多次使用化武,包括当月21日在大马士革郊区使用沙林毒气。31日,美国总统奥巴马正式向国会提案,要求国会授权叙利亚采取军事行动。

9月

9月1日,伊拉克安全部队对"伊朗人民圣战者组织"成员所在的阿什拉夫难民营展开军事行动,导致47人死亡。

9月3日,伊拉克发生多起恐怖袭击事件,造成至少83人死亡,数百人受伤。

9月9日,俄罗斯倡议将叙化武设施置于国际监督之下,然后逐步销毁,并呼吁叙利亚政府加入《禁止化学武器公约》。

9月9日,巴勒斯坦总统阿巴斯访问英国,英国外交大臣黑格与阿巴斯在伦敦举行会谈。

9月9日,俄罗斯外交部长拉夫罗夫在莫斯科会见来访的叙利亚外长穆阿利姆,提议叙利亚将化学武器交由国际管控。当天,奥巴马表示接受俄罗斯的提议。10日,叙利亚宣布同意俄罗斯的提议。

9月11日,伊拉克发生多起暴力袭击事件,造成50多人死亡,超过60人受伤。

9月12日,埃及过渡政府决定将全国紧急状态延长2个月。

9月12日,叙利亚政府表示愿将拥有的化武交由国际监督,并向联合国递交有关信件,启动加入《禁止化学武器公约》的程序。

9月14日,美俄在日内瓦就销毁叙化武问题达成框架协议。

9月14日，为期两天的"叙利亚反对派和革命力量全国联盟"会议在土耳其伊斯坦布尔结束，会议选出了新一任叙利亚反对派"临时政府总理"艾哈迈德·图迈赫。

9月15日，伊拉克发生多起暴力袭击事件，造成46人丧生，133人受伤。

9月17日，伊拉克发生多起暴力事件，造成至少35人死亡，逾百人受伤。

9月19日，伊朗外长扎里夫抵达美国，拜访纽约联合国总部，会见联合国秘书长潘基文。

9月19日，巴勒斯坦新一届政府在约旦河西岸城市拉姆安拉宣誓就职。

9月20日，也门南部地区发生3起疑似由"基地"组织武装分子发起的袭击，造成至少56名警察和士兵死亡。

9月21日，伊拉克首都巴格达东部和北部地区遭到汽车炸弹袭击，造成至少86人身亡，166人受伤。

9月23日，埃及法院宣布禁止穆斯林兄弟会在埃及的一切活动，并将其财产充公。

9月26日，伊朗总统鲁哈尼在美国纽约会见联合国秘书长潘基文，就伊朗核问题进行会谈。当天，伊朗核问题国际调停六方（中国、俄罗斯、英国、美国、法国、德国）代表与伊朗外长扎里夫在纽约联合国总部举行会谈。会后，美国国务卿克里与伊朗外长扎里夫在纽约联合国总部进行了接触。

9月27日，联合国安理会一致通过关于叙利亚化武问题的第2118号决议，要求叙利亚与禁化武组织和联合国合作消除其化武计划。这是自叙利亚冲突爆发以来，安理会所通过的第一份有关叙利亚问题的决议草案。

9月27日，美国总统奥巴马与伊朗总统鲁哈尼就伊朗核问题及近来进展通电话，这是美伊断绝外交关系30多年来两国总统首次直接对话。

9月28日，禁化武组织通过全面销毁叙化武决议，要求在2014年年中完成对叙化武的销毁工作。

9月29日，阿联酋武装部队与英国军队在阿联酋境内举行代号为"2013海洋短剑"的联合军事演习。

9月30日，伊拉克首都巴格达发生多起汽车炸弹袭击，造成至少51人死亡，155人受伤。

9月30日，开罗一家上诉法院判处埃及前总理希沙姆·甘迪勒一年监禁。

10月

10月2日，伊拉克库尔德自治区议会选举结果揭晓，巴尔扎尼领导的库尔德斯坦民主党在选举中领先，获得111个席位中的38席。

10月5日，突尼斯执政党联盟和反对派阵营举行全国对话大会谋求政治和解，包括执政党"伊斯兰复兴运动"在内的约20个党派签署了危机解决路线图。

10月5日，伊拉克发生多起暴力袭击事件，造成至少78人死亡，166人受伤。

10月6日，伊拉克发生多起暴力袭击事件，造成至少35人死亡，163人受伤。

10月6日，埃及多地爆发新一轮游行示威，穆斯林兄弟会支持者与反对者以及军警发生冲突，造成至少51人死亡，268人受伤，423名穆斯林兄弟会成员及其支持者被捕。

10月7日，伊拉克首都巴格达发生系列炸弹袭击，造成至少30人死亡，106人受伤。

10月8日，伊朗与英国建立代办级外交关系。

10月7—8日，埃及临时总统曼苏尔对沙特阿拉伯和约旦进行访问。

10月9日,埃及政府解散穆斯林兄弟会注册的非政府组织。同日,美国宣布暂停对埃及的部分援助。

10月10日,利比亚总理阿里·扎伊丹遭利比亚反对势力绑架。数小时后,扎伊丹获释。

10月10日,禁止化学武器组织12名专家抵达叙利亚首都大马士革开展叙利亚化学武器核查和销毁工作。

10月14日,叙利亚正式加入《禁止化学武器公约》,成为该组织第190个成员国。

10月15—16日,伊朗核问题六国(美国、英国、法国、俄罗斯、中国和德国)与伊朗在瑞士日内瓦举行伊朗核问题新一轮谈判,各方首次达成共同声明。

10月17日,伊拉克首都巴格达发生多起汽车炸弹袭击,造成至少61人死亡,116人受伤。

10月18日,沙特阿拉伯宣布拒绝出任联合国非常任理事国。

10月20日,叙利亚中部哈马省发生汽车炸弹爆炸事件,造成至少30人死亡,另有数十人受伤。

10月20日,伊拉克发生暴力袭击事件,造成至少49人丧生,数十人受伤。

10月21日,南苏丹北部琼莱州爆发严重部落冲突,造成78人死亡,87人受伤,30多人下落不明。

10月22日,苏丹总统巴希尔访问南苏丹,在朱巴与南苏丹总统基尔举行会谈,双方达成协议,两国必须在11月15日前完成划定边界线。

10月26日,阿拉伯联合酋长国与埃及签署49亿美元发展援助协议。

10月27日,伊拉克首都巴格达和北部城市摩苏尔系列汽车炸弹爆炸袭击,造成56人死亡,100多人受伤。

10月29日，土耳其在首都安卡拉的国父文化中心广场举行盛大阅兵式，庆祝土耳其共和国成立90周年。

10月29日，伊朗议会议长拉里贾尼访华，国务委员杨洁篪在北京会见拉里贾。30日，国家主席习近平与拉里贾尼举行会谈。

10月29日，叙利亚总统巴沙尔·阿萨德发布总统令，解除负责经济事务的副总理加德里·贾米勒的职务。

10月31日，禁止化学武器组织证实，叙利亚已经按规定时间销毁全部申报的化学武器制造及混合设施。

11月

11月1日，伊拉克总理马利基访问美国，在白宫会见美国总统奥巴马。

11月3日，美国国务卿克里访问埃及，在开罗与埃及外长法赫米举行会谈。

11月3日，美国国务卿克里访问沙特。4日，沙特阿拉伯国王阿卜杜拉会见克里。

11月4日，埃及法院开庭审判前总统穆尔西其他14名穆斯林兄弟会高级领导人。

11月4日，伊朗数万民众在前美国驻伊朗使馆外举行反美示威游行，纪念伊朗学生占领美国大使馆并扣留使馆人员事件34周年。

11月5日，土耳其加入欧盟谈判在中断3年之后在比利时布鲁塞尔重新启动。

11月6日，以色列总理内塔尼亚胡在耶路撒冷会见美国国务卿克里。当天，克里访问巴勒斯坦，巴勒斯坦国总统阿巴斯在约旦河西岸城市伯利恒会见克里。

11月7日—8日，伊朗与伊核问题六国（美国、英国、法国、俄罗斯、中国和德国）在瑞士日内瓦举行会谈。

11月10日，巴勒斯坦国总统阿巴斯与比利时外交大臣迪迪埃·

雷恩代尔在约旦首都安曼举行双边会晤，巴方决定将驻欧盟代表处的地位提升到"巴勒斯坦外交使团"。

11月11日，土耳其外长达武特奥卢访问伊拉克，伊拉克外交部长兹巴里在巴格达与达武特奥卢举行会谈。

11月11日，国际原子能机构与伊朗共同签署合作框架联合声明，达成合作路线图。

11月11日，伊朗和英国互相委派非常驻临时代办，在断交两年后恢复两国代办级外交往来。

11月11日，热带风暴席卷索马里，造成100多人死亡，数百人失踪。

11月11日，叙利亚反对派"全国联盟"通过部分内阁成员名单。

11月13日，沙特阿拉伯向联合国秘书长潘基文递交信函，正式向联合国表示该国不会接受联合国安理会非常任理事国席位。

11月14日，埃及解除全国紧急状态及宵禁。

11月14日，伊拉克境内发生多起爆炸袭击，造成至少40人死亡，100余人受伤。

11月14日，因不满以色列继续修建犹太人定居点，巴勒斯坦和谈团队宣布"辞职"。

11月15日，禁化武组织通过全面销毁叙化武详细方案。

11月16日，数百名利比亚民众在的黎波里市郊举行游行，遭民兵组织袭击，造成43人死亡，460人受伤。

11月17日，叙利亚军方基地遭到炸弹袭击，造成至少31人死亡，其中包括4名官员。

11月17日，法国总统奥朗德访问以色列，与以色列总理内塔尼亚胡举行会谈。18日，奥朗德访问巴勒斯坦，在约旦河西岸城市拉姆安拉与巴勒斯坦总统阿巴斯举行会谈。

11月18日，巴勒斯坦联合国大会上首次参与投票。

11月19日，伊朗驻黎巴嫩大使馆附近发生2起爆炸事故，造成23人死亡，150多人受伤。伊朗使馆1名文化参赞在爆炸中受重伤死亡。

11月19—20日，第三届阿拉伯—非洲首脑会议在科威特召开，会议主题为"发展与投资伙伴"。

11月20日，伊拉克发生多起爆炸和枪击等暴力袭击，造成至少49人死亡，134人受伤。

11月20日，伊朗与伊核问题六国（美国、英国、法国、俄罗斯、中国和德国）在日内瓦启动新一轮伊核谈判。24日，伊朗与伊核问题六国在日内瓦达成阶段性协议，伊朗承诺削减铀浓缩活动，换取对其放松70亿美元制裁。

11月21日，伊拉克发生多起恐怖暴力袭击事件，造成至少40人死亡，75人受伤。

11月22日，包括"自由沙姆人伊斯兰运动""伊斯兰军""统一旅""库尔德伊斯兰阵线"等7个在叙利亚作战的伊斯兰武装派别宣布联合建立"叙利亚伊斯兰阵线"。

11月23日，埃及召回驻土耳其大使，驱逐土耳其驻埃及大使。数小时后，土耳其宣布埃及驻土耳其大使"不受欢迎"，两国外交关系降为代办级。

11月24日，叙利亚首都大马士革郊区发生政府军与反对派武装的激烈冲突，造成双方逾70名战斗人员死亡。

11月24日，埃及临时总统曼苏尔签署《抗议法》，该法案规定所有游行和抗议活动必须提前向内政部门提出告知函，内政部门有权拒绝。26日，数百抗议民众举行游行，呼吁政府撤销该法案。

11月25日，伊拉克境内发生多起爆炸事件，造成46人死亡。

11月27日，阿联酋迪拜酋长国获得2020年世博会主办权。

12 月

12月1日，埃及修宪委员会完成并通过新宪法草案，草案禁止以宗教为基础成立政党。

12月3—4日，伊朗外长对科威特、卡塔尔、阿曼和阿联酋进行访问。

12月4日，也门正式加入世界贸易组织，成为该组织的第160个成员国。

12月5日，美国国务卿克里访问以色列，与以色列总理内塔尼亚胡和巴勒斯坦总统阿巴斯在拉马拉举行会面。

12月5日，伊拉克总理马利基访问伊朗，伊朗总统鲁哈尼在德黑兰与马利基举行会谈。

12月5日，土耳其咖啡及其传统文化被列入联合国教科文组织人类非物质文化遗产名录。

12月6日，也门国防部遭到武装分子袭击，造成52人死亡，162余人受伤。

12月8日，苏丹通过大规模改组内阁决定，第一副总统阿里·奥斯曼·塔哈、第二副总统哈吉·阿达姆和总统助理纳菲阿全部引退，分别任命巴克里·哈桑·萨利赫和哈萨布·拉赫曼为新的第一和第二副总统，任命易卜拉欣·甘杜尔为执政党副主席兼总统助理。

12月9日，伊朗与伊核问题六国（美国、中国、英国、法国、俄罗斯、德国）及欧盟和国际原子能机构代表在奥地利维也纳举行核协议执行方法专家级谈判。

12月10—11日，第三十四届海湾阿拉伯国家合作委员会六国首脑会议在科威特举行，会议通过《科威特宣言》，宣布合会将建立联合军事司令部。

12月12日，也门什叶派胡塞部落武装与逊尼派武装人员在北部萨达省发生教派冲突，造成至少31人身亡，数十人受伤。

12月12日，美国公布了一份针对伊朗的制裁名单，牵涉的公司或个人被控帮助伊朗发展核项目。13日，伊朗宣布暂停伊核谈判。15日，伊朗称将继续与国际势力就伊核问题进行谈判。

12月16日，伊拉克发生多起爆炸袭击，造成90余人死亡，138人受伤。

12月16日，南苏丹政府宣布挫败一起政变图谋。16—17日，南苏丹爆发冲突，造成至少500人死亡，700人受伤。

12月19日，伊拉克发生多起恐怖暴力袭击事件，造成至少46人死亡，100人受伤。

12月22日，南苏丹反政府武装控制石油重镇团结州首府本提乌。

12月22日，沙特国王阿卜杜拉任命第六子米沙勒王子为麦加省省长。

12月24日，埃及过渡政府总理贝卜拉维宣布穆斯林兄弟会为恐怖组织。

12月24日，联合国安理会决定向南苏丹增派5500人的维和部队和500名维和警察。

12月25日，埃及警方逮捕前总理希沙姆·甘迪勒。

12月25日，土耳其总理埃尔多安宣布对内阁进行重大改组，任命10名新部长。

12月25日，埃及临时政府宣布穆斯林兄弟会为恐怖组织。27日，埃及政府宣布冻结穆斯林兄弟会管理机构及其相关非政府组织的财产。

附录 2 2013 年中国与中东国家关系的主要文件

中阿合作论坛第十次高官会成果文件

(2013 年 5 月 29—30 日 中国北京)

中国—阿拉伯国家合作论坛（以下简称"论坛"）第十次高官会于 2013 年 5 月 29 日至 30 日在北京举行。中国外交部、商务部、文化部、国新办、国家能源局、贸促会、对外友协等部门负责中阿关系和论坛事务的官员、阿拉伯国家联盟成员国外交部和阿盟秘书处的官员及阿拉伯国家驻华使节与会。

中方高度重视本次会议，中国外交部部长王毅在北京会见阿方代表团团长、阿拉伯国家驻华使节使团长和阿盟驻华代表处主任，中国外交部副部长翟隽出席开幕式并讲话。会议中方主席是中国外交部西亚北非司司长、"论坛"中方秘书长陈晓东，阿方主席是阿盟外长理事会轮值主席国阿拉伯埃及共和国代表团团长、埃及外交部部长助理兼常驻阿盟代表阿姆鲁·阿布埃勒阿塔，阿盟秘书处代表团团长由阿盟副秘书长艾哈迈德·本·哈里担任。

双方高度评价在中阿合作论坛框架内建设"全面合作、共同发展"的战略合作关系取得的积极成果。中方赞赏 2013 年 3 月 6 日第 139 届阿盟外长理事会作出的关于阿拉伯国家重视加强与中华人民共和国在各领域关系的第 7613 号决议。

双方回顾了 2012 年在突尼斯共和国举行的第五届部长级会议以来"论坛"框架下举办的各项活动，对"论坛 2012 年至 2014 年行动执行计划"中各项活动的落实情况表示满意。双方对 2012 年 9 月在中国银川举行的第三届中阿能源合作大会、第四届中阿友好大会、

2013 年 4 月在中国北京举行的首届中国—阿拉伯国家联盟卫生高官会所取得的成果表示欢迎。

双方强调愿拓展和深化战略合作关系，实现"全面合作，共同发展"，重视推进和丰富"论坛"框架下双方在各领域的合作并完善其各项机制，使其能够提升中阿关系、深化双方在各领域的集体对话与合作。

一、政治磋商

双方就共同关心的重大国际和地区问题进行了政治磋商，重申了"论坛"第五届部长级会议公报中有关政治领域的内容，并达成以下共识：

（一）重申应恪守《联合国宪章》的宗旨和原则，相互尊重主权和领土完整、互不侵犯、互不干涉内政、平等互利、和平共处，尊重和支持各国根据本国国情自主选择发展道路。

（二）加强在联合国等国际组织框架内的对话与合作，推动多边主义原则，维护联合国的权威和在国际事务中的主导作用。支持联合国通过必要、合理的改革，增强权威和效率，提高应对各种威胁和挑战的能力，履行《联合国宪章》赋予的职责。支持安理会为维护国际和平与安全发挥主要职责。在安理会改革方面，应优先增加包括阿拉伯国家在内的广大发展中国家代表性，通过广泛、民主讨论，就各类问题找到"一揽子"解决方案，并达成协商一致。双方反对任何国家强行推动改革方案，反对采取"零散处理"的做法。

（三）阿拉伯国家重申支持中国的主权和领土完整，坚定奉行一个中国政策，反对任何形式的"台湾独立"，不同台湾建立官方关系和进行官方往来，支持台海两岸关系和平发展和中国和平统一大业；反对宗教极端势力、民族分裂势力和暴力恐怖势力从事反华分裂活动。

（四）阿方高度赞赏中国国家主席习近平 2013 年 5 月 6 日在会

见巴勒斯坦总统阿巴斯时就解决巴勒斯坦问题提出的四点主张，即：应该坚持巴勒斯坦独立建国、巴以两国和平共处这一正确方向；应该将谈判作为实现巴以和平的唯一途径；应该坚持"土地换和平"等原则不动摇；国际社会应该为推进和平进程提供重要保障。

中国重申支持阿拉伯国家根据联合国有关决议、"土地换和平"原则、"阿拉伯和平倡议"以及中东和平"路线图"计划实现中东地区和平与稳定的战略选择；呼吁尽快重启中东和平进程。双方呼吁以色列响应阿拉伯国家的和平愿望，在"阿拉伯和平倡议"基础上与有关阿拉伯国家进行谈判，全面执行联合国有关决议，特别是安理会第242号、338号决议和联合国大会第181号、194号决议。双方支持在国际社会达成共识的"两国方案"框架下，在联合国有关决议和"阿拉伯和平倡议"基础上，建立以1967年边界为基础、以东耶路撒冷为首都、拥有完全主权的独立的巴勒斯坦国，恢复阿拉伯民族合法权利，结束以色列1967年以来对包括东耶路撒冷在内的所有阿拉伯被占领土的占领。强调国际社会对提升巴勒斯坦国地位和巴勒斯坦作为联合国观察员国加入国际大家庭的认可。双方支持巴勒斯坦的和解努力，呼吁巴勒斯坦各方执行在开罗和多哈签署的两份和解协议，以弥合巴勒斯坦内部分歧、加强民族团结、组建民族团结政府。

双方呼吁国际社会继续对巴勒斯坦提供政治和经济支持，改善巴勒斯坦人道主义状况；要求以色列停止包括扣留巴方税款在内的对巴勒斯坦人民的集体惩罚政策，解除对加沙的封锁，包括开放口岸，允许必要的医疗、食品援助以及重建所需材料进入，确保所有被封锁地区的人道主义援助可以顺利地进行提供和分发；要求以色列停止在包括东耶路撒冷在内的阿拉伯被占领土上修建定居点，认为此行为非法；强调以色列过去和现在正在采取的单方面改变被占领的东耶路撒冷现状的行为是非法的，任何一方都不应采取影响耶路撒冷特性和地位的政策和措施；欢迎约旦哈希姆王国国王为保护耶路撒冷圣地和耶路撒冷宗教、文化特性所作的努力。双方呼吁以色列根据联合国有关决议并通过和平谈判解决巴勒斯坦难民、水资源等问题。

双方呼吁以色列释放在押巴人，特别是儿童和病人，改善在押巴人的生活和医疗条件，以避免他们中的一些人由于酷刑和医治不力而死亡，为重启巴以和谈创造积极条件。

（五）双方强调尊重阿拉伯国家的主权、不干涉其内政。中国表示尊重和支持地区国家自主处理内部事务，自主选择发展道路，反对外部武力干预和强加制裁；理解、尊重和支持地区人民寻求变革、发展的愿望和诉求，希望地区国家有关各方通过政治对话途径减少分歧，寻求既能解决问题，又能避免暴力和武装冲突的和平解决办法，以支持阿拉伯国家的国内稳定。

（六）强调双方支持叙利亚的主权、独立、统一与领土完整，应实现叙利亚人民对自由、民主和政治改革的诉求。同时强调努力推动政治解决叙利亚危机的重要性。支持联合国—阿盟叙利亚问题联合特别代表普拉希米先生的工作。强调应落实叙利亚问题行动小组日内瓦外长会议公报，立即停止一切形式的暴力，进行包容和有意义的和平对话，建立全面行使行政权力的过渡管理机构，开启由叙利亚人民主导的政治过渡进程。双方警告外部干涉叙利亚国内对抗所造成的严重影响。双方强烈谴责任何针对叙利亚平民的血腥屠杀和袭击。对 2013 年 1 月 30 日，在科威特国埃米尔萨巴赫·艾哈迈德·贾比尔·萨巴赫殿下的倡议下，在科威特召开的叙利亚人道主义问题高级别国际认捐会议的成果表示欢迎，呼吁国际社会加紧努力，把食品、医疗用品等紧急人道主义物资送到叙利亚国内和在接纳叙利亚难民的周边国家中的叙利亚难民手中，呼吁在联合国框架下召开叙利亚重建及基础设施修复国际会议。

反对日前对叙利亚进行的空袭行动，认为这是对叙利亚主权的严重侵犯，是对联合国宪章和国际法准则的公然违犯。呼吁国际社会行动起来，采取必要措施防止类似行为的发生。

（七）中国支持叙利亚在联合国有关决议的基础上，通过和平谈判收回被占领的戈兰高地。

（八）强调尊重并支持黎巴嫩的主权、安全、领土完整及其收回被占领土的合法权利，双方呼吁继续落实联合国安理会第425号和第1701号两个决议，要求以色列从黎巴嫩剩余被占领土上撤出。

（九）强调支持包括阿拉伯联合酋长国倡议及其努力在内的所有旨在根据国际法准则，通过双边谈判和平解决三岛（大通布、小通布、阿布穆萨）问题的和平努力，双方支持根据国际法理解决这一问题。

（十）强调应维护也门的统一，尊重其主权、独立，反对干涉其内政，支持也门人民对自由、民主和社会公正的诉求，支持其实现全面发展；欢迎2013年3月18日开始的也门全面全国对话，强调也门各方均应参与这一对话，尊重海湾合作委员会倡议及其实施机制所确定的基础和准则；呼吁国际社会提供必要支持，使也门共和国有能力应对挑战，抗击恐怖主义，实现安全与稳定；赞赏在利雅得和纽约召开的也门之友会议、2012年9月4日在沙特阿拉伯王国召开的捐助国会议和2013年3月7日在英国首都召开的也门之友会议所做的努力。

（十一）强调尊重利比亚的主权、独立、统一与领土完整，对利比亚国在过去一年中取得的积极进展，包括2012年7月7日举行的国民大会选举所取得的成功表示欢迎；强调国际社会应发挥积极作用，在各方面支持利比亚政府，包括追回被侵吞的和流失海外的利比亚资金。

（十二）欢迎苏丹共和国与南苏丹共和国2013年3月8日签署的安全和经济协议，强调全面落实协议具有重要意义，是两国迈向稳定、繁荣未来的一个主要步骤；应认真帮助两国解决阿布耶伊地区等未决问题；赞赏阿盟、非盟、联合国支持的、旨在达成达尔富尔和平协议的国际努力，赞赏联合国—非盟达尔富尔联合特派团的作用，要求尚未签署多哈和平协议的派别尽快加入。

（十三）欢迎索马里政治进程取得重大积极进展，安全形势持续改善，索马里成立21年来首个正式议会和政府，选举产生总统和议长，总理获得议会信任。赞赏非盟驻索马里特派团发挥的重要作用，赞赏其为促进安全局势同索马里政府军进行的合作。呼吁国际社会加大向索马里提供各种形式的政治、物资、资金和技术支持，帮助索马里新政府加强能力建设，组建国家机构，使其能够继续推动政治进程取得进展，进一步改善安全形势，实现国家重建和经济社会发展。

（十四）支持并加强打击影响到国际航运自由开展，威胁到航运、国际贸易和海运活动的索马里海域、亚丁湾的海盗活动，高度赞赏阿拉伯联合酋长国在此方面所做的努力。

（十五）重申支持维护国际核武器及其他大规模杀伤性武器不扩散体系的努力，与此同时，实现《不扩散核武器条约》的普遍性十分关键，要求尚未加入这一条约的国家——尤其是位于中东地区的国家加入《不扩散核武器条约》，通过在2013年年底前召开延期举行的2012年会议，支持一切旨在建立中东地区无核武器及其他大规模杀伤性武器区的努力，联合国和各组织方要根据1995年和2010年的决议承担相应的作用，重申和平利用核能是《不扩散核武器条约》缔约国，尤其是发展中国家不可剥夺的权力，以保证这些国家不受歧视、无一例外地实现可持续发展。

（十六）谴责一切形式的恐怖主义，消除恐怖主义的根源和滋生恐怖主义的因素，反对将恐怖主义与特定的国家、民族和宗教挂钩，反对在反恐中使用双重标准。反恐必须坚持以《联合国宪章》和其他公认的国际法和国际关系准则为基础，坚持联合国及安理会的主导与协调作用。继续加强在双、多边领域的反恐合作，促进《联合国全球反恐战略》的实施。呼吁各方尽快完成《全面反恐公约》的谈判。赞赏沙特、阿联酋等国在国际反恐领域所做的努力,包括在联合国框架下,由沙特阿拉伯王国出资建立联合国反恐中心,及2012年12月14日在阿拉伯联合酋长国阿布扎比开设的国际反暴力极端主义卓越中心。

(十七)双方赞赏阿卜杜拉二世国王于2010年提出的关于设立"世界不同宗教和谐周"的倡议,该倡议得到联合国大会的一致通过,旨在根据安曼倡议所体现的伊斯兰教温和与中道精神推动不同宗教间对话。

二、评估论坛在"2012年至2014年行动执行计划"框架下取得的成果及其发展方向

双方就进一步拓展和深化中阿战略合作关系交换了意见,表示高度赞赏为落实"论坛2012年至2014年行动执行计划"所作出的努力,强调继续落实其各项活动的重要性,双方建议如下:

(一)继续发挥在技术、人才、资金、市场等方面的互补优势,鼓励双方企业在能源、制造业、农业、服务业等领域加强合作。同时积极推进贸易和投资便利化,为双方贸易往来和相互投资创造更好的环境,并根据双方现行法律保障贸易商及投资者的合法权益。努力加强经贸和金融合作,实现互利和共同发展,强调应进一步推进投资和贸易便利化,实现技术、人才和资金方面的优势互补。

(二)继续就确定第五届企业家大会暨投资研讨会召开的合适时间进行磋商,同意于2015年在阿拉伯国家召开第六届企业家大会暨中阿投资研讨会。继续加强包括中阿企业家大会、中阿联合商会在内的多种经贸合作机制,密切双方商会和行业协会的交流与合作,进一步提升中阿双边贸易和投资合作的水平。

(三)中方欢迎阿拉伯国家参加每年在华举办的中国—阿拉伯国家博览会及中国进出口商品交易会、中国国际投资贸易洽谈会等展

会，并鼓励中国企业参加在阿拉伯国家举办的相关展会。

（四）努力扩大双方贸易往来，加强管理，提升贸易水平，根据有关国际法规定解决包括针对双方商品的反倾销案在内的贸易争端，继续加强双方海关的交流与合作，促进双方在贸易便利化、货物贸易统计等领域的务实合作。中方注意到阿方提出的以色列定居点产品非法性问题。

（五）继续加强中阿政府质检部门间的合作，开展检验检疫监管合作，共同努力保证进出口产品的质量与安全，保护双方消费者的健康，推动双方贸易发展。

（六）拓宽投资合作领域，改善投资环境，鼓励双方公司进行投资，发挥双方在技术、人才、资金和市场方面的互补优势，强调根据双方现行的协议和法律保障投资者权益。鼓励双方根据各自法律法规开展金融领域互利合作，鼓励双方金融机构为投资、工程承包和贸易活动提供金融支持和便利。

（七）深入推进中阿双方在石油天然气领域的全面合作；通过于2013—2014年间举行反应堆技术、中小反应堆方面的培训班，努力借鉴中方在和平利用核能领域的经验；鼓励双方可再生能源领域企业开展学术、应用领域的合作与交流，交流并开发各种与可再生能源有关的技术。欢迎2013年下半年在阿盟总部召开中阿能源大会第二次最高委员会会议，以筹备第四届中阿能源合作大会，2014年在阿拉伯国家召开第四届中阿能源合作大会。

（八）加强在环境保护领域的合作，继续开展阿拉伯环境官员研修班等人力资源开发合作，切实推进中国和阿拉伯国家在环境、可持续发展、生物多样性等领域的合作，重点是在应对气候变化的两个方面——适应与减缓有关的经验和技术及如何将其融入国家发展计划加强交流与合作；此外还有科学技术研究领域的合作；加强双方在多边场合应对全球环境问题上的协调与配合。

（九）双方将致力于加强在防治荒漠化领域的合作，推动在荒漠化防治领域建立合作机制，考虑在中阿合作论坛框架下举办防沙治沙研讨会的可能性；继续鼓励并促进人员互访、合作研究与企业合作；通过技术示范和培训项目加强双方荒漠化防治能力建设；重点推荐双边实体合作项目的实施，重点包括流沙固定、交通防护体系、绿洲综合治理等。

（十）在当前世界粮食价格高位剧烈波动、粮食安全形势严峻的情况下，农业的重要性不断上升。农业在阿拉伯国家经济中发挥着重要作用，特别是保障粮食供给，实现粮食安全；中国在农业生产和农业生产率方面具有一定的技术优势，在土地改良、沙漠种植和农业生物技术领域具有较为成熟的经验，建议双方积极商讨建立中阿农业合作机制。中方愿继续加强与阿拉伯国家在农业领域的合作与交流。中方欢迎阿拉伯国家政府和国有及私营企业负责人参加2013年在中国举办的有关农业的各项活动。中方鼓励企业赴阿开展农业投资及开展农业合作项目。

（十一）中方愿加强与阿拉伯国家开展旅游领域的合作，在欢迎阿拉伯国家更多游客访华的同时也鼓励更多的中国游客赴阿拉伯国家旅游。中方欢迎更多阿拉伯国家成为中国公民组团出境旅游目的地，欢迎阿拉伯国家在华开展旅游宣传推广活动，并愿提供相应便利。

（十二）双方对近年来人力资源开发领域的合作水平表示满意，强调愿继续加强人力资源开发合作，完成"论坛2012年至2014年行动执行计划"中在同各阿拉伯国家主管部门协调的基础上，在双方商定的领域内，为阿拉伯国家培训5000名各类人才的目标。努力拓宽该领域的合作，扩大培训规模，创新培训方式，拓展培训科目。

（十三）双方注意到，2012年举行的中阿合作论坛第五届部长级会议公报中提及，欢迎阿拉伯联合酋长国迪拜申办2020年世界博览会。

（十四）继续深化中国与各阿拉伯国家在文化和保护文明和文化

遗产方面的交流与合作。继续完善中阿文化艺术合作机制，强调应继续由双方轮流举办艺术节，中方将继续与阿拉伯国家合作，于2014年在华举办第三届"阿拉伯艺术节"，并将在此期间在中国举办首届"中阿丝绸之路文化论坛"；继续在华实施"阿拉伯国家文化人力资源培训计划"和"意会中国——阿拉伯国家知名艺术家来华采风创作计划"；加强中阿文化机构负责人、专家学者以及艺术家的互访，在双方最主要文化机构间结成对口友好合作关系；鼓励中阿双方互设文化中心；推动中阿文学作品互译，推动落实《中阿典籍互译出版工程合作备忘录》，鼓励中阿青年领袖进行文明对话，探讨举办"中阿青年领袖论坛"的可能性。

（十五）强调中阿文明对话对加深中阿人民相互了解的重要性，欢迎于2013年6月27日至28日在中国新疆举办第五届中阿关系暨中阿文明对话研讨会，并对中国作为主宾国于2013年5月参加在沙特阿拉伯王国利雅得举办的杰那第利亚文化艺术节表示欢迎。

（十六）继续加强中阿教育和科研合作，包括考虑建立该领域合作机制的可能性，鼓励双方的教育、研究机构，特别是高等院校进行交流，加强联系，推进双方在学生流动、科研合作、学术交流、语言教学等方面的务实合作。中方将继续向阿拉伯各国提供来华留学奖学金名额；推广在阿拉伯国家的汉语教学和在中国的阿拉伯语教学。

（十七）双方将在《中阿关于卫生领域合作机制的谅解备忘录》的框架内继续合作，加强双方在各医学学科、医疗培训、卫生护理、传统医学、传染病和慢性非传染性疾病防治等领域的经验交流和合作。欢迎2013年4月9日至10日在北京举行的首届中阿卫生高官会取得的积极成果。

（十八）双方愿本着相互尊重、相互理解的态度，深化中阿新闻主管部门、新闻与传播界的合作与交流，通过交换新闻素材、互派媒体访问团组、培训媒体专业人员、建立工作磋商机制、举办专项媒体研讨会等具体措施，巩固和发展双方的政治、经济、文化等领域的友好合作关系。继续就 2014 年在科威特召开第四届中阿新闻合作论坛保持协调与合作，于 2013 年至 2014 年在沙特举办新闻研讨会，研究于 2014 年 1 月在阿盟秘书处举办有关"如何利用各种媒体加强中阿新闻沟通"的研讨会。

（十九）加强阿盟图书馆和中国公立图书馆在档案数字化、微电影、处理和保护古代手稿等领域的合作。考虑建立阿盟图书馆同中国公立图书馆之间的长期合作机制，不仅处理古籍，而且向阿盟图书馆提供经验，并在上述领域为阿盟图书馆专家进行专业培训，建议于今年第四季度在国际图书馆日当天，在阿盟总部或某个阿拉伯国家组织图书馆领域研讨会。

（二十）继续鼓励双方友协、民间组织和公民社会组织开展合作，加深双方人民的相互了解和友谊。双方将继续就 2014 年在阿拉伯国家召开第五届"中国阿拉伯友好大会"暨首届"中阿城市论坛"进行协调。

（二十一）加强双方在与妇女培训有关的领域开展合作，探讨由秘书处和中方组成联合委员会，为该领域合作提出设想的可能性。

（二十二）首届中国—阿拉伯国家博览会将于 2013 年 9 月在宁夏银川举办，中方欢迎并鼓励阿方积极参加博览会有关活动。双方同意在中阿合作论坛框架下，于 2013 年在银川举办"中国—阿拉伯国家广播电视合作论坛"等活动，以促进双方在相关领域的合作与交流。

三、关于筹备"论坛"第六届部长级会议及庆祝"论坛"成立 10 周年活动

双方表示将继续就筹备好 2014 年在中国召开的"论坛"第六届部长级会议保持沟通和协调，包括尽早确定会期、就会议议程和各

项准备工作达成共识,以及探讨"论坛"成立 10 周年的相关庆祝活动,认真研究届时宣布在中国和阿拉伯国家同时举办中阿友好年的可能性和相关配套活动;尽快制定"2014 年—2016 年行动执行计划"草案。双方同意在第六届部长级会议前召开第十一次高官会,为会议作准备。

中阿合作论坛"第五届中阿关系暨中阿文明对话研讨会"《最终报告》

(2013 年 6 月 27—28 日 中国乌鲁木齐)

一、应中华人民共和国外交部的邀请,根据中阿合作论坛《2012 至 2014 年行动执行计划》有关内容,"第五届中阿关系暨中阿文明对话研讨会"于 2013 年 6 月 27 日至 28 日在中华人民共和国新疆维吾尔自治区乌鲁木齐市召开,来自中国、阿拉伯各国以及阿拉伯国家联盟秘书处和阿拉伯驻华使团的代表和专家、学者出席了本次研讨会。

二、与会者回顾了中阿关系的发展历程,对 2004 年中阿合作论坛成立以来双方各领域合作所取得的进展表示满意,高度评价双方在"论坛"框架内先后于 2005 年在北京、2007 年在利雅得、2009 年在突尼斯、2011 年在阿布扎比召开的四届"中阿关系暨中阿文明对话研讨会"所取得的积极成果,强调文明对话有助于促进中国和阿拉伯国家及其人民之间的交流借鉴,有利于共同维护世界文化多样性。中阿双方均倡导开放包容的精神,弘扬宽容与理解的价值观,尊重各国自主选择发展道路的权利,主张通过加强对话,为进一步拓展和深化"全面合作、共同发展"的中阿战略合作关系奠定坚实的民意基础。

三、与会者就以下四个主要议题进行了讨论:(一)中阿两大文明对丰富人类文明的贡献；（二）文明对话对促进新时期中阿战略合作关系发展的作用；（三）中阿文化的相互影响与融合；（四）智库与专家学者对加强中阿文明对话的作用。

四、与会者经过讨论后强调：

（一）中阿双方应坚持开展文明对话的战略选择，深化不同文明之间和平、包容、理解和对话理念，增进人民之间的相互了解。重视人文因素对经济和社会发展的促进作用，支持各国人民选择适合本国的发展道路，实现经济振兴、社会稳定的可持续、均衡发展。充分发挥中阿合作论坛在文明对话中的引领作用，并将其作为充实中阿战略合作关系内涵的一项重要工作加以推进。

（二）呼吁中阿双方通过开展文化艺术交流活动展示各自文化特色，促进中阿人民之间的相互了解和认识，其中包括在中国和阿拉伯世界轮流举办阿拉伯艺术节和中国艺术节。欢迎定于在中国举办的第三届阿拉伯艺术节于 2014 年下半年与定于在中国召开的中阿合作论坛第六届部长级会议同期举办。鼓励中国与阿拉伯国家互设文化中心并为此相互提供便利。重视双方在文化遗产及文明遗产（物质与非物质）保护领域的合作与交流。

（三）继续努力通过推广中国的阿拉伯语教学和阿拉伯国家的汉语教学，增进双方对对方文化的了解。强调应推进中阿典籍互译。确定于 2014 年 1 月在埃及开罗召开，中国国家新闻出版总署、阿盟秘书处（文化与文明对话司）和阿尔及利亚阿拉伯高等翻译学院负责人会议，阿拉伯文联、作联和出版商协会的代表将出席此次会议。

（四）强调中阿智库、专家学者交流对双方人民加深了解，深化友谊所发挥的推动作用，积极研究建立中阿智库长效交流机制的可行性。赞赏"中阿合作论坛研究中心"组织中国专家学者代表团于 2012 年 11 月访问部分阿拉伯国家，并邀请部分阿拉伯国家智库专家学者于 2013 年 3 月访华。

（五）鼓励开展青年、民间组织之间在中阿文化交往与文明对话领域的交流与合作。赞赏中方于 2012 年 11 月邀请第一批阿拉伯国家青年代表团访华所取得的积极成果。欢迎中方于 2013 年下半年邀请第二批阿拉伯国家青年代表团访华。双方强调尽早启动 2014 年在阿拉伯国家召开第五届"中国阿拉伯友好大会"暨首届"中阿城市论坛"筹备工作。

五、与会者感谢中华人民共和国政府和人民的热情款待，感谢中国外交部、新疆维吾尔自治区政府的精心筹备与组织，感谢阿拉伯国家联盟秘书处、阿拉伯驻华使节委员会及其他有关部门为此次会议的成功召开付出的巨大努力。

六、与会者欢迎于 2015 年在阿拉伯国家举行"第六届中阿关系暨中阿文明对话研讨会"，并将其写入《论坛 2014—2016 年行动执行计划》，由 2014 年在中国举行的"论坛"第六届部长级会议批准。

中华人民共和国和巴林王国联合公报

（2013 年 9 月 16 日　中国北京）

应中华人民共和国主席习近平的邀请，巴林王国国王哈马德·本·伊萨·阿勒哈利法于 2013 年 9 月 14 日至 16 日对中国进行国事访问。访问期间，习近平主席同哈马德国王举行了双边会谈，国务院总理李克强会见了哈马德国王一行。哈马德国王还赴宁夏回族自治区出席了首届中国—阿拉伯国家博览会开幕式。

双方高度评价中巴传统友谊，对两国建交 24 年来友好关系不断巩固和深化表示满意，强调中巴互为重要合作伙伴，双方愿在互利共赢基础上进一步加强友好关系，实现友好的两国和两国人民的共同利益。

双方一致认为，中巴在涉及对方重大利益问题上相互支持是两国真诚友谊的体现。巴方强调恪守一个中国政策，支持中国政府为实现国家统一所作努力。中方重申尊重巴林的独立、主权和领土完整，反对干涉其内政，支持巴林为维护国家稳定所作的努力，支持在中东建立无大规模杀伤性武器区。

双方愿充分发挥两国政府职能部门及中巴经贸联委会等合作机制的宏观指导作用，进一步扩大两国在经贸、基础设施建设、金融等领域友好合作，将中巴经贸合作提高到新水平。

双方表示将继续加强两国在文化、旅游、教育、卫生、新闻、体育等领域的交流合作，同时鼓励民间团体扩大友好交往，开展形式多样的人文交流，不断增进两国人民之间的了解和友谊。

双方一致同意进一步密切在国际和地区事务中的合作，加强在联合国等多边场合的协调与配合，共同维护发展中国家权益。

双方对近年来中国与海湾合作委员会关系全面深入发展表示满意，认为这符合双方的共同利益，有利于世界的和平、稳定与发展。巴林作为海湾合作委员会本届轮值主席国，愿与中方共同努力，推动中国与海湾合作委员会集体合作不断迈上新台阶。双方强调，应尽快举行中国与海湾合作委员会的战略对话。

双方一致认为，中东海湾地区战略地位重要，维护该地区的和平与稳定符合地区国家和国际社会的共同利益。双方强调应采取对话和协商的办法，以和平方式寻求公正、合理地解决地区热点问题，实现地区的长治久安。

访问期间，双方还签署了多份合作文件，涉及文化、卫生、金融、能源、税务、教育等领域。中方愿积极考虑将巴林列为中国公民出境旅游目的地国家。

双方对巴林王国国王哈马德·本·伊萨·阿勒哈利法访华取得的成果表示满意，一致认为此访对推动两国友好关系的发展具有重要意义。

哈马德国王对访华期间受到中方热情友好接待表示感谢和赞赏，并邀请习近平主席访问巴林。习近平主席对此表示感谢。